高职高专互联网+新形态教材·财会系列

# 审计理论与实务
## (微课版)

常 红 主 编

穆 宁 陈立云 黄慧萍 副主编

清華大学出版社

北京

# 内 容 简 介

本书按项目化教学的要求，系统地介绍了审计的业务流程及基本的工作方法和内容。本书密切联系会计审计理论与实践的最新发展，体例新颖，内容全面，符合初学者的认知规律。

本书以民间审计为主线，在介绍审计基本理论的同时重点讲解财务报表审计的实务操作。审计理论部分主要介绍对审计的基本认知以及审计职业道德的要求；审计实务部分按民间审计的工作过程系统介绍报表审计的基本工作方法和内容。内容编排上按审计业务流程中的典型工作任务确定学习项目，进一步将学习项目按审计具体工作内容分解为学习任务，以模拟的工作情境推动学习任务的实施。本书共有 12 个项目，42 个学习任务，每个学习任务都包括任务导入、知识准备、任务解析、能力拓展几个环节，以具体任务引导学习过程，内容丰富，通俗易懂，实用性强。另外，本书还设置了延伸阅读环节，读者可以通过扫描二维码拓展知识面，加深对审计的认识。

本书既可作为高职高专院校财会类专业的教材用书，也可作为会计、审计、管理等相关领域从业人员的自学参考书。

**图书在版编目(CIP)数据**

审计理论与实务：微课版/常红主编. —北京：清华大学出版社，2023.9
高职高专互联网+新形态教材. 财会系列
ISBN 978-7-302-64658-7

Ⅰ. ①审… Ⅱ. ①常… Ⅲ. ①审计学—高等职业教育—教材 Ⅳ. ①F239.0

中国国家版本馆 CIP 数据核字(2023)第 168648 号

责任编辑：梁媛媛
封面设计：刘孝琼
责任校对：孙艺雯
责任印制：沈　露

出版发行：清华大学出版社
　　　　　网　　　址：http://www.tup.com.cn, http://www.wqbook.com
　　　　　地　　　址：北京清华大学学研大厦 A 座　　　　邮　　编：100084
　　　　　社　总　机：010-83470000　　　　　　　　　　邮　　购：010-62786544
　　　　　投稿与读者服务：010-62776969, c-service@tup.tsinghua.edu.cn
　　　　　质量反馈：010-62772015, zhiliang@tup.tsinghua.edu.cn
　　　　　课件下载：http://www.tup.com.cn, 010-62791865
印 装 者：三河市龙大印装有限公司
经　　销：全国新华书店
开　　本：185mm×260mm　　　印　张：21.5　　　字　数：516 千字
版　　次：2023 年 9 月第 1 版　　　印　次：2023 年 9 月第 1 次印刷
定　　价：59.00 元

产品编号：089844-01

# 前　言

审计是财会类专业的一门重要的专业课，主要教授学生基本的审计知识及审计方法，为学生未来就业及继续深造奠定基础。我们结合会计、审计工作的工作内容及高等职业教育的教学要求，以二十大报告提出的"科教兴国战略"为指导，以培养中国式现代化建设高技能人才为目标，遵循习近平新时代中国特色社会主义思想，依据"立德树人为根本、技能培养为核心、工学结合为抓手"的思路，重新编写了《审计理论与实务(微课版)》。

《审计理论与实务(微课版)》在编写中，突出了以下特点。

首先，密切联系行业发展的新动向。以习近平新时代中国特色社会主义思想为根本，突出了党和国家对会计、审计工作的新要求及行业的新发展，反映了党和国家对加强审计工作、完善审计制度等做出的重大决策和部署，以及会计、审计、税收等相关领域法律法规修订的情况，体现了鲜明的时代特征和中国特色。

其次，以任务驱动教学过程。注重理论与实践的结合，在理论讲授方面，力求重点突出、通俗易懂；在审计实务方面，以风险导向审计模式为主线，系统介绍审计的基本流程及方法，重视技能培养，力求使学生在学习理论与实务知识的过程中达到融会贯通的效果。本书按项目化教学的要求、工作过程系统化的思路组织编写，符合初学者的认知规律，循序渐进地介绍了如何成为合格的审计人员，如何胜任审计的基本工作。本书按审计工作中的典型任务共分为 12 个项目，又依照典型任务中的具体工作内容分为 42 个任务，以会计报表审计为核心，按审计的工作过程完整地介绍了审计的工作内容及方法，以创建的虚拟企业的报表审计工作情境串联内容，以工作任务的实施推动教学进程，使课堂教学与实践工作相结合，从而满足高职教学的要求。

另外，本书体例新颖，内容丰富，便于教学组织和学生自学。在此次修订中，为增加教材实用性，我们对体例进行了较大的调整。每个项目前以"情境引导"引入本环节学习内容；项目里的每个任务会先通过"任务导入"布置工作任务，以工作任务来引导学习过程。围绕工作任务，设置有"知识准备"和"任务解析"，使学生在学习知识的同时，将知识与工作任务相结合，提高在实践中理解和运用知识的能力。之后，还有针对本任务的"能力拓展"及扫码阅读的"延伸阅读"，以满足学生知识拓展、能力提升的需求。每个项目最后，通过"复习自测题"检验学习成果，提高实践技能。能力拓展及复习自测题的参考答案可联系出版社索取。

本书由济南职业学院的常红任主编；济南职业学院的穆宁、枣庄学院的陈立云、黄慧萍任副主编，济南职业学院的王国芬参与了编写。常红负责全书总体框架、总纂统稿及项目二至十一的编写；穆宁负责复习自测题部分的组织编写；陈立云和黄慧萍负责项目一和项目十二的编写；王国芬参与项目十一的编写。

在本书的编写过程中，参考了大量相关书籍和文献资料，同时也得到了多家会计师事务所的大力支持，为我们提供了宝贵的参考资料，在此向各位作者及事务所工作人员致以诚挚的谢意。

由于编写人员水平有限，书中难免有疏漏及不妥之处，恳请同行、专家及广大读者批评指正。

编　者

# 目　　录

**项目一　认知审计** .................. 1

**任务一　审计的产生与发展** ..........4
一、西方审计的产生与发展 ..........4
二、我国审计的产生与发展 ..........5
三、审计产生与发展的客观基础 ......6

**任务二　审计的含义** ..............7
一、审计的概念 ..................8
二、审计的特征 ..................8
三、审计的主体 ..................9
四、审计的对象 .................10
五、审计的职能与作用 ...........10

**任务三　审计的分类** .............12
一、按审计主体分类 .............13
二、按审计内容分类 .............15
三、审计的其他分类 .............16

**任务四　我国的审计监督体系** .....19
一、我国的国家审计 .............19
二、我国的内部审计 .............22
三、我国的民间审计 .............23

**任务五　审计执业规范** ...........25
一、审计准则的含义和作用 .......25
二、注册会计师执业准则体系 .....26
三、鉴证业务的基本准则 .........27

复习自测题 .....................31

**项目二　财务报表审计** .............35

**任务一　审计流程** ...............37
一、审计流程的含义 .............37
二、审计模式的演进 .............38
三、民间审计业务流程 ...........38

**任务二　报表审计的目标** .........40
一、报表审计的原因 .............40
二、报表审计总目标 .............41
三、认定 ......................41

四、审计的具体目标 .............43

**任务三　审计证据与审计工作底稿** .45
一、审计证据 ..................45
二、审计工作底稿 ..............50

**任务四　审计程序** ...............52
一、审计程序的含义 .............52
二、审计程序的种类 .............53

**任务五　审计抽样的应用** .........61
一、审计抽样的定义 .............61
二、审计抽样的类型 .............61
三、抽样风险与非抽样风险 .......62

复习自测题 .....................68

**项目三　计划审计工作** .............75

**任务一　初步业务活动** ...........77
一、初步业务活动的目的 .........77
二、初步业务活动的内容 .........77
三、签订审计业务约定书 .........79

**任务二　制订审计计划** ...........80
一、总体审计策略 ..............81
二、具体审计计划 ..............84
三、审计过程中对计划的更改 .....85

**任务三　确定审计重要性** .........86
一、重要性的含义 ..............87
二、重要性的特征 ..............87
三、重要性水平的应用 ...........88

**任务四　考虑审计风险** ...........93
一、审计风险的含义 .............94
二、重大错报风险 ..............94
三、检查风险 ..................95
四、审计风险模型 ..............95
五、重要性、审计风险与审计证据
　　数量之间的关系 ...........96

复习自测题 .....................98

项目四　风险评估与应对..................103

　　任务一　风险评估..................105
　　　　一、风险评估的作用..................105
　　　　二、了解被审计单位及其环境..................106
　　　　三、评估重大错报风险..................106

　　任务二　了解被审计单位内部控制..................109
　　　　一、内部控制的含义..................109
　　　　二、内部控制的要素..................110
　　　　三、了解内部控制的程序..................112
　　　　四、记录对内部控制的了解..................112

　　任务三　风险应对..................116
　　　　一、针对风险的总体应对措施..................116
　　　　二、针对风险的进一步审计程序..................117

　　复习自测题..................120

项目五　销售与收款循环审计..................125

　　任务一　销售与收款循环的控制测试..................127
　　　　一、销售与收款循环的主要业务
　　　　　　活动..................127
　　　　二、销售与收款循环的内部控制..................130
　　　　三、销售与收款循环涉及的主要
　　　　　　报表项目..................132

　　任务二　营业收入的实质性测试..................136
　　　　一、营业收入的审计目标..................136
　　　　二、营业收入实质性程序的要点..................137

　　任务三　应收账款的实质性测试..................142
　　　　一、应收账款的审计目标..................142
　　　　二、应收账款实质性程序的要点..................143
　　　　三、坏账准备实质性程序的要点..................147

　　复习自测题..................151

项目六　采购与付款循环的审计..................157

　　任务一　采购与付款循环的控制测试..................159
　　　　一、采购与付款循环的主要业务
　　　　　　活动..................159
　　　　二、采购与付款循环的内部控制..................161
　　　　三、采购与付款循环涉及的主要
　　　　　　报表项目..................164

　　任务二　应付账款的实质性测试..................167

　　　　一、应付账款的审计目标..................167
　　　　二、应付账款实质性程序的要点..................168

　　任务三　固定资产的实质性测试..................171
　　　　一、固定资产的审计目标..................172
　　　　二、固定资产实质性程序的要点..................173

　　复习自测题..................178

项目七　生产与存货循环审计..................185

　　任务一　生产与存货循环的控制测试..................187
　　　　一、生产与存货循环的主要业务
　　　　　　活动..................187
　　　　二、生产与存货循环的内部控制..................189
　　　　三、生产与存货循环涉及的
　　　　　　主要报表项目..................190

　　任务二　存货的实质性测试..................193
　　　　一、存货的审计目标..................194
　　　　二、存货实质性程序的要点..................194

　　任务三　营业成本的实质性测试..................203
　　　　一、营业成本的审计目标..................204
　　　　二、营业成本实质性程序的要点..................204

　　复习自测题..................208

项目八　人力资源与工薪循环的审计..................213

　　任务一　人力资源与工薪循环的控制
　　　　　　测试..................214
　　　　一、人力资源与工薪循环的主要
　　　　　　业务活动..................215
　　　　二、人力资源与工薪循环的内部
　　　　　　控制..................216
　　　　三、人力资源与工薪循环涉及的
　　　　　　主要报表项目..................216

　　任务二　应付职工薪酬的实质性测试..................219
　　　　一、应付职工薪酬的审计目标..................219
　　　　二、应付职工薪酬实质性程序的
　　　　　　要点..................220

　　复习自测题..................223

项目九　筹资与投资循环审计..................227

　　任务一　筹资与投资循环的控制测试..................229

一、筹资与投资循环的主要业务
　　活动............................229
二、筹资与投资循环的内部控制...231
三、筹资与投资循环涉及的主要
　　报表项目........................233
任务二　借款项目的实质性测试........234
一、长期借款的审计目标............235
二、长期借款实质性程序的要点...235
任务三　所有者权益项目的实质性
　　测试............................238
一、所有者权益的审计目标........238
二、所有者权益实质性程序的要点239
任务四　投资项目的实质性测试........243
一、交易性金融资产的审计目标......243
二、交易性金融资产实质性程序的
　　要点............................244
复习自测题............................246

**项目十　货币资金审计**............251

任务一　货币资金业务的控制测试......252
一、货币资金与业务循环............253
二、货币资金的内部控制............254
任务二　库存现金的实质性测试........256
一、库存现金的审计目标............256
二、库存现金实质性程序的要点...257
任务三　银行存款的实质性测试........261
一、银行存款的审计目标............261
二、银行存款实质性程序的要点...262
复习自测题............................268

**项目十一　编写审计报告**............273

任务一　特殊项目的审计..............275
一、期初余额的审计................275
二、期后事项的审计................276
任务二　完成审计工作................280

一、评价审计中的重大发现............281
二、评价审计过程中发现的错报.....281
三、复核财务报表和审计工作
　　底稿............................284
四、评价独立性和道德问题............285
五、获取管理层书面声明............285
六、正式签发审计报告................286
任务三　出具审计报告................288
一、审计报告的含义................288
二、审计报告的作用................288
三、审计报告的要素................289
四、关键审计事项................291
五、审计报告的类型................292
任务四　审计档案归档................304
一、审计档案的结构................304
二、审计工作底稿的归档与保管.....305
复习自测题............................307

**项目十二　职业道德与法律责任**............311

任务一　职业道德规范................313
一、注册会计师职业道德概述.........313
二、注册会计师职业道德基本原则.314
三、对遵循职业道德产生不利
　　影响的因素....................316
任务二　审计业务对独立性的要求.........318
一、独立性的内涵................318
二、对独立性产生影响的情形.....319
任务三　注册会计师的法律责任............326
一、会计责任与审计责任............327
二、注册会计师法律责任的种类.....328
三、注册会计师法律责任的成因.....329
复习自测题............................331

**参考文献**............................335

# 项目一

## 认知审计

【技能目标】

对审计有较全面的认识，为实际工作奠定基础。

【知识目标】

- 了解审计产生发展的客观基础。
- 了解不同类型的审计。
- 了解我国审计监督体系的构成。
- 理解审计的含义。
- 理解审计准则对审计工作的作用。

## ⊙ 知识导图

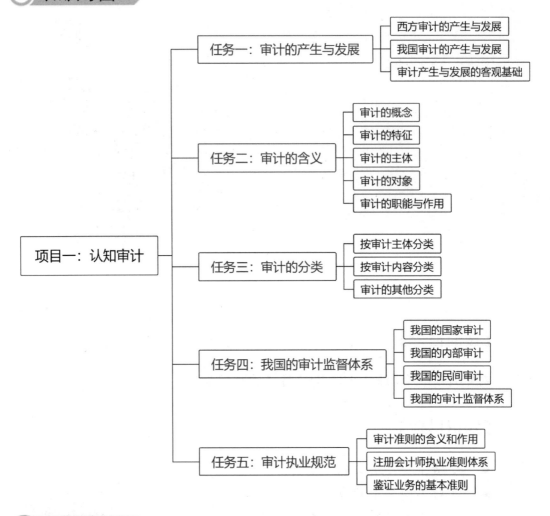

项目一：认知审计

任务一：审计的产生与发展
- 西方审计的产生与发展
- 我国审计的产生与发展
- 审计产生与发展的客观基础

任务二：审计的含义
- 审计的概念
- 审计的特征
- 审计的主体
- 审计的对象
- 审计的职能与作用

任务三：审计的分类
- 按审计主体分类
- 按审计内容分类
- 审计的其他分类

任务四：我国的审计监督体系
- 我国的国家审计
- 我国的内部审计
- 我国的民间审计
- 我国的审计监督体系

任务五：审计执业规范
- 审计准则的含义和作用
- 注册会计师执业准则体系
- 鉴证业务的基本准则

## ⊙ 项目描述

　　要学习如何进行审计工作，首先要了解什么是审计。审计与会计有着密切的关系，是对会计信息的真实性、公允性进行监督、评价、鉴证的经济活动。但是，审计又与会计有着不同的方法及规范体系，对初学审计的学生来说，首先要对审计有基本的认知，才能为以后学习并掌握审计的基本技能奠定基础。

## ⊙ 情境引导

**英国南海公司舞弊案**

　　在18世纪初，随着大英帝国殖民主义的扩张，海外贸易有了很大的发展。英国政府听取了一位银行家的建议，发行中奖债券，并用发行债券所募集到的资金，于1710年创立了南海股份公司，从事盈利前景诱人的殖民地贸易。南海公司经过近十年的惨淡经营，表现平平。1719年，英国政府允许中奖债券总额的70%(约1000万英镑)与南海公司股票进行转换。该年年底，一方面，当时英国政府扫除了殖民地贸易的障碍；另一方面，公司的董事们开始对外散布各种所谓的公司利好消息，即南海公司在年底将有大量利润可实现，并煞有介事地预计，在1720年的圣诞节，公司可能要按面值的60%支付股利。这一消息的宣布，加上公众对股价上扬的预期，促进了债券转换，进而带动了股价上升。1719年年中，南海公司的股价为114英镑。到了1720年3月，股价劲升至300英镑以上。而从1720年4月起，南海公司的股价更是节节攀高，到了7月份，股票价格已高达1050英镑。此时，南海公司的老板雅各希·布伦特又想出了新主意：以数倍于面额的价格，发行可分期付款的新股。同时，南海公司将获取的现金转贷给购买股票的公众。这样，随着南海股价的扶摇直上，一场投机浪潮席卷全国。由此，170多家逐渐成立的股份公司的股票以及原有的公司股票，都成了投机对象，股价暴涨5~6倍，各种职业的人，甚至包括军人和家庭妇女都卷入了这场旋涡中。据说，这些人中不仅有普通民众，甚至有发现了宇宙运动规律的伟大物理学家牛顿。美国经济学家加尔布雷斯在其《大恐慌》一书中这样描绘当时人们购买股票的情形："政治家忘记了政治，律师忘记了法庭，贸易商放弃了买卖，医生丢弃了病人，店主关闭了铺子，教父离开了圣坛，甚至连高贵的夫人也忘了高傲和虚荣。"

1720年6月，为了制止各类"泡沫公司"的膨胀，英国国会通过了《泡沫公司取缔法》。自此，许多公司被解散，公众开始清醒过来，对一些公司的怀疑也逐渐扩展到南海公司身上。随着投机热潮的冷却，南海股价一落千丈，从1720年8月25日到9月28日，南海公司的股票价格从900英镑下跌到190英镑。1720年12月最终仅为124英镑。当年年底，政府对南海公司的资产进行清理，发现其实际资本已所剩无几。那些高价买进南海股票的投资者遭受了巨大损失，政府逮捕了雅各希·布伦特等人，另有一些董事自杀。"南海泡沫"事件使许多地主、商人失去了资产。

此后较长一段时间，民众对参股新兴股份公司闻之色变，对股票交易心存疑虑。为了平息南海公司所引发的经济恐慌，1720年9月，英国议会组织了一个由13人参加的特别委员会，对"南海泡沫"事件进行秘密查证。在调查过程中，由于牵涉许多财务问题及会计记录，特别委员会特邀了一位精通会计实务的会计师，此人名叫查尔斯·斯内尔(Charles Snell)。他原在伦敦市的一所名为彻斯特·莱恩的学校工作，教书法和会计。查尔斯通过对南海公司账目的查询、审核，于1721年提交了一份名为"伦敦市彻斯特·莱恩学校的书法大师兼会计师对素布里奇商社的会计账簿进行检查的意见"的报告。在该份报告中，查尔斯指出了公司存在舞弊行为、会计记录严重不实等问题，但没有对公司为何编制这种虚假的会计记录表明自己的看法。

议会根据这份查账报告，将南海公司董事之一的雅各希·布伦特及他的合伙人的不动产全部予以没收。其中一位叫乔治·卡斯韦尔的爵士被关进了著名的伦敦塔监狱。而且，在通过的《泡沫公司取缔法》中，对股份公司的成立进行了严格的限制——只有取得国王的御批，才能得到公司的营业执照。事实上，股份公司的形式基本上已经名存实亡。

英国南海公司的舞弊案例，对世界民间审计史具有里程碑式的影响。世界上绝大多数审计理论工作者都认为，查尔斯·斯内尔是世界上第一位民间审计人员，他所撰写的查账报告，是世界上第一份民间审计报告。而英国南海公司的舞弊案例也被列为世界上第一起比较正式的民间审计案例。

# 任务一　审计的产生与发展

审计产生与发展
的客观基础

### ◉ 任务导入

英国南海公司舞弊案让我们了解了注册会计师的诞生。南海公司事件后很长一段时间英国的股份有限公司基本上名存实亡。直到 1828 年，英国政府在充分认识到股份有限公司利弊的基础上，通过设立民间审计的方式，将股份公司中因所有权与经营权分离所产生的不足予以制约，才完善了这一现代化的企业制度。据此，英国政府撤销了《泡沫公司取缔法》，重新恢复了股份公司这一现代企业制度的形式。

**具体任务：**

为什么股份有限公司需要民间审计的"保驾护航"呢？

### ◉ 知识准备

## 一、西方审计的产生与发展

审计经历了一个漫长的历史发展过程。早在奴隶制下的古罗马、古埃及和古希腊时代，就出现了掌管国家财物和税赋的官吏，并进行具有审计性质的考核和监督工作。9 世纪后，由于商贸活动的迅速发展，地中海沿岸一些主要城市，如威尼斯、热那亚等一跃成为东西方集散贸易的中心。由于商品到岸后核对账单和货单的工作非常紧迫和繁重，因而造就了一批专门的查账员，并由他们来处理此项事务，这便是民间审计的萌芽。

18 世纪产业革命后，英国的资本主义经济迅猛发展，生产规模不断扩大；生产社会化程度加速提高，新的企业组织形式大量涌现，由此促使民间审计在英国产生。之后随着经济发展重心的转移，审计在美国得到了迅速的发展，并在审计方法、审计规范建设、业务范围等方面都日趋完善，成为保证经济健康发展不可或缺的重要手段。此后各国会计师事务所和会计师协会相继成立，注册会计师队伍逐渐壮大。注册会计师审计发展各阶段的主要特点如表 1-1 所示。

表 1-1　注册会计师审计发展各阶段的主要特点

| 时　间 | 阶　段 | 审计对象 | 审计目的 | 审计方法 | 其　他 | 报表使用人 |
|---|---|---|---|---|---|---|
| 19 世纪中叶到 20 世纪初 | 详细审计 英式审计 | 会计账目 | 查错防弊 | 对会计账目进行详细审计 | 注册会计师审计的法律地位得到了确认 | 股东 |
| 20 世纪初到 1933 年 | 资产负债表审计 美式审计 | 账目及资产负债表 | 判断企业信用状况 | 从详细审计初步转向抽样审计 | — | 股东、债权人 |

| 时　间 | 阶　段 | 审计对象 | 审计目的 | 审计方法 | 其　他 | 报表使用人 |
|---|---|---|---|---|---|---|
| 1933 年到第二次世界大战 | 会计报表审计 | 以资产负债表和收益表为中心的全部会计报表及相关财务资料 | 对会计报表发表审计意见，以确定会计报表的可信性，差错防弊转为次要目的 | 测试相关的内控，广泛采用抽样审计 | 审计准则开始拟定，审计工作向标准化、规范化过渡，注册会计师资格考试制度广泛推行 | 社会公众 |
| 第二次世界大战后 | — | — | — | 抽样审计方法得到普遍运用，制度基础审计方法得到推广，计算机辅助审计技术得到广泛采用 | 业务扩大到代理纳税、会计服务、管理咨询等领域 | — |

20 世纪 20 年代以来，经济贸易活动日趋国际化，跨国公司不断增加。这时，总公司的经理人员已不可能亲自搜集各种经营管理所需信息，也不可能对各级管理层和各个管理区域的管理者进行监督。为审查各级管理者在所有权统一的前提下所承担责任的履行情况，在企业内部设立了专门的机构和人员，由最高管理当局授权，对所属分支机构进行独立的内部审计监督，内部审计由此产生并发展起来，审计也由过去的单纯外部审计逐步转变为外部审计与内部审计相结合的方式。

## 二、我国审计的产生与发展

我国的审计最早产生于两千多年前的西周时期。随着生产力的发展、剩余产品的增加，国王将其拥有的财富委托给官吏管理，而为了检查官吏是否忠实地履行了相应的职责，便委派了一些专职人员代替国王进行监督检查，这就是最早的国家审计。西周初期的国家财计机构分为两个系统：一是地官大司徒系统，掌管财政收入；二是天官家宰系统，掌管财政支出。在天官系统之下又设有"宰夫"一职，年终、月终、旬终的财计报告先由"宰夫"命令督促各部门官吏整理上报，再由"宰夫"就地稽核，发现违法乱纪者，可以越级向天官或周王报告。"宰夫"一职的出现标志着我国国家审计的产生。

秦汉时期是我国封建社会的建立和成长时期，封建社会经济的发展促进了全国审计机构与监察机构相结合、经济法制与审计监督制度相统一的审计模式的逐渐形成。同时，"上计制度"在秦汉时期日臻完备。"上计"就是皇帝亲自听取和审核各级地方官吏的财政财务报表，以决定赏罚的制度。设立御史大夫一职掌管监督审计大权，不仅行使政治、军事监察的权力，而且控制和监督财政收支活动，勾稽总考财政收入情况。

隋唐是我国封建社会的兴盛时期。在这个阶段中央集权逐步加强，封建官僚体系日臻完善，审计制度也随之健全。隋朝在刑部下设比部，掌管国家财计监督，行使审计职权。

唐朝的比部仍然隶属于刑部,而且审计范围较广、项目较多,具有较强的独立性和较高的权威性,凡国家财计,无论军政均要审查。当时的法制比较健全,关于账簿设置、报表期限、国库出纳、贪污惩处等都有严格的规定,使审计工作有了较为完善的法律依据。到了宋代,审计一度停滞,元丰改制后审计重现生机。宋代设有审计司,隶属于太府寺,北宋时改为审计院。从宋代起,"审计"一词便成为我国财政监督的专用名词。

元、明、清时期封建经济渐趋衰弱,审计的发展也停滞不前。元、明、清三代取消了比部,由户部兼管财务报表的审核,审计监督流于形式,使审计职能受到严重削弱。

中华人民共和国成立初期,我国没有设置独立的审计机构,企业财税监督和货币管理通过不定期的会计检查进行。中国共产党第十一届三中全会以后,工作重点转移到了经济建设方面,实施了一系列相关政策。1982年修改的《中华人民共和国宪法》明确规定:"在国务院和县级以上人民政府设立审计机构,依照法律规定独立行使审计监督权,不受其他行政机关、社会团体和个人的干涉。"这就从宪法高度确立了审计的特殊地位。1983年中华人民共和国审计署成立。1988年,国务院颁布了《中华人民共和国审计条例》,1993年年底颁布了《中华人民共和国审计法》,从法律上进一步确立了审计的地位。随着我国改革开放和全面建设小康社会工作的不断推进,审计工作也在不断深化、不断提高,并取得了明显成效。从最初学习借鉴西方,到不断探索完善,走出了具有中国特色的审计之路。审计工作在维护国家财政经济秩序、提高财政资金使用效益、促进廉政建设、保障经济社会健康发展等方面发挥了重要作用。在党的十八届四中全会通过的《中共中央关于全面推进依法治国若干重大问题的决定》中提出,"加强党内监督、人大监督、民主监督、行政监督、司法监督、审计监督、社会监督、舆论监督制度建设";审计作为八大监督形式之一,越来越受到党和国家的重视,赢得了社会和人民的信任。

与此同时,我国另一支社会审计队伍——注册会计师也逐渐发展壮大起来。1980年12月,财政部发布了《关于成立会计顾问处的暂行规定》,标志着我国注册会计师行业开始复苏。1988年,中国注册会计师协会成立;1991年,注册会计师考试制度正式确立;1994年1月1日起,《中华人民共和国注册会计师法》开始实施;2006年,财政部正式发布了48项注册会计师执业准则,我国的注册会计师审计工作不断完善并得到了迅猛发展。注册会计师队伍也在不断壮大,1993年我国注册会计师1万余人、会计师事务所700余家;到2020年年底,中国注册会计师行业全国从业人员超40万人,共有执业注册会计师11万余人,会计师事务所8 628家(不含分所),全行业为全国4 000多家上市公司、8 000多家新三板企业和420多万家企事业单位提供审计鉴证和其他专业服务。

在党中央、国务院领导的亲切关怀下,在有关方面的共同支持下,经过40多年持续发展,我国审计行业从无到有、由弱变强,坚持服务国家建设,服务领域不断拓展,成为促进经济社会健康发展的重要力量。

## 三、审计产生与发展的客观基础

不论是中国还是西方,审计都是随着社会经济发展的需要而产生和发展的。随着经济的发展,剩余产品增加使财产所有者无法对财产实施有效的管理,从而产生了两权分离,进而产生了受托经济责任关系。财产所有者赋予其财产管理者保管和运用所有财产的权利,并要求他们负起管好用好这些财产的责任,这就是受托经济责任。

审计是在一定的受托经济责任关系出现时，基于经济监督的需要而产生的。从奴隶社会、封建社会到资本主义社会和社会主义社会，从审计行为的萌芽到国家审计、民间审计和内部审计机构的形成，都同财产所有权和经营管理权相分离而产生的受托经济责任有关，没有这种受托经济责任关系，就不可能产生审计行为。

18世纪产业革命后，生产社会化程度加速提高，股份公司大量涌现。股份公司的最大特点是财产所有权与经营管理权的分离，这种分离蕴含着经营管理人员损害财产所有者利益的风险，开始只有少数人认识到这种风险，并委托懂行的会计师对董事和经理使用托管财产的情况进行不定期的检查。1720年爆发的英国南海公司舞弊案可以说是民间审计发展的催化剂，使广大公众意识到了第三方监督的重要性，进而宣告了注册会计师的诞生。

受托经济责任关系是审计产生与发展的客观基础，人们对加强经济管理与控制的迫切要求是审计发展的动力。科学技术的发展丰富了审计内容，扩展了审计领域，完善了审计职能，尤其是为审计发展提供了方法与手段。

◎ **任务解析**

英国南海公司事件的发生进一步说明了：建立在所有权与经营权相分离基础上的股份公司，必须要有一个了解、熟悉会计语言的"第三方"站在公正、客观的立场上，对表达所有者与经营者利益的财务报表进行独立的检查，通过提高会计信息的可靠性来协调、平衡所有者与经营者之间的经济责任关系，保护广大投资者的利益。这个"第三方"就是审计组织与人员，如果缺乏审计这一机制，就会像南海公司一样，使得经营者为所欲为，严重损害所有者的利益，从而破坏整个社会经济的稳定。

◎ **能力拓展**

**要求：**搜集资料了解我国注册会计师行业发展的历程。

◎ **延伸阅读**

扫一扫，打开"注册会计师职业团体"阅读材料。

注册会计师
职业团体

# 任务二　审计的含义

会计与审计的
联系与区别

◎ **任务导入**

作为新兴的审计市场，二十多年来随着我国资本市场的发展壮大，注册会计师行业也得到了迅速的发展。在公司上市前的审计以及上市后的年报审计过程中，注册会计师的专业服务发挥着不可替代的作用。注册会计师被称为"经济警察"，不仅在资本市场发挥着至关重要的作用，在社会经济发展的各个环节也发挥着非常重要的作用，小到一个企业的设立和一个项目的结算，大到整个国家经济运行的安全保障，都有注册会计师的身影。审计也和我们个人的经济生活息息相关。作为投资人，当你在资本市场选择投资对象时，必须根据各企业的财务状况及经营成果做出判断。反映企业财务状况及经营成果的信息对投资者是如此的重要，谁来保证这些信息的公允性？这时候就需要注册会计师来对这些信息进行鉴证，从而保护投资人的利益。按照我国法律规定，股票上市的股份公司的年度报告必须接受中国注册会计师审计。

**具体任务：**

注册会计师被称为"经济警察"，在经济生活中发挥怎样的职能与作用呢？

◉ **知识准备**

# 一、审计的概念

由审计的产生与发展可以了解到审计是基于受托经济责任关系的一种监督活动。由此，可以将审计的定义归纳为：审计是指由独立的专职机构和专业人员依法对被审计单位的财政、财务收支及其有关经济活动的合法性、公允性和效益性进行监督、评价和鉴证，用以维护财经法纪、改善经营管理、提高经济效益、促进宏观调控的独立性经济监督活动。

对于审计的含义可以从审计的特征、审计的主体、审计的对象、审计的目标、审计的职能、审计的作用等几个方面来理解。

(1) 审计是一项具有独立性的经济监督活动，而独立性是审计区别于其他经济监督活动的特征。

(2) 审计的主体是从事审计工作的专职机构或专职人员，是独立的第三方，如国家审计机关、会计师事务所及其人员。

(3) 审计的对象是被审计单位的财政、财务收支及其他经济活动。这就是说，审计对象不仅包括会计信息及其所反映的财政、财务收支活动，还包括其他经济信息及其所反映的其他经济活动。

(4) 审计的主要目标不仅包括审查评价会计资料及其反映的财政、财务收支的合法性和公允性，还包括审查评价有关经济活动的效益性。

(5) 审计的职能是对经济活动进行监督、评价和鉴证，其中监督是其基本职能。

(6) 审计的作用是改善经营管理、提高经济效益、促进宏观调控。

# 二、审计的特征

## (一)独立性

审计的本质是独立性的经济监督活动。审计的独立性是保证审计工作顺利进行的必要条件。审计关系必须由审计委托人、审计人和被审计人三方面构成，缺少任何一方，独立的、客观公正的审计都将不复存在。这是由财产所有权与经营管理权相分离而决定的，财产所有者对企业拥有所有权但不亲自参加经营管理，为了保护自身的利益，委托审计人对财产经营者受托经济责任的履行情况进行审查，而这种审查只有独立于他们之外的第三方进行才能得到正确的、公允的、可靠的结果，这就是审计的独立性。审计关系如图 1-1 所示。

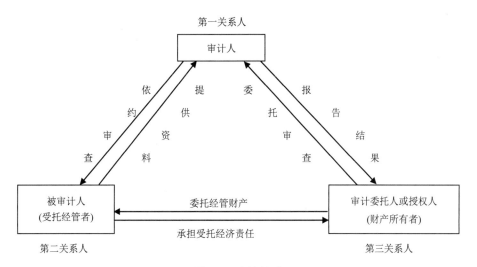

图 1-1　审计关系

独立性是审计的灵魂,不具有独立性的经济监督活动,如财政、银行、税务、工商行政管理等部门所从事的经济监督活动不能称为审计。正因为审计具有独立性,才受到社会公众的信任,才能保证审计人员依法进行的经济监督活动客观公正,提出证实财务状况和经营成果的审计信息才更有价值,才能对被审计单位确定或解除受托经济责任,更好地发挥审计的监督作用。因此,独立性的经济监督活动是审计的属性。审计的属性明确揭示了独立性是审计的特征,经济监督是审计的性质。

## (二)权威性

审计的权威性是与审计的独立性相关的。它是保证有效地行使审计监督权的必要条件。审计的独立性决定了它的权威性。审计组织或人员以独立于企业所有者和经营者的"第三方"身份进行工作,他们对企业会计报表的经济鉴证,恪守独立、客观、公正的原则,按照有关法律、法规,根据一定的准则、原则、程序进行;加上取得审计人员资格必须通过国家统一规定的严格考试,因而他们具有较高的专业知识,这就保证了其所从事的审计工作具有准确性、科学性。正因为如此,审计人员的审计报告才具有一定的社会权威性,并使经济利益不同的各方乐于接受。各国为保障审计的这种权威性,分别通过《公司法》《商法》《证券交易法》《破产法》等,从法律上赋予审计在整个市场经济中的经济监督、经济评价和经济鉴证的职能。一些国际性的组织为了提高审计的权威性,也通过协调各国的审计制度、准则、标准,使审计成为一项世界性的专业服务,增强各国会计信息的一致性和可比性,以利于加强国际的经济贸易往来,促进国际经济的繁荣。

## 三、审计的主体

审计主体是指依法行使审计职能的独立的专职机构和专业人员,具体包括国家审计机关、内部审计机构、民间审计组织与人员。

国家审计机关是代表政府行使审计监督权的机构。内部审计机构是在部门、单位内部从事审计工作的机构,主要对本部门或本单位的财政财务收支、经营管理活动及其经济效益进行审核和评价。民间审计组织主要指会计师事务所,会计师事务所是注册会计师依法承办业务的机构。民间审计人员主要是注册会计师,注册会计师是依法取得注册会计师证书并接受委托从事审计和会计咨询、会计服务业务的执业人员。注册会计师执行业务,应当加入会计师事务所。

## 四、审计的对象

　　审计对象是指审计监督的客体,即审计监督的内容和范围的概括。描述审计的对象,必须明确与审计对象有关的基本问题。一是审计的主体,即审计监督的执行者。二是审计的范围。审计的范围是指审计监督客体的外延,它是审计对象的组成部分。具体地说,就是被审计单位。三是审计的主要内容。审计的主要内容构成审计对象的内涵,即财务收支及其经营管理活动。四是审计所依据的信息来源。审计所依据的信息是指形成审计证据的各种文字、数据以及电子计算机的磁带、磁盘、磁鼓等。

　　审计的对象可概括为被审计单位的财务收支及其有关的经营管理活动以及作为提供这些经济活动信息载体的会计报表和其他有关资料。不论是传统审计还是现代审计,都要求以被审计单位客观存在的财务收支及其有关的经营管理活动为审计对象,对其是否公允、合法、合理进行审查和评价,以便对其所负受托经济责任是否认真履行进行确定、证明和监督。提供被审计单位经营管理活动信息的载体主要包括记载和反映被审计单位财务收支、提供会计信息载体的会计凭证、账簿、报表等会计资料以及有关计划、预算、经济合同等其他资料。会计报表和其他有关资料是审计对象的现象,其所反映的被审计单位的财务收支及其有关的经营管理活动才是审计对象的本质。

## 五、审计的职能与作用

### (一)审计的职能

　　审计的职能是指审计本身所固有的内在功能。审计有什么职能,有多少职能,这些都不是由人们的主观意愿来决定的,而是由社会经济条件和经济发展的客观需要来决定的。审计职能不是一成不变的,它是随着经济的发展而变化的。审计具有经济监督、经济评价和经济鉴证等职能。

#### 1. 经济监督

　　监督是指监察和督促。经济监督是指监察和督促被审计单位的全部经济活动或其某一特定方面在规定的范围以内,在正常的轨道上进行。

　　经济监督是审计最基本的职能。综观审计产生和发展的历史,审计无不表现为经济监督的活动,履行着经济监督的职能。审计工作的核心是通过审核检查,查明被审计事项的真相,对照一定的标准,做出被审计单位经济活动是否真实、合法、有效的结论。从依法检查到依法评价,直到依法做出处理决定以及督促决定的执行,无不体现了审计的监督职能。我国的审计实践证明,越是搞活经济、搞活企业,越是需要加强审计监督。通过审计监督,可以严肃财经纪律,维护国家和人民的利益,加强宏观调控和管理,促进提高企事业单位的经济效益。

需要指出的是，要使审计发挥监督职能，必须具备两个条件：一是监督必须由权力机关实施，二是要有严格的客观标准和明确的是非界限。

### 2. 经济评价

经济评价就是通过审核检查，评定被审计单位的计划、预算、决策、方案是否先进可行，经济活动是否按照既定的决策和目标进行，内部控制制度是否健全、有效，以及经济效益的高低优劣等，从而有针对性地提出意见和建议，以促使其改善经营管理，提高经济效益。

审核检查被审计单位的经济资料及其经济活动，是进行经济评价的前提，只有查明了被审计单位的客观事实真相，才能按照一定的标准进行对比和分析，才能形成各种经济评价意见。这样，经济评价才能建立在真实情况的基础之上，评价的结论才能客观、公正，才能被社会各界所接受。经济评价的过程同时也是肯定成绩、发现问题的过程。因此，审计建议是紧接着经济评价而产生的，是经济评价职能的一部分。建议就是审计人员从经济评价出发，提出改进经济工作、提高效率的办法和途径。这是现代审计对传统审计在职能上的拓展。

### 3. 经济鉴证

鉴证是指鉴定和证明。经济鉴证是指通过对被审计单位的会计报表及有关经济资料所反映的财务收支和有关经营管理活动的公允性、合法性的审核检查，确定其可信赖程度，并做出书面证明，以取得审计委托人或其他有关方面的信任。

经济鉴证职能是随着现代审计的发展而出现的一项职能，它不断受到人们的重视而日益强化，并显示出其重要作用。西方国家非常重视审计的经济鉴证职能，不少国家的法律明文规定，企业的会计报表必须经过审计人员审查鉴证之后才能获得社会的承认。经济鉴证职能的发挥应当具备两个条件：一是审计组织的权威性，二是审计组织的良好信誉。权威和信誉是互为前提、相辅相成的。

## (二)审计的作用

审计的作用是指履行审计职能、实现审计目标过程中所产生的社会效果。从古今中外的审计实践可知，审计具有制约性和促进性的作用。

### 1. 制约性作用

审计的制约性作用主要表现在：通过对被审计单位的财务收支及其有关经营管理活动进行审核检查，对被审计单位的财务收支及其有关经营管理活动进行监督和鉴证，揭发贪污舞弊、弄虚作假等违法乱纪、严重损失浪费及不经济的行为，依法追究责任，执行经济裁决或提请给予行政处分或刑事处罚，从而纠错揭弊，保证国家的法律、法规、方针、政策、计划和预算的贯彻执行，维护财经纪律和各项制度，保证会计资料及其他资料的正确、可靠，保护国家财产的安全和完整。制约性作用可以概括为以下两点。

(1) 揭示差错和弊端：审计通过审查取证可以揭示差错和弊端，不仅可以纠正核算差错，提高会计工作质量，还可以保护财产的安全，堵塞漏洞，防止损失。

(2) 维护财经法纪：在审查取证，揭示各种违法行为的基础上，通过对过失人或犯罪者的查处，提交司法、监察部门进行处理，有助于纠正或防止违法行为，维护财经法纪。

## 2. 促进性作用

审计通过审核检查，对被审计单位的经营管理制度及经营管理活动进行评价，指出其不合理方面，并提出建议，以便纠正改进，促进其加强经营管理。对于经济活动所实现的经济效益进行评价，指出潜力所在，促进其进一步挖掘潜力，不断提高经济效益和社会效益。促进性作用可以概括为以下两点。

(1) 改善经营管理：通过审查取证、评价揭示经济管理中的问题和管理制度上的薄弱环节，提出改进建议，促进其改善经营管理。

(2) 提高经济效益：通过对被审计单位财务收支及其有关经营管理活动效益性的审查，评价受托经济责任，总结经验，指出效益低下的环节，提出改进意见和建议，改进生产和经营管理工作，促进其提高经济效益。

### ◎ 任务解析

以上我们了解了审计的职能和作用。对于注册会计师来说，其最主要的职能是鉴证职能。我国外商投资企业和股份制企业的会计报表必须经民间审计人员鉴证后才具有法律效力，而且随着《企业会计准则》的实施，国家要求对国有企业的会计报表进行经济鉴证，以保护国家利益和有关方面的正当权益。审计的经济鉴证职能在经济生活中发挥着越来越重要的作用。

### ◎ 能力拓展

思考：审计关系中一般要有几方关系人共同参与？彼此间有着怎样的责任义务关系？

### ◎ 延伸阅读

扫一扫，打开"不拿国家工资的经济警察——注册会计师"阅读材料。

不拿国家工资的经济警察——注册会计师

# 任务三　审计的分类

### ◎ 任务导入

审计的基本分类

2022 年 2 月 4 日，我们迎来了举世瞩目的 2022 年北京冬奥会。北京是世界上首个同时举办夏奥和冬奥的"双奥之城"，审计署组织开展了"双奥审计"。为了向全世界奉献一场像冰雪一样纯洁干净的奥运盛会，按照"坚持节约原则，严格预算管理，控制办奥成本，强化过程监督"的要求，北京 2022 年冬奥会和冬残奥会跟踪审计从 2016 年启动，到 2023 年结束，审计人用 7 年时光陪伴冬奥会实现"简约、安全、精彩"的办赛宗旨。北京冬奥会承载着人类团结与友谊的力量，寄托着和平与进步的愿景；冬奥梦交汇中国梦，审计人将职业生涯融入百年梦想。

(资料来源：中国审计报社融媒体工作室。)

截至 2022 年 4 月底，4 805 家上市公司披露了审计报告，其中主板 3 155 家(包括 B 股 12 家)、创业板 1 140 家、科创板 420 家、北交所 90 家。93 家备案从事证券服务业务的会计师事务所实施了上市公司 2021 年年报审计工作。会计师事务所和注册会计师在年报审计中保持应有的职业怀疑，有效识别和应对重大错报风险，恰当发表审计意见，在提高上市公司财务信息披露质量、防范财务造假、保护投资者合法权益等方面充分发挥自身价值，"看门人"作用凸显。

(资料来源：证监会《2021 年度证券审计市场分析报告》。)

**具体任务：**

以上审计署组织的"双奥审计"、上市公司报表审计按主体划分属于何种审计？不同主体的审计各有什么特点？

### ◉ 知识准备

审计可以从不同的角度加以考察，从而做出不同的分类。对审计进行合理分类，有利于加深对审计的认识，从而有效地组织各类审计活动，充分发挥审计的积极作用。

## 一、按审计主体分类

按审计主体可以将审计划分为国家审计、内部审计和民间审计。

### (一)国家审计

国家审计(又称政府审计)是指由国家审计机关实施的审计。国家审计中由国家审计机关代表政府依法行使审计监督权。当前，世界各国的国家审计机关按隶属关系不同，可分为以下三种类型。

#### 1. 立法型

立法型的国家审计机关隶属于立法部门，依照国家法律赋予的权力行使审计监督权，一般直接对议会负责，并向议会报告工作。目前，世界上大多数国家的最高审计机关属于立法型审计机构。例如，奥地利审计院直接隶属于国民议会，每年向国民议会提交工作报告；美国审计总局(署)隶属于国会，不受任何行政当局干涉，独立行使审计监督权。立法型审计机关地位高、独立性强，不受行政当局的控制和干预。

#### 2. 司法型

司法型的国家审计机关隶属于司法部门，拥有很强的司法权。例如，意大利的审计法院对公共财务案件和法律规定的其他案件有裁判权，直接向两院报告审查的结果；西班牙审计法院拥有自己的司法院；法国审计法院也有一定的审判权。司法型审计机关可以直接行使司法权力，具有司法地位和很高的权威性。

#### 3. 行政型

行政型的国家审计机关隶属于政府行政部门，根据国家赋予的权限对政府所属各级、各部门、各单位的财政财务收支活动进行审计。它们对政府负责，保证政府财经政策、法令、计划、预算的正常实施。例如，沙特阿拉伯王国审计总局是对首相负责的独立机构，年度报告应呈递国王。行政型审计机关依据政府法规进行审计工作，其独立地位较低。

还有些国家的最高审计机关介于立法、司法及行政部门之间，称为独立模式。例如，日本的最高审计机关称为会计检查院，会计检查不属于立法、司法、行政机关，具有特别的地位。德国联邦审计院是联邦机构，是独立的财政监督机构，只受法律约束。联邦审计院的法定职能是协助联邦议院、联邦参议院和联邦政府做出决议。

## (二)内部审计

内部审计是指由部门和单位内部设置的审计机构或专职审计人员对本部门、本单位及其下属单位进行的审计。世界各国的内部审计机构按其隶属关系不同，可以分为主计负责制型、首长负责制型和董事会负责制型。

### 1. 主计负责制型

主计负责制是指内部审计机构受本单位主计负责人领导。由于受到主计负责人的制约，内部审计机构在进行全面审计或经济效益审计时，难以协调各职能部门之间的关系，不易取得各职能部门的配合与支持，审计难度较大。

### 2. 首长负责制型

首长负责制是指内部审计机构受本单位行政最高负责人直接领导。由于内部审计均不受各职能部门的制约，因而审计的独立性与权威性比主计负责制型更强。但由于其受到行政主要负责人的制约，内部审计机构的独立性与权威性难以充分体现。

### 3. 董事会负责制型

董事会负责制是指内部审计机构受本单位董事会或其下设的审计委员会领导。由于内部审计不受行政负责人的制约，因而其独立性与权威性都较强，能较好地发挥内部审计作用。

## (三)民间审计

民间审计又称社会审计、注册会计师审计或独立审计，是指由依法成立的社会组织接受委托人的委托而实施的审计。社会审计组织根据承办业务双方签订的审计业务约定书，对被审计单位的财务报表及其有关资料进行独立审查和鉴证，并出具审计报告，或者承办客户有关注册资金验证、代理企业纳税申报、提供会计及管理咨询服务等业务。

民间审计中由独立从事委托业务的会计师事务所对被审计单位进行审计监督。会计师事务所由注册会计师组成，是其承办法定业务的智力投资工作机构，它不是国家机关的职能部门，经济上也不依赖于国家或其他任何单位。综观注册会计师行业在西方的发展，会计师事务所主要有独资、普通合伙制、有限公司制、有限责任合伙制四种组织形式。

### 1. 独资会计师事务所

独资会计师事务所是由具有注册会计师执业资格的个人独立开业，承担无限责任。

优点是：对执业人员的需求不多，容易设立，执业灵活，能够在代理记账、代理纳税等方面很好地满足小型企业对注册会计师服务的需求，虽承担无限责任，但实际发生风险的程度相对较低。

缺点是：无力承担大型业务，缺乏发展后劲。

### 2. 普通合伙制会计师事务所

普通合伙制会计师事务所是由两位或两位以上注册会计师组成的合伙组织，以各自的财产对事务所的债务承担无限连带责任。

优点是：在风险的牵制和共同利益的驱动下，促使事务所强化专业发展，扩大规模，提高规避风险的能力。

缺点是：建立一个跨地区、跨国界的大型会计师事务所要经过一个漫长的过程；同时，任何一个合伙人执业中的错误与舞弊行为，都可能给整个会计师事务所带来灭顶之灾，使其一夜之间土崩瓦解。

### 3. 有限公司制会计师事务所

有限公司制会计师事务所是由注册会计师认购会计师事务所股份，并以其所认购股份对会计师事务所承担有限责任，会计师事务所以其全部资产对其债务承担有限责任。

优点是：可以通过公司制形式迅速聚集一批注册会计师，建立规模型大会计师事务所，承办大型业务。

缺点是：降低了风险责任对执业行为的高度制约，弱化了注册会计师的个人责任。

### 4. 有限责任合伙制会计师事务所

有限责任合伙制会计师事务所是事务所以全部资产对其债务承担有限责任，各合伙人对个人执业行为承担无限责任。

它最大的特点在于，既融入了普通合伙制和有限公司制会计师事务所的优点，又摒弃了它们的不足。

这种组织形式是为了顺应经济发展对注册会计师行业的要求，于 20 世纪 90 年代初期兴起的。到 1995 年年底，原"六大"国际会计公司在美国的执业机构已完成了向有限责任合伙制的转型，在其他国家和地区的执业机构的转型已基本完成。同时，在它们的主导下，许多国家和地区的大中型会计师事务所也陆续开始转型。有限责任合伙制会计师事务所已成为当今注册会计师职业界组织形式发展的一大趋势。

## 二、按审计内容分类

按审计的内容可以将审计划分为财政财务审计、财经法纪审计和经济效益审计。

### (一)财政财务审计

财政财务审计是指对被审计单位的财政财务收支活动进行的审计。其目的在于检查财政财务收支的真实性、合法性，借以保护国有资产安全完整，维护各方的合法权益并促进加强财政和财务管理。

### 1. 财政审计

财政审计是指由国家审计机关对本级财政预算的执行情况和下级政府财政预算的执行情况与决算，以及预算外资金管理和使用情况的真实性、合法性进行的审计监督。财政审计的内容主要有：财政部门批复预算、预算执行调整、预算收支变化情况，财政、海关、税务等部门依法组织预算收入情况，财政部门拨付预算支出资金情况，财政部门拨付地方支出和办理结算情况，财政部门管理内外债还本付息情况，政府各部门执行年度预算情况，各级国库办理预算资金收纳和拨付情况，专项支出和总预备费使用和管理情况，其他财政收支(预算外资金和财政有偿使用资金)情况。

### 2. 财务审计

财务审计是指由国家审计机关、内部审计机构和社会审计组织对各级政府部门、金融机构、企事业单位的财务收支及有关经济活动的真实性、合法性进行的审计监督。以企业财务审计为例，其审计的内容主要包括：企业执行的财务会计核算办法是否符合国家颁布的有关财务会计法规、制度的规定；被审查的会计资料是否真实公允地反映了企业在一定时期内的财务状况和经营成果。

## (二)财经法纪审计

财经法纪审计是指由国家审计机关和内部审计机构对某单位严重违反财经法纪的行为进行的专案审计。对被审计单位一般的经济舞弊行为，通常可以在财政财务审计中进行审查和提出审计意见，但对金额较大、情节严重，致使国有资产遭受严重损失以及严重危害社会主义经济建设或对社会风气造成恶劣影响的违反财经法纪的行为，则必须专门立案进行审计。这种必须专门立案进行审计的项目属于财经法纪审计。与财政财务审计相比，财经法纪审计更加突出合法性目标。

## (三)经济效益审计

经济效益审计是由审计人员对被审计单位或项目的经济活动进行综合、系统的审查分析，对照一定的标准客观评价单位的经济效益状况和潜力，确定其经济管理的效率性、效果性和经济性，并提出合理化建议以促使被审计单位改善管理，提高经济效益。

# 三、审计的其他分类

## (一)按审计实施范围分类

按实施审计的范围可以将审计划分为全面审计与局部审计。

全面审计是指对被审计单位审计期内的全部财务收支及有关经济活动的真实性、合法性和效益性进行审计。全面审计的特点是审查详细彻底，容易查出问题，有利于促进被审计单位改善经营管理，提高经济效益，但审计工作量大，费时费力，审计成本较高。全面审计一般仅适用于规模较小、业务量较少或内部控制制度极不健全、存在问题较多的单位。

局部审计是指对被审计单位审计期内的部分财务收支及有关经济活动的真实性、合法性和效益性进行审计，如审查企业现金收支业务、产品销售收入业务或进行货币资金审计、税金和利润审计等。局部审计的特点是范围小、审查重点突出、针对性强、省时省力、审计成本较低，但审计覆盖面有限，较容易遗漏问题。

## (二)按审计实施时间分类

按实施审计的时间可以将审计划分为事前审计、事中审计及事后审计。

事前审计是指审计人员在被审计单位的财政财务收支和经济业务发生之前进行的审计。这种审计主要是对计划、预算和决策进行审查，包括对被审计单位的计划、方案和预算的编制、投资方案的选择、经营决策的制定及其可行性研究报告等进行审查。事前审计可以起到预防作用，有助于减少决策失误，实现决策的科学化。

事中审计是指审计人员在被审计单位的财政财务收支和经济业务执行过程中进行的审计。例如，在固定资产投资项目施工过程中，对施工进度、投资完成情况进行审计；对各级政府部门财政预算执行情况进行审计。事中审计实效性较强，可以及时查明经济目标和预算的实现程度，有助于被审计单位及时采取措施纠正偏差，改善管理，保证目标和预算的实现。

事后审计是指审计人员在被审计单位的财政财务收支和经济业务完成之后进行的审计，如对某建设工程项目竣工交付使用的审计、年度财务决算审计、领导干部任期经济责任审计等。事后审计的资料齐全，能对所有已经发生的财政财务收支和经济业务的真实性、合法性和效益性做出全面评价，其监督作用较强，对于研究问题、纠正错弊、挽回已经造成的损失和改进工作都具有重要意义。

## (三)按审计执行地点分类

按执行审计的地点可以将审计划分为就地审计与报送审计。

就地审计是指由审计机构派出审计人员到被审计单位所在地进行的审计。就地审计又可以分为专程审计、驻地审计和巡回审计三种。专程审计是指审计组织依据审计计划和审计方案要求，指派审计人员到被审计单位进行的审计。驻地审计是指审计组织根据审计工作的需要，派出审计机构或审计人员长期驻在被审计单位，进行定期的、经常性的审计。巡回审计是指审计组织派审计人员到所属地区或单位巡回进行的审计。

报送审计又称送达审计，是指被审计单位按审计机关要求，将需要审查的资料按时送交审计机关进行的审计。报送的资料包括会计凭证、会计账簿、会计报表，以及其他与财政财务收支有关的资料。目前，我国主要是对国家行政机关和部分事业单位的决算进行报送审计。

## (四)按实施审计的动机分类

按实施审计的动机可以将审计划分为强制审计与任意审计。

强制审计是指根据国家法律规定必须执行的带有强制性的审计。我国的政府审计即属于强制审计，这种审计按照审计机关制订的审计工作计划进行，而不管被审计单位是否愿意接受审核检查。再比如我国《外商投资企业法》《公司法》等规定，三资企业或股票上市的股份公司每年必须接受中国注册会计师审计。

任意审计是指被审计单位出于某种自身的需要，自愿要求审计机构对其实施的审计。例如，企业为了取得银行贷款，自愿聘请社会审计组织对其财务报表进行审计鉴证。

◉ **任务解析**

审计按主体可分为国家审计、民间审计和内部审计。任务导入中，国家审计署进行的审计按主体划分应属于国家审计，会计师事务所对企业报表进行的审计属于民间审计。

国家审计的主要特点是法定性和强制性，拥有和管理国有资产的单位都必须依法接受国家审计的监督。审计机关做出的审计决定，被审计单位和有关人员必须执行。审计决定涉及其他有关单位的，有关单位应该协助执行。

民间审计的特点表现为以下三点。

(1) 独立性：社会审计组织完全独立于审计委托人和被审计人之外，注册会计师对审计对象不带任何偏见，对依靠审计结果的人保持客观态度。

(2) 委托性：社会审计组织所要办理的每一个审计项目及其审计的内容和目的，均取决于委托人的要求。

(3) 有偿性：社会审计组织实行企业化管理方式，根据"有偿服务、自收自支、独立核算、依法纳税"原则，对其接受委托承办的独立审计业务，要按规定的收费标准向委托人收费。

社会审计组织出具的审计报告具有法律效力，在社会上具有公证作用。

内部审计的特点表现为以下几点。

(1) 内向性：内部审计根据本部门、本单位自身的需要而建立，处于部门或单位内部，在本部门、本单位主要负责人的直接领导下开展工作，为本部门、本单位服务。内部审计实际上是本部门、本单位管理机构的一部分。

(2) 广泛性：内部审计不仅对财务收支进行审计监督，还对内部控制、生产经营等各个方面的经济活动进行检查、分析和评价，开展经济效益审计，其范围十分广泛。

(3) 及时性、针对性和经常性：内部审计人员因常年在本部门、本单位进行审计监督活动，对本部门、本单位的情况了如指掌，并可以随时了解企业的经济动态和信息，能够随时针对本部门、本单位的实际需要和存在的问题，有针对性地开展审计工作，及时提出改进措施并督促执行。

(4) 相对独立性：由于内部审计的执行主体隶属于被审计单位，因而决定了其独立性不如外部审计，其审计报告主要供内部管理部门使用，对外不起公证作用，但为了确保内部审计机构和人员在组织上和行使职权上能够具有相对的独立性，它在机构设置上不应隶属于单位内部的其他职能部门，更不能隶属于财会部门。

◉ **能力拓展**

**要求**：思考以下审计工作按时间划分应属于哪种类型。

(1) 对单位制订的计划、预算和决策进行审计。

(2) 对上市公司的年度报表进行审计。

(3) 领导干部任职期满进行离任审计。

(4) 对施工进度、投资完成情况进行审计。

(5) 对单位进行财经法纪审计。

## 延伸阅读

扫一扫，打开"四大会计师事务所"阅读材料。

四大会计师
事务所

# 任务四　我国的审计监督体系

我国审计监督
体系的构成

## 任务导入

　　2008 年四川省汶川县发生了震惊世界的特大地震。国内外各界人士给予了震区无私的援助，捐赠款物规模之大创历史之最。中央财政拨付的救灾、灾后重建资金在 700 亿元以上，如此大规模的款物，必须要加强监督管理，要向社会交一本明白账。在国家审计署的领导下，灾区各级审计机关派出工作组针对救灾资金物资的使用及灾后重建等进行了一系列的跟踪审计。

　　面对灾后恢复重建审计任务重、时间长、范围广、要求高、人力不足等困难，各级审计机关密切联系民间审计和内部审计机构，充分发挥各自的优势，国家审计以中央、地方财政救灾资金为主进行审计，民间审计加强各种民间捐赠机构的审计，内部审计帮助受灾企业在使用救灾资金、灾后重建方面发挥重要的监督、控制作用。由此实现多方联动，既扩大了审计覆盖面，也保证了审计质量，提高了工作效率。有效的审计为灾后重建工作保驾护航，从而促进了灾后恢复重建顺利进行。

**具体任务：**

我国的审计监督体系由哪几部分组成？它们之间有着怎样的联系？

## 知识准备

# 一、我国的国家审计

### (一)国家审计机关的设置

　　现行《中华人民共和国宪法》第九十一条规定："国务院设立审计机关，对国务院各部门和地方各级政府的财政收支，对国家的财政金融机构和企业事业组织的财务收支，进行审计监督。审计机关在国务院总理领导下，依照法律规定独立行使审计监督权，不受其他行政机关、社会团体和个人的干涉。"

　　国家审计机关实行统一领导分级负责的原则。国务院设审计署，在总理领导下，负责组织领导全国的审计工作，对国务院负责并报告工作。审计署设审计长一人，副审计长若干人。审计长由国务院总理提名，全国人民代表大会决定，国家主席任命。副审计长由国务院任命。

　　县级以上各级人民政府设立审计机关。地方各级审计机关分别在省长、自治区主席、市长、州长、县长、区长和上一级审计机关的领导下，组织领导本行政区的审计工作，负责领导本级审计机关审计范围内的审计事项，对上一级审计机关和本级人民政府负责并报告工作。

审计机关根据工作需要，可以在重点地区、部门设立派出机构，进行审计监督。审计署向重点地区、城市和计划单列市派出的代表人员，在该地区和城市组成审计特派员办事处，代表审计署执行审计业务，解决某些地方审计局难以解决的审计项目。例如，审计署派驻兰州市的机构称为"审计署驻兰州市特派员办事处"，其负责人称为"审计特派员"。

审计机关还可按工作内容和范围分设财政、金融、工业交通、商业粮食供销、外贸外资、农林水利、基本建设、科教卫生等职能审计部门，开展对行政机关、企业、事业、团体、军队等各种专业性审计工作。另外，审计机关还可设置审计科研培训机构，开展审计科学研究和培训审计人员。

审计署对地方各级审计机关(包括审计特派员办事处)实行业务上的领导。

### (二)国家审计的职责与权限

在《中华人民共和国审计法》中，明确规定了我国国家审计机关的职责和权限。

#### 1. 国家审计机关的主要职责

国家审计机关应根据有关法律、法规规定的审计客体的范围，对各单位的下列事项进行审计监督。

(1) 审计机关对本级各部门(含直属单位)和下级政府预算的执行情况和决算以及其他财政收支情况进行审计监督。

(2) 审计署在国务院总理的领导下，对中央预算执行情况和其他财政收支情况进行审计监督，向国务院总理提出审计结果报告。

地方各级审计机关分别在省长、自治区主席、市长、州长、县长、区长和上一级审计机关的领导下，对本级预算执行情况和其他财政收支情况进行审计监督，向本级人民政府和上一级审计机关提出审计结果报告。

(3) 审计署对中央银行的财务收支进行审计监督。

审计机关对国有金融机构的资产、负债、损益进行审计监督。

(4) 审计机关对国家的事业组织和使用财政资金的其他事业组织的财务收支进行审计监督。

(5) 审计机关对国有企业的资产、负债、损益进行审计监督。

(6) 对国有资本占控股地位或者主导地位的企业、金融机构的审计监督，由国务院规定。

(7) 审计机关对政府投资和以政府投资为主的建设项目的预算执行情况和决算进行审计监督。

(8) 审计机关对政府部门管理的和其他单位受政府委托管理的社会保障基金、社会捐赠资金以及其他有关基金、资金的财务收支进行审计监督。

(9) 审计机关对国际组织和外国政府援助、贷款项目的财务收支进行审计监督。

(10) 审计机关按照国家有关规定，对国家机关和依法属于审计机关审计监督对象的其他单位的主要负责人，在任职期间对本地区、本部门或者本单位的财政收支、财务收支以及有关经济活动应负经济责任的履行情况，进行审计监督。

(11) 审计机关对其他法律、行政法规规定应当由审计机关进行审计的事项，依法进行审计监督。

(12) 审计机关有权对与国家财政收支有关的特定事项，向有关地方、部门、单位进行专项审计调查，并向本级人民政府和上一级审计机关报告审计调查结果。

(13) 依法属于审计机关审计监督对象的单位，应当按照国家有关规定建立健全内部审计制度，其内部审计工作应当接受审计机关的业务指导和监督。

(14) 社会审计机构审计的单位依法属于审计机关审计监督对象的，审计机关按照国务院的规定，有权对该社会审计机构出具的相关审计报告进行核查。

**2. 国家审计机关的权限**

(1) 审计机关有权要求被审计单位按照审计机关的规定提供预算或者财务收支计划、预算执行情况、决算、财务会计报告，运用电子计算机储存、处理的财政收支、财务收支电子数据和必要的电子计算机技术文档，在金融机构开立账户的情况，社会审计机构出具的审计报告，以及其他与财政收支或者财务收支有关的资料，被审计单位不得拒绝、拖延、谎报。被审计单位负责人对本单位提供的财务会计资料的真实性和完整性负责。

(2) 审计机关进行审计时，有权检查被审计单位的会计凭证、会计账簿、财务会计报告，运用电子计算机管理财政收支、财务收支电子数据的系统，以及其他与财政收支、财务收支有关的资料和资产，被审计单位不得拒绝。

(3) 审计机关进行审计时，有权就审计事项的有关问题向有关单位和个人进行调查，并取得有关证明材料。有关单位和个人应当支持、协助审计机关工作，如实向审计机关反映情况，提供有关证明材料。

(4) 审计机关进行审计时，被审计单位不得转移、隐匿、篡改、丢弃会计凭证、会计账簿、财务会计报告以及其他与财政收支或者财务收支有关的资料，不得转移、隐匿所持有的违反国家规定取得的资产。

审计机关对被审计单位违反前款规定的行为，有权予以制止；必要时，经县级以上人民政府审计机关负责人批准，有权封存有关资料和违反国家规定取得的资产；对其中在金融机构的有关存款需要予以冻结的，应当向人民法院提出申请。

审计机关对被审计单位正在进行的违反国家规定的财政收支、财务收支行为，有权予以制止；制止无效的，经县级以上人民政府审计机关负责人批准，通知财政部门和有关主管部门暂停拨付与违反国家规定的财政收支、财务收支行为直接有关的款项，已经拨付的，暂停使用。

(5) 审计机关认为被审计单位所执行的上级主管部门有关财政收支、财务收支的规定与法律、行政法规相抵触的，应当建议有关主管部门纠正；有关主管部门不予纠正的，审计机关应当提请有权处理的机关依法处理。

(6) 审计机关可以向政府有关部门通报或者向社会公布审计结果。审计机关通报或者公布审计结果，应当依法保守国家秘密和被审计单位的商业秘密，遵守国务院的有关规定。

(7) 审计机关执行审计监督职责，可以提请公安、监察、财政、税务、海关、价格、工商行政管理等机关予以协助。

## 二、我国的内部审计

### (一)内部审计机构的设置

我国的内部审计机构，主要包括部门内部审计机构和单位内部审计机构。部门内部审计机构是县级以上各级政府的各部门设置的内部审计机构，它负责对本部门及所属单位的财务收支和经济效益进行审计，向本部门负责人和同级政府审计机关报告工作，审计业务受同级国家审计机关指导。单位内部审计机构是在大中型企业、事业单位设置的内部审计机构，它负责对本单位的财务收支及经济效益进行审计，向本单位负责人和上一级部门审计机构报告工作，审计业务受上一级部门审计机构指导。根据相关法规的规定，应当设置内部审计机构的部门和单位有：①审计机关未设派出机构，财政财务收支金额较大或者所属单位较多的政府部门；②县级以上国有金融机构；③国有大中型企业；④国有资产占控股地位或主导地位的大中型企业；⑤财政财务收支金额较大或者所属单位较多的国家事业单位；⑥其他需要设立内部审计机构的单位。非国有单位可以根据自己经营管理的需要设置内部审计机构。

审计署负责指导全国的内部审计工作；地方各级国家审计机构负责指导本地区的内部审计工作；国家审计派出机构负责指导直属单位和行业的内部审计工作；上级内部审计机构负责指导下属单位的内部审计工作。

### (二)内部审计的职责与权限

#### 1. 内部审计机构的职责

内部审计机构或者审计工作人员对本单位及本单位下属单位的下列事项进行审计监督。
(1) 财务计划或者单位预算的执行和决算。
(2) 与财务收支有关的经济活动及其经济效益。
(3) 国家和单位资产的管理情况。
(4) 违反国家财经法规的行为。
(5) 所在单位领导人交办的和审计机关委托的其他审计事项。
(6) 其他有关审计事项。

#### 2. 内部审计机构的权限

内部审计机构在审计过程中，主要有下列权限。
(1) 检查会计凭证、账簿、报表、决算、资金、财产，查阅有关的文件、资料。
(2) 参加有关的会议。
(3) 对审计中发现的问题向有关单位和人员进行调查并索取证明材料。
(4) 提出制止、纠正和处理违反财经法纪事项的意见，以及改进管理、提高效率的建议。
(5) 对严重违反财经法纪和严重失职造成重大经济损失的人员，向领导提出追究其责任的建议。
(6) 对阻挠、拒绝和破坏内部审计工作的，必要时，经领导批准，可采取封存账册和资财等临时措施，并提出追究有关人员责任的建议。

(7) 对工作中的重大事项，单位的应向上级内部审计机构反映，部门的应向同级政府审计机关反映。

此外还规定：内部审计机构所在单位可以在管理权限范围内，授予内部审计机构经济处理、处罚的权限。

# 三、我国的民间审计

## (一)民间审计机构的设置

我国现行《中国人民共和国注册会计师法》中规定只能设立合伙制和有限责任制的事务所。合伙设立的会计师事务所的债务，由合伙人按照出资比例或者协议的约定，以各自的财产承担责任。合伙人对会计师事务所的债务承担连带责任。有限责任制的会计师事务所应符合下列条件。

(1) 不少于 30 万元的注册资本。

(2) 有一定数量的专职从业人员，其中至少有 5 名注册会计师。

(3) 国务院财政部门规定的业务范围和其他条件。有限责任的会计师事务所以其全部资产对其债务承担责任。

注册会计师必须加入会计师事务所，才能承办业务。按规定，成立会计师事务所应报经财政部或省级财政厅(局)审查批准，并向当地工商行政管理机关办理登记，领取执照后，方能开业。

注册会计师和会计师事务所的管理机关，在全国为财政部，在各地区为省、自治区、直辖市财政厅(局)。为了掌握全国情况，财政厅(局)批准成立的会计师事务所应将其名称、章程、负责人等报财政部所属中国注册会计师协会备案。

## (二)民间审计的职责与权限

### 1. 民间审计的职责

《中华人民共和国注册会计师法》中明确规定了注册会计师的业务职责，注册会计师依法从事的业务按服务的性质可分为两种类型，即鉴证业务和非鉴证业务。具体内容如下。

(1) 审计业务。审计业务主要包括：①审查企业财务报表，出具审计报告；②验证企业资本，出具验资报告；③办理企业合并、分立、清算事宜中的审计业务，出具有关报告；④办理法律、行政法规规定的其他审计业务，出具相应的审计报告。

(2) 审阅业务。对历史财务信息进行鉴证，除了审计外，还有审阅。相对于审计而言，审阅的成本较低。注册会计师在实施审阅程序的基础上，说明是否注意到某些事项，使其相信财务报表没有按照适用的会计准则和相关会计制度的规定编制，未能在所有重大方面公允反映被审阅单位的财务状况、经营成果和现金流量。

(3) 其他鉴证业务。如内部控制审核、预测性财务信息审核等都属于其他鉴证业务。

(4) 相关服务业务。相关服务业务包括对财务信息执行商定程序、代编财务信息、税务服务、管理咨询及会计服务等。

①对财务信息执行商定程序。对财务信息执行商定程序是注册会计师对特定财务数据、单一财务报表或整套财务报表等财务信息执行与特定主体商定的具有审计性质的程序，并就执行的商定程序及其结果出具报告。②代编财务信息。代编财务信息是注册会计师运用会计而非审计的专业知识和技能，代客户编制一套完整或非完整的财务报表或代为收集、分类和汇总其他信息。③税务服务。税务服务包括税务代理和税务筹划。税务代理是注册会计师接受企业或个人委托，为其填制纳税申报表，办理纳税事项。税务筹划是由于纳税义务发生范围和时间不同，注册会计师从客户利益出发，代替纳税义务人设计可替代或不同结果的纳税方案。④管理咨询。会计师事务所管理咨询的服务范围很广，主要包括对公司的治理结构、信息系统、预算管理、人力资源管理、财务会计、经营效率、效果和效益等提供诊断及专业意见与建议。⑤会计服务。注册会计师提供的会计咨询和会计服务业务，除了代编财务信息外，还包括对会计政策的选择和运用提供建议、担任常年会计顾问等。注册会计师执行的会计咨询、会计服务业务属于服务性质，是所有具备条件的中介机构甚至个人都能从事的非法定业务。

### 2. 民间审计的权限

民间审计的机构和人员在接受委托事项后，可在职权范围内行使以下职权。

(1) 有权查阅与委托事项有关的财务会计资料和文件。

(2) 查看被审计单位的业务现场和设施。

(3) 向与委托事项有关的单位和个人进行调查和核实情况。

(4) 参加与委托事项有关的会议。

(5) 要求委托人提供其他必要的协助。

## ◎ 任务解析

我国审计监督体系由国家审计、民间审计和内部审计构成。三者的共同目标均为加强财政财务管理，维护国家财政经济秩序，促进廉政建设，提高经济效益，保障国民经济健康发展。但三者各自的侧重点不同：国家审计的目标侧重于维护国家经济秩序，促进廉政建设，改进政府行政管理；内部审计的目标侧重于促进加强内部管理，提高经济效益；民间审计的目标侧重于提高财务信息的可靠性，维护市场经济秩序，服务于市场经济。国家审计、内部审计和民间审计三者之间相互独立，服务于不同的审计对象和不同的审计目标，在不同的审计领域中各司其职，相互不可替代，因此不存在主导和从属的关系。同时三类审计之间又相互联系、相互配合、分工协作，共同构成我国的审计监督体系。

## ◎ 能力拓展

**要求：** 思考审计监督在中国特色监督体系中发挥着怎样的作用。

## ◎ 延伸阅读

扫一扫，打开"我国会计师事务所的转制"阅读材料。

我国会计师
事务所的转制

# 任务五　审计执业规范

## 任务导入

隆兴公司 2020 年为筹措资金,决定向银行贷款,但银行希望其出具审计后的财务报表,以做出是否对其贷款的决定。于是,隆兴公司决定聘请宝信会计师事务所进行审计。宝信会计师事务所依据审计准则的要求对隆兴公司报表进行了审计,工作完成后为隆兴公司出具了审计报告,并在报告中发表审计意见认为:隆兴公司的财务报表在所有重大方面按照《企业会计准则》的规定编制,公允反映了公司 2020 年 12 月 31 日的财务状况以及 2020 年度的经营成果和现金流量。之后,银行根据审计后的财务报表,批准了隆兴公司的贷款申请。

**具体任务:**

审计财务报表并出具审计报告是会计师事务所及注册会计师提供的最主要业务,也是民间审计鉴证职能的集中体现。注册会计师对报表进行审计要实现什么鉴证目标?

## 知识准备

# 一、审计准则的含义和作用

审计准则是专业审计人员在实施审计工作时必须恪守的最高行为准则,是审计工作质量的权威性判断标准。其作用体现在以下几个方面。

### (一)审计准则是衡量审计质量的尺度

审计是一种特殊的专业服务,具有无形、同步、易逝等特点,服务质量的高低取决于每一个被审计单位的感受。因而,很难对具体审计结果进行直接质量测定。对审计质量的统一社会评价,主要依靠对审计人员和审计过程中的专业行为的评价,审计准则提供了这种评价的尺度。没有对审计质量的评价就不会有高质量的审计服务。

### (二)审计准则是确定和解脱审计责任的依据

审计从某种意义上讲发挥着提供合理保证的作用,保证信息的可靠性,保护委托人的利益。相应地,审计对这种保证承担着责任,包括职业责任和法律责任。审计准则规定了审计职业责任的最低要求,审计人员若违背了审计准则,不仅说明未能切实履行应尽的职责,而且也应对其所造成的后果承担必要的法律责任。从积极意义上讲,审计准则又是保护审计人员的手段,避免滥用法律损害审计人员利益的行为。

### (三)审计准则是审计组织与社会进行沟通的中介

审计行为是一种专业行为,十分复杂,普通的公众很难真正理解其中的技术细节。借助于审计准则，社会可以了解审计工作的基本内容和审计质量的基本水准；通过让公众参与审计准则的制定，审计职业界可以了解社会对审计的需求及其变化。审计组织与社会的这种沟通，可以促进审计更好地满足社会和服务对象的需要。

### (四)审计准则是完善内部管理的基础

审计组织要不断加强、完善内部管理，改善审计的质量与效率，必须以科学、合理、明确的审计准则为基础。审计准则是审计人员行为的指南，是评价审计人员业绩的标准，是进行审计职业教育的根据。只有以审计准则为依据制定出各种内部管理制度，才能保证审计规范化的先进性和合理性。

另外，审计准则的颁布也为解决审计争议提供了仲裁标准，还为审计教育明确了方向，为审计专业教育和职业继续教育确定了努力目标。

综上所述，审计准则的作用已远远超出了审计业务工作的范围，客观上起到了促进整个审计事业发展的作用。审计准则在很大程度上反映了审计专业的水平，准则的建立和完善是审计事业发展的强大推动力。

## 二、注册会计师执业准则体系

注册会计师执业准则作为规范注册会计师执行业务的权威性标准，对提高注册会计师执业质量，降低审计风险，维护社会公众利益具有重要的作用。《中华人民共和国注册会计师法》规定中国注册会计师协会依法拟定执业准则、规则，报国务院财政部门批准后施行。

审计准则的建设以及准则体系的建立，有效地适应了注册会计师执业的需要。审计准则已经成为注册会计师执业的必备指导，成为衡量注册会计师执业质量的依据，成为理论研究、教学教材建设的重要推动力量。审计准则还是有关部门执法、判断注册会计师执业对错的依据。中国注册会计师执业准则体系如图1-2所示。

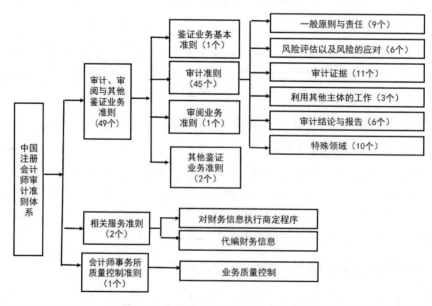

图 1-2　中国注册会计师执业准则体系

中国注册会计师执业准则包括以下内容。

## (一)鉴证业务准则

鉴证业务准则由鉴证业务基本准则统领，按照鉴证业务提供的保证程度和鉴证对象的不同，可以分为中国注册会计师审计准则、中国注册会计师审阅准则和中国注册会计师其他鉴证业务准则。其中，审计准则是整个执业准则体系的核心。

审计准则用以规范注册会计师执行历史财务信息的审计业务。在提供审计服务时，注册会计师对所审计的信息是否不存在重大错报提供合理保证，并以积极方式提出结论。

审阅准则用以规范注册会计师执行历史财务信息的审阅业务。在提供审阅服务时，注册会计师对所审阅的信息是否不存在重大错报提供有限保证，并以消极方式提出结论。

其他鉴证业务准则用以规范注册会计师执行历史财务信息审计或审阅以外的其他鉴证业务。根据鉴证业务的性质和业务约定的要求，提供有限保证或合理保证。

## (二)相关服务准则

相关服务准则用以规范注册会计师代编财务信息、执行商定程序、提供管理咨询等其他服务。在提供相关服务时，注册会计师不提供任何程度的保证。

## (三)质量控制准则

质量控制准则用以规范会计师事务所在执行各类业务时应当遵守的质量控制政策和程序，是对会计师事务所质量控制提出的制度要求。

# 三、鉴证业务的基本准则

在中国注册会计师执业准则体系中，鉴证业务准则是主体。鉴证业务是指注册会计师对鉴证对象信息提出结论，以增强除责任方之外的预期使用者对鉴证对象信息信任程度的业务。鉴证对象信息是按照标准对鉴证对象进行评价和计量的结果。例如，责任方按照会计准则和相关会计制度对其财务状况、经营成果和现金流量(鉴证对象)进行确认、计量和列报而形成的财务报表(鉴证对象信息)。

鉴证业务包括历史财务信息审计业务、历史财务信息审阅业务和其他鉴证业务。

鉴证业务的基本准则是鉴证业务准则的概念框架，规范注册会计师执行鉴证业务，明确鉴证业务的目标和要素，确定审计准则、审阅准则、其他鉴证业务准则适用的鉴证业务类型。

## (一)鉴证业务要素

鉴证业务要素是指鉴证业务的三方关系、鉴证对象、标准、证据和鉴证报告。

### 1. 鉴证业务的三方关系

三方关系人分别是注册会计师、被审计单位管理层(责任方)和预期使用者。注册会计师对由责任方负责的鉴证对象或鉴证对象信息提出结论，以增强除责任方之外的预期使用者对鉴证对象信息的信任程度。

在报表审计业务中，由于财务报表是由被审计单位管理层负责的，因此，注册会计师的审计意见主要是向除责任方之外的预期使用者提供的。由于审计意见有利于提高财务报表的可信性，有可能对管理层有用，因此，管理层也会成为预期使用者之一，但不是唯一的预期使用者。是否存在三方关系是判断某项业务是否属于审计业务或其他鉴证业务的重要标准之一。如果某项业务不存在除责任方之外的其他预期使用者，那么该业务不构成一项审计业务或其他鉴证业务。

### 2. 鉴证对象

鉴证对象是否适当，是注册会计师能否将一项业务作为审计业务或其他鉴证业务予以承接的前提条件。适当的鉴证对象应当同时具备下列条件：①鉴证对象可以识别；②不同的组织或人员对鉴证对象按照既定标准进行评价或计量的结果合理一致；③注册会计师能够收集与鉴证对象有关的信息，获取充分、适当的证据，以支持其提出适当的鉴证结论。

在财务报表审计中，鉴证对象是历史的财务状况、经营业绩和现金流量，鉴证对象信息即财务报表。财务报表通常是指整套财务报表，有时也指单一财务报表。整套财务报表的构成应当根据适用的财务报告编制基础的规定确定。就许多财务报告编制基础而言，财务报表旨在提供有关被审计单位财务状况、经营成果和现金流量的信息。对这些财务报告编制基础，整套财务报表通常包括资产负债表、利润表、现金流量表、所有者权益(或股东权益)变动表和相关附注。

### 3. 标准

标准即用来对鉴证对象进行评价或计量的基准，当涉及列报时，还包括列报的基准。

标准是鉴证业务中不可或缺的一项要素。运用职业判断对鉴证对象做出评价或计量，离不开适当的标准。如果没有适当的标准提供指引，任何个人的解释甚至误解都可能对结论产生影响，这样一来，结论必然缺乏可信性。注册会计师在运用职业判断对鉴证对象做出合理一致的评价或计量时，需要有适当的标准。

在财务报表审计中，财务报告编制基础即是标准。适用的财务报告编制基础，是指法律法规要求采用的财务报告编制基础；或者管理层和治理层(如适用)在编制财务报表时，就被审计单位性质和财务报表目标而言，采用的可接受的财务报告编制基础。财务报告编制基础分为通用目的编制基础和特殊目的编制基础。通用目的编制基础，旨在满足广大财务报表使用者共同的财务信息需求的财务报告编制基础，主要是指会计准则和会计制度。特殊目的编制基础，旨在满足财务报表特定使用者对财务信息需求的财务报告编制基础，包括计税核算基础、监管机构的报告要求和合同的约定等。

### 4. 证据

获取充分、适当的证据是注册会计师提出鉴证结论的基础。

注册会计师应当以职业怀疑态度计划和执行鉴证业务，获取有关鉴证对象信息是否不存在重大错报的充分、适当的证据。注册会计师应当及时对制订的计划、实施的程序、获取的相关证据以及得出的结论做出记录。注册会计师在计划和执行鉴证业务，尤其在确定证据收集程序的性质、时间和范围时，应当考虑重要性、鉴证业务风险以及可获取证据的数量和质量。

## 5. 鉴证报告

注册会计师应当针对鉴证对象信息(或鉴证对象)在所有重大方面是否符合适当的标准,以书面报告的形式发表能够提供一定保证程度的结论。

### (二)鉴证业务的目标

鉴证业务的保证程度分为合理保证和有限保证。合理保证的保证水平要高于有限保证的保证水平。

合理保证的鉴证业务的目标是注册会计师将鉴证业务风险降至该业务环境下可接受的低水平,以此作为以积极方式提出结论的基础。例如,在历史财务信息审计中,要求注册会计师将审计风险降至该业务环境下可接受的低水平,对审计后的历史财务信息提供高水平保证(合理保证),在审计报告中对历史财务信息采用积极方式提出结论。这种业务属于合理保证的鉴证业务。

有限保证的鉴证业务的目标是注册会计师将鉴证业务风险降至该业务环境下可接受的水平,以此作为以消极方式提出结论的基础。例如,在历史财务信息审阅中,要求注册会计师将审阅风险降至该业务环境下可接受的水平(高于历史财务信息审计中可接受的低水平),对审阅后的历史财务信息提供低于高水平的保证(有限保证),在审阅报告中对历史财务信息采用消极方式提出结论。这种业务属于有限保证的鉴证业务。

### (三)业务承接

在接受委托前,注册会计师应当初步了解业务环境。业务环境包括业务约定事项、鉴证对象特征、使用的标准、预期使用者的需求、责任方及其环境的相关特征,以及可能对鉴证业务产生重大影响的事项、交易、条件和惯例等其他事项。

在初步了解业务环境后,只有认为符合独立性和专业胜任能力等相关职业道德规范的要求,并且拟承接的业务具备下列所有特征,注册会计师才能将其作为鉴证业务予以承接。

(1) 鉴证对象适当。

(2) 使用的标准适当且预期使用者能够获取该标准。

(3) 注册会计师能够获取充分、适当的证据以支持其结论。

(4) 注册会计师的结论以书面报告形式表述,且表述形式与所提供的保证程度相适应。

(5) 该业务具有合理的目的。如果鉴证业务的工作范围受到重大限制,或者委托人试图将注册会计师的名字和鉴证对象不适当地联系在一起,则该项业务可能不具有合理的目的。

当拟承接的业务不具备上述鉴证业务的所有特征,不能将其作为鉴证业务予以承接时,注册会计师可以提请委托人将其作为非鉴证业务(如商定程序、代编财务信息、管理咨询、税务咨询等相关服务业务),以满足预期使用者的需要。

### ◎ 任务解析

注册会计师对财务报表的鉴证主要包括审计业务和审阅业务两种。二者的区别如表 1-2 所示。

表 1-2　报表审计与报表审阅的区别

| 区　别 | 业务类型 | |
| --- | --- | --- |
| | 财务报表审计<br>(合理保证) | 财务报表审阅<br>(有限保证) |
| 目标 | 在可接受的低审计风险下,以积极方式对财务报表整体发表审计意见,提供高水平的保证 | 在可接受的审阅风险下,以消极方式对财务报表整体发表审阅意见,提供有意义水平的保证。该保证水平低于审计业务的保证水平 |
| 证据收集程序 | 通过一个不断修正的、系统化的执业过程,获取充分、适当的证据,证据收集程序包括检查记录或文件、检查有形资产、观察、询问、函证、重新计算、重新执行、分析程序等 | 通过一个不断修正的、系统化的执业过程,获取充分、适当的证据,证据收集程序受到有意识的限制,主要采用询问和分析程序获取证据 |
| 所需证据数量 | 较多 | 较少 |
| 检查风险 | 较低 | 较高 |
| 财务报表的可信性 | 较高 | 较低 |
| 提出结论的方式 | 以积极方式提出结论。例如:"我们认为,ABC 公司财务报表在所有重大方面按照企业会计准则和《××会计制度》的规定编制,公允反映了 ABC 公司20×1年12月31日的财务状况以及20×1年度的经营成果和现金流量。" | 以消极方式提出结论。例如:"根据我们的审阅,我们没有注意到任何事项使我们相信,ABC 公司财务报表没有按照企业会计准则和《××会计制度》的规定编制,未能在所有重大方面公允反映被审阅单位的财务状况、经营成果和现金流量。" |

综上所述,在财务报表审计业务中,鉴证业务目标是要在可接受的低审计风险下,以积极方式对财务报表整体发表审计意见,提供高水平的保证,即对鉴证对象及其信息提供合理保证。

## ◉ 能力拓展

某零售公司是一家上市的美国大型零售折扣店。1972 年,该公司为了掩盖一次重大经营损失的真相,将 250 万美元的损失改为 150 万美元的收益。之后不久,该公司因经营失败倒闭了。投资人遭受了财产上的损失,在指责该零售公司的同时,也将矛头指向了为其审计的会计师事务所,认为会计师事务所未能及时发现该公司的造假行为,工作有失误,有义务赔偿投资人遭受的损失。

**要求:**思考上例中,如果投资人起诉,那么会计师事务所是不是一定要承担法律责任?会计师事务所及注册会计师承担法律责任的决定性因素是什么?

## ◉ 延伸阅读

扫一扫,打开"我国审计职业规范的建立"阅读材料。

我国审计职业
规范的建立

# 复习自测题

## 一、单项选择题

1. 审计产生和发生的基础是(      )。

    A. 经济管理和控制的加强               B. 维系受托经济责任关系

    C. 现代科学管理的方法和手段        D. 社会的进步和发展

2. (      )是指监察和督促被审计单位的经济活动在规定的范围内，在正常的轨道上进行。

    A. 经济评价职能                     B. 经济鉴证职能

    C. 经济监督职能                     D. 经济保证职能

3. 一般来说，实行有偿审计的是(      )。

    A. 国家审计机关    B. 地方审计机关     C. 社会审计组织     D. 内部审计部门

4. 我国第一个独立的审计机构是(      )。

    A. 西周的"宰夫"                  B. 隋唐的"比部"

    C. 宋朝的"审计院"             D. 现在的"审计署"

5. 当今世界上大多数国家的审计机关属于议会领导，这种审计机关的设立模式属于(      )。

    A. 立法型         B. 司法型         C. 行政型         D. 独立型

6. 报送审计一般适用于(      )。

    A. 情节严重的财经法纪审计       B. 经济效益审计

    C. 专案审计                    D. 行政事业单位的经费收支审计

7. 下列有关经济效益审计的说法，不正确的是(      )。

    A. 经济效益审计的目的在于提高企业的经济效益

    B. 经济效益审计的对象是被审计单位的业务经营活动和管理活动

    C. 经济效益审计的结论具有法律效力

    D. 经济效益审计更强调事前审计的作用

8. 注册会计师审计的最主要职能是(      )。

    A. 评价            B. 监督           C. 鉴证           D. 证明

9. 下列关于审计独立性由强至弱的排序，正确的是(      )。

    A. 民间审计、政府审计、内部审计

    B. 政府审计、民间审计、内部审计

    C. 政府审计、注册会计师审计、内部审计

    D. 内部审计、政府审计、注册会计师审计

10. (      )的经济监督活动是审计的根本属性。

    A. 权威性        B. 独立性          C. 客观性          D. 合法性

11. 对领导干部的离任审计属于(      )。

    A. 专项审计       B. 事后审计        C. 局部审计         D. 事前审计

12. 下列不属于社会审计特点的是(　　)。
    A. 审计的独立性　B. 审计的委托性　　　C. 审计的有偿性　　　D. 审计的强制性
13. 下列说法中，表述正确的是(　　)。
    A. 政府审计是独立性最强的一种审计　　B. 民间审计仅指对资产负债表的审计
    C. 经济合同纠纷审计属于定期审计　　　D. 财务报表审计属于事后审计
14. 审计的主体是指(　　)。
    A. 被审计单位
    B. 审计的专职机构和专职人员
    C. 被审计单位的经济活动
    D. 审计的授权者
15. 将审计分为就地审计与报送审计的分类依据是(　　)。
    A. 审计主体
    B. 审计的目的和内容
    C. 审计实施的时间
    D. 审计执行的地点
16. (　　)是整个执业准则体系的核心。
    A. 审计准则　　　　B. 审阅准则　　　　C. 相关服务准则　　　D. 质量控制准则
17. 质量控制准则是用来约束(　　)的。
    A. 注册会计师
    B. 会计师事务所
    C. 被审计单位
    D. 注册会计师和会计师事务所
18. 注册会计师提供的会计咨询、会计服务业务不包括(　　)。
    A. 管理咨询　　　B. 代理记账　　　C. 税务代理　　　D. 验资
19. 在确定审计业务的三方关系时，下列有关责任方的说法中错误的是(　　)。
    A. 责任方可能是预期使用者，但不是唯一的预期使用者
    B. 责任方可能是审计业务的委托人，也可能不是委托人
    C. 责任方是对财务报表负责的组织或人员
    D. 注册会计师的审计意见主要向责任方提供
20. 审计业务要求注册会计师提供的保证属于(　　)。
    A. 合理保证
    B. 有限保证
    C. 合理保证和有限保证
    D. 任何保证

## 二、多项选择题

1. 审计可以从不同的角度进行分类，下列正确的有(　　)。
    A. 审计按目的和内容不同，可分为财务报表审计、经营审计和合规性审计
    B. 审计按主体不同，可分为内部审计和外部审计
    C. 审计按实施的时间不同，可分为事前审计、事中审计和事后审计
    D. 审计按主体不同，可分为政府审计、内部审计和注册会计师审计
2. 下列民间审计与政府审计的区别，正确的有(　　)。
    A. 民间审计是受托审计，政府审计是强制审计
    B. 民间审计是会计师事务所进行的，是有偿审计；政府审计是政府行为，是无偿审计
    C. 民间审计是单向独立，政府审计是双向独立
    D. 民间审计的审计标准与政府审计的审计标准不同

3. 根据《中华人民共和国注册会计师法》的规定，注册会计师承办的业务项目包括(　　)。

    A. 审查企业会计报表，出具审计报告

    B. 验证企业资本，出具验资报告

    C. 办理企业合并、分立、清算事宜中的审计业务，出具有关的报告

    D. 承办会计咨询、会计服务业务

4. 我国县级以上人民政府设立审计局，应接受(　　)的领导。

    A. 本级人民政府　　　　　　　　B. 本级人民代表大会

    C. 上一级审计机关　　　　　　　D. 上级人民政府

5. 下列关于审计监督体系的阐述，正确的有(　　)。

    A. 注册会计师、内部审计和政府审计各司其职，不存在主导与服从的关系

    B. 注册会计师审计又称民间审计，会计师事务所无须接受审计署的业务指导

    C. 有些内部审计业务可以由政府审计代行其职

    D. 政府审计是一种法定审计，是对被审计单位实施的强制审计

6. 审计主体具体包括(　　)。

    A. 国家审计机关　　　　　　　　B. 内部审计机构

    C. 民间审计组织　　　　　　　　D. 注册会计师协会

7. 审计的特征包括(　　)。

    A. 有偿性　　　　B. 独立性　　　　C. 强制性　　　　D. 权威性

8. 审计业务的三方关系包括(　　)。

    A. 审计人　　　　　　　　　　　B. 被审计人

    C. 被审计单位经济活动　　　　　D. 审计委托人或授权人

9. 从国外民间审计行业发展来看，会计师事务所主要的组织形式包括(　　)。

    A. 独资会计师事务所　　　　　　B. 普通合伙制会计师事务所

    C. 有限责任公司制会计师事务所　D. 有限责任合伙制会计师事务所

10. 关于内部审计的特点说法正确的有(　　)。

    A. 有偿性　　　　B. 内向性　　　　C. 广泛性　　　　D. 及时性

11. 注册会计师执业准则包括(　　)。

    A. 鉴证业务准则　B. 相关服务准则　C. 质量控制准则　　D. 职业道德准则

12. 下列属于审计准则的作用的是(　　)。

    A. 审计准则是衡量审计质量的尺度

    B. 审计准则是确定和解脱审计责任的依据

    C. 审计准则是完善审计组织内部管理的基础

    D. 审计准则是审计组织与社会进行沟通的中介

13. 下列属于鉴证业务准则的是(　　)。

    A. 审计准则　　　B. 审阅准则　　　C. 其他鉴证业务　　D. 质量控制准则

14. 鉴证业务常见的保证程度有(　　)。

    A. 积极保证　　　B. 消极保证　　　C. 合理保证　　　　D. 有限保证

15. 鉴证业务要素包括(    )。

    A. 鉴证业务的三方关系　　　　　　B. 鉴证对象的信息

    C. 鉴证报告　　　　　　　　　　　D. 标准

### 三、判断题

1. 民间审计的产生早于政府审计和内部审计。                    (    )

2. 局部审计的特点是范围小、审查突出重点、针对性强、审计成本较低。  (    )

3. 在我国，外商投资企业和股票上市的股份制企业的年报审计属于强制审计。

4. 审计对象是指被审计单位的会计资料和其他有关资料。          (    )

5. 国家审计又称为政府审计，是指由各级政府审计机关依法对被审计单位的财政、财务收支状况和经济效益所实施的审计。国家审计最主要的特点是它的高度独立性。  (    )

6. 经济效益审计是指由独立的审计机构和人员对部门和单位的会计资料及其所反映的经济活动的效益性进行评价的一种审计形式，因而主要通过监督职能来完成。  (    )

7. 审计的促进性作用表现为揭示差错和舞弊，维护财经法纪。      (    )

8. 受托经济责任关系的确立，是审计产生与发展的客观基础。    (    )

9. 审计的本质在于它的独立性和权威性。                  (    )

10. 内部审计的结果只对本部门、本单位负责，对外不起鉴证作用。  (    )

11. 注册会计师从事任何业务，必须遵照注册会计师审计准则。    (    )

12. 注册会计师如果没有查出会计报表中的错误，则必须承担法律责任。  (    )

13. 在有限保证的鉴证业务中，注册会计师提出结论的方式属于消极方式。  (    )

14. 在合理保证的鉴证业务中，保证程度可以很高，但不可能达到100%。  (    )

15. 鉴证业务是指注册会计师对鉴证对象信息提出结论，以增强预期使用者对鉴证对象信息信任程度的业务。  (    )

# 项目二　财务报表审计

## 【技能目标】

- 能正确地确定审计目标。
- 能选择正确的方法获取审计证据。

## 【知识目标】

- 了解财务报表审计的基本要求。
- 了解审计抽样的应用。
- 理解审计的业务流程。
- 掌握审计证据的特征及分类。
- 掌握基本的审计程序。

## ◉ 知识导图

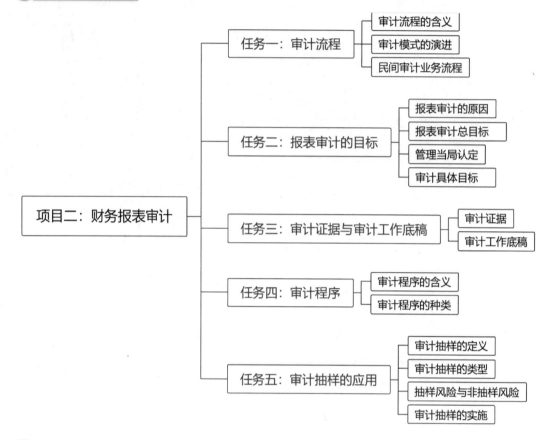

## ◉ 项目描述

财务报表审计与企业的会计工作关系密切，在审计财务报表的合法性、公允性时必须以编制财务报表适用会计准则和会计制度的要求作为审计的判断标准。要胜任财务报表审计工作，首先要具备丰富的会计知识和熟练的操作技能。本项目中，我们将学习财务报表审计的基本方法和程序，了解财务报表审计的工作流程，为之后财务报表审计实务的开展奠定基础。

从本项目起，我们将以信诚会计师事务所对康诺股份有限公司的审计业务为例来介绍财务报表审计的实施。

## ◉ 情境引导

**康诺股份有限公司的报表审计**

康诺股份有限公司(以下简称康诺公司)是一家主营新型健身器材的小型制造业企业，由5名股东共同出资成立，其中王明出资40%，王明同时兼任公司总经理，管理企业日常经营。剩余部分由王明的4个朋友每人出资15%，这4名股东只出资但不参与公司的经营。康诺公司成立5年来，因产品新颖、质量过硬受到消费者欢迎，公司发展势头良好。2020年王明开发的新产品成功，预计企业发展又会上一个台阶，但现有的生产能力不能满足未来企业的发展。经过和其他股东商议，康诺公司决定寻找新的投资者为企业注资，扩大企业的生产规模。之后王明接触了 2 名投资人，他们对康诺公司表现出浓厚的投资兴趣，但要求康诺公司首先要提供证明其经营状况的财务资料，包括经审计的财务报表。

　　王明找到公司的财务部经理张强，向他说明了公司接触新投资人的情况，并告知投资人提出的资料要求。由于之前不了解报表审计业务，王明提出：公司的财务部能否提供投资人需要的经审计的财务报表？张强当即表示，财务报表审计必须委托会计师事务所，并由注册会计师完成。王明要求张强尽快联系会计师事务所以完成投资人要求的报表审计工作。

　　之后，张强找到了信诚会计师事务所。信诚会计师事务所是一家稳健成长的会计师事务所，事务所设在山东省济南市，除承接当地业务外，也辐射周边地区开展部分业务。信诚会计师事务所把核心业务定位在为制造业企业提供审计服务上，现有员工 14 人，有精通审计业务的合伙人 5 人；另外事务所的公司服务部还有 1 名经验丰富的税务专家和 1 名熟悉管理及信息系统的专家，他们除为审计业务提供协助外，还可向客户提供税务及管理咨询方面的服务。

　　虽然随着审计的发展，审计的业务范围也在不断扩大，但财务报表审计始终是注册会计师最为重要的业务。那么，报表为什么需要审计？注册会计师通过对报表审计要实现什么目标？注册会计师又是如何开展报表审计工作的呢？

# 任务一　审　计　流　程

审计业务流程

## 任务导入

　　为保证信诚会计师事务所能够胜任本公司的报表审计工作，康诺公司财务部经理张强与信诚会计师事务所业务负责人李立进行了交流，详细了解了该事务所报表审计业务开展的情况。李立结合事务所完成的典型业务及事务所内部质量控制要求向张强介绍了报表审计业务的工作过程及工作要求。

**具体任务：**

审计工作过程应包括哪几个阶段？各阶段应完成哪些工作？

## 知识准备

### 一、审计流程的含义

　　审计流程是指审计工作从开始到结束的整个过程，是在审计目标的指引下通过制订、执行审计计划，有组织地采用科学的程序收集和评价审计证据，完成审计工作，提交审计报告，最终实现审计目标的系统过程。一般来说，无论何种审计，审计流程一般包括计划、实施和终结三个阶段，每个阶段又包括不同的内容和步骤。

## 二、审计模式的演进

历史地看，审计模式演进经历了账项基础审计、制度基础审计、风险导向审计三个阶段。早期的审计中获取证据的方法比较简单，审计人员将大部分精力投向会计凭证和账簿的详细检查，这种详细审计又称账项基础审计。由于企业规模的日益扩大，经济活动和交易事项的内容不断丰富、复杂，审计人员的工作量迅速增大，而需要的审计技术日益复杂，从而使得详细审计难以实施。为了进一步提高审计效率，审计人员将审计的视角转向企业的管理制度，发现设计合理并且执行有效的内部控制可以保证财务报表的可靠性，防止重大错误和舞弊的发生。因此审计人员将内部控制与抽样审计结合起来，产生了制度基础审计。制度基础审计的缺点是没有与审计风险联系起来，无法为降低审计风险提供指南和帮助。

在当今审计风险日益增加的情况下，风险导向审计逐渐成为审计方法的主流。风险导向审计要求审计人员以重大错报风险的识别、评估和应对作为审计工作的主线，以提高审计效率和效果。以下将结合风险导向审计的要求介绍民间审计的基本流程。

## 三、民间审计业务流程

### (一)接受业务委托

会计师事务所应当按照执业准则的规定，谨慎决策是否接受或保持某客户关系和具体的审计业务。在接受新客户的业务前，或决定是否保持现有业务或考虑接受现有客户的新业务时，会计师事务所应当执行必要的程序，以获取如下信息：①考虑客户的诚信，没有信息表明客户缺乏诚信；②具有执行业务必要的素质、专业胜任能力、时间和资源；③能够遵守相关职业道德要求。

会计师事务所执行上述程序的目的，旨在识别和评估会计师事务所面临的风险并对自身执行业务的能力进行评价。一旦决定接受业务委托，注册会计师应当与客户就审计约定条款达成一致意见，并与其签订审计业务约定书，以明确双方的权利与义务。审计业务约定书具有经济合同的性质，一经约定各方签字或盖章认可，即成为法律上生效的契约，对各方均具有法定约束力。

### (二)计划审计工作

计划审计工作十分重要，计划不周不仅会导致盲目实施审计程序，无法获得充分、适当的审计证据以将审计风险降至可接受的水平，影响审计目标的实现，而且还会浪费有限的审计资源，增加不必要的审计成本，影响审计工作的效率。因此，对于任何一项审计业务，注册会计师在执行具体审计程序之前，都必须根据具体情况制订科学、合理的计划，使审计业务以有效的方式得到执行。一般来说，计划审计工作主要包括：①开展初步业务活动；②制定总体审计策略；③制订具体审计计划等。计划审计工作不是审计业务的一个孤立阶段，而是一个持续的、不断修正的过程，贯穿于整个审计业务的始终。

### (三)识别和评估重大错报风险

风险导向审计要求审计人员以重大错报风险的识别、评估和应作对为审计工作的主线，以提高审计效率和效果。风险评估程序是指注册会计师为了了解被审计单位及其环境，以识别和评估财务报表层次和认定层次的重大错报风险而实施的审计程序。风险评估程序是必要程序，了解被审计单位及其环境贯穿于整个审计过程的始终，并为注册会计师在许多关键环节做出职业判断提供重要基础。一般来说，实施风险评估程序的主要工作包括：了解被审计单位及其环境；识别和评估财务报表层次以及各类交易、账户余额和披露认定层次的重大错报风险等。

### (四)应对重大错报风险

注册会计师实施风险评估程序本身并不足以为发表审计意见提供充分、适当的审计证据，还应当实施进一步审计程序，包括实施控制测试(必要时或决定测试时)和实质性程序。因此，注册会计师在评估财务报表重大错报风险后，应当运用职业判断，针对评估的财务报表层次的重大错报风险确定总体应对措施，并针对评估的认定层次重大错报风险设计和实施进一步审计程序，以将审计风险降至可接受的低水平。

进一步审计程序相对风险评估程序而言，是指注册会计师针对评估的各类交易、账户余额、列报认定层次重大错报风险实施的审计程序，包括控制测试和实质性程序。

控制测试是指用于评价内部控制在防止或发现并纠正认定层次重大错报方面的运行有效性的审计程序。控制测试的结果是注册会计师在确定实质性程序的范围时的重要考虑因素。如果控制测试的结果进一步证实内部控制是有效的，注册会计师可以认为相关账户及认定发生重大错报的可能性较低，对相关账户及认定实施实质性程序的范围也将减少。

实质性程序是指注册会计师针对评估的重大错报风险实施的直接用以发现认定层次重大错报的审计程序。注册会计师应当针对评估的重大错报风险设计和实施实质性程序，以发现认定层次的重大错报。实质性程序包括对各类交易、账户余额、列报的细节测试以及实质性分析程序。

### (五)编制审计报告

注册会计师在完成财务报表所有循环的进一步审计程序后，还应当按照有关审计准则的规定做好审计终结阶段的工作，并根据所获取的各种证据，合理运用专业判断，形成适当的审计意见并出具书面报告。本阶段的主要工作有：①审计期初余额、比较数据、期后事项和或有事项；②考虑持续经营问题和获取管理层声明；③汇总审计差异，并提请被审计单位调整或披露；④复核审计工作底稿和财务报表；⑤与管理层和治理层沟通；⑥评价审计证据，形成审计意见；⑦编制审计报告等。

### ◉ 任务解析

一般来说，无论何种审计，审计流程均包括计划阶段、实施阶段、终结阶段三个部分。

审计计划阶段主要完成的工作：接受业务委托、签订审计业务约定书、计划审计工作。

审计实施阶段主要完成的工作：风险评估、进一步审计程序(控制测试和实质性程序)。

审计报告阶段主要完成的工作：汇总审计差异、复核审计工作底稿和财务报表、与管理层和治理层沟通、评价审计证据、形成审计意见、编制审计报告等。

## ◉ 能力拓展

**要求：** 试比较注册会计师审计工作程序与内部审计工作程序的区别。

## ◉ 延伸阅读

扫一扫，打开"麦克森·罗宾斯药材公司案件——最早审计准则的诞生"阅读材料。

麦克森·罗宾斯药材公司案件——最早审计准则的诞生

# 任务二　报表审计的目标

报表审计总目标

## ◉ 任务导入

信诚会计师事务所业务负责人李立在与康诺公司财务部经理张强交流中询问了本次报表审计业务的背景和目的。对于报表审计的目标，审计准则中有着明确的规定。首先，要确定报表审计的总目标；其次还需要针对交易事项、账户余额等确定具体目标。有了目标才能设计合理的审计程序。

**具体任务：**

如果让你负责报表项目中存货项目的审查，请说明如何确定对存货审计的具体目标。

## ◉ 知识准备

## 一、报表审计的原因

财务报表使用者之所以希望注册会计师对财务报表进行审计并发表意见，主要有以下四个方面的原因。

### 1. 利益冲突

财务报表使用者往往有着各自的利益，且这种利益与被审计单位管理层的利益大不相同。出于对自身利益的关心，财务报表使用者常常担心管理层提供带有偏见、不公正甚至欺诈性的财务报表，为此，他们往往会向外部注册会计师寻求鉴证服务。

### 2. 财务信息的重要性

财务报表是财务报表使用者进行经济决策的重要信息来源，在有些情况下，还是唯一的信息来源。在进行投资、贷款和其他决策时，财务报表使用者期望财务报表中的信息十分翔实、丰富，并且期望注册会计师确定被审计单位是否按照公认会计原则编制财务报表。

### 3. 复杂性

由于会计业务的处理及财务报表的编制日趋复杂，财务报表使用者因缺乏会计知识而难以对财务报表的质量做出评估，所以他们要求注册会计师对财务报表的质量进行鉴证。

### 4. 间接性

绝大多数财务报表使用者都远离客户，这种地域的限制导致财务报表使用者不可能接触到编制财务报表所依据的会计记录，即使财务报表使用者可以获得会计记录并对其进行审查，也往往由于时间和成本的限制，而无法对会计记录作有意义的审查。在这种情况下，使用者有两种选择：一是相信这些会计信息的质量，二是依赖第三方鉴证报表。显然，使用者喜欢选择第二种方式。

## 二、报表审计总目标

审计目标是审计主体通过审计实践活动期望达到的境地或最终结果，是审计工作的指南，决定了审计的程序与方法。审计目标不是一成不变的，从最初的查错防弊，逐渐过渡为验证会计信息的真实公允性，之后又增加了评价经济活动合理性、效益性的内容。

在执行财务报表审计工作时，注册会计师的总体目标是：①对财务报表整体是否不存在由于舞弊或错误导致的重大错报获取合理保证，使得注册会计师能够对财务报表是否在所有重大方面按照适用的财务报告编制基础编制发表审计意见；②按照审计准则的规定，根据审计结果对财务报表出具审计报告，并与管理层和治理层沟通。简言之，即评价财务报表的合法性及公允性并发表审计意见。合法性是指被审计单位会计报表的编制是否符合《企业会计准则》及国家其他财务会计法规的规定；公允性是指被审计单位会计报表在所有重大方面是否公允地反映了被审计单位的财务状况、经营成果和现金流量情况。

财务报表审计的目标对注册会计师的审计工作发挥着导向作用，它界定了注册会计师的责任范围，直接影响注册会计师计划和实施审计程序的性质、时间和范围，决定了注册会计师如何发表审计意见。但值得注意的是，注册会计师作为独立的第三方，运用专业知识、技能和经验对财务报表进行审计并发表审计意见，旨在提高财务报表的可信赖程度。由于审计存在固有限制，审计工作不能对财务报表整体不存在重大错报提供绝对保证。虽然财务报表使用者可以根据财务报表和审计意见对被审计单位未来生存能力或管理层的经营效率、经营效果做出某种判断，但审计意见本身并不是对被审计单位未来生存能力或管理层经营效率、经营效果提供的保证。

## 三、认定

审计具体目标是审计总目标的进一步具体化，对指导具体审计工作具有可操作性。一般来说，审计具体目标必须根据审计总目标和被审计单位管理当局的认定来确定。

认定是指管理层对财务报表组成要素的确认、计量、列报做出的明确或隐含的表达。管理层对财务报表各组成要素均做出了认定，而注册会计师的审计工作就是要确定管理层的认定是否恰当。

### (一)与各类交易事项相关的认定

例如，管理层在财务资料中记录了 2019 年度营业收入的金额是 500 万元，说明被审计单位在审计的会计期间取得了收入，收入的金额是 500 万元，这两项是明示出来的认定；还表明企业所有的收入均已包括在内，这些收入计入正确的会计期间，且均属于营业收入项目，这几项是隐含表达的认定。

由此，注册会计师对审计期间的各类交易和事项运用的认定通常分为以下类别。

(1) 发生：记录的交易和事项已发生且与被审计单位有关。

(2) 完整性：所有应当记录的交易和事项均已记录。

(3) 准确性：与交易和事项有关的金额及其他数据已恰当记录。

(4) 截止：交易和事项已记录于正确的会计期间。

(5) 分类：交易和事项已记录于恰当的账户。

### (二)与期末账户余额相关的认定

例如，管理层在财务资料中记录了 2019 年年末存货的金额是 100 万元，说明被审计单位是有存货的，存货的价值是 100 万元，这两项是明示出来的认定；还表明企业所有的存货均已包括在内，这些存货的所有权应归该企业所有，这两项是隐含表达的认定。

由此，注册会计师对期末账户余额运用的认定通常分为以下类别。

(1) 存在：记录的资产、负债和所有者权益是存在的。

(2) 权利和义务：记录的资产由被审计单位拥有或控制，记录的负债是被审计单位应当履行的偿还义务。

(3) 完整性：所有应当记录的资产、负债和所有者权益均已记录。

(4) 计价和分摊：资产、负债和所有者权益以恰当的金额包括在财务报表中，与之相关的计价或分摊调整已恰当记录。

### (三)与列报相关的认定

各类交易和账户余额的认定只是为列报正确奠定了必要的基础，财务报表还可能因被审计单位误解有关列报的规定或舞弊等而产生错报。另外，还可能因被审计单位没有遵守一些专门的披露要求而导致财务报表错报。因此，即使注册会计师审计了各类交易和账户余额的认定，实现了各类交易和账户余额的具体审计目标，也不意味着获取了足以对财务报表发表审计意见的充分、适当的审计证据，注册会计师还应当对各类交易、账户余额及相关事项在财务报表中列报的正确性实施审计。

基于此，注册会计师对列报和披露运用的认定通常分为下列类别。

(1) 发生及权利和义务：披露的交易、事项和其他情况已发生，且与被审计单位有关。

(2) 完整性：所有应当包括在财务报表中的披露均已包括。

(3) 分类和可理解性：财务信息已被恰当地列报和描述，且披露内容表述清楚。

(4) 准确性和计价：财务信息和其他信息已公允地披露，且金额恰当。

注册会计师可以按照上述分类运用认定，也可按其他方式表述认定，但应涵盖上述所有方面。例如，注册会计师可以选择将有关交易和事项的认定与有关账户余额的认定综合运用。又如，当发生和完整性认定包含了对交易是否记录于正确会计期间的恰当考虑时，就可能不存在与交易和事项截止相关的单独认定。

## 四、审计的具体目标

注册会计师了解了管理层的认定和审计的总目标,就很容易确定每个项目的具体审计目标,并以此作为评估重大错报风险以及设计和实施进一步审计程序的基础。

### (一)与各类交易和事项相关的审计目标

(1) 发生:由发生认定推导的审计目标是已记录的交易是真实的。例如,如果没有发生销售交易,但在销售日记账中记录了一笔销售,则违反了该目标。

发生认定所要解决的问题是管理层是否把那些不曾发生的项目记入财务报表,它主要与财务报表组成要素的高估有关。

(2) 完整性:由完整性认定推导的审计目标是已发生的交易确实已经记录。例如,如果发生了销售交易,但没有在销售日记账和总账中记录,则违反了该目标。

发生和完整性两者强调的是相反的关注点。发生目标针对潜在的高估,而完整性目标则针对漏记交易(低估)。

(3) 准确性:由准确性认定推导的审计目标是已记录的交易是按正确金额反映的。例如,如果在销售交易中,发出商品的数量与账单上的数量不符,或是开账单时使用了错误的销售价格,或是在销售日记账中记录了错误的金额,则违反了该目标。

准确性与发生、完整性之间存在区别。例如,若已记录的销售交易是不应当记录的(如发出的商品是寄销商品),则即使发票金额是准确计算的,仍违反了发生目标。再如,若已入账的销售交易是对正确发出商品的记录,但金额计算错误,则违反了准确性目标,但没有违反发生目标。在完整性与准确性之间也存在同样的关系。

(4) 截止:由截止认定推导的审计目标是接近资产负债表日的交易记录于恰当的期间。例如,如果本期交易推到下期,或下期交易提到本期,均违反了截止目标。

(5) 分类:由分类认定推导的审计目标是被审计单位记录的交易经过适当分类。例如,如果将现销记录为赊销,将出售经营性固定资产所得的收入记录为营业收入,则导致交易分类的错误,违反了分类的目标。

### (二)与期末账户余额相关的审计目标

(1) 存在:由存在认定推导的审计目标是记录的金额确实存在。例如,如果不存在某顾客的应收账款,在应收账款试算平衡表中却列入了对该顾客的应收账款,则违反了存在性目标。

(2) 权利和义务:由权利和义务认定推导的审计目标是资产属于被审计单位的权利,负债属于被审计单位的义务。例如,将他人寄售商品记入被审计单位的存货中,违反了权利的目标;将不属于被审计单位的债务记入账内,违反了义务目标。

(3) 完整性:由完整性认定推导的审计目标是已存在的金额均已记录。例如,如果存在某顾客的应收账款,在应收账款试算平衡表中却没有列入对该顾客的应收账款,则违反了完整性目标。

(4) 计价和分摊：资产、负债和所有者权益以恰当的金额包括在财务报表中，与之相关的计价或分摊调整已恰当记录。

### (三)与列报相关的审计目标

(1) 发生及权利和义务：将没有发生的交易、事项，或与被审计单位无关的交易和事项包括在财务报表中，则违反了该目标。例如，复核董事会会议记录中是否记载了固定资产抵押等事项，询问管理层固定资产是否被抵押，即是对列报的权利认定的运用。如果抵押固定资产则需要在财务报表中列报，说明其权利受到限制。

(2) 完整性：如果应当披露的事项没有包括在财务报表中，则违反了该目标。例如，检查关联方和关联交易，以验证其在财务报表中是否得到充分披露，即是对列报的完整性认定的运用。

(3) 分类和可理解性：财务信息已被恰当地列报和描述，且披露内容表述清楚。例如，检查存货的主要类别是否已披露，是否将一年内到期的长期负债列为流动负债，即是对列报的分类和可理解性认定的运用。

(4) 准确性和计价：财务信息和其他信息已公允地披露，且金额恰当。例如，检查财务报表附注是否分别对原材料、在产品和产成品等存货成本核算方法作了恰当说明，即是对列报的准确性和计价认定的运用。

通过上面的介绍可知，认定是确定具体审计目标的基础。注册会计师通常将认定转化为能够通过审计程序予以实现的审计目标。针对财务报表每一项目所表现出的各项认定，注册会计师相应地确定一项或多项审计目标，然后通过执行一系列审计程序获取充分、适当的审计证据以实现审计目标。

### 任务解析

通过以上对具体目标的了解，我们可以根据与存货相关的管理者认定存在、完整性、权利与义务、计价与分摊，进而确定该项目的具体审计目标包括：①确定存货是否确实存在；②确定已存在的金额均已记录；③确定存货是否归被审计单位所有；④确定存货是否以恰当的金额包括在财务报表中，与之相关的计价或分摊调整已恰当记录。

### 能力拓展

采购交易的部分审计程序包括如下内容。
(1) 将采购明细账中记录的交易同购货发票、验收单和其他证明文件比较。
(2) 根据购货发票反映内容，比较会计科目表上的分类。
(3) 从购货发票追查至采购明细账。
(4) 从验收单追查至采购明细账。
(5) 将验收单和购货发票上的日期与采购明细账中的日期进行比较。
(6) 检查购货发票、验收单、订货单和请购单的合理性和真实性。
(7) 追查存货采购交易至存货永续盘存记录。

**要求**：请根据表 2-1 给出的审计目标，填写对应的相关认定，并选择相应的审计程序。

表 2-1　审计目标认定及相应的审计程序

| 认　定 | 审计目标 | 实质性程序 |
|---|---|---|
| | A. 所记录的采购交易和事项已发生，且与被审计单位有关 | |
| | B. 所有应当记录的采购交易均已记录 | |
| | C. 与采购交易有关的金额及其他数据已恰当记录 | |
| | D. 采购交易和事项已记录于恰当的账户 | |
| | E. 采购交易已记录于正确的会计期间 | |

**◉ 延伸阅读**

扫一扫，打开"基于责任方认定的业务和直接报告业务"阅读材料。

基于责任方认定
的业务和直接
报告业务

# 任务三　审计证据与审计工作底稿

**◉ 任务导入**

审计工作底稿

康诺公司财务部经理张强向信诚会计师事务所业务负责人李立询问报表审计业务所需时间的问题。李立答复：因对康诺公司基本情况尚不了解，不能准确估计审计所需时间。审计的整个过程就是搜集、整理审计证据的过程，而审计证据是出具审计结论的支撑。因此，可以说报表审计所需的证据数量和性质，决定了审计的范围及时间的需求。

**具体任务：**

审计证据应具备哪些特征？怎样判断不同类型审计证据的可靠性？

**◉ 知识准备**

要做出审计结论，必须有证据的支持。审计的过程，同时也是搜集证据的过程。

## 一、审计证据

### (一)审计证据的含义

简单地说，审计证据是指能证明被审计单位经济活动真相的一切凭据。具体言之，审计证据就是审计人员为了得出审计结论、形成审计意见而使用的所有信息。为保证审计工作的质量，保证审计意见和结论的正确性，审计人员必须掌握充分适当的审计证据。

审计证据包含的内容非常广泛，包括财务报表依据的会计记录中含有的信息和其他信息。

#### 1. 会计记录中含有的信息

依据会计记录编制财务报表是被审计单位管理层的责任，注册会计师应当审查会计记录以获取审计证据。会计记录主要包括原始凭证、记账凭证、总分类账和明细分类账、未在记账凭证中反映的对财务报表的其他调整，以及支持成本分配、计算、调节和披露的手工计算表和电子数据表。上述会计记录是编制财务报表的基础，构成注册会计师执行财务报表审计业务所需获取的审计证据的重要组成部分。

会计记录取决于相关交易的性质，它既包括被审计单位内部生成的手工或电子形式的凭证，也包括从与被审计单位进行交易的其他企业收集到的凭证。除此之外，会计记录还可能包括以下内容。

(1) 销售发运单和发票、顾客对账单以及顾客的汇款通知单。

(2) 附有验货单的订购单、购货发票和对账单。

(3) 考勤卡和其他工时记录、工薪单、个别支付记录和人事档案。

(4) 支票存根、电子转移支付记录(EFTs)、银行存款单和银行对账单。

(5) 合同记录，如租赁合同和分期付款销售协议。

(6) 记账凭证。

(7) 分类账账户调节表。

将这些会计记录作为审计证据时，其来源和被审计单位内部控制的相关强度都会影响注册会计师对这些原始凭证的信赖程度。

### 2. 其他信息

会计记录中含有的信息本身并不足以提供充分的审计证据作为对财务报表发表审计意见的基础，注册会计师还应当获取用作审计证据的其他信息。可用作审计证据的其他信息包括注册会计师从被审计单位内部或外部获取的会计记录以外的信息，如被审计单位的会议记录、内部控制手册、询证函的回函、分析师的报告、与竞争者的比较数据等；通过询问、观察和检查等审计程序获取的信息，如通过检查存货获取存货存在的证据等；以及自身编制或获取的可以通过合理推断得出结论的信息，如注册会计师编制的各种计算表、分析表等。

财务报表依据的会计记录中包含的信息和其他信息共同构成了审计证据，两者缺一不可，只有将两者结合在一起，才能为审计人员发表审计意见提供合理的基础。

## (二)审计证据的特征

审计证据对保证审计质量，实现审计目标具有重要意义。注册会计师应当获取充分、适当的审计证据，以得出合理的审计结论，作为形成审计意见的基础。同时，注册会计师应当保持职业怀疑态度，运用职业判断能力，评价审计证据的充分性和适当性。

### 1. 审计证据的充分性

审计证据的充分性是对审计证据数量的衡量，主要与注册会计师确定的样本量有关，它是审计人员为得出审计结论所需要的审计证据的最低数量要求。客观公正的审计意见必须建立在足够数量的审计证据基础上，但这并不意味着审计证据越多越好。为使审计工作有效率、有效益，审计人员通常把所需要的审计证据数量降到最低限度。在判断审计证据是否充分时，审计人员需要考虑以下两个主要因素。

(1) 错报风险。错报风险是指被审计单位财务报表中存在错报、漏报的可能性。一般来说，错报风险越大，需要的审计证据越多。

(2) 审计证据质量。审计证据质量是指审计证据证明力的大小，通常取决于审计证据的相关性与可靠性。一般而言，审计证据质量越高，需要的审计证据的数量越少。

### 2. 审计证据的适当性

审计证据的适当性是对审计证据质量的衡量，即审计证据在支持各类交易、账户余额、列报(包括披露)的相关认定，或发现其中存在错报方面具有相关性和可靠性。只有相关且可靠的审计证据才是高质量的。

(1) 审计证据的相关性。审计证据的相关性要求审计证据应与具体的审计目标相关联。在确定相关性时，审计人员应当考虑以下几点：①特定的审计程序可能只为某些认定提供相关的审计证据，而与其他认定无关。例如，对被审计单位的财产物资进行监盘，与确定财产的存在是相关的，但不能证明财产物资的所有权。②针对同一项认定可以从不同来源获取审计证据或获取不同性质的审计证据。例如，为了确定应收账款的真实性，不仅可以查阅被审计单位的会计记录，也可以向债务单位发函询证。③只与特定认定相关的审计证据并不能替代与其他认定相关的审计证据。例如，上述证明财产物资真实存在的审计证据就不能代替证明其所有权的审计证据。

(2) 审计证据的可靠性。审计证据的可靠性要求审计证据应能如实地反映客观事实。审计证据的可靠性受其来源和性质的影响，并取决于获取审计证据的具体环境。

### 3. 充分性和适当性之间的关系

充分性和适当性是审计证据的两个重要特征，两者缺一不可，只有充分且适当的审计证据才是有证明力的。审计证据的充分性和适当性密切相关，审计证据的适当性会影响其充分性。一般而言，审计证据的相关性与可靠程度越高，则所需审计证据的数量就可减少；反之，审计证据的数量就要相应增加。需要注意的是，尽管审计证据的充分性和适当性相关，但如果审计证据的质量存在缺陷，那么注册会计师仅靠获取更多的审计证据可能无法弥补其质量上的缺陷。

## (三)审计证据的分类

对于审计证据可以有多种分类标准和分类方法，常见的分类方法有以下三种。

### 1. 按表现形式分类

审计证据按表现形式分类，可以分为实物证据、书面证据、口头证据和环境证据。

实物证据是指通过实际观察或清点所取得的、用以确定某些实物资产是否确实存在的证据。例如，库存现金的数额可以通过盘点加以验证，各种存货和固定资产也可以通过盘点的方式证明其是否确实存在。实物证据通常是证明实物资产是否存在的非常有说服力的证据，但实物资产的存在并不能完全证实被审计单位对其拥有所有权。例如，年终盘点的存货可能包括其他企业寄售或委托加工的部分，或者已经销售而等待发运的商品。此外，实物证据也难以判断实物资产的质量，资产质量的好坏将影响到资产的价值。因此，对于取得实物证据的账面资产，还应就其所有权归属及其价值情况另行审计。

书面证据是指审计人员获取的、能够证明被审计事项真相的以书面形式表现的审计证据。它包括与审计有关的各种原始凭证、记账凭证、会计账簿和各种明细表、各种会议记录和文件、各种合同、通知书、报告书及函件等。从数量上看,书面证据在审计证据中是最多的,是审计证据的主要组成部分。

口头证据是指被审计单位职员或其他有关人员对审计人员的提问所作的口头答复而形成的一类证据。一般而言,口头证据本身并不足以证明事情的真相,但审计人员可以通过口头证据获取一些重要的线索,从而有利于对被审计事项作进一步的调查,获取更为可靠的证据。例如,审计人员对应收账款进行账龄分析后,可以询问应收账款负责人对收回逾期应收账款的可能性的意见。如果其意见与审计人员自行估计的坏账损失基本一致,则这一口头证据就可成为证实审计人员有关坏账损失判断的重要证据。在审计过程中,审计人员应把各种重要的口头证据尽快地做成记录,并注明是何人、何时、在何种情况下所作的口头陈述,必要时还应获得被询问者的签名确认。相对而言,不同人员对同一问题所作的口头陈述相同时,口头证据就具有较高的可靠性。但在一般情况下,口头证据往往需要得到其他相应证据的支持。

环境证据也称状况证据,是指对被审计单位产生影响的各种环境事实,如有关内部控制情况、被审计单位管理人员的素质、各种管理条件和管理水平等。环境证据能够帮助审计人员了解被审计单位及其经济活动所处的环境,是审计人员进行判断所必须掌握的资料。一般而言,被审计单位相关环境优良,其相关活动和记录的质量就较高;反之亦然。

### 2. 按来源分类

审计证据按来源分类,可以分为外部证据、内部证据和亲历证据。

外部证据是指由被审计单位以外的单位或人员编制的书面证据。外部证据一般具有较强的证明力,可靠程度较高。外部证据又可以分为两类:一类是审计人员直接取得的书面证据,如应收账款函证信;另一类是由被审计单位取得并提交给审计人员的书面证据,如银行对账单、购货发票等。这类书面证据虽然由独立于被审计单位的第三方编制,但由于经过了被审外单位有关职员之手,存在被伪造或更改的可能性,因而其证明力会受到不同程度的影响。对这一类证据,审计人员应考虑其被更改或伪造的难易程度及其已被更改或伪造的可能性,视其重要程度采取相应的措施加以处理。

内部证据是指由被审计单位内部机构或人员编制并提供的书面证据。内部证据包括被审计单位的会计记录、被审计单位管理层的声明书等。由于内部证据是被审计单位内部的机构或人员编制并提供的,存在差错或被伪造的可能性较大。因此,一般而言,内部证据不如外部证据可靠。但是,如果内部证据在外部流转并获得其他单位或个人的认可(如销货发票、付款支票等),则也具有较强的可靠性。

亲历证据是指审计人员自己编制的为证明某个事项的证据,如审计人员参加现金盘点编制的盘点表、分析表等。

### 3. 按相关程度分类

审计证据按相关程度分类,可以分为直接证据和间接证据。

直接证据是指对审计事项具有直接证明力，能单独、直接证明审计事项的资料和事实。例如，审计人员亲自参与实物盘点而形成的盘点记录，就是证明实物存在的直接证据。审计人员有了直接证据，就无须再收集其他证据，可以直接得出审计结论。

间接证据是指对审计事项只起间接证明作用，需要与其他证据结合起来，才能证明审计事项真相的资料和事实。例如，在进行报表审计时，凭证并不能直接形成报表，因此对证明报表公允性来说，凭证就是间接证据。

在审计工作中，单凭直接证据就能影响审计人员的意见和结论的情况并不多见，在直接证据以外，往往需要一系列间接证据才能对审计事项做出完整的结论。当然，直接和间接是相对的，凭证对报表来说是间接证据，但对账簿来说就是直接证据。

### (四)审计证据的取得

在审计过程中，注册会计师可根据需要单独或综合运用审计程序，以获取充分、适当的审计证据。审计人员可以采用的审计程序包括：检查记录或文件、检查有形资产、观察、询问、函证、重新计算、重新执行、分析程序。上述审计程序单独或组合起来，可用于风险评估程序、控制测试和实质性程序获取相应的审计证据。

在获取审计证据时，应考虑的问题如下。

#### 1. 对获取的证据进行评价时的考虑

在获取审计证据后，为保证审计结论的公允性，需要对获取的审计证据的充分性和适当性进行评价，从而保证使用的信息足够完整和准确。必要时，应当通过适当方式追加审计程序或聘请专家予以协助。

#### 2. 证据相互矛盾时的考虑

如果针对某项认定从不同来源获取的审计证据或获取的不同性质的审计证据能够相互印证，与该项认定相关的审计证据则具有更强的说服力。如果从不同来源获取的审计证据或获取的不同性质的审计证据不一致，表明某项审计证据可能不可靠，注册会计师应当追加必要的审计程序。例如，注册会计师发函询证后证实委托加工材料已加工完成并返回被审计单位，委托加工协议和询证函回函这两个不同来源的证据不一致，委托加工材料是否真实存在就受到质疑。这时，注册会计师应追加审计程序，确认委托加工材料收回后是否未入库或被审计单位收回后予以销售而未入账。

#### 3. 获取审计证据时对成本的考虑

在保证获取充分、适当的审计证据的前提下，控制审计成本也是会计师事务所增强竞争能力和获利能力所必需的。但为了保证得出的审计结论、形成的审计意见是恰当的，注册会计师不应将获取审计证据的成本高低和难易程度作为减少不可替代的审计程序的理由。例如，在某些情况下，存货监盘是证实存货存在认定的不可替代的审计程序，注册会计师在审计中不得以检查成本高和难以实施为由而不执行该程序。

## 二、审计工作底稿

### (一)审计工作底稿的含义

审计工作底稿是指注册会计师对制订的审计计划、实施的审计程序、获取的相关审计证据,以及得出的审计结论做出的记录。审计工作底稿是审计证据的载体,是注册会计师在审计过程中形成的审计工作记录和获取的资料。它形成于审计过程,也反映整个审计过程。

### (二)审计工作底稿的编制目的

注册会计师应当及时编制审计工作底稿,以实现下列目的。

(1) 提供充分、适当的记录,作为出具审计报告的基础。

(2) 提供证据,证明注册会计师已按照审计准则和相关法律法规的规定计划和执行了审计工作。

(3) 有助于项目组计划和执行审计工作。

(4) 有助于负责督导的项目组成员履行指导、监督与复核审计工作的责任。

(5) 便于项目组说明其执行审计工作的情况。

(6) 保留对未来审计工作持续产生重大影响的事项的记录。

(7) 便于会计师事务所实施质量控制复核与检查。

(8) 便于监管机构和注册会计师协会根据相关法律法规或其他相关要求,对会计师事务所实施执业质量检查。

### (三)审计工作底稿的内容

审计工作底稿可以以纸质、电子或其他介质形式存在。在实务中,为便于复核,注册会计师可以将电子或其他介质形式存在的审计工作底稿通过打印等方式,转换成纸质的审计工作底稿并归档,同时单独保存这些电子或其他介质形式存在的审计工作底稿。

审计工作底稿包含的内容非常丰富,可以说在审计过程中形成的所有记录都是审计工作底稿;但是,审计工作底稿并不能代替被审计单位的会计记录。

通常,审计工作底稿包括以下全部或部分要素。

#### 1. 审计工作底稿的标题

每张底稿都应当包括被审计单位的名称、审计项目的名称以及资产负债表日或底稿覆盖的会计期间(如果与交易相关)。

#### 2. 审计过程记录

在审计工作底稿中需要记录审计证据的搜集和评价情况。在记录审计过程时,应当特别注意以下三个重点方面:①具体项目或事项的识别特征;②重大事项及相关重大职业判断;③针对重大事项如何处理不一致的情况。

### 3. 审计结论

注册会计师恰当地记录审计结论非常重要，他们需要根据所实施的审计程序及获取的审计证据得出结论，并以此作为对财务报表形成审计意见的基础。在记录审计结论时需注意，在审计工作底稿中记录的审计程序和审计证据是否足以支持所得出的审计结论。

### 4. 审计标识及其说明

审计工作底稿中可使用各种审计标识，但应说明其含义，并保持前后一致。以下是注册会计师在审计工作底稿中列明标识并说明其含义的例子，供参考。在实务中，注册会计师也可以依据实际情况运用更多的审计标识。

∧：纵加核对一致。

＜：横加核对一致。

B：与上年结转数核对一致。

T：与原始凭证核对一致。

G：与总分类账核对一致。

S：与明细账核对一致。

T/B：与试算平衡表核对一致。

C：已发询证函。

C\：已收回询证函。

### 5. 索引号及编号

通常，审计工作底稿需要注明索引号及顺序编号，相关审计工作底稿之间需要保持清晰的钩稽关系。在实务中，注册会计师可以按照所记录的审计工作的内容层次进行编号。例如，固定资产汇总表的编号为C1；按类别列示的固定资产明细表的编号为C1-1；列示单个固定资产原值及累计折旧的明细表编号，包括房屋建筑物(编号为C1-1-l)、机器设备(编号为C1-1-2)、运输工具(编号为C1-1-3)及其他设备(编号为C1-1-4)。相互引用时，需要在审计工作底稿中交叉注明索引号。

### 6. 编制人员和复核人员及执行日期

在记录实施审计程序的性质、时间和范围时，注册会计师应当记录：①审计工作的执行人员及完成该项审计工作的日期；②审计工作的复核人员及复核的日期和范围。在需要项目质量控制复核的情况下，还需要注明项目质量控制复核人员及复核的日期。通常，需要在每一张审计工作底稿上注明执行审计工作的人员和复核人员、完成该项审计工作的日期以及完成复核的日期。

### 7. 其他需要说明事项

根据具体情次品列示。

### 任务解析

审计证据的特征可以从数量和质量两方面考虑：数量上要充分；质量上要适当，即要做到可靠性和相关性。不同类型的审计证据其可靠性及证明力会有不同。我们可以从证据的来源及表现形式等方面来判断证据的可靠性。审计人员通常按照以下原则考虑审计证据的可靠性。

(1) 从外部独立来源获取的审计证据比从其他来源获取的审计证据更可靠。

(2) 内部控制有效时,内部生成的审计证据比内部控制薄弱时内部生成的审计证据更可靠。

(3) 直接获取的审计证据比间接获取或推论得出的审计证据更可靠。

(4) 以文件记录形式(无论是纸质、电子或其他介质)存在的审计证据比口头形式的审计证据更可靠。

(5) 从原件获取的审计证据比从传真或复印件获取的审计证据更可靠。

### 🔘 能力拓展 ▶

注册会计师在对 F 公司 2020 年度财务报表进行审计时,收集到以下六组审计证据。

(1) 收料单与购货发票。

(2) 销货发票副本与产品出库单。

(3) 领料单与材料成本计算表。

(4) 工资计算单与工资发放单。

(5) 存货盘点表与存货监盘记录。

(6) 银行询证函回函与银行对账单。

**要求:**请分别说明每组审计证据中哪项审计证据较为可靠。

### 🔘 延伸阅读 ▶

扫一扫,打开“审计证据、审计工作底稿与审计档案”阅读材料。

审计证据、审计
工作底稿与
审计档案

# 任务四 审 计 程 序

### 🔘 任务导入 ▶

检查客观实物

康诺公司财务部经理张强对报表审计的工作方式非常感兴趣。信诚会计师事务所业务负责人李立向他简单介绍了一些常用的审计程序,并向其强调:审计过程中,被审计单位一定要配合审计人员的工作,这对审计程序的顺利开展非常重要。

**具体任务:**

1. 注册会计师获取书面证据的审计程序有哪些?

2. 注册会计师获取实物证据的审计程序有哪些?

### 🔘 知识准备 ▶

## 一、审计程序的含义

审计程序有广义和狭义两种含义。广义的审计程序是指审计工作从开始到结束的整个过程，是在审计目标的指引下通过制订、执行审计计划，有组织地采用科学的程序收集和评价审计证据，完成审计工作，提交审计报告，最终实现审计目标的系统过程。狭义的审计程序是指审计人员在实施审计的具体工作中所采取的审计方法和审计内容的结合。在此我们要介绍的是狭义的审计程序。

注册会计师面临的主要决策之一，就是通过实施审计程序，获取充分、适当的审计证据，以满足对财务报表发表意见的要求。受到成本的约束，注册会计师不可能检查和评价所有可能获取的证据，因此对审计证据充分性、适当性的判断是非常重要的。

注册会计师利用审计程序获取审计证据涉及以下四个方面的决策：①选用何种审计程序；②对选定的审计程序，应当选取多大的样本规模；③应当从总体中选取哪些项目；④何时执行这些程序。例如，注册会计师为了验证康诺公司 2020 年 12 月 31 日应收账款的存在，需要对应收账款进行函证；康诺公司应收账款明细账合计有 500 家客户，注册会计师决定对其中 300 家客户进行函证，这就确定了测试的样本规模；注册会计师对应收账款明细账中余额较大的前 200 家客户进行函证，其余客户按一定规律进行抽查，由此确定了具体测试项目；最后决定函证的时间安排在资产负债表日后择机进行。

## 二、审计程序的种类

审计人员可以采用的审计程序包括：检查记录或文件、检查有形资产、观察、询问、函证、重新计算、重新执行、分析程序。

### (一)检查记录或文件

检查记录或文件是指注册会计师对被审计单位内部或外部生成的，以纸质、电子或其他介质形式存在的记录或文件进行审查，具体包括对记录或文件的审阅和核对。

#### 1. 审阅法

审阅法是指对会计凭证、会计账簿、会计报表的形式和内容以及计划预算、各种原始记录等资料进行审查与研究的方法。其内容包括以下几点。

(1) 会计凭证审阅。它包括对原始凭证和记账凭证的审阅，其中以前者为重点。

原始凭证审查的要点包括：原始凭证项目(或要素)，包括抬头名称、日期、数量、单价、金额、制证人、复核人签章等是否填写齐全，数字是否正确，字迹有无涂改；原始凭证反映的经济业务是否符合国家方针、政策，内容是否合法、合理；填发原始凭证的单位名称、地址、图章是否注明；凭证格式是否规范，各项手续是否符合要求。

记账凭证审查的要点包括：记账凭证项目是否填写齐全，填制手续是否完备；凭证上编制的会计分录运用的账户及其对应关系是否正确；凭证反映的经济业务是否与所附原始凭证的内容一致，相应金额是否相符。

(2) 会计账簿审阅。它包括总账、明细账、日记账和各种辅助账簿的审查，审查的重点是明细账和日记账。审查的要点主要是：记账方法是否符合规定，对应账户是否正确，有无涂改现象和造假账情况。

(3) 财务报表审阅。主要查明报表中应填写的项目是否齐全，有无遗漏，表内对应关系和平衡关系是否正确无误；实际数与计划数或与年同期数对比是否有不正常现象；报表编制手续是否完备，签字盖章是否齐全，小计、合计、总计计算是否正确，应填列的数据有无遗漏或伪造；报表附录和说明是否符合制度规定。

(4) 其他书面资料审阅。对被审计单位的计划、合同、协议等其他有关资料，根据需要也要进行审阅，以便发现问题或作为追查线索。

**2. 核对法**

核对法是指通过两种或两种以上的书面资料相对照，以核实其内容是否一致，计算是否正确的方法。具体是指通过证证、证账、账账、账实、账表和表表之间相互核对，以证实双方记录是否相符。在核对中如有不符，应进一步采用其他方法查明原因。核对法的具体内容包括以下几点。

(1) 证证核对。即原始凭证与记账凭证相核对。主要审查两者的日期、摘要、金额是否一致；原始凭证反映的经济内容与记账凭证会计科目是否相适应；记账凭证上注明的所附原始凭证张数是否与实际张数相符。

(2) 证账核对。即记账凭证与账簿核对。主要核对两者的日期、摘要、金额是否一致；是否按记账凭证上的会计科目记入相关账户，并应查明有无遗漏、重记和错记情况。

(3) 账账核对。即明细账、日记账与总账核对。主要查明总账与其所属的明细账或日记账期初、期末余额以及本期借、贷方发生额之和是否相符。

(4) 账实核对。即明细账记录与实物核对。通过核对，查明账存数与实存数是否相符。如有不符，应查明原因并以实存数为准，调整账面记录，同时追究有关人员责任。

(5) 账表核对。即账簿与报表核对。通过有关账簿记录与报表有关项目核对，查明是否严格按账簿记录编制报表，有无虚构、篡改报表项目数字，混淆会计期间的情况，以确定财务报表的正确性和真实性。

(6) 表表核对。即报表之间核对。通过核对，查明财务报表之间有钩稽关系的项目金额是否相符。例如，资产负债表上的利润指标应与损益表上的相应利润指标相符。

(7) 其他书面资料核对。其他书面资料，如银行对账单与银行存款日记账核对，成本计算单与存货盘点表相核对等。其目的主要是核对书面资料的内容、口径是否一致，数字计算是否正确。

通过以上各项核对，可以发现会计资料中存在的差错和问题。经过更进一步的审查分析后，就能根据问题的性质及严重程度进行处理。

## (二)检查有形资产

检查有形资产是指注册会计师对资产实物进行审查。检查有形资产程序主要适用于存货和现金，也适用于有价证券、应收票据和固定资产等。

检查有形资产可为其存在性提供可靠的审计证据，在某些情况下，它还是评价资产状况和质量的一种有用的方法。但是，要验证存在的资产确实为被审计单位所有，在财务报表中的列报金额估价准确，检查有形资产获取的证据本身并不充分，还需要通过其他的审计方法获得充分适当的证据。这类方法包括盘点法、调节法和鉴定法。

### 1. 盘点法

盘点法又称实物清查法，是指对被审计单位各项财产物资进行实地盘点，以确定其数量、品种、规格及金额等实际状况，借以证实有关实物账户的余额是否真实、正确，从而收集实物证据的一种方法。

盘点法按其组织方式，可以分为直接盘点和监督盘点两种。

直接盘点是由审计人员亲自到现场盘点实物，证实书面资料同有关的财产物资是否相符的方法。在直接盘点方式下，对于容易出现舞弊行为的现金、银行存款和贵重的原材料，应采用突击性的盘点。突击性盘点是指事先不告知经管财产的人员在什么时间进行盘点，以防止经管人员在盘点前，将财产保管工作中的挪用、盗窃及其他舞弊行为加以掩饰。对于大宗的原材料、产成品等，应采用抽查性的盘点。抽查性的盘点是指不对所有的财产物资都进行盘点，而只是对一部分财产物资进行抽查核实，以便检查日常盘点工作质量的优劣，检验盘点记录是否真实正确，查明财产物资是否安全、完整，有无损坏或被挪用、贪污和盗窃等情况。

监督盘点是指为了明确责任，审计人员不亲自进行盘点，而是由经管财产人员及其他有关人员进行实物盘点清查，审计人员只是在一旁对实物盘点进行监督，如发现疑点可以要求复盘核实。在监督盘点方式下，也可以采取突击性盘点和抽查性盘点形式。监督盘点一般用于较大的实物，如存货、厂房、机器设备等。

### 2. 调节法

在审计过程中，往往会出现现成的数据和要证实的数据在表面上不一致，为了证实数据是否正确，可用调节法。调节法是指在审查某个项目时，通过调整有关数据，从而求得需要证实的数据的方法。

例如，对银行存款实存数的审查，通常运用调节法编制银行存款余额调节表，对企业单位与开户银行双方所发生的"未达账项"进行增减调节，以便根据银行对账单的余额来验证银行存款账户的余额是否正确。

运用调节法还可以证实财产物资账实是否相符。当盘点日同书面资料结存日不同时，结合实物盘点，将盘点日期与结存日期之间新发生的出入数量用来对结存日期有关财产物资的结存数进行调节，以验证或推算结存日期有关财产物资的应结存数。其计算公式如下。

$$结存日的数量 = 盘点日结存数量+结存日至盘点日的发出数量-$$
$$结存日至盘点日的收入数量$$

---

✍️ 做中学 2-1：

某企业 2020 年 12 月 31 日账面结存 A 材料 2 000 千克，通过审阅和核对未发现错弊。2021 年 1 月 1 日至 15 日期间收入 35 000 千克，发出 34 500 千克。1 月 1 日期初余额及收发数额均经核对、审阅和复算无误。2021 年 1 月 15 日下班后监督盘点实存量为 2 800 千克。

**要求：**核实 2020 年 12 月 31 日 A 材料是否账实相符。

---

### 3. 鉴定法

鉴定法是指对书面资料、实物和经济活动等的分析、鉴别，超过一般审计人员的能力和知识水平而邀请有关专门部门或人员运用专门技术进行确定和识别的方法。

鉴定法可应用于财务审计、财经法纪审计和经济效益审计。例如，对实物性能、质量、价值的鉴定，涉及书面资料真伪的鉴定，以及对经济活动的合理性和有效性的鉴定等；当伪造凭证的人不承认其违法行为时，可通过公安部门鉴定其笔迹，以确定其违法行为。又如，对质次价高的商品材料的质量情况难以确定时，请商检部门，通过检查化验，确定商品质量和实际价值等；还可以邀请基建方面的专家，对基建工程进行质量检查等。这是通过观察法不能取证时，必须使用的一种方法。

鉴定法的鉴定结论必须是具体的、客观的和准确的，并作为一种独立的审计证据，详细地记入审计工作底稿中。

### (三)观察

观察是指审计人员进入被审计单位后，对于生产经营管理工作的进行、财产物资的保管、内部控制制度的执行等，亲临现场进行实地观察检查，借以查明被审计单位经济活动的事实真相，核实是否符合有关标准和书面资料的记载，以取得审计证据的方法。

进行财政财务审计和经济效益审计时，一般要运用观察法进行广泛的实地观察，收集书面资料以外的审计证据。审计人员应深入到被审计单位的仓库、车间、科室、工地等现场，对其内部控制制度的执行情况、财产物资的保管和利用情况、工人的劳动效率和劳动态度等生产经营管理情况进行直接观察，从中发现薄弱环节和存在的问题，以便收集审计证据，提出建议和意见，促进被审计单位改进经营管理，提高经济效益。

观察提供的审计证据仅限于观察发生的时点，并且相关人员在已知被观察时，从事活动或执行程序可能与日常的做法不同，从而会影响注册会计师对真实情况的了解。因此，注册会计师有必要获取其他类型的佐证证据。

### (四)询问

询问是指注册会计师以书面或口头方式，向被审计单位内部或外部的知情人员获取财务信息和非财务信息，并对答复进行评价的过程。

知情人员对询问的答复可能会为注册会计师提供尚未获悉的信息或佐证证据，也可能提供与已获悉信息存在重大差异的信息，注册会计师应当根据询问结果考虑修改审计方法或实施追加的审计方法。询问本身不足以发现认定层次存在的重大错报，也不足以测试内部控制运行的有效性时，注册会计师还应当实施其他审计方法以获取充分、适当的审计证据。

### (五)函证

函证，是指注册会计师直接从第三方(被询证者)获取书面答复以作为审计证据的过程，书面答复可以采用纸质、电子或其他介质等形式。通过函证获取的证据可靠性较高，因此函证是受到高度重视并经常被使用的一种重要程序。

## 1. 函证决策

注册会计师应当确定是否有必要实施函证以获取认定层次的充分、适当的审计证据。在做出决策时，注册会计师应当考虑以下三个因素。

1) 评估的认定层次重大错报风险

评估的认定层次重大错报风险水平越高，注册会计师对通过实质性程序获取的审计证据的相关性和可靠性的要求越高。在这种情况下，函证程序的运用对于提供充分、适当的审计证据可能是有效的。

2) 函证程序针对的认定

函证可以为某些认定提供审计证据，但是对不同的认定，函证的证明力是不同的。在函证应收账款时，函证可能会为存在、权利和义务认定提供相关可靠的审计证据，但是不能为计价与分摊认定(应收账款涉及的坏账准备计提)提供证据。另外，对特定认定，函证的相关性受注册会计师选择的函证信息的影响。不同的函证信息可能与不同的认定相关。

3) 实施除函证以外的其他审计方法

针对同一项认定可以从不同来源获取审计证据或获取不同性质的审计证据。这里的其他审计方法是指除函证程序以外的其他审计方法。注册会计师应当考虑被审计单位的经营环境、内部控制的有效性、账户或交易的性质、被询证者处理询证函的习惯做法及回函的可能性等，以确定函证的内容、范围、时间和方式。

除上述三个因素外，注册会计师还可以考虑下列因素以确定是否选择函证程序作为实质性程序。

(1) 被询证者对函证事项的了解。如果被询证者对所函证的信息具有必要的了解，其提供的回复可靠性更高。

(2) 预期被询证者回复询证函的能力或意愿。

(3) 预期被询证者的客观性。如果被询证者是被审计单位的关联方，则其回复的可靠性会降低。

## 2. 函证实施的对象

(1) 银行存款、借款及与金融机构往来的其他重要信息。注册会计师应当对银行存款(包括零余额账户和在本期内注销的账户)、借款及与金融机构往来的其他重要信息实施函证程序，除非有充分证据表明某一银行存款、借款及与金融机构往来的其他重要信息对财务报表不重要且与之相关的重大错报风险很低。如果不对这些项目实施函证程序，注册会计师应当在审计工作底稿中说明理由。

(2) 应收账款。注册会计师应当对应收账款实施函证程序，除非有充分证据表明应收账款对财务报表不重要或函证很可能无效。如果认为函证很可能无效，注册会计师应当实施替代审计方法，获取相关、可靠的审计证据。如果不对应收账款函证，注册会计师应当在审计工作底稿中说明理由。

(3) 函证的其他内容。函证的其他内容包括：①交易性金融资产；②应收票据、其他应收款、预付账款；③由其他单位代为保管、加工或销售的存货；④长期股权投资。⑤应付账款、预收账款；⑥保证、抵押或质押；⑦或有事项；⑧重大或异常的交易。

可见，函证通常适用于账户余额及其组成部分(如应收账款明细账)，但是不一定限于这些项目。例如，为确认合同条款是否发生变动及变动细节，注册会计师可以函证被审计单位与第三方签订的合同条款。注册会计师还可向第三方函证是否存在影响被审计单位收入确认的背后协议或某项重大交易的细节。我们将在后续内容中结合应收账款项目的审计介绍函证程序的具体应用。

### (六)重新计算

重新计算是指注册会计师以人工方式或使用计算机辅助审计技术,对记录或文件中的数据计算的准确性进行核对。重新计算通常包括计算销售发票和存货的总金额,加总日记账和明细账,检查折旧费用和预付费用的计算,检查应纳税额的计算等。

### (七)重新执行

重新执行是指注册会计师以人工方式或使用计算机辅助审计技术,重新独立执行作为被审计单位内部控制组成部分的程序或控制。例如,注册会计师利用被审计单位的银行存款日记账和银行对账单,重新编制银行存款余额调节表,并与被审计单位编制的银行存款余额调节表进行比较。

### (八)分析程序

分析程序是指注册会计师通过研究不同财务数据之间以及财务数据与非财务数据之间的内在关系,对财务信息做出评价。分析程序还包括调查识别与其他相关信息不一致或与预期数据严重偏离的波动和关系。分析程序的具体方法有比较分析法、比率分析法和趋势分析法三种。

#### 1. 比较分析法

比较分析法是通过对某一财务报表项目与其既定标准之间的比较来获取审计证据的一种技术方法。这种比较包括实际数与计划数之间的比较,本期实际数与上期实际数之间的比较,实际数与同比标准之间的比较以及被审计单位所提供的数据与审计人员的计算结果之间的比较等。

#### 2. 比率分析法

比率分析法是通过对某一财务报表项目与其相关的另一财务报表项目之间的比率进行分析来获取审计数据的一种技术方法。比率分析法运用起来比较灵活,如审计人员可以对被审计单位的流动比率、速动比率、资产周转率、毛利或费用占销售收入的百分比等进行分析,来推测是否有异常数据或项目。

#### 3. 趋势分析法

趋势分析法是通过计算某一财务报表项目连续若干期间的变动金额及其百分比,分析该项目增减变动方向和趋势来获取审计证据的一种技术方法。例如,审计人员可以通过计算被审计单位近几年来主营业务收入增减金额和增减比率来分析主营业务收入的增减变动方向和幅度,以获取与评价主营业务收入有关的审计证据。

注册会计师实施分析程序的目的如下。

(1) 用作风险评估程序,以了解被审计单位及其环境。注册会计师实施风险评估程序的目的在于了解被审计单位及其经营环境并评估财务报表层次和认定层次的重大错报风险。在风险评估过程中使用分析程序也服务于这一目的。分析程序可以帮助注册会计师发现财务报表中的异常变化，或者预期发生而未发生的变化，识别存在潜在重大错报风险的领域。分析程序还可以帮助注册会计师发现财务状况或盈利能力发生变化的信息和征兆，识别那些表明被审计单位持续经营能力问题的事项。

(2) 当使用分析程序比细节测试能更有效地将认定层次的检查风险降至可接受的水平时，分析程序可以用作实质性程序。在针对评估的重大错报风险实施进一步审计方法时，注册会计师可以将分析程序作为实质性程序的一种，单独或结合其他细节测试，收集充分、适当的审计证据。此时运用分析程序可以减少细节测试的工作量，节约审计成本，降低审计风险，使审计工作更有效率和效果。

(3) 在审计结束或临近结束时对财务报表进行总体复核。在审计结束或临近结束时，注册会计师应当运用分析程序，在已收集的审计证据的基础上，对财务报表整体的合理性作最终把关，评价报表仍然存在重大错报风险而未被发现的可能性，考虑是否需要追加审计程序，以便为发表审计意见提供合理基础。

分析程序运用的不同目的，决定了分析程序运用的具体方法和特点。值得说明的是，注册会计师在风险评估阶段和审计结束时的总体复核阶段必须运用分析程序，在实施实质性程序阶段可选用分析程序。

## 任务解析

在审计过程中，注册会计师可根据需要单独或综合运用审计程序，以获取充分、适当的审计证据。审计程序与审计证据的关系如图 2-1 所示。

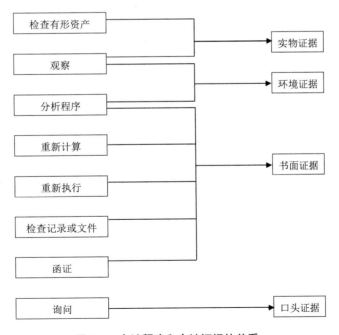

图 2-1 审计程序和审计证据的关系

综上所述，注册会计师在获取书面证据时可以采用检查记录或文件、函证、分析程序、重新计算、重新执行等审计程序；在获取实物证据时可以采用检查有形资产、观察等审计程序。

## ◉ 能力拓展

宏达股份公司 2020 年 12 月 31 日产成品——羊毛衫明细账结存数(单位：件)如表 2-2 所示。

表 2-2　产成品——羊毛衫明细账结存数

| 品　种 | 一等品 | 二等品 | 三等品 |
| --- | --- | --- | --- |
| 男式 | 640 | 160 | 50 |
| 女式 | 880 | 220 | 100 |
| 童式 | 450 | 120 | 30 |

经审计人员袁强的要求，该公司于 2021 年 1 月 15 日进行了盘点，结果如表 2-3 所示。

表 2-3　盘点结果

| 品　种 | 一等品 | 二等品 | 三等品 |
| --- | --- | --- | --- |
| 男式 | 608 | 216 | 46 |
| 女式 | 857 | 255 | 58 |
| 童式 | 414 | 56 | 20 |

查阅产成品仓库卡片，1 月 1 日至 14 日收付记录如表 2-4 所示。

表 2-4　收付记录

| 品　种 | 收　入 | | | 发　出 | | |
| --- | --- | --- | --- | --- | --- | --- |
| | 一等品 | 二等品 | 三等品 | 一等品 | 二等品 | 三等品 |
| 男式 | 1 240 | 160 | 50 | 1 172 | 204 | 54 |
| 女式 | 1 430 | 170 | 100 | 1 393 | 195 | 142 |
| 童式 | 640 | 160 | 50 | 666 | 224 | 60 |

**要求**：根据 2021 年 1 月 15 日的实际盘点结果，用调解法核实 2020 年 12 月 31 日的结存数，并与原明细账结存数核对，检查原记录的真实性和准确性，分析可能存在的问题。

## ◉ 延伸阅读

扫一扫，打开"审计的一般方法"阅读材料。

审计的一般方法

# 任务五  审计抽样的应用

审计抽样的应用

## ◉ 任务导入

康诺公司财务部经理张强向信诚会计师事务所业务负责人李立大概介绍了康诺公司的业务情况，由于近几年的高速增长，康诺公司每年发生的业务较大，形成的财务资料较多。同时表示，由于融资的迫切需要，希望报表审计工作能尽快完成。李立表示，审计工作可以采用抽查的方式提高工作效率，并在保证审计工作质量的前提下尽快完成报表审计工作。

**具体任务：**

审计抽样工作应如何开展？

## ◉ 知识准备

由于企业规模的扩大，经济业务的日益复杂，现在的审计工作中普遍采用了抽样的方法。

# 一、审计抽样的定义

审计抽样是指注册会计师对某类交易或账户余额中低于百分之百的项目实施审计程序，使所有抽样单元都有被选取的机会。审计抽样使注册会计师能够获取和评价与被选取项目的某些特征有关的审计证据，以形成或帮助形成对从中抽取样本的总体结论。其中，抽样单元是指构成总体的个体项目；总体是指注册会计师从中选取样本并据此得出结论的整套数据。总体可分为多个层或子总体。每一层或子总体可予以分别检查。

审计抽样应当具备三个基本特征：①对某类交易或账户余额中低于百分之百的项目实施审计程序；②所有抽样单元都有被选取的机会；③审计测试的目的是为了评价该账户余额或交易类型的某一特征。

# 二、审计抽样的类型

## (一)统计抽样和非统计抽样

注册会计师在运用审计抽样时，既可以使用统计抽样方法，也可以使用非统计抽样方法，这取决于注册会计师的职业判断。统计抽样是指同时具备下列特征的抽样方法：①随机选取样本项目；②运用概率论评价样本结果，包括计量抽样风险。不同时具备上述提及的两个特征的抽样方法为非统计抽样。

注册会计师应当根据具体情况并运用职业判断能力，确定使用统计抽样或非统计抽样方法，以便最有效率地获取审计证据。注册会计师在统计抽样与非统计抽样方法之间进行选择时主要考虑成本效益。统计抽样的优点在于能够客观地计量抽样风险，并通过调整样本规模精确地控制风险，这是与非统计抽样最重要的区别。另外，统计抽样还有助于注册会计师高效地设计样本，计量所获取证据的充分性，以及定量评价样本结果。但统计抽样又可能发生额外的成本。首先，统计抽样需要特殊的专业技能，因此使用统计抽样需要增加额外的支出对注册会计师进行培训。其次，统计抽样要求单个样本项目符合统计要求，这些也可能需要支出额外的费用。非统计抽样如果设计适当，也能提供与统计抽样方法同样有效的结果。注册会计师使用非统计抽样时，也必须考虑抽样风险并将其降至可接受水平，但无法精确地测定出抽样风险。

不管统计抽样还是非统计抽样，两种方法都要求注册会计师在设计、实施和评价样本时运用职业判断能力。另外，对选取的样本项目实施的审计程序通常与使用的抽样方法无关。

### (二)属性抽样和变量抽样

按照其所了解的总体特征的不同，审计抽样可以分为属性抽样和变量抽样。

属性抽样是一种用来对总体中某一事件的发生概率得出结论的统计抽样方法。属性抽样在审计中最常用的用途是测试某一控制的偏差率，以支持注册会计师评估的控制有效性。在属性抽样中，设定控制的每一次发生或偏离都被赋予同样的权重，而不管交易金额的大小。

变量抽样是一种用来对总体金额得出结论的统计抽样方法。变量抽样通常回答下列问题：金额是多少；账户是否存在错报。变量抽样在审计中的主要用途是进行实质性细节测试，以确定记录金额是否合理。

## 三、抽样风险与非抽样风险

### (一)抽样风险

抽样风险是指注册会计师根据样本得出的结论，可能不同于如果对整个总体实施与样本相同的审计程序得出的结论的风险。抽样风险是由抽样引起的，与样本规模和抽样方法相关。

控制测试中的抽样风险包括信赖过度风险和信赖不足风险。信赖过度风险是指推断的控制有效性高于其实际有效性的风险，与审计的效果有关。对于注册会计师而言，信赖过度风险更容易导致注册会计师发表不恰当的审计意见，因而更应予以关注。相反，信赖不足风险是指推断的控制有效性低于其实际有效性的风险，与审计的效率有关。信赖不足风险可能会导致注册会计师增加不必要的实质性程序，审计效率可能降低。

在实施细节测试时，注册会计师也要关注两类抽样风险：误受风险和误拒风险。误受风险是指注册会计师推断某一重大错报不存在而实际上存在的风险。与信赖过度风险类似，误受风险影响审计效果，容易导致注册会计师发表不恰当的审计意见，因此注册会计师更应予以关注。误拒风险是指注册会计师推断某一重大错报存在而实际上不存在的风险。与信赖不足风险类似，误拒风险影响审计效率。

只要使用了审计抽样，抽样风险总会存在。在使用统计抽样时，注册会计师可以准确地计量和控制抽样风险。在使用非统计抽样时，注册会计师无法量化抽样风险，只能根据职业判断对其进行定性的评价和控制。抽样风险与样本规模反方向变动：样本规模越小，抽样风险越大；样本规模越大，抽样风险越小。无论是控制测试还是细节测试，注册会计师都可以通过扩大样本规模来降低抽样风险。

## (二)非抽样风险

非抽样风险是指注册会计师由于任何与抽样风险无关的原因而得出错误结论的风险。注册会计师即使对某类交易或账户余额的所有项目实施审计程序，也可能仍未能发现重大错报或控制失效。在审计过程中，可能导致非抽样风险的原因包括下列情况。

(1) 注册会计师选择的总体不适合于测试目标。例如，注册会计师在测试销售收入完整性认定时将主营业务收入明细账界定为总体。

(2) 注册会计师未能适当地定义误差(包括控制偏差或错报)，导致注册会计师未能发现样本中存在的偏差或错报。例如，注册会计师在测试现金支付授权控制的有效性时，未将签字人未得到适当授权的情况界定为控制偏差。

(3) 注册会计师选择了不适于实现特定目标的审计程序。例如，注册会计师依赖应收账款函证来揭露未入账的应收账款。

(4) 注册会计师未能适当地评价审计发现的情况。例如，注册会计师错误解读审计证据可能导致没有发现误差。

(5) 其他原因。非抽样风险是由人为错误造成的，因而可以降低、消除或防范。虽然注册会计师不能量化非抽样风险，但通过采取适当的质量控制政策和程序，对审计工作进行适当的指导、监督和复核，以及对注册会计师实务的适当改进，可以将非抽样风险降至可以接受的水平。注册会计师也可以通过仔细设计其审计程序尽量降低非抽样风险。

### 任务解析

实施审计抽样，主要分为三个阶段：样本设计阶段、选取样本阶段、评价样本结果阶段。下面以信诚会计师事务所对康诺公司应收账款的审计说明审计抽样的应用。

### (一)样本设计阶段

在设计审计样本时，注册会计师应当考虑审计程序的目标和抽样总体的属性。换言之，注册会计师首先应考虑拟实现的具体目标，并根据目标和总体的特点确定能够最好地实现该目标的审计程序组合，以及如何在实施审计程序时运用审计抽样。审计抽样中样本设计阶段的工作主要包括以下步骤。

#### 1. 确定测试目标

审计抽样必须紧紧围绕审计测试的目标展开，因此确定测试目标是样本设计阶段的第一项工作。例如，信诚会计师事务所对康诺公司应收账款的审计目标是确定应收账款账户余额的金额是否正确。

#### 2. 定义总体与抽样单元

在实施抽样之前，注册会计师必须仔细定义总体，确定抽样总体的范围。总体可以包括构成某类交易或账户余额的所有项目，也可以只包括某类交易或账户余额中的部分项目。例如，如果应收账款中没有个别重大项目，注册会计师直接对应收账款账面余额进行抽样，则总体包括构成应收账款期末余额的所有项目。如果注册会计师已使用选取特定项目的方法将应收账款中的个别重大项目挑选出来单独测试，只对剩余的应收账款余额进行抽样，则总体只包括构成应收账款期末余额的部分项目。

在定义抽样单元时,注册会计师应当使其与审计测试的目标保持一致。注册会计师在定义总体时通常都指明了适当的抽样单元。例如,信诚会计师事务所审计人员将应收账款明细账定义为总体,则每一个明细账项目即为抽样单元。

如果总体项目存在重大的变异性,注册会计师还应当考虑分层。分层是指将一个总体划分为多个子总体的过程,每个子总体由一组具有相同特征(通常为货币金额)的抽样单元组成。分层可以降低每一层中项目的变异性,从而在抽样风险没有成比例增加的前提下减小样本规模。注册会计师可以将应收账款账户按其金额大小分为三层,即账户金额在 100 000元以上的;账户金额为 5 000~100 000 元的;账户金额在 5 000 元以下的。然后,根据各层的重要性分别采取不同的选样方法。对于金额在 100 000 元以上的应收账款账户,应进行全部函证;对于金额在 5 000~100 000 元以及 5 000 元以下的应收账款账户,则可采用适当的选样方法选取出来作为进行函证的样本。

### 3. 定义误差构成条件

注册会计师必须事先准确定义构成误差的条件,否则执行审计程序时就没有识别误差的标准。注册会计师在定义误差构成条件时要考虑审计程序的目标。清楚地了解误差构成条件,对于确保在推断误差时仅将所有与审计目标相关的条件包括在内至关重要。例如,在对应收账款存在性的测试中(如函证),客户在函证日之前支付、被审计单位在函证日之后不久收到的款项不构成误差。被审计单位在不同客户之间误登明细账并不影响应收账款账户的总额,因此即使该情况可能对审计的其他方面产生重要影响,但在评价样本结果时也不应作为抽样误差。

## (二)选取样本阶段

### 1. 确定样本规模

样本规模是指从总体中选取样本项目的数量。在审计抽样中,如果样本规模过小,就不能反映总体的特征,注册会计师就无法获取充分的审计证据,其审计结论的可靠性就会大打折扣,甚至可能得出错误的审计结论;相反,如果样本规模过大,则会增加审计工作量,造成不必要的时间和人力的浪费,降低审计效率,失去审计抽样的意义。在确定样本规模时,注册会计师应当考虑能否将抽样风险降至可接受的低水平。表 2-5 列示了审计抽样中影响样本规模的因素,并分别说明了这些影响因素在控制测试和细节测试中的表现形式。

表 2-5 影响样本规模的因素

| 影响因素 | 控制测试 | 细节测试 | 与样本规模的关系 |
| --- | --- | --- | --- |
| 可接受的抽样风险 | 可接受的信赖过度风险 | 可接受的误受风险 | 反向变动 |
| 可容忍误差 | 可容忍偏差率 | 可容忍错报 | 反向变动 |
| 预计总体误差 | 预计总体偏差率 | 预计总体错报 | 同向变动 |
| 总体变异性 | — | 总体变异性 | 同向变动 |
| 总体规模 | 总体规模 | 总体规模 | 影响很小 |

## 2. 选取样本

在选取样本项目时，注册会计师应当使总体中的所有抽样单元均有被选取的机会。使所有抽样单元都有被选取的机会是审计抽样的基本特征之一，否则，就无法根据样本结果推断总体。

选取样本的基本方法包括随机数表法、系统选样和随意选样。

(1) 随机数表法。随机数表法又称随机数选样。使用随机数选样需以总体中的每一个项目都有不同的编号为前提。注册会计师可以使用计算机生成的随机数，如电子表格程序、随机数码生成程序、通用审计软件程序等计算机程序产生的随机数，也可以使用随机数表获得所需的随机数。

随机数表也称乱数表，它是由随机生成的从 0 到 9 十个数字所组成的数表，每个数字在表中出现的次数大致相同，它们出现在表上的顺序是随机的。表 2-6 就是五位随机数表的一部分。

表 2-6　随机数表

| 行＼列 | 1 | 2 | 3 | 4 | 5 | 6 | 7 | 8 | 9 |
|---|---|---|---|---|---|---|---|---|---|
| 1 | 32 044 | 69 037 | 29 655 | 92 114 | 81 034 | 40 582 | 01 584 | 77 184 | 85 762 |
| 2 | 23 821 | 96 070 | 82 592 | 81 642 | 08 971 | 07 411 | 09 037 | 81 530 | 56 195 |
| 3 | 82 383 | 94 987 | 66 441 | 28 677 | 95 961 | 78 346 | 37 916 | 09 416 | 42 438 |
| 4 | 68 310 | 21 792 | 71 635 | 86 089 | 38 157 | 95 620 | 96 718 | 79 554 | 50 209 |
| 5 | 94 856 | 76 940 | 22 165 | 01 414 | 01 413 | 37 231 | 05 509 | 37 489 | 56 459 |
| 6 | 95 000 | 61 958 | 83 430 | 98 250 | 70 030 | 05 436 | 74 814 | 45 978 | 09 277 |
| 7 | 20 764 | 64 638 | 11 359 | 32 556 | 89 822 | 02 713 | 81 293 | 52 970 | 25 080 |
| 8 | 71 401 | 17 964 | 50 940 | 95 753 | 34 905 | 93 566 | 36 318 | 79 530 | 51 105 |

应用随机数表选样的步骤如下：①对总体项目进行编号，建立总体中的项目与表中数字的一一对应关系；②确定连续选取随机数的方法。即从随机数表中选择一个随机起点和一个选号路线，随机起点和选号路线可以任意选择，但一经选定就不得改变。依次查找符合总体项目编号要求的数字，即为选中的号码，与此号码相对应的总体项目即为选取的样本项目，一直到选足所需的样本量为止。

(2) 系统选样。系统选样也称等距选样，是指按照相同的间隔从审计对象总体中等距离地选取样本的一种选样方法。采用系统选样，首先要计算选样间距，确定选样起点，然后再根据间距顺序地选取样本。选样间距的计算公式如下。

$$选样间距＝总体规模÷样本规$$

---

📝 做中学 2-2：

销售发票总体范围的编号是 652～3 152，设定的样本量是 125。

**要求：** 如何使用系统选样选取样本？

系统选样的主要优点是使用方便，比其他选样方法节省时间，并可用于无限总体。此外，使用这种方法时，对总体中的项目不需要编号，注册会计师只要简单数出每一个间距即可。但是，使用系统选样要求总体必须是随机排列的，否则容易发生较大的偏差，造成非随机的、不具代表性的样本。

(3) 随意选样。随意选样也叫任意选样，是指注册会计师不带任何偏见地选取样本，即注册会计师不考虑样本项目的性质、大小、外观、位置或其他特征而选取总体项目。随意选样的主要缺点在于很难完全无偏见地选取样本项目，即这种方法难以彻底排除注册会计师的个人偏好对选取样本的影响，因而很可能使样本失去代表性。由于文化背景和所受训练等的不同，每个注册会计师都可能无意识地带有某种偏好。因此，在运用随意选样时，注册会计师要避免由于项目性质、大小、外观和位置等的不同所引起的偏见，尽量使所选取的样本具有代表性。

三种基本方法均可选出代表性样本。但是，随机数选样和系统选样属于随机基础选样方法，即对总体的所有项目按随机规则选取样本，因而可以在统计抽样中使用，当然也可以在非统计抽样中使用；而随意选样虽然也可以选出代表性样本，但它属于非随机基础选样方法，因而不能在统计抽样中使用，只能在非统计抽样中使用。

### 3. 对样本实施审计程序

注册会计师应当针对选取的每个项目，实施适合具体目的的审计程序。对选取的样本项目实施审计程序旨在发现并记录样本中存在的误差。如果审计程序不适用于选取的项目，注册会计师应当针对替代项目实施该审计程序。例如，对应收账款的积极式函证没有收到回函时，注册会计师可以审查期后收款的情况或采取其他替代程序，以证实应收账款的余额。如果未能对某个选取的项目实施设计的审计程序或适当的替代程序，注册会计师就要考虑在评价样本时将该项目视为控制偏差，或细节测试中的一项错报。

### (三)评价样本结果阶段

本阶段旨在根据对误差的性质和原因的分析，将样本结果推至总体，形成对总体的结论。

### 1. 分析样本误差

注册会计师应当考虑样本的结果、已识别的所有误差的性质和原因，及其对具体审计目标和审计的其他方面可能产生的影响。

### 2. 推断总体误差

在属性抽样中，由于样本的误差率就是整个总体的推断误差率，因此注册会计师无须推断总体误差率。在变量抽样中，注册会计师应当根据样本中发现的误差金额推断总体误差金额，并考虑推断误差对特定审计目标及审计的其他方面的影响。例如，注册会计师对康诺公司应收账款进行抽样审计后，样本误差率为 2%，该企业应收账款总体账面金额为1 000 万元，则误差金额为 20 万元。

### 3. 形成审计结论

注册会计师应当评价样本结果，以确定对总体相关特征的评估是否得到证实或需要修正。如果计算的总体错报上限低于可容忍错报,则总体可以接受。这时注册会计师对总体得出结论,所测试的交易或账户余额不存在重大错报。如果计算的总体错报上限大于或等于可容忍错报,则总体不能接受。这时注册会计师对总体得出结论,所测试的交易或账户余额存在重大错报。注册会计师会建议被审计单位对错报进行调查,且在必要时调整账面记录。

综上所述,审计抽样流程可以用图2-2来表示。

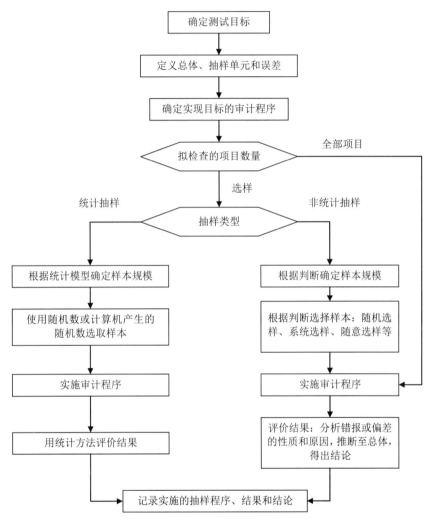

图2-2　审计抽样流程

## 能力拓展

审计人员对甲公司应收账款进行审计,该企业应收账款编号为0001至5000,审计人员拟利用随机数表选择其中的175份进行函证,随机数表如表2-6所示。

**要求:** 1.以第2行、第1列数字为起始点,自左向右,以各数的后四位数为准,审计人员选择的最初5个样本的号码分别是多少?

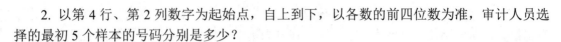

2. 以第 4 行、第 2 列数字为起始点，自上到下，以各数的前四位数为准，审计人员选择的最初 5 个样本的号码分别是多少？

**延伸阅读**

扫一扫，打开"信息技术对审计的影响"阅读材料。

信息技术对
审计的影响

# 复习自测题

## 一、单项选择题

1. 我国财务报表审计的总目标是对会计报表的(　　)发表意见。

　　A. 合法性和公允性　　B. 准确性　　　　C. 及时性　　　　D. 可靠性

2. 下列认定中，与利润表有关的是(　　)。

　　A. 存在　　　　　　　B. 发生　　　　　C. 权利和义务　　D. 计价与分摊

3. 下列认定中，仅与资产负债表有关的是(　　)。

　　A. 发生　　　　　　　B. 权利与义务　　C. 准确性　　　　D. 截止

4. 甲公司将 2019 年度的主营业务收入列入了 2018 年度的会计报表，则 2019 年度会计报表中存在错误的认定是(　　)。

　　A. 截止　　　　　　　B. 发生　　　　　C. 完整性　　　　D. 计价与分摊

5. 甲公司购入设备一台，会计部门在入账时，漏记了该设备的安装调试费，则违反的"认定"是(　　)。

　　A. 存在　　　　　　　B. 完整性　　　　C. 计价和分摊　　D. 分类

6. 甲公司的下列事项中，涉及"计价和分摊"认定的是(　　)。

　　A. 向丙公司拆借的款项，未列入账中

　　B. 将经营租入的设备列为企业固定资产

　　C. 将应收乙公司的 50 万元货款记为 100 万元

　　D. 将预付账款列示于应付账款中

7. 审计的具体目标必须根据(　　)来确定。

　　A. 保证程度　　　　　　　　　　　　B. 委托人要求

　　C. 审计总目标和认定　　　　　　　　D. 注册会计师经验

8. 从 900 张销售发票中抽取 60 张进行审计，如果采取系统选样，其抽样间距为(　　)。

　　A. 15　　　　　　　B. 30　　　　　　　C. 40　　　　　　　D. 60

9. 注册会计师采用系统选样法从 6 000 张凭证中选取 300 张作为样本，确定随机起点凭证编号为 35 号，则抽取的第 5 张凭证的编号应为(　　)。

　　A. 115 号　　　　　B. 135 号　　　　　C. 195 号　　　　　D. 235 号

10. "存在"和"完整性"认定分别与财务报表项目的(　　)有关。

　　A. 高估和低估　　B. 高估和高估　　C. 低估和高估　　D. 低估和低估

11. 会计报表的下列认定中，注册会计师通过分析存货周转率最有可能证实的是(　　)。

　　A. 存在或发生　　B. 权利和义务　　C. 完整性　　　　D. 计价和分摊

12. 一般而言，当审计证据的相关性与可靠程度较高时，所需审计证据的数量(　　)。
    A. 较少　　　　　　B. 不变　　　　　　C. 较多　　　　　　D. 视情况而定

13. 有关审计证据的下列表述中，正确的是(　　)。
    A. 注册会计师获取的环境证据一般属于基本证据
    B. 注册会计师自行获取的审计证据通常比被审计单位提供的证据可靠
    C. 运用观察、查询及函证、监盘、计算、检查和分析性复核等方法均可获取书面证据
    D. 运用观察、查询及函证、监盘、计算、检查和分析性复核等方法均可获取与内控相关的证据

14. 注册会计师执行财务报表审计业务获取的下列审计证据中，可靠性最强的是(　　)。
    A. 会议的同步书面记录　　　　　　B. 应收账款函证回函
    C. 发出商品的出库单　　　　　　　D. 企业管理人员对内部控制设计的解释

15. 充分性和适当性是审计证据的两个重要特征，下列关于审计证据的充分性和适当性表述中不正确的是(　　)。
    A. 审计证据质量越高，需要审计证据的数量可能越少
    B. 充分性和适当性两者缺一不可，只有充分且适当的审计证据才是有证明力的
    C. 如果审计证据质量存在缺陷，仅靠获取更多的审计证据可能无法弥补质量上的缺陷
    D. 审计证据的充分性与适当性密切相关，审计证据的充分性一定会影响其适当性

16. 存货盘点明细表属于(　　)。
    A. 书面证据　　　B. 口头证据　　　C. 环境证据　　　D. 实物证据

17. 审计证据的适当性是指审计证据的相关性和可靠性，相关性是指证据应与(　　)相关。
    A. 审计目标　　　　　　　　B. 审计范围
    C. 被审计单位的会计报表　　D. 客观事实

18. 实物证据通常证明(　　)。
    A. 实物资产的所有权　　　　B. 实物资产的计价准确性
    C. 实物资产是否存在　　　　D. 有关会计记录是否正确

19. 下列有关审计证据可靠性的表述中，注册会计师认同的是(　　)。
    A. 内部证据在外流转并获得其他单位承认，则具有较强的可靠性
    B. 被审计单位管理当局声明书有助于审计结论的形成，具有较强的可靠性
    C. 环境证据比口头证据重要，属于基本证据，可靠性较强
    D. 书面证据与实物证据相比是种辅助证据，可靠性较弱

20. 下面属于查阅书面资料的方法为(　　)。
    A. 监督盘点法　　　B. 观察法　　　　C. 调节法　　　　D. 分析法

21. 审查应收账款最重要的实质性审计程序是(　　)。
    A. 函证　　　　　　B. 询问　　　　　C. 观察　　　　　D. 计算

22. 审计工作底稿的所有权属于(　　)。
    A. 注册会计师　　　　　　　B. 会计师事务所
    C. 被审计单位　　　　　　　D. 责任方

23. 2021年3月5日对N公司全部现金进行监盘后，确认实有现金数额为 1 000 元。N公司 3 月 4 日账面库存现金余额为 2 000 元，3 月 5 日发生的现金收支全部未登记入账，其中收入金额为 3 000 元、支出金额为 4 000 元，2021 年 1 月 1 日至 3 月 4 日现金收入总额为 165 200 元、现金支出总额为 165 500 元，则推断 2020 年 12 月 31 日库存现金余额应为(　　)元。

    A. 1 300               B. 2 300               C. 700               D. 2 700

24. 下列有关审计工作底稿存在形式的表述中，正确的是(　　)。

    A. 应当以纸质或电子形式存在

    B. 能以纸质和电子形式以外的形式存在

    C. 可以纸质、电子形式或其他介质形式存在

    D. 仅以纸质形式存在

25. 执行下列业务中保证程度最高的是(　　)。

    A. 预测性财务信息审核                  B. 财务报表审阅

    C. 上市公司年度财务报表审计        D. 代编财务报表

26. 下列各项中，(　　)是注册会计师形成审计结论、发表审计意见的直接依据。

    A. 审计工作底稿                      B. 审计工作底稿的内容

    C. 审计证据                         D. 记载审计证据的审计工作底稿

27. 为了证实某公司所记录的资产是否均由该公司所有或控制，注册会计师采用(　　)程序能够获取充分、适当的审计证据。

    A. 检查有形资产                    B. 询问

    C. 分析                         D. 检查记录或文件

28. 实质性程序的类型包括(　　)。

    A. 控制测试和细节测试            B. 控制测试和实质性测试

    C. 细节测试和实质性分析程序      D. 控制测试和实质性分析程序

29. 以下事项中，属于审计工作底稿的有(　　)。

    A. 审计业务约定书                   B. 财务报表草稿

    C. 作废的总体审计策略文本        D. 企业营业执照原件

30. 下列属于应对重大错报风险阶段的工作内容的是(　　)。

    A. 签订审计业务约定书            B. 对重要性进行初步评估

    C. 编制审计报告                  D. 控制测试和实质性程序

## 二、多项选择题

1. 财务报表审计具体包括对(　　)项目的审计。

    A. 资产负债表      B. 利润表      C. 现金流量表      D. 财务报表附注

2. 按照审计证据的来源分类，可以将审计证据分为(　　)。

    A. 口头证据      B. 内部证据      C. 外部证据      D. 实物证据

3. 审计的工作过程包括(　　)。

    A. 接受业务委托                   B. 应对重大错报风险

    C. 编写审计报告                  D. 追踪审核验证

4. 注册会计师在审计过程中搜集的环境证据包括的内容主要有(　　)。

A. 被审计单位的章程、合同、协议和营业执照

B. 被审计单位有关内部控制情况

C. 被审计单位管理人员的素质

D. 被审计单位各种管理条件和管理水平

5. 下列有关审计证据的说法中,错误的是(　　)。

A. 审计证据包括被审计单位聘请的专家编制的信息

B. 注册会计师无需鉴定作为审计证据的文件记录的真伪

C. 注册会计师可以考虑获取审计证据的成本与所获取信息的有用性之间的关系

D. 如果审计证据的质量存在缺陷,注册会计师可以通过获取更多数量的审计证据来弥补

6. 下列关于审计证据可靠性的表述中,正确的是(　　)。

A. 应收账款询证函原件比传真件可靠

B. 银行对账单比银行询证函回函可靠

C. 检查存货明细表比询问企业仓库管理员的口头表述可靠

D. 不同部门的人员对同一问题回答一致的口头证据在得到不同信息的证实后其可靠性大大提高

7. 下列属于与交易和事项相关的认定有(　　)。

A. 存在　　　　　　B. 权利和义务　　　　C. 完整性　　　　　　D. 准确性

8. 注册会计师在审计时发现的下列情况中,属于"完整性"认定的是(　　)。

A. 资产负债表所列的存货均存在并可供使用

B. 资产负债表所列的存货均包括所有存货交易的结果

C. 当期的全部销售交易均已登记入账

D. 期末已按成本与可变现成本孰低的原则计提了存货跌价准备

9. 注册会计师在对会计师报表进行审计时,一般情况下,更应关注"完整性"认定的项目是(　　)。

A. 预付账款　　　　B. 短期借款　　　　　C. 应付账款　　　　　D. 管理费用

10. 审计人员通过观察程序,可以取得(　　)。

A. 实物证据　　　　B. 书面证据　　　　　C. 口头证据　　　　　D. 环境证据

11. 符合下列情况的内部证据,具有较高的可靠程度的是(　　)。

A. 被审计单位内部控制健全有效

B. 在外部流转并获得其他单位的认可

C. 预先进行了连续编号并按序号依次处理

D. 在形成过程中经过不同部门、人员的核实、签章

12. 样本选取的方法有(　　)。

A. 随意选样　　　　B. 系统选样　　　　　C. 随机数表法　　　　D. 审计抽样

13. 审计证据的充分性是对证据数量的衡量,主要与(　　)有关。

A. 具体审计程序　　　　　　　　　　　　B. 审计证据的质量

C. 是否使用分析程序　　　　　　　　　　D. 重大错报风险

14. 下列关于审计证据的充分性和适当性的说法中，正确的有(　　)。

　　A. 审计证据的适当性是对审计证据质量的衡量

　　B. 审计证据的充分性是对审计证据数量的衡量

　　C. 注册会计师可以依靠获取更多的审计证据来弥补其质量上的缺陷

　　D. 错报风险越大，需要的审计证据越多；审计证据质量越高，需要的审计证据越少

15. 审计小组在讨论审计证据相关性时提出以下观点，其中正确的有(　　)。

　　A. 一种审计程序只能取得针对某一项认定的审计证据

　　B. 针对同一项认定可以从不同来源获取审计证据或获取不同性质的审计证据

　　C. 只与特定认定相关的审计证据并不能替代与其他认定相关的审计证据

　　D. 特定的审计程序可能只为某些认定提供相关的审计证据，而与其他认定无关

16. 关于分析程序的下列说法，正确的有(　　)。

　　A. 分析程序的主要目的是确认是否有异常或意外的波动

　　B. 可用于风险评估程序

　　C. 出现异常变动，表明被审计单位会计报表一定存在舞弊

　　D. 可用于对财务报表的总体复核

17. 在对短期借款实施相关审计程序后，需对取得的审计证据进行评价。以下有关短期借款审计证据可靠性的论述中，正确的有(　　)。

　　A. 从第三方获取的有关短期借款的证据比直接从甲公司获得的相关证据更可靠

　　B. 为了证明短期借款的真实存在，注册会计师可以向债权方进行函证

　　C. 甲公司提供的短期借款合同尽管有借贷双方的签章，但如果没有其他证据佐证，也不可靠

　　D. 短期借款的重大错报风险为高水平时产生的会计数据比重大错报风险为低水平时产生的会计数据更为可靠

18. 书面证据获取的方法有(　　)。

　　A. 检查　　　　　　B. 监盘　　　　　　C. 函证　　　　　　D. 分析程序

19. 下列证据中属于书面证据的有(　　)。

　　A. 董事会会议记录　　　　　　B. 审计人员询问有关人员后，对回答所作的记录

　　C. 采购合同　　　　　　　　　D. 通过盘点取得的存货数量的证据

20. 以下资产中，适用突击盘点方式的有(　　)。

　　A. 固定资产　　　B. 贵重金属　　　C. 原材料　　　D. 现金

## 三、判断题

1. 无论统计抽样还是非统计抽样，只要运用恰当，都能够获取充分、适当的审计证据。

(　　)

2. 验收单是支持资产或费用以及与采购有关的负债的存在或发生认定的重要凭证。

(　　)

3. 统计抽样与非统计抽样的区别在于统计抽样无需审计人员的专业判断。　(　　)

4. 审计具体目标要根据审计总目标和被审计单位管理当局的认定来确定。　(　　)

5. 审计抽样是指注册会计师对某类交易或账户余额中小于等于百分之百的项目实施审

计程序，使所有抽样单元都有被选取的机会。　　　　　　　　　　　　（　　）

6. 企业将 2018 年的收入记到 2019 年的收入账上，2018 年报表的这一处理违反了截止认定。　　　　　　　　　　　　　　　　　　　　　　　　　　　　　　（　　）

7. 账簿的审阅，主要是审阅总账、明细账、日记账，其中以审阅总账为最重要。（　　）

8. 盘点法能够证明实物资产的所有权以及实物资产的数量和质量。　　　　（　　）

9. 外部证据是由会计师事务所之外的机构或人员编制的书面证据，一般具有较强的证明力。　　　　　　　　　　　　　　　　　　　　　　　　　　　　　　　（　　）

10. 注册会计师发表的审计意见必须建立在有足够数量的审计证据基础之上，因此审计证据越多越好。　　　　　　　　　　　　　　　　　　　　　　　　　（　　）

11. 随意选样可以在统计抽样中使用，也可以在非统计抽样中使用。　　　（　　）

12. 函证应收账款时，函证可能为存在、权利和义务、计价与分摊认定提供审计证据。　　　　　　　　　　　　　　　　　　　　　　　　　　　　　　　　（　　）

13. 环境证据可以帮助审计人员了解被审计单位和审计事项所处的环境，为审计人员分析判断审计事项提供有用的线索。　　　　　　　　　　　　　　　　　　（　　）

14. 银行询证函回函和银行对账单虽然都属于外部证据，但证明力是不一样的。（　　）

15. 会计记录中含有的信息本身并不足以提供充分的审计证据作为对财务报表发表审计意见的基础，注册会计师还应当获取用作审计证据的其他信息。　　　　　（　　）

# 项目三 计划审计工作

## 【技能目标】

- 能完成审计计划阶段的基本工作。
- 能根据委托人的情况决定是否接受委托。
- 能合理确定重要性水平及审计风险。

## 【知识目标】

- 了解审计业务约定书的内容。
- 理解总体审计策略与具体审计计划的相互关系及编制要求。
- 掌握审计计划阶段的工作内容。
- 掌握重要性和审计风险的含义。
- 掌握重要性、审计风险与审计证据数量之间的关系。

## 知识导图

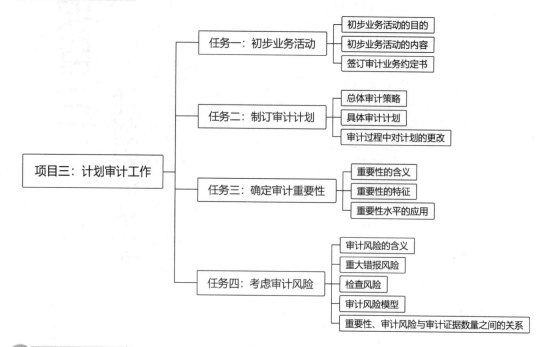

## 项目描述

从本项目开始，我们将学习如何开展具体的审计工作。民间审计的特点是受托审计，必须接受委托人的委托才能开展审计工作，这是审计工作的起点。在此之前，审计人员要对委托人进行初步了解，才能决定是否接受委托；若决定接受委托，要与委托人签订审计业务约定书，确定双方的权利与义务。由于审计工作参与人员多，工作量大，因此还必须制订审计计划，对以后的审计工作进行安排，从而保证审计目标的实现。

## 情境引导

### 信诚会计师事务所业务承接

康诺公司财务部经理张强在对信诚会计师事务所深入了解后，将其介绍给总经理王明。王明与信诚会计师事务所业务负责人李立就 2020 年报表审计业务进行了洽谈。

双方对报表审计的目的、范围、审计收费等问题进行了沟通。王明要求，希望尽快完成审计工作，最好 5 天内提供审计报告。李立当即表示，审计工作有着严格的工作规范要求，要在 5 天内提供审计报告是不可能的。之后，李立向王明详细介绍了报表审计的业务要求及工作流程，使王明对审计有了新的认识。王明意识到在公司未来的发展中，还有许多情况下需要注册会计师审计工作的配合，企业也有必要对审计有充分的了解和认识。由此，王明当即表示愿意配合事务所进行下一步的报表审计工作。双方很快在有关方面达成共识，信诚会计师事务所对康诺股份有限公司财务报表的审计工作拉开了序幕。

对于会计师事务所来说，接受审计业务前一定要审慎地选择被审计单位并对被审计单位的业务进行深入了解。如何选择被审计单位呢？这既要考虑被审计单位的具体情况，也要注意分析事务所自身的专业胜任能力。在此基础上，还要和委托方签订书面合同，由此才能避免以后发生纠纷，保护各方的合法权益。

# 任务一　初步业务活动

审计业务约定书

## 任务导入

信诚会计师事务所并没有马上与康诺公司签约，而是先与康诺公司管理层进行了会谈，详细询问了康诺公司近几年的经营情况，两天后才与康诺公司就审计的具体事宜达成协议。之后，信诚会计师事务所确定由李立负责该项审计工作。李立有着10年的审计工作经验，对制造业的审计业务非常熟悉。随后，李立组建了审计团队，进驻康诺公司开始审计工作。

**具体任务：**

信诚会计师事务所在确定接受康诺公司业务委托后，双方如何就审计业务签订业务约定书？

## 知识准备

# 一、初步业务活动的目的

注册会计师需要开展初步业务活动，以实现以下三个主要目的。

(1) 确定注册会计师具备执行业务所需的独立性和能力。

(2) 确定不存在因管理层诚信问题而可能影响注册会计师保持该项业务的意愿的事项。

(3) 确定与被审计单位之间不存在对业务约定条款的误解。

# 二、初步业务活动的内容

注册会计师在本期审计业务开始时应当开展下列初步业务活动。

## (一)针对保持客户关系和具体审计业务实施相应的质量控制程序

针对保持客户关系和具体审计业务实施质量控制程序，并且根据实施相应程序的结果做出适当的决策是注册会计师控制审计风险的重要环节。在确定是否接受新客户或现有客户的新业务时，审计准则要求会计师事务所根据具体情况获取必要的信息。下列信息可以帮助项目合伙人确定有关客户关系和审计业务的接受与保持是否恰当。

### 1. 被审计单位的主要股东、关键管理人员和治理层是否诚信

针对有关客户的诚信，会计师事务所应当考虑下列主要事项。

(1) 客户主要股东、关键管理人员、关联方及治理层的身份和商业信誉。

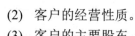

(2) 客户的经营性质。

(3) 客户的主要股东、关键管理人员及治理层对内部控制环境和会计准则等的态度。

(4) 客户是否过分考虑将会计师事务所的收费维持在尽可能低的水平。

(5) 工作范围受到不适当限制的迹象。

(6) 客户可能涉嫌洗钱或其他刑事犯罪行为的迹象。

(7) 变更会计师事务所的原因。

会计师事务所可以通过下列途径，获取与客户诚信相关的信息：与为客户提供专业会计服务的现任或前任人员进行沟通，并与其讨论；向会计师事务所其他人员、监管机构、金融机构、法律顾问和客户的同行等第三方询问；从相关数据库中搜索客户的背景信息。

**2. 项目组是否具有执行审计业务的专业胜任能力以及必要的时间和资源**

在确定是否具有接受新业务所需的必要素质、专业胜任能力、时间和资源时，会计师事务所应当考虑下列事项，以评价新业务的特定要求和所有相关级别的现有人员的基本情况。

(1) 会计师事务所人员是否熟悉相关行业或业务对象。

(2) 会计师事务所人员是否具有执行类似业务的经验，或是否具备有效获取必要技能和知识的能力。

(3) 会计师事务所是否拥有足够的具有必要素质和专业胜任能力的人员。

(4) 在需要时，是否能够得到专家的帮助。

(5) 如果需要项目质量控制复核，是否具备符合标准和资格要求的项目质量控制复核人员。

(6) 会计师事务所是否能够在提交报告的最后期限内完成业务。

## (二)评价遵守相关职业道德要求的情况

评价遵守相关职业道德要求的情况也是一项非常重要的初步业务活动。职业道德规范要求项目组成员恪守独立、客观、公正的原则，保持专业胜任能力和应有的关注，并对审计过程中获知的信息保密。其中又以独立性的要求尤为重要。独立性是审计的灵魂，如果有损害独立性的因素，会计师事务所和注册会计师应当采取必要的措施以消除影响或将其降至可接受水平，否则应当拒绝接受委托。

虽然保持客户关系及具体审计业务和评价遵守职业道德的工作贯穿审计业务的全过程，但是这两项活动需要安排在其他审计工作之前，以确保注册会计师已具备执行业务所需要的独立性和专业胜任能力，且不存在因管理层诚信问题而影响注册会计师保持该项业务的意愿等情况。

## (三)就审计业务约定条款达成一致意见

在做出接受或保持客户关系及具体审计业务的决策后，注册会计师应当按照《中国注册会计师审计准则第 1111 号——就审计业务约定条款达成一致意见》的规定，在审计业务开始前，与被审计单位就审计业务约定条款达成一致意见，签订或修改审计业务约定书，以避免双方对审计业务的理解产生分歧。

# 三、签订审计业务约定书

通过对客户和环境的了解，对确定要接受委托的客户，需要与其签订审计业务约定书，以明确和确认双方的权利与义务。

## (一)审计业务约定书的含义

审计业务约定书是指会计师事务所与被审计单位签订的，用以记录和确认审计业务的委托与受托关系、审计目标和范围、双方的责任以及报告的格式等事项的书面协议。

会计师事务所承接任何审计业务，都应与被审计单位签订审计业务约定书，以避免双方对审计业务的理解产生分歧。如果被审计单位不是委托人，在签订审计业务约定书前，注册会计师应当与委托人、被审计单位就审计业务约定相关条款进行充分沟通，并达成一致意见。审计业务约定书具有经济合同的性质，一经各方签字或盖章认可，即成为法律上生效的契约，对各方均具有法定约束力。

## (二)审计业务约定书的作用

签署审计业务约定书的目的是为了明确约定各方的权利和义务，促使各方遵守约定事项并加强合作，保护签约各方的正当利益。审计业务约定书主要有以下作用。

(1) 可增进会计师事务所与被审计单位之间的相互了解，尤其使被审计单位了解注册会计师的审计责任及需要提供的协助和合作。

(2) 可作为被审计单位评价审计业务完成情况，及会计师事务所检查被审计单位约定义务履行情况的依据。

(3) 出现法律诉讼时，是确定签约各方应负责任的重要证据。

◉ **任务解析**

信诚会计师事务所在确定接受康诺公司审计业务后，要与康诺公司签订审计业务约定书。审计业务约定书加盖双方印章后生效，具有法定约束力，具有与根据《中华人民共和国合同法》签订的经济合同同等的法律效力，成为委托人和受托人双方之间在法律上的生效契约。如果出现法律诉讼，它是确定双方责任的首要依据之一。审计业务约定书的具体内容可能因被审计单位的不同而不同，但应当包括以下主要内容。

(1) 财务报表审计的目标与范围。

(2) 注册会计师的责任。

(3) 管理层对财务报表的责任。

(4) 指出用于编制财务报表所适用的财务报告编制基础。

(5) 提及注册会计师拟出具的审计报告的预期形式和内容，以及对在特定情况下出具的审计报告可能不同于预期形式和内容的说明。

如果情况需要，注册会计师还应当考虑在审计业务约定书中列明下列内容。

(1) 详细说明审计工作的范围，包括提及适用的法律法规、审计准则，以及注册会计师协会发布的职业道德守则和其他公告。

(2) 对审计业务结果的其他沟通形式。

(3) 说明由于审计和内部控制的固有限制，即使审计工作按照审计准则的规定得到恰当的计划和执行，仍不可避免地存在某些重大错报未被发现的风险。

(4) 计划和执行审计工作的安排，包括审计项目组的构成。

(5) 管理层确认将提供书面声明。

(6) 管理层同意向注册会计师及时提供财务报表草稿和其他所有附带信息，以使注册会计师能够按照预定的时间表完成审计工作。

(7) 管理层同意告知注册会计师在审计报告日至财务报表报出日之间注意到的可能影响财务报表的事实。

(8) 收费的计算基础和收费安排。

(9) 管理层确认收到审计业务约定书并同意其中的条款。

(10) 在某些方面对利用其他注册会计师和专家工作的安排。

(11) 对审计涉及的内部审计人员和被审计单位其他员工工作的安排。

(12) 在首次审计的情况下，与前任注册会计师(如存在)沟通的安排。

(13) 说明对注册会计师责任可能存在的限制。

(14) 注册会计师与被审计单位之间需要达成进一步协议的事项。

(15) 向其他机构或人员提供审计工作底稿的义务。

## ◉ 能力拓展 ▶

康诺公司与信诚会计师事务所于 2021 年 1 月 9 日就康诺公司 2020 年报表审计业务签订了审计业务约定书。双方约定审计业务收费依据审计人员在本次报表审计业务中的工作时间确定，预计总费用为 15 万元，合同签订后 7 日内支付 30%，剩余部分在审计报告出具当日结清。审计报告应于 2021 年 3 月 1 日前提供，一式六份。双方争议采用仲裁方式解决。

**要求：** 搜集有关资料，请为信诚会计师事务所草拟一份针对康诺公司审计业务的审计业务约定书。

## ◉ 延伸阅读 ▶

扫一扫，打开"审计标准"阅读材料。

审计标准

# 任务二　制订审计计划

## ◉ 任务导入 ▶

总体审计策略

在与康诺公司签订审计业务约定书后，注册会计师李立开始制订审计计划，其中部分工作内容如下。

(1) 了解康诺公司经营及所属行业的基本情况。

(2) 考虑项目组成员之间预期沟通的性质和时间安排。

(3) 初步评价重要性水平。

(4) 考虑重大错报风险较高的审计领域。

(5) 对重要认定制定初步审计策略。

(6) 了解本审计单位的内部控制。

(7) 进行控制测试及评估控制风险。

(8) 确定检查风险及设计实质性测试。

**具体任务：**

上述哪些工作内容属于总体审计策略，哪些工作内容属于具体审计计划？

**知识准备**

在确定接受审计业务委托后，为保证审计工作的顺利开展，需要制订审计计划。审计计划分为总体审计策略和具体审计计划两个层次。

# 一、总体审计策略

总体审计策略用以确定审计范围、时间和方向，并指导制订具体审计计划，是整个审计工作的蓝图。在制定总体审计策略时，审计人员应注意考虑以下主要事项。

## (一)审计范围

总体审计策略中审计范围的内容和格式可参考表 3-1。

表 3-1　审计范围

| 1. 报告要求 | |
|---|---|
| 2. 适用的会计准则或制度 | |
| 3. 适用的审计准则 | |
| 4. 与财务报告相关的行业特别规定 | 例如：监管机构发布的有关信息披露法规，特定行业主管部门发布的与财务报告相关的法规等 |
| 5. 需审计的集团内组成部分的数量及所在地点 | |
| 6. 需要阅读的含有已审计财务报表的文件中的其他信息 | 例如：上市公司年报 |
| 7. 制定审计策略需考虑的其他事项 | 例如：单独出具报告的子公司范围等 |

## (二)报告目标、时间安排和所需沟通的性质

总体审计策略中报告目标、时间安排和所需沟通的内容及格式可参考表 3-2。

表 3-2　报告目标、时间安排和所需沟通的内容及格式

| (一) 对外报告时间安排： | |
|---|---|
| (二) 执行审计时间安排： | |
| **执行审计时间安排** | **时　间** |
| 1. 期中审计 | |

续表

| 执行审计时间安排 | 时　间 |
|---|---|
| (1) 制定总体审计策略 | |
| (2) 制订具体审计计划 | |
| …… | |
| 2. 期末审计 | |
| (1) 存货监盘 | |
| …… | |

| 所需沟通 | 时　间 |
|---|---|
| 与管理层及治理层的会议 | |
| 项目组会议(包括预备会和总结会) | |
| 与专家或有关人士的沟通 | |
| 与前任注册会计师的沟通 | |
| …… | |

## (三)审计方向

总体审计策略的制定应当包括考虑影响审计业务的重要因素,以确定项目组工作方向,包括确定适当的重要性水平,初步识别可能存在较高的重大错报风险的领域,初步识别重要的组成部分和账户余额,评价是否需要针对内部控制的有效性获取审计证据,识别被审计单位、所处行业、财务报告要求及其他相关方面最近发生的重大变化等。总体审计策略中确定审计方向时需考虑因素的内容可参考表 3-3。

表 3-3　确定审计方向时需考虑因素的内容

| 确定的重要性水平 | 索引号 |
|---|---|
| | |
| **可能存在较重大错报风险的领域** | 索引号 |
| | |
| **重要的组成部分和账户余额** | 索引号 |
| 1. 重要的组成部分(记录所审计的集团内重要的组成部分) | |
| …… | |
| 2. 重要的账户余额(记录重要的账户余额,包括本身具有重要性的账户余额(如存货),以及评估出存在重大错报风险的账户余额) | |
| …… | |

## (四)审计资源

注册会计师应当在总体审计策略中清楚地说明审计资源的规划和调配,包括确定执行审计业务所必需的审计资源的性质、时间安排和范围。总体审计策略中审计资源的内容和格式可参考表 3-4~表 3-5。

表 3-4　人员安排

项目组主要成员的责任

| 职　位 | 姓　名 | 主要职责 |
|---|---|---|
|  |  |  |
|  |  |  |

与项目质量控制复核人员的沟通(如适用)

复核的范围：_____

| 沟通内容 | 负责沟通的项目组成员 | 计划沟通时间 |
|---|---|---|
|  |  |  |
|  |  |  |
|  |  |  |

表 3-5　对专家或有关人士工作的利用(如适用)

如果项目组计划利用专家或有关人士的工作,需要记录其工作的范围和涉及的主要会计科目等。另外,项目组还应按照相关审计准则的要求对专家或有关人士的能力、客观性及其工作等进行考虑及评估。

对内部审计工作的利用

| 主要报表项目 | 拟利用的内部审计工作 | 索引号 |
|---|---|---|
| 存货 | 内部审计部门对各仓库的存货每半年至少盘点一次。在中期审计时,项目组已经对内部审计部门的盘点步骤进行观察,对其结果满意,因此项目组将审阅其年底的盘点结果,并缩小存货监盘的范围 |  |
|  |  |  |
|  |  |  |

对其他注册会计师工作的利用

| 其他注册会计师名称 | 利用其工作范围及程度 | 索引号 |
|---|---|---|
|  |  |  |
|  |  |  |

对专家工作的利用

| 主要报表项目 | 专家名称 | 主要职责及工作范围 | 利用专家工作的原因 | 索引号 |
|---|---|---|---|---|
|  |  |  |  |  |

对被审计单位使用服务机构的考虑

| 主要报表项目 | 服务机构名称 | 服务机构提供的服务及其注册会计师出具的审计报告意见及日期 | 索引号 |
|---|---|---|---|
|  |  |  |  |
|  |  |  |  |

总体审计策略的详略程度应当随被审计单位的规模及该项审计业务的复杂程度的不同而变化。例如，在对小型单位进行审计时，总体审计策略可以相对简单一些。

## 二、具体审计计划

注册会计师应当针对总体审计策略中所识别的不同事项，制订具体审计计划，并考虑通过有效利用审计资源以实现审计目标。具体审计计划是依据总体审计策略制订的，比总体审计策略更加详细。可以说，为获取充分、适当的审计证据，而确定审计程序的性质、时间和范围的决策是具体审计计划的核心。具体审计计划应当包括风险评估程序、计划实施的进一步审计程序和计划的其他审计程序。

### (一)风险评估程序

为了足够识别和评估财务报表重大错报风险，在具体审计计划中，审计人员应确定计划实施的风险评估程序的性质、时间和范围。

### (二)计划实施的进一步审计程序

针对评估的认定层次的重大错报风险，审计人员应确定计划实施的进一步审计程序的性质、时间和范围。随着审计工作的推进，对审计程序的计划会逐步深入，并贯穿于整个审计过程。进一步审计程序可以分为进一步审计程序的总体方案和拟实施的具体审计程序两个层次。进一步审计程序的总体方案主要是针对各类交易、账户余额和列报决定采用的总体方案(包括实质性方案和综合性方案)。具体审计程序则是对进一步审计程序的总体方案的延伸和细化，它通常包括控制测试及实质性程序的性质、时间和范围。在实务中，审计人员通常单独编制一套包括这些具体程序的"进一步审计程序表"(见表 3-6)，待具体实施审计程序时，注册会计师将基于计划的具体审计程序，进一步记录所实施的审计程序及结果，并最终形成有关进一步审计程序的审计工作底稿。

表 3-6 进一步审计程序表

资本公积实质性分析和细节测试程序表

单位名称： 编制人： 复核人： 质控人：

截止日期： 日 期： 日 期： 日 期：

| 审计程序 | 是否执行 | | | | 索引号 | 执行人及日期 |
|---|---|---|---|---|---|---|
| | G | 是 | 否 | N/A | | |
| 一、实质性分析程序 | | | | | | |
| 对资本公积期末数与期初数进行比较,解释其波动原因 | | | | | | |
| 二、细节测试程序 | | | | | | |
| 1. 获取或编制资本公积明细表,复核加计,并与明细账、总账和报表数核对相符 | | | | | | |
| 2. 收集与资本公积有关的股东大会决议、董事会纪要、资产评估等文件资料 | | | | | | |

续表

| 审计程序 | 是否执行 | | | | 索引号 | 执行人及日期 |
|---|---|---|---|---|---|---|
| | G | 是 | 否 | N/A | | |
| 3. 根据资本公积明细账，对股本溢价、接受捐赠、股权投资准备、拨款转入、外币资本折算差额、其他资本公积项目的发生额进行审查 | | | | | | |
| 4. 关注并记录资本公积变动所引致的现金流量 | | | | | | |
| 5. 验明资本公积是否已恰当列报 | | | | | | |

### (三)计划的其他审计程序

计划的其他审计程序可以包括上述进一步审计程序的计划中没有涵盖的、根据其他审计准则的要求应当执行的既定程序。

## 三、审计过程中对计划的更改

计划审计工作并非审计业务的一个孤立阶段，而是一个持续的、不断修正的过程，贯穿于整个审计业务的始终。由于未预期事项、条件的变化或在实施审计程序中获取的审计证据等原因，在审计过程中，注册会计师应当在必要时对总体审计策略和具体审计计划做出更新和修改。

虽然编制总体审计策略的过程通常在具体审计计划之前，但是两项计划活动并不是孤立的、不连续的过程，而是内在紧密联系的，对其中一项的决定可能会影响甚至改变另外一项的决定。因此，审计人员应当根据实施风险评估程序的结果，对总体审计策略的内容予以调整。在实务中，审计人员将制定总体审计策略和具体审计计划相结合进行，可能会使计划审计工作更有效率及效果。

### ◉ 任务解析

综上所述，注册会计师李立制订的审计计划中，属于总体审计策略的工作内容的有：了解康诺公司经营及所属行业的基本情况；考虑项目组成员之间预期沟通的性质和时间安排；初步评价重要性水平；考虑重大错报风险较高的审计领域。

属于具体审计计划的工作内容的有：对重要认定制定初步审计策略；了解本审计单位的内部控制；进行控制测试及评估控制风险；确定检查风险及设计实质性测试。

### ◉ 能力拓展

信达会计师事务所甲注册会计师负责隆兴公司2020年报表审计工作，隆兴公司历年会计报表审计工作均由信达会计师事务所负责。甲注册会计师制定了总体审计策略和具体审计计划，部分内容如下。

(1) 初步了解 2020 年度隆兴公司及其环境未发生重大变化,拟信赖以往审计工作中对隆兴公司基本情况的评价及对公司管理层、治理层诚信形成的判断。

(2) 因对隆兴公司内部审计人员的客观性和专业胜任能力存有疑虑,拟不利用内部审计的工作。

(3) 因怀疑隆兴公司在收入确认方面存在重大错报风险,拟不再进行风险评估程序,直接实施细节测试。

(4) 因审计工作时间安排紧张,拟对应收账款不进行函证,改用替代程序进行检查。

(5) 2020 年度隆兴公司购入股票作为可供出售的金融资产核算。除实施询问程序外,预期无法获取有关管理层持有意图的其他充分、适当的审计证据,拟就询问结果获取管理层书面声明。

**要求:** 思考以上审计计划的内容有何不当之处?

◉ **延伸阅读**

扫一扫,打开"审计依据与审计准则"阅读材料。

审计依据与
审计准则

# 任务三 确定审计重要性

◉ **任务导入**

重要性的理解

表 3-7 所示为注册会计师李立为康诺公司审计确定报表层次重要性水平时编制的审计计划。

表 3-7 康诺公司审计计划(部分)

二、重要性

| 重要性:按照《中国注册会计师审计准则第 1221 号——重要性》确定 | | | |
|---|---|---|---|
| 确定方法 | | | |
| 年份或项目 | 税前利润法 | 总收入法 | 总资产法 | 净资产法 |
| 当年未审数 | 8 852 924 | 58 081 388 | 81 131 761 | 26 056 679 |
| 重要性比例 | 3%～5% | 0.5%～1% | 0.5%～1% | 1%～2% |
| 重要性水平(万元) | | | | |
| 选定重要性水平 | | | | |

**编制说明:**

一、方法适用范围。

1. 税前利润法用于比较稳定、回报率较合理的企业。

2. 总收入法用于微利企业和商业企业。

3. 总资产法用于新设企业,正在建造厂房及购买设备。

4. 净资产法用于金融、保险或其他资产大而利润小的企业。

二、以上方法四者只用其一,不能四者同时使用。

续表

| 审计说明: |
|---|
| |
| 部门经理意见: |
| |
| 备注: |
| |

**具体任务:**

请代替注册会计师确定重要性水平,完成该审计计划。

## 知识准备

《中国注册会计师审计准则第 1221 号——计划和执行审计工作时的重要性》要求注册会计师在制定总体审计策略时,确定财务报表整体的重要性和适用于这些交易、账户余额或披露的一个或多个重要性水平,并确定实际执行的重要性。

# 一、重要性的含义

重要性是贯穿于审计全过程的一个非常重要的概念,是审计人员发表审计意见需要考虑的基本因素。正确理解并恰当运用重要性概念对于保证审计工作质量和实现审计目标有十分重要的意义。

审计重要性是指在具体环境下,被审计单位财务报表错报的严重程度,如果合理预期错报(包括漏报)单独或汇总起来可能影响财务报表使用者依据财务报表做出的经济决策,则该项错报是重大的。重要性可视为财务报表中错报、漏报能否影响会计报表使用者决策的"临界点",超过该"临界点"就会影响使用者的决策和判断,这种错报、漏报就应该被看作是"重要的"。

注册会计师使用整体重要性水平(将财务报表作为整体)的目的如下。

(1) 决定风险评估程序的性质、时间安排和范围。

(2) 识别和评估重大错报风险。

(3) 确定进一步审计程序的性质、时间安排和范围。在整个业务过程中,随着审计工作的进展,注册会计师应当根据所获得的新信息更新重要性。在形成审计结论阶段,要使用整体重要性水平及为了特定交易类别、账户余额和披露而确定的较低金额的重要性水平来评价已识别的错报对财务报表的影响和对审计报告中审计意见的影响。

# 二、重要性的特征

重要性概念是基于成本效益原则的要求而产生的。由于现代企业经济活动日趋复杂,审计过程中所面对的会计信息量日益庞大,审计人员既没必要也不可能去审查全部的会计资料,只能在对内部控制和风险评价基础上采用抽查的方法来确认财务报表的合法性和公允性。因此,审计过程中必须抓住财务报表的重要方面和重要事项加以审查,在不增加审计成本的前提下,恰当地收集审计证据,更好地达到审计目标。在理解和运用这一概念时,应当注意审计重要性的以下特征。

### 1. 重要性的确定离不开具体环境

由于不同的被审计单位面临不同的环境,不同的报表使用者有着不同的信息需求,因此注册会计师确定的重要性也不相同。某一金额的错报对某被审计单位的财务报表来说是重要的,而对另一个被审计单位的财务报表来说可能是不重要的。

### 2. 重要性概念是针对财务报表使用者决策的信息需求而言的

判断一项错报重要与否,应视其对财务报表使用者依据财务报表做出经济决策的影响程度而定。如果财务报表中的某项错报足以改变或影响财务报表使用者的相关决策,则该项错报就是重要的,否则就不重要。另外,判断某事项对财务报表使用者是否重大,要在考虑财务报表使用者整体共同的财务信息需求的基础上做出,而无需考虑错报对个别财务报表使用者可能产生的影响。

### 3. 重要性包括对数量和性质两个方面的考虑

一般而言,金额大的错报比金额小的错报更重要。如果仅从数量角度考虑,重要性水平只是一个门槛或临界点。而在有些情况下,某些金额的错报从数量上看并不重要,但从性质上考虑,则可能是重要的。例如,一项不重大的违法支付,但该支付可能导致一项重大的或有负债或重大的资产损失,就应认为上述事项是重大的。

### 4. 对重要性的评估需要运用职业判断

重要性水平是一个经验值,审计人员只能通过职业判断确定重要性水平。不同的审计人员对影响重要性的各因素的判断存在差异,因此在确定同一被审计单位财务报表层次和认定层次的重要性水平时,得出的结果可能不同。

## 三、重要性水平的应用

重要性水平的运用贯穿于整个审计过程。在计划和执行审计工作,评价识别出的错报对审计的影响,以及未更正错报对财务报表和审计意见的影响时,注册会计师都需要运用重要性概念。

### (一)确定计划的重要性水平

在计划审计工作时,审计人员应当确定一个可接受的重要性水平,以发现在金额上重大的错报。审计人员在确定计划的重要性水平时,需要考虑对被审计单位及其环境的了解、审计的目标、财务报表各项目的性质及其相互关系、财务报表项目的金额及其波动幅度。同时,还应当从性质和数量两个方面合理确定重要性水平。

### 1. 从数量方面考虑重要性

重要性的数量即为重要性水平,是针对错报的金额大小而言的。在审计过程中,审计人员应当考虑财务报表整体和特定类别交易、账户余额或披露的重要性水平。

（1）财务报表整体的重要性水平。由于财务报表审计的目标是注册会计师通过执行审计工作对财务报表发表审计意见，因此注册会计师应当考虑财务报表整体的重要性。只有这样，才能得出财务报表是否公允反映的结论。注册会计师在制定总体审计策略时，应当确定财务报表整体的重要性。

确定财务报表整体重要性水平时，首先要选择一个恰当的基准，然后选用适当的百分比乘以该基准，从而得出财务报表整体的重要性水平。

适当的基准取决于被审计单位的具体情况，如被审计单位的性质，所处生命周期阶段所有权结构等。基准的选择可参见表 3-8。

表 3-8　常用的基准

| 被审计单位的情况 | 可能选择的基准 |
| --- | --- |
| 1. 企业的盈利水平保持稳定 | 经常性业务的税前利润 |
| 2. 企业近年来经营状况大幅度波动，盈利和亏损交替发生，或者由正常盈利变为微利或微亏，或者本年度税前利润因情况变化而出现意外增加或减少 | 过去 3～5 年经常性业务的平均税前利润或亏损(取绝对值)，或其他基准，如营业收入 |
| 3. 企业为新设企业，处于开办期，尚未开始经营，目前正在建造厂房及购买机器设备 | 总资产 |
| 4. 企业处于新兴行业，目前侧重于抢占市场份额、扩大企业知名度和影响力 | 营业收入 |
| 5. 开放式基金，致力于优化投资组合、提高基金净值、为基金持有人创造投资价值 | 净资产 |
| 6. 国际企业集团设立的研发中心，主要为集团下属各企业提供研发服务，并以成本加成的方式向相关企业收取费用 | 成本与营业费用总额 |
| 7. 公益性质的基金会 | 捐赠收入或捐赠支出总额 |

百分比和选定的基准之间存在一定的联系，如经常性业务的税前利润对应的百分比通常比营业收入对应的百分比要高。百分比无论是高一些还是低一些，只要符合具体情况都是适当的。注册会计师为被审计单位选择的基准在各年度中通常会保持稳定，但是并非必须保持一贯不变。注册会计师可以根据经济形势、行业状况和被审计单位具体情况的变化对采用的基准做出调整。

百分比的确定可参见表 3-9。

表 3-9　财务报表整体重要性百分比的确定

| 被审计单位 | 经验百分比(参考) |
| --- | --- |
| 以盈利为目的的实体 | 通常不超过税前利润的 5% |
| 非营利性组织 | 通常不超过费用总额或营业收入的 1%或不超过资产总额的 0.5% |
| 基金 | 通常不超过净资产的 0.5% |
| 以资产总额为基准的实体 | 通常不超过资产总额的 1% |

(2) 特定类别交易、账户余额或披露的重要性水平。根据被审计单位的特定情况，下列因素可能表明存在一个或多个特定类别的交易、账户余额或披露，其发生的错报金额虽然低于财务报表整体的重要性，但合理预期将影响财务报表使用者依据财务报表做出的经济决策。①法律、法规或适用的财务报告编制基础是否影响财务报表使用者对特定项目(如关联方交易、管理层和治理层的薪酬)计量或披露的预期。②与被审计单位所处行业相关的关键性披露(如制药企业的研究与开发成本)。③财务报表使用者是否特别关注财务报表中单独披露的业务的特定方面(如新收购的业务)。

在根据被审计单位的特定情况考虑是否存在上述交易、账户余额或披露时，了解治理层和管理层的看法和预期通常是有用的。

### 2. 从性质方面考虑重要性

在某些情况下，金额相对较少的错报可能会对财务报表产生重大影响。例如，一项不重大的违法支付或者没有遵循某项法律规定，但该支付或违法行为可能导致一项重大的或有负债、重大的资产损失或者收入损失，则应认为上述事项是重大的。再比如某项错报虽然金额不大，但却使被审计单位的获利趋势发生了扭转，这样的错报可能会影响信息使用者的决策，因此这样的错报也应认为是重大的。

---

📝 做中学 3-1：

审计人员接受委托对昭阳有限责任公司 2019 年财务报表进行审计。该公司报表显示 2019 年年末资产总额为 5 000 万元，全年实现利润 1 000 万元。确定的报表层次重要性水平为 20 万元。审计人员在审阅财务资料时发现下列问题。

(1) 该公司 10 月份虚报冒领工资 3 000 元，被会计人员占为己有。

(2) 11 月出售边角废料收入 4 000 元，列入小金库。

要求：请指出发现的以上问题是否重要。

---

### (二)实际执行的重要性

实际执行的重要性，是指注册会计师确定的低于财务报表整体重要性的一个或多个金额，旨在将财务报表中未更正和未发现错报的汇总数超过财务报表整体重要性的可能性降至适当的低水平。审计工作往往是抽查，这就决定了不可能发现所有的错漏报。因此，审计工作中实际执行的重要性水平要比计划的重要性水平低。

确定实际执行的重要性并非简单机械的计算，需要注册会计师运用职业判断，并考虑下列因素的影响：①对被审计单位的了解(这些了解在实施风险评估程序的过程中得到更新)；②前期审计工作中识别出的错报的性质和范围；③根据前期识别出的错报对本期错报做出的预期。

通常而言，实际执行的重要性通常为财务报表整体重要性的 50%～75%。

如果存在下列情况，注册会计师可能考虑选择较低的百分比来确定实际执行的重要性：①首次接受委托的审计项目；②经常性审计，以前年度审计调整较多；③项目总体风险较高(如处于高风险行业、管理层能力欠缺、面临较大市场竞争压力或业绩压力等)；④存在或预期存在值得关注的内部控制缺陷。

如果存在下列情况，注册会计师可能考虑选择较高的百分比来确定实际执行的重要性：①经常性审计，以前年度审计调整较少；②项目总体风险较低(如处于非高风险行业、管理层有足够能力、面临较低的业绩压力等)；③以前期间的审计经验表明内部控制运行有效。

实际执行的重要性在审计中的作用主要体现在以下两个方面。

(1) 注册会计师在计划审计工作时可以根据实际执行的重要性确定需要对哪些类型的交易、账户余额和披露实施进一步审计程序，即通常选取金额超过实际执行的重要性的财务报表项目，因为这些财务报表项目有可能导致财务报表出现重大错报。但是，这不代表注册会计师可以对所有金额低于实际执行的重要性的财务报表项目不实施进一步审计程序，因为单个金额低于实际执行的重要性的财务报表项目汇总起来可能金额重大。另外，对于识别出存在舞弊风险的财务报表项目，也不能因为其金额低于实际执行的重要性而不实施进一步审计程序。

(2) 运用实际执行的重要性确定进一步审计程序的性质、时间安排和范围。例如，在运用审计抽样实施细节测试时，注册会计师可以将可容忍错报的金额设定为等于或低于实际执行的重要性。

## (三)重要性水平的调整

由于存在下列原因，注册会计师可能需要修改财务报表整体的重要性和特定类别的交易、账户余额或披露的重要性水平(如适用)。

(1) 审计过程中情况发生重大变化。

(2) 获取新信息。

(3) 通过实施进一步审计程序，注册会计师对被审计单位及其经营所了解的情况发生变化。例如，注册会计师在审计过程中发现，实际财务成果与最初确定财务报表整体的重要性时使用的预期本期财务成果相比存在着很大差异，则需要修改重要性。

## (四)错报的界定

错报是指某一财务报表项目的金额、分类、列报或披露，与按照适用的财务报告编制基础应当列示的金额、分类、列报或披露之间存在的差异；或根据注册会计师的判断，为使财务报表在所有重大方面实现公允反映，需要对金额、分类、列报或披露做出的必要调整。错报可能是由于错误或舞弊导致的。注册会计师应当累计审计过程中识别出的错报，除非错报明显微小。这些明显微小的错报，无论单独或者汇总起来，无论从规模、性质或其发生的环境来看都是明显微不足道的。

为了帮助注册会计师评价审计过程中累计的错报的影响以及与管理层和治理层沟通错报事项，可以将错报区分为事实错报、判断错报和推断错报。

(1) 事实错报是毋庸置疑的错报，这类错报产生于被审计单位收集和处理数据的错误、对事实的忽略或误解，或故意舞弊行为。

(2) 判断错报是注册会计师认为管理层对会计估计做出不合理的判断或不恰当地选择和运用会计政策而导致的差异。

(3) 推断错报是注册会计师对总体存在的错报做出的最佳估计数，涉及根据在审计样

本中识别出的错报来推断总体的错报。例如,应收账款年末余额为 2 000 万元,注册会计师抽查 10%的样本发现金额有 100 万元的高估,高估部分为账面金额的 20%,据此注册会计师推断总体的错报金额为 400 万元(2 000×20%),那么上述 100 万元就是已识别出的具体错报,其余 300 万元即为推断错报。

注册会计师可以根据财务报表层次的重要性水平,确定可能的错报金额汇总数(可能错报总额)对整个财务报表的影响程度,进而确定审计结论。

### ◎ 任务解析

审计计划阶段,在确定计划的重要性水平时,如果同一期间各会计报表的重要性水平不同,取其较低者;如果某项错误涉及不同的项目,应该采用同一的、这些项目中最小的重要性标准来评价该项错误。完成的审计计划见表 3-10。

表 3-10　康诺公司审计计划(部分)

| 重要性:按照《中国注册会计师审计准则第 1221 号——重要性》确定 | | | |
|---|---|---|---|
| 确定方法 | | | |
| 年份或项目 | 税前利润法 | 总收入法 | 总资产法 | 净资产法 |
| 当年未审数 | 8 852 924 | 58 081 388 | 81 131 761 | 26 056 679 |
| 重要性比例 | 3%～5% | 0.5%～1% | 0.5%～1% | 1%～2% |
| 重要性水平(万元) | 265 588～442 646 | 290 407～580 814 | 405 659～811 318 | 260 567～521 134 |
| 选定重要性水平 | 260 567 | | |

编制说明:

一、方法适用范围。

1. 税前利润法用于比较稳定、回报率较合理的企业。

2. 总收入法用于微利企业和商业企业。

3. 总资产法用于新设企业,正在建造厂房及购买投资。

4. 净资产法用于金融、保险或其他资产大而利润小的企业。

二、以上方法四者只用其一,不能四者同时使用。

审计说明:

资产、收入金额较大,采用总资产法和总收入法确定重要性水平金额偏大;而本公司尚处于拓展阶段,各年利润不均衡;净资产法下重要性水平较低,审计质量更有保障,故采用净资产法确定重要性水平。

部门经理意见:

对审计中发现的需要调整的会计事项,在征得被审计单位同意的前提下,能调整的尽量调整,不受重要性的限制;反之,所有未调整不符事项金额总和不能超过重要性水平确定的金额。

备注:

## ◎ 能力拓展

乐家股份有限公司是一家大型零售折扣店，近几年业务拓展迅速，连续开设多家分店，造成资金紧张，于是向当地商业银行提出贷款申请，并聘请同信会计师事务所为其出具了审计报告。注册会计师对乐家公司审计后发表了如下审计意见："我们认为，乐家股份有限公司财务报表已经按照企业会计准则和《会计制度》的规定编制，在所有重大方面公允地反映了乐家公司 2015 年 12 月 31 日的财务状况以及 2015 年度的经营成果和现金流量。"商业银行在收到审计报告及其他资料后，批准了乐家公司的贷款申请。

一年后，乐家公司因无法按时偿还巨额债务而宣告破产。为其提供贷款的商业银行状告为其审计的会计师事务所，诉讼理由是乐家公司 2015 年度的财务报表中存在严重错误，而注册会计师发表了无保留意见，从而误导了报表使用人。会计师事务所对此提出了抗辩，认为审计中发现的被审计单位乐家公司财务报表中存在的重大错报都已经要求乐家公司调整，并且乐家公司也接受了调整建议，未调整的错报是不重要的，且在审计报告中发表意见时使用了"在所有重大方面公允地反映了乐家公司 2015 年 12 月 31 日的财务状况以及 2015 年度的经营成果和现金流量"这一表述。

法院经审理认定：乐家公司错误报表中存在将 2016 年的销售收入提前计入 2015 年的财务报表中，造成 2015 年虚增收入 9.8 万元与高估资产 11.466 万元，以及漏计与少计负债 18.1 万元的错报。对于销售额近千万元、资产近千万元的乐家公司来说，这些错报虽然从金额上来看并不重要，却导致乐家公司的盈利能力保持持续增长的状态，偿债能力的指标恰巧达到了银行贷款门槛。

**要求：**思考该笔业务中会计师事务所提出的抗辩是否成立？会计师事务所是否应当承担赔偿责任呢？

## ◎ 延伸阅读

扫一扫，打开"从性质上判断审计重要性"阅读材料。

从性质上判断
审计重要性

# 任务四　考虑审计风险

## ◎ 任务导入

表 3-11 是注册会计师李立为康诺公司确定审计风险时考虑的几种情况。

审计风险的
影响因素

表 3-11　审计风险的确定

| 风　　险 | 1 | 2 | 3 | 4 |
| --- | --- | --- | --- | --- |
| 审计风险(%) | 5 | 4 | 6 | 3 |
| 重大错报风险(%) | 80 | 100 | 50 | 60 |
| 检查风险(%) | | | | |

**具体任务:**

(1) 按照上述资料,计算每种情况下的检查风险。

(2) 若审计风险不变,评估的重大错报风险越高,则检查风险会怎样?

(3) 哪一种情况需要的审计证据最多?哪一种情况需要的审计证据最少?说明理由。

## 知识准备

由于审计工作的固有限制,审计对报表整体不存在重大错报的保证程度不可能达到100%。比如说,审计业务的保证程度达到99%,那意味着仍然有1%的可能性报表存在重大错报而审计人员未能发现。这个1%的可能性就是审计风险。

# 一、审计风险的含义

审计风险是指财务报表存在重大错报而审计人员发表不恰当审计意见的可能性。在计划阶段,审计人员必须对每个审计项目确定合适的可接受的审计风险水平。可接受的审计风险水平的确定,需要考虑会计师事务所对审计风险的态度、审计失败对会计师事务所可能造成损失的大小等因素。但必须注意,审计业务是一种保证程度高的鉴证业务,如果审计人员将审计风险降至可接受的低水平,则对财务报表不存在重大错报获取了合理保证。可见,合理保证与审计风险互为补数,即合理保证与审计风险之和等于100%。

审计风险取决于重大错报风险和检查风险。

# 二、重大错报风险

重大错报风险是指财务报表在审计前存在重大错报的可能性。重大错报风险与被审计单位的风险相关,且独立于财务报表审计而存在。在设计审计程序以确定财务报表整体是否存在重大错报时,审计人员应当从财务报表层次及各类交易、账户余额、列报认定层次方面考虑重大错报风险。

## (一)财务报表层次的重大错报风险

财务报表层次重大错报风险与财务报表整体存在广泛联系,可能影响多项认定。此类风险通常与控制环境有关,如管理层缺乏诚信、治理层形同虚设而不能对管理层进行有效监督等;但也可能与其他因素有关,如经济萧条、企业所处行业处于衰退期。此类风险难以界定某类交易、账户余额、列报的具体认定;相反,此类风险增大了一个或多个不同认定发生重大错报的可能性。此类风险对考虑由舞弊引起的风险特别相关。

## (二)认定层次的重大错报风险

各类交易、账户余额、列报认定层次重大错报风险,与特定的某类交易、账户余额、列报的认定相关。例如,技术进步可能导致某项产品陈旧,进而导致存货易于发生高估错报(计价认定);对高价值的、易转移的存货缺乏实物安全控制,可能导致存货的存在性认定出错。审计人员应当考虑各类交易、账户余额、列报认定层次的重大错报风险,以便针对认定层次计划和实施进一步审计程序。认定层次的重大错报风险又可以进一步细分为固有风险和控制风险。

(1) 固有风险是指在考虑相关的内部控制之前，某类交易、账户余额或披露的某一认定易于发生错报(该错报单独或连同其他错报可能是重大的)的可能性。例如，复杂的计算比简单的计算更可能出错；受重大计量不确定性影响的会计估计发生错报的可能性较大。

(2) 控制风险是指某类交易、账户余额或披露的某一认定发生错报，该错报单独或连同其他错报是重大的，但没有被内部控制及时防止或发现并纠正的可能性。控制风险取决于与财务报表编制有关的内部控制的设计和运行的有效性。由于控制的固有局限性，某种程度的控制风险始终存在。

由于固有风险和控制风险不可分割地交织在一起，因此注册会计师既可以对两者进行单独评估，也可以对两者进行合并评估。

## 三、检查风险

检查风险是指某一认定存在错报，该错报单独或连同其他错报是重大的，但审计人员未能发现这种错报的可能性。检查风险取决于审计程序设计的合理性和执行的有效性。通常，检查风险不能降低为零，主要原因是：①审计人员并不对所有的交易、账户余额和列报进行检查；②审计人员可能选择了不恰当的审计程序，或者审计过程执行不当，或者错误解读了审计结论。其中，第二方面的问题可以通过适当计划，在项目组成员之间进行恰当的职责分配，保持职业怀疑态度以及监督、指导和复核助理人员所执行的审计工作得以解决。

## 四、审计风险模型

### (一)审计风险模型的建立

在既定的审计风险水平下，可接受的检查风险水平与认定层次重大错报风险的评估结果呈反向关系。这种反向关系用数学模型表示如下。

$$审计风险=重大错报风险\times检查风险$$

📝 做中学 3-2：

　　审计人员评估应收账款存在的重大错报风险水平为 50%，估计检查风险水平为10%，则审计风险为多少？

### (二)审计风险模型的运用

在计划阶段，审计人员必须对每个审计项目确定合适的可接受的审计风险水平。在既定的可接受审计风险水平下，运用审计风险模型可以确定可接受的检查风险水平。在此，审计风险模型可以变形为。

$$可接受的检查风险水平=可接受的审计风险\div重大错报风险$$

　　一般情况下，审计人员应当实施适当的审计程序，了解被审计单位及其环境(包括内部控制)，以评估重大错报风险。然后根据上述审计风险模型来确定可接受的检查风险水平，并据以设计和实施进一步审计程序，确定审计证据的数量，以将检查风险控制在可接受的水平。

---

📝 做中学 3-3：

　　审计人员确定存货存在重大错报的可接受的审计风险水平为 3%，确定存货余额存在重大错报的风险水平为 30%，则可接受的检查风险水平应为多少？

---

　　应当注意的是，在审计实务中，审计风险难以精确量化，通常采用高、中、低三个等级定性评估风险。重大错报风险是客观存在的，在评估时不能偏离实际水平。重大错报风险估计水平过高或过低都是不利的，偏高会导致审计成本加大，偏低则会导致审计风险加大。此外，审计人员也无法将检查风险降低为零。

### (三)审计风险各要素的关系

　　从审计风险模型中可以看出如下关系。

#### 1. 在既定的重大错报风险水平下，审计风险与检查风险水平同向变动

　　(1) 可接受的审计风险越高，可接受的检查风险水平就越高；可接受的审计风险越低，可接受的检查风险水平就越低。

　　(2) 实际的检查风险水平越高，实际的审计风险水平就越高；实际的检查风险水平越低，实际的审计风险水平就越低。

#### 2. 在既定的审计风险水平下，可接受的检查风险水平与重大错报风险的评估结果反向变动

　　评估的重大错报风险水平越高，可接受的检查风险水平越低；评估的重大错报风险水平越低，可接受的检查风险水平越高。

## 五、重要性、审计风险与审计证据数量之间的关系

　　重要性与审计风险之间存在反向变动关系。在审计证据数量不变的情况下，重要性水平越高，审计风险越低；重要性水平越低，审计风险越高。这里所说的重要性水平高低指的是金额的大小。需要注意的是，注册会计师不能通过不合理地人为调高重要性水平来降低审计风险。因为重要性是依据重要性概念中所述的判断标准确定的，而不是由主观期望的审计风险水平决定的。

　　审计风险与审计证据之间存在反向变动关系。在一定的重要性水平下，一方面可接受的审计风险水平越低，要求审计人员必须收集更多、更有效的审计证据，以将审计风险降至可接受的低水平；另一方面实际收集的审计证据越多、越有效，审计风险实际水平就越低。

　　重要性与审计证据之间也是反向变动关系。在一定的审计风险水平下，重要性水平越

高，需要的审计证据数量就越少。

注册会计师对重要性水平与审计风险的关系的考虑贯穿于审计工作的全过程。在审计计划阶段，注册会计师在确定审计程序的性质、时间安排和范围时应考虑重要性与审计风险之间的反向关系。

### 任务解析

综上所述，在确定康诺公司审计风险时，我们可以进行如下考虑。

(1) 审计风险的确定(见表3-12)。

表3-12    审计风险的确定

| 风　　险 | 1 | 2 | 3 | 4 |
|---|---|---|---|---|
| 审计风险(%) | 5 | 4 | 6 | 3 |
| 重大错报风险(%) | 80 | 100 | 50 | 60 |
| 检查风险(%) | 6.25 | 4 | 12 | 5 |

(2) 若审计风险一定，评估的重大错报风险越高，检查风险越小。

(3) 情况2需要的审计证据最多，情况3需要的审计证据最少，因为检查风险与审计证据数量呈反向变动关系。

### 能力拓展

检查风险、固有风险和控制风险的六种情况如表3-13所示：

表3-13    审计风险情况

| 风　　险 | 情　　况 | | | | | |
|---|---|---|---|---|---|---|
| | 一 | 二 | 三 | 四 | 五 | 六 |
| 检查风险(%) | 1 | 1 | 6 | 6 | 6 | 6 |
| 固有风险(%) | 60 | 100 | 30 | 40 | 50 | 100 |
| 控制风险(%) | 40 | 100 | 20 | 60 | 50 | 100 |
| 审计风险(%) | | | | | | |

**要求**：1. 按照上述资料，计算每种情况下的审计风险。

2. 根据风险之间的关系，分析下列情况对审计风险的影响(假定其他因素不变)：a. 检查风险减少；b. 控制风险减少；c. 固有风险减少。

3. 试说明检查风险、固有风险、控制风险与审计证据数量之间的关系(假定其他因素不变)。

### 延伸阅读

扫一扫，打开"审计风险与经营风险"阅读材料。

审计风险与
经营风险

# 复习自测题

## 一、单项选择题

1. 审计计划包括( )两个层次。
   A. 资产负债表审计计划和利润表审计计划　　B. 总体审计策略和具体审计计划
   C. 项目审计计划和总体审计计划　　D. 报表审计计划和账户审计计划

2. ( )用以确定审计范围、时间和方向。
   A. 总体审计策略　　B. 具体审计计划
   C. 审计业务约定书　　D. 审计依据

3. 不同的审计人员在确定同一被审计单位财务报表层次和认定层次的重要性水平时，得出的结果可能不同，这体现了审计人员在确定重要性水平时需要运用( )。
   A. 分析程序　　B. 重要性水平的两个层次
   C. 独立性　　D. 职业判断

4. 在审计风险要素中，( )是客观存在的，审计人员无法改变。
   A. 审计风险　　B. 检查风险
   C. 重大错报风险　　D. 被审计单位的经营风险

5. 重要性与审计风险之间( )。
   A. 呈同向变动　　B. 呈反向变动　　C. 呈比例关系　　D. 不存在关系

6. 理解和应用重要性概念应站在( )的角度去判断。
   A. 被审计单位管理层　　B. 注册会计师
   C. 财务报表使用者　　D. 被审计单位全体员工

7. 在特定的审计风险水平下，检查风险与重大错报风险之间的关系是( )。
   A. 呈同向变动　　B. 呈反向变动　　C. 呈比例关系　　D. 不存在关系

8. 在对会计报表进行分析后，确定资产负债表的重要性水平为200万元，利润表的重要性水平为100万元，注册会计师应确定的会计报表层次重要性水平为( )。
   A. 100万　　B. 150万　　C. 200万　　D. 300万

9. 如果审计人员可接受的审计风险为5%，固有风险估计为80%，控制风险估计为50%，则检查风险的可接受水平为( )。
   A. 10%　　B. 12.5%　　C. 20%　　D. 30%

10. ( )是指某一认定存在错报，该错报单独或连同其他错报是重大的，但审计人员未能发现这种错报的可能性。
    A. 重大错报风险　　B. 检查风险　　C. 非抽样风险　　D. 抽样风险

11. 在确定报表层次重要性水平时，下列不适宜作为计算重要性水平基准的是( )。
    A. 持续经营产生的利润　　B. 非经常性收益
    C. 资产总额　　D. 营业收入

12. 下列应该纳入具体审计计划内容的是( )。
    A. 审计目的、审计范围及审计策略　　B. 审计程序
    C. 重要性的确定　　D. 初步确定计划的审计风险

13. 审计人员应该从( )方面考虑重大错报风险。

A. 财务报表层次的重大错报风险和认定层次的重大错报风险

B. 检查风险和审计风险

C. 非抽样风险和抽样风险

D. 控制风险和固有风险

14. 注册会计师对重大错报风险的评估水平与所需审计证据数量的关系是( )。

A. 呈同向变动关系 B. 呈反向变动关系

C. 呈比例变动关系 D. 不存在关系

15. 下列关于财务报表层次重大错报风险的说法中，不正确的是( )。

A. 通常与控制环境有关

B. 与财务报表整体存在广泛联系

C. 可能影响多项认定

D. 可以界定于某类交易、账户余额、列报的具体认定

16. 下列关于重要性概念的说法，不正确的是( )。

A. 实际执行的重要性高于计划的重要性

B. 实际执行的重要性低于计划的重要性

C. 在计划审计工作时，应当确定财务报表整体的重要性水平

D. 审计人员需要在审计执行过程中修正计划的重要性水平

17. 下列关于审计业务约定书的说法，正确的是( )。

A. 可以采用书面形式，也可以采用口头形式

B. 签约以后事务所可以随意终止约定业务

C. 审计结束业务约定书随即失效

D. 业务约定书具有法律效力

18. 在对审计计划的表述中，不正确的是( )。

A. 具体审计计划依据总体审计策略制订

B. 审计过程中不能修改审计计划

C. 在计划审计工作时，要考虑重要性和审计风险

D. 计划审计工作是一个持续的过程

19. 下列关于审计风险的说法，正确的是( )。

A. 发表不恰当审计意见的可能性就是审计风险

B. 合理保证就是指不存在审计风险

C. 审计风险取决于重大错报风险和检查风险

D. 审计风险是不能改变的

20. 建立审计风险模型应当注意的是( )。

A. 审计风险可以精确量化

B. 重大错报风险是客观存在的，在评估时不能偏离实际水平

C. 如果收集足够的证据，检查风险就可以降为 0

D. 重大错报风险评估过低，会增加审计成本

二、多项选择题

1. 在制定总体审计策略时,审计人员应注意考虑的主要事项有(　　)。
   A. 审计工作范围　　　　　　　　B. 报告目标、时间安排和所需沟通
   C. 审计工作方向　　　　　　　　D. 风险评估程序

2. 审计业务约定书的基本内容包括(　　)。
   A. 财务报表审计的目标与范围　　B. 编制财务报表所适用的财务报告编制基础
   C. 注册会计师的责任　　　　　　D. 管理层对财务报表的责任

3. 具体审计计划的主要内容有(　　)。
   A. 项目组成员的分工　　　　　　B. 风险评估程序
   C. 计划实施的进一步审计程序　　D. 计划的其他审计程序

4. 下列(　　)事项表明被审计单位可能存在重大错报风险。
   A. 复杂的联营或合资　　　　　　B. 在高度波动的市场开展业务
   C. 存在未决诉讼　　　　　　　　D. 重大的关联方交易

5. 下列说法中正确的是(　　)。
   A. 重要性水平越高,审计风险越低
   B. 重要性水平越低,应当获取的审计证据越多
   C. 样本量越大,抽样风险越大
   D. 可容忍误差越小,需选取的样本量越大

6. 审计人员在运用重要性原则时,应从错报的(　　)两个方面去考虑。
   A. 行业状况　　　B. 内部控制情况　　　C. 数量　　　　　　D. 性质

7. 在注册会计师进行财务报表审计时,由于(　　)相对稳定、可预测且能够反映被审计单位正常规模,审计人员经常将其用作确定计划重要性水平的基准。
   A. 销售收入　　　B. 营业外收入　　　　C. 总资产　　　　　D. 存货

8. 下列关于重要性的论断中,正确的有(　　)。
   A. 无论是笔误还是舞弊,金额小于重要性水平时均不重要
   B. 恰当运用重要性有助于提高审计效率和保证审计质量
   C. 不同环境下对重要性的判断可能是不同的
   D. 重要性概念从注册会计师的角度来考虑

9. 对于特定被审计单位而言,审计风险和审计证据之间的关系表述正确的有(　　)。
   A. 要求的审计风险越低,所需的审计证据数量就越多
   B. 要求的检查风险越高,所需的审计证据数量就越少
   C. 评估的重大错报风险越低,所需的审计证据数量就越少
   D. 评估的重大错报风险越低,所需的审计证据数量就越多

10. 审计风险构成要素包括(　　)。
    A. 审计风险　　　B. 检查风险　　　　　C. 重大错报风险　　　D. 抽样风险

11. 审计人员需要获取的审计证据的数量受错报风险的影响,下列表述中错误的是(　　)。
    A. 评估的错报风险越高,则可接受的检查风险越低,需要的审计证据可能越多

    B. 评估的错报风险越高，则可接受的检查风险越高，需要的审计证据可能越少

    C. 评估的错报风险越低，则可接受的检查风险越低，需要的审计证据可能越少

    D. 评估的错报风险越低，则可接受的检查风险越高，需要的审计证据可能越多

12. 审计人员应汇总的错报包括(　　)。

    A. 不合理判断会计估计导致的错报　　　B. 已调整错报

    C. 对事实的错报　　　　　　　　　　　D. 推断误差

13. 在理解重要性概念时，下列表述中正确的是(　　)。

    A. 重要性取决于在具体环境下对错报金额和性质的判断

    B. 如果一项错报单独或连同其他错报可能影响财务报表使用者依据财务报表做出的经济决策，则该项错报是重大的

    C. 判断一项错报对财务报表是否重大，应考虑对个别特定财务报表使用者产生的影响

    D. 较小金额错报的累计结果，可能对财务报表产生重大影响

14. 下列各项中与取证数量呈反向关系的有(　　)。

    A. 可接受的审计风险水平　　　　　　　B. 固有风险水平

    C. 所确定的检查风险水平　　　　　　　D. 重要性水平

15. 在评价审计结果时，如果被审计单位尚未调整的错报的汇总数超过重要性水平，审计人员应当采取的措施包括(　　)。

    A. 扩大审计程序的范围　　　　　　　　B. 扩大控制测试

    C. 提请管理层调整财务报表　　　　　　D. 修改审计计划，调高重要性水平

## 三、判断题

1. 所谓审计重要性，是指重要的账户余额。　　　　　　　　　　　　　　　(　　)

2. 如果财务报表中的某项错误足以改变或影响财务报表使用者依据财务报表做出的经济决策，则该项错报就是重要的。　　　　　　　　　　　　　　　　　　　　(　　)

3. 审计风险与合理保证之和等于 100%，如果审计人员将审计风险降到可接受的低水平，则对财务报表不存在重大错报获取了合理保证。　　　　　　　　　　　　(　　)

4. 小额错报即使经常发生，其对财务报表的累计影响也不可能重大。　　　　(　　)

5. 在审计的计划阶段，利用审计风险模型确定某项认定的计划检查风险，所使用的重大错报风险是审计人员的计划估计水平。　　　　　　　　　　　　　　　　　(　　)

6. 判断一项错报对财务报表是否重大，应当考虑对个别特定财务报表使用者产生的影响。　　　　　　　　　　　　　　　　　　　　　　　　　　　　　　　　(　　)

7. 为了保持审计的连续性和审计结果的可比性，注册会计师对同一客户所进行的多年度会计报表审计，应使用相同的重要性水平。　　　　　　　　　　　　　　(　　)

8. 会计师事务所对任何一个审计委托项目，不论其繁简和规模大小都应该制订审计计划。　　　　　　　　　　　　　　　　　　　　　　　　　　　　　　　　(　　)

9. 确定重要性水平是在审计实施阶段进行的。　　　　　　　　　　　　　　(　　)

10. 无论何种审计方式，审计主体都要与被审计单位签订审计业务约定书。　　(　　)

# 项目四 风险评估与应对

## 【技能目标】

- 能根据被审计单位的情况进行风险评估工作。
- 能根据风险评估的结果确定进一步的审计程序。

## 【知识目标】

- 了解审计风险评估及应对的基本流程。
- 理解内部控制的内涵。
- 掌握控制测试的要求。
- 掌握实质性程序的要求。

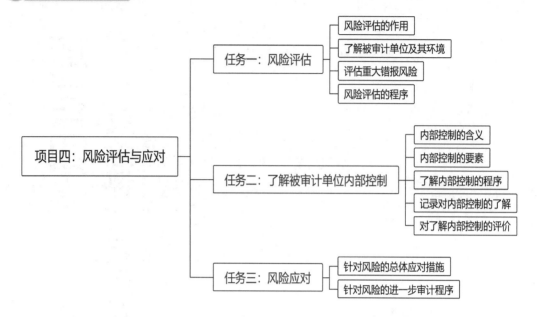

## 知识导图

项目四:风险评估与应对

**任务一:风险评估**
- 风险评估的作用
- 了解被审计单位及其环境
- 评估重大错报风险
- 风险评估的程序

**任务二:了解被审计单位内部控制**
- 内部控制的含义
- 内部控制的要素
- 了解内部控制的程序
- 记录对内部控制的了解
- 对了解内部控制的评价

**任务三:风险应对**
- 针对风险的总体应对措施
- 针对风险的进一步审计程序

## 项目描述

在完成审计的计划工作后,就可以转入审计的实施阶段了。风险导向审计的特点就是在审计实施阶段先要进行风险评估,要求审计人员以重大错报风险的识别、评估和应对为审计工作的主线,完成审计工作。本项目将结合风险导向审计介绍如何对重大错报风险进行识别、评估和应对,并最终将审计风险降至可接受的低水平。

## 情境引导

### 康诺公司报表审计的风险评估

信诚会计师事务所注册会计师李立负责康诺公司 2020 年度财务报表的审计工作。在完成审计计划相关工作后,李立召集项目组成员对前期了解的康诺公司的基本情况进行讨论。康诺公司报表审计的项目组共有六名成员,除李立外还包括两名注册会计师、两名助理人员,以及一名质量控制复核人员。大家讨论的内容主要包括康诺公司面临的经营风险及容易发生错报的风险领域等问题。

讨论中大家普遍认为:康诺公司发展情况良好,经营活动顺畅,总体来说该项目审计风险较小。但也有项目组成员提出,康诺公司发展迅速,扩张太快,资金需求量较大,整体负债率偏高;虽然康诺公司承诺其流动资金一直保持充足,但对其偿债能力方面的评估仍要引起重视。另外,审计小组对康诺公司的收入核算也应重点关注。从康诺公司负责人处了解到,康诺公司近几年销售收入保持了每年近 20%的增长,但应收账款增长超过了40%,大大超过了收入的增长幅度,其中可能存在一定的错报风险。

经过讨论,大家对康诺公司的基本情况统一了认识。随即,项目负责人李立安排项目组成员分别针对康诺公司报表可能存在的重大错报风险进行评估，以便确定审计工作中的检查风险，为下一步审计程序的开展确定方向。

自 2006 年起，财政部发布的中国注册会计师执业准则体系全面贯彻了风险导向审计思想和方法的要求。风险导向审计要求审计人员围绕重大错报风险的识别、评估和应对开展工作，以提高审计效率和效果。在当今审计人员面临的财务造假行为日益复杂的情况下，风险导向审计逐渐成为审计工作模式的主流。

# 任务一　风　险　评　估

风险评估程序

## 任务导入

审计小组经过讨论，初步确定了康诺公司 2020 年报表审计的风险领域，其中销售业务就是重点审计的领域之一。审计人员小妍向销售人员了解到，康诺公司销售的健身器材，因产品新颖又迎合当前大众的健康需求，销售势头良好。另外，经向财务人员询问了解到，今年与去年相比，虽销售收入保持增长，但产品的毛利率有所下降。康诺公司解释是因为人工成本及原材料成本增加所致。检查书面资料时发现，应收账款余额大幅上升，但坏账准备余额与去年基本持平。由此，小妍认为康诺公司的收入与成本核算存在一定的错报风险；另外应收账款的计价认定也存在错报风险。

**具体任务：**

审计人员可以采用哪些程序进行风险评估呢？

## 知识准备

# 一、风险评估的作用

审计风险准则规定注册会计师应当了解被审计单位及其环境，以足够识别和评估财务报表重大错报风险，设计和实施进一步审计程序。

了解被审计单位及其环境是必要程序，特别是为注册会计师在下列关键环节做出职业判断提供重要基础。

(1) 确定重要性水平，并随着审计工作的进程评估对重要性水平的判断是否仍然适当。

(2) 考虑会计政策的选择和运用是否恰当，以及财务报表的列报(包括披露，下同)是否适当。

(3) 识别需要特别考虑的领域，包括关联方交易、管理层运用持续经营假设的合理性，或交易是否具有合理的商业目的等。

(4) 确定在实施分析程序时所使用的预期值。

(5) 设计和实施进一步审计程序，以将审计风险降至可接受的低水平。

(6) 评价所获取审计证据的充分性和适当性。

了解被审计单位及其环境是一个连续和动态地收集、更新与分析信息的过程，贯穿于整个审计过程的始终。注册会计师应当运用职业判断确定需要了解被审计单位及其环境的程度。评价对被审计单位及其环境了解的程度是否恰当，关键是看注册会计师对被审计单位及其环境的了解是否足以识别和评估财务报表重大错报风险。如果了解被审计单位及其环境获得的信息足以识别和评估财务报表重大错报风险、设计和实施进一步审计程序，那么了解的程度就是恰当的。

## 二、了解被审计单位及其环境

注册会计师应当从下列方面了解被审计单位及其环境：①行业状况、法律环境与监管环境以及其他外部因素；②被审计单位的性质；③被审计单位对会计政策的选择和运用；④被审计单位的目标、战略以及相关经营风险；⑤被审计单位财务业绩的衡量和评价；⑥被审计单位的内部控制。

上述第①项是被审计单位的外部环境，第②项至第④项以及第⑥项是被审计单位的内部因素，第⑤项则既有外部因素也有内部因素。值得注意的是，被审计单位及其环境的各个方面可能会互相影响。例如，被审计单位的行业状况、法律环境与监管环境以及其他外部因素可能影响被审计单位的目标、战略以及相关经营风险，而被审计单位的性质、目标、战略以及相关经营风险可能影响被审计单位对会计政策的选择和运用，以及内部控制的设计和执行。因此，注册会计师在对被审计单位及其环境的各个方面进行了解和评估时，应当考虑各因素之间的相互关系。

注册会计师针对上述六个方面实施的风险评估程序的性质、时间和范围取决于审计业务的具体情况，如被审计单位的规模和复杂程度，以及注册会计师的相关审计经验，包括以前对被审计单位提供审计和相关服务的经验和对类似行业、类似企业的审计经验。此外，识别被审计单位及其环境在上述各方面与以前期间相比发生的重大变化，对于充分了解被审计单位及其环境、识别和评估重大错报风险尤为重要。

## 三、评估重大错报风险

评估重大错报风险是风险评估阶段的最后一个步骤。在对重大错报风险进行识别和评估后，注册会计师应当确定，识别的重大错报风险是与特定的某类交易、账户余额、列报的认定相关，还是与财务报表整体广泛相关，进而影响多项认定。

某些重大错报风险可能与特定的各类交易、账户余额、列报的认定相关。例如，被审计单位存在复杂的联营或合资，这一事项表明长期股权投资账户的认定可能存在重大错报风险。某些重大错报风险可能与财务报表整体广泛相关，进而影响多项认定。例如，管理层缺乏诚信或承受异常的压力可能引发舞弊风险，这些风险与财务报表整体相关。

注册会计师应当利用实施风险评估程序获取的信息，包括在评价控制设计和确定其是否得到执行时获取的信息。注册会计师应当根据风险评估结果，确定实施进一步审计程序的性质、时间和范围。

评估重大错报风险与了解被审计单位及其环境一样，也是一个连续和动态地收集、更新与分析信息的过程，贯穿于整个审计过程的始终。

## 任务解析

注册会计师了解被审计单位及其环境，目的是为了识别和评估财务报表重大错报风险。为了解被审计单位及其环境而实施的程序称为"风险评估程序"。注册会计师应当依据实施这些程序所获取的信息评估重大错报风险。在上述康诺公司审计中，审计人员可以实施下列风险评估程序以了解被审计单位及其环境。

### 1. 询问被审计单位管理层和内部其他相关人员

询问被审计单位管理层和内部其他相关人员是注册会计师了解被审计单位及其环境的一个重要途径。注册会计师可以考虑向管理层和财务负责人询问下列事项。

(1) 管理层所关注的主要问题，如新的竞争对手、主要客户和供应商的流失、新的税收法规的实施以及经营目标或战略的变化等。

(2) 被审计单位最近的财务状况、经营成果和现金流量。

(3) 可能影响财务报告的交易和事项，或者目前发生的重大会计处理问题，如重大的购并事宜等。

(4) 被审计单位发生的其他重要变化，如所有权结构、组织结构的变化，以及内部控制的变化等。

尽管注册会计师通过询问管理层和财务负责人可获取大部分信息，但是询问被审计单位内部的其他人士可能会为注册会计师提供不同的信息，有助于识别重大错报风险。因此，注册会计师除了询问管理层和对财务报告负有责任的人员外，还应当考虑询问内部审计人员、采购人员、生产人员、销售人员等其他人员，并考虑询问不同级别的员工，以获取对识别重大错报风险有用的信息。

### 2. 实施分析程序

分析程序是指注册会计师通过研究不同财务数据之间以及财务数据与非财务数据之间的内在关系，对财务信息做出评价。分析程序还包括调查识别出的、与其他相关信息不一致或与预期数据严重偏离的波动和关系。

分析程序既可用作风险评估程序和实质性程序，也可用于对财务报表的总体复核。注册会计师实施分析程序有助于识别异常的交易或事项，以及对财务报表和审计产生影响的金额、比率和趋势。

### 3. 观察和检查

观察和检查程序可以印证对管理层和其他相关人员的询问结果，并可提供有关被审计单位及其环境的信息，注册会计师应当实施下列观察和检查程序。

(1) 观察被审计单位的生产经营活动。例如，观察被审计单位人员正在从事的生产活动和内部控制活动，可以增加注册会计师对被审计单位人员如何进行生产经营活动及实施内部控制的了解。

(2) 检查文件、记录和内部控制手册。例如，检查被审计单位的章程，与其他单位签订的合同、协议，各业务流程操作指引和内部控制手册等，可以了解被审计单位组织结构和内部控制制度的建立健全情况。

(3) 阅读由管理层和治理层编制的报告。例如，阅读被审计单位年度和中期财务报告，股东大会、董事会会议、高级管理层会议的会议记录或纪要，管理层的讨论和分析资料，经营计划和战略，对重要经营环节和外部因素的评价，被审计单位内部管理报告以及其他特殊目的报告(如新投资项目的可行性分析报告)等，可以了解自上一审计结束至本期审计期间被审计单位发生的重大事项。

(4) 实地察看被审计单位的生产经营场所和设备。通过现场访问和实地察看被审计单位的生产经营场所和设备，可以帮助注册会计师了解被审计单位的性质及其经营活动。在实地察看被审计单位的厂房和办公场所的过程中，注册会计师有机会与被审计单位的管理层和担任不同职责的员工进行交流，可以增强注册会计师对被审计单位的经营活动及其重大影响因素的了解。

(5) 追踪交易在财务报告信息系统中的处理过程(穿行测试)。这是注册会计师了解被审计单位业务流程及其相关控制时经常使用的审计程序。通过追踪某笔或某几笔交易在业务流程中如何生成、记录、处理和报告，以及相关内部控制如何执行，注册会计师可以确定被审计单位的交易流程和相关控制是否与之前通过其他程序所获得的了解一致，并确定相关控制是否得到执行。

### 4. 其他审计程序

除了采用上述程序从被审计单位内部获取信息以外，如果根据职业判断认为从被审计单位外部获取的信息有助于识别重大错报风险，注册会计师应当实施其他审计程序以获取这些信息。例如，询问被审计单位聘请的外部法律顾问、专业评估师、投资顾问和财务顾问等。

阅读外部信息也可能有助于注册会计师了解被审计单位及其环境。外部信息包括证券分析师、银行、评级机构出具的有关被审计单位及其所处行业的经济或市场环境等状况的报告，贸易与经济方面的期刊杂志，法规或金融出版物，以及政府部门或民间组织发布的行业报告和统计数据等。

需要说明的是，注册会计师了解被审计单位及其环境时，无需在每个方面都实施以上所有的风险评估程序。例如，在了解内部控制时通常不用分析程序。但是，在对被审计单位及其环境了解的整个过程中，注册会计师通常会实施上述所有的风险评估程序。

### ◉ 能力拓展

华兴公司主要从事小型电子消费品的生产和销售。注册会计师 A 和 B 负责审计华兴公司 2020 年度财务报表。在了解了华兴公司及其环境后，注册会计师注意到如下情况。

(1) 2019 年实现销售收入增长 10%的基础上，华兴公司董事会确定的 2020 年销售收入增长目标为 20%。华兴公司管理层实行年薪制，总体薪酬水平根据上述目标的完成情况上下浮动。华兴公司所处行业 2020 年的平均销售增长率为 12%。

(2) 华兴公司财务总监已为华兴公司工作 6 年多，于 2020 年 9 月劳动合同到期后被华兴公司的竞争对手高薪聘请。由于工作压力大，华兴公司会计部门人员流动频繁，除会计主管服务期超过 4 年外，其余人员的平均服务期少于两年。

(3) 华兴公司的产品面临更新换代的压力。公司于 2020 年 4 月将主要产品 C 的售价下调了 8%～10%，C 产品在 2020 年的毛利率为 8.1%。另外，公司于 2020 年 8 月推出了新产品 D，该产品市场表现良好，计划 2021 年全面扩大产量，并在 2021 年 1 月停产 C 产品。为加快资金流转，华兴公司于 2021 年 1 月对 C 产品实施新一轮降价，平均降价幅度为 10%。

**要求：** 判断以上情况中是否存在重大错报风险？

## 延伸阅读

扫一扫，打开"银广夏舞弊与风险导向审计"阅读材料。

银广夏舞弊与
风险导向审计

# 任务二　了解被审计单位内部控制

## 任务导入

内部控制的要素

注册会计师李立在对康诺公司的了解中发现，康诺公司成立 5 年，还处于初步发展阶段，企业内部尚未形成成熟的企业文化和内部管理体系。管理人员都比较年轻，管理经验略显不足，且管理风格比较激进大胆。该公司虽是第一次进行报表审计，但之前企业对财务工作比较重视，财务部门人员分工明确、职责明晰，各种资料也非常完善。由此，李立对康诺公司内部控制有了初步了解。

**具体任务：**

了解内部控制时，如何对内部控制进行评价？内部控制的了解和评价对以后审计工作的开展有什么影响？

## 知识准备

内部控制不仅是报表审计的重要内容，也是抽样审计的基础。由于业务循环的内部控制能起到相互牵制，防止发生错误、舞弊或大大减少舞弊发生概率的作用，因此内部控制在业务循环中是必不可少的组成部分。在风险评估过程中，审计人员需要确定被审计单位的内部控制中可能存在的薄弱环节，并且对其控制风险做出评价。

## 一、内部控制的含义

内部控制是被审计单位为了合理保证财务报告的可靠性、经营的效率和效果以及对法律、法规的遵守，由治理层、管理层和其他人员设计与执行的政策及程序。

内部控制的目标旨在合理保证财务报告的可靠性、经营的效率和效果以及对法律法规的遵守。注册会计师审计的目标是对财务报表是否不存在重大错报发表审计意见，尽管要求注册会计师在财务报表审计中考虑与审计相关的内部控制，但目的并非对被审计单位内部控制的有效性发表意见。因此，注册会计师需要了解和评价的内部控制只是与财务报表审计相关的内部控制，并非被审计单位所有的内部控制。例如，被审计单位可能依靠某一复杂的自动化控制提高经营活动的效率和效果(如航空公司用于维护航班时间表的自动化控制系统)，但这些控制通常与审计无关，注册会计师无须对其加以考虑。

## 二、内部控制的要素

内部控制包括下列要素:控制环境、风险评估过程、信息系统与沟通、控制活动、对控制的监督。控制包括上述的一项或多项要素,或要素表现出的各个方面。

### (一)控制环境

控制环境包括治理职能和管理职能,以及治理层和管理层对内部控制及其重要性的态度、认识和措施。控制环境设定了被审计单位的内部控制基调,影响员工对内部控制的认识和态度。良好的控制环境是实施有效内部控制的基础。在评价控制环境的设计和实施情况时,注册会计师应当了解管理层在治理层的监督下,是否营造并保持了诚实守信和合乎道德的文化,以及是否建立了防止或发现并纠正舞弊和错误的恰当控制。

### (二)风险评估过程

风险评估过程包括被审计单位管理层识别与财务报告相关的经营风险,以及针对这些风险所采取的措施。任何经济组织在经营活动中都会面临各种各样的风险,风险对其生存和竞争能力产生影响。很多风险并不为经济组织所控制,但管理层应当确定可以承受的风险水平,识别这些风险并采取一定的应对措施。在评价被审计单位风险评估过程的设计和执行时,注册会计师应当确定管理层如何识别与财务报告相关的经营风险,如何估计该风险的重要性,如何评估风险发生的可能性,以及如何采取措施管理这些风险。

### (三)信息系统与沟通

与财务报告相关的信息系统,包括用以生成、记录、处理和报告交易、事项和情况,对相关资产、负债和所有者权益履行经营管理责任的程序和记录。与财务报告相关的信息系统应当与业务流程相适应。与财务报告相关的沟通包括使员工了解各自在与财务报告有关的内部控制方面的角色和职责、员工之间的工作联系,以及向适当级别的管理层报告例外事项的方式。注册会计师应当了解与财务报告相关的信息系统(包括相关业务流程);了解被审计单位内部如何对财务报告的岗位职责以及与财务报告相关的重大事项进行沟通;了解管理层与治理层(特别是审计委员会)之间的沟通,以及被审计单位与外部(包括与监管部门)的沟通。

### (四)控制活动

控制活动是指有助于确保管理层的指令得以执行的政策和程序。它包括与授权、业绩评价、信息处理、实物控制和职责分离等相关的活动。

#### 1. 授权

授权的目的在于保证交易在管理层授权范围内进行。一般授权是指管理层制定的要求组织内部遵守的普遍适用于某类交易或活动的政策。特别授权是指管理层针对特定类别的交易或活动逐一设置的授权,如重大资本支出和股票发行等。特别授权也可能用于超过一般授权限制的常规交易。

## 2. 业绩评价

与业绩评价有关的控制活动主要包括被审计单位分析评价实际业绩与预算(或预测、前期业绩)的差异，综合分析财务数据与经营数据的内在关系，将内部数据与外部信息来源相比较，评价职能部门、分支机构或项目活动的业绩，以及对发现的异常差异或关系采取必要的调查与纠正措施。

## 3. 信息处理

与信息处理有关的控制活动包括信息技术的一般控制和应用控制。信息技术一般控制是指与多个应用系统有关的政策和程序，通常包括数据中心和网络运行控制，系统软件的购置、修改及维护控制，接触或访问权限控制，应用系统的购置、开发及维护控制。信息技术应用控制是指主要在业务流程层次运行的人工或自动化程序，通常包括检查数据计算的准确性，审核账户和试算平衡表，设置对输入数据和数字序号的自动检查，以及对例外报告进行人工干预。

## 4. 实物控制

实物控制主要包括对资产和记录采取适当的安全保护措施，对访问计算机程序和数据文件设置授权，以及定期盘点并将盘点记录与会计记录相核对。

## 5. 职责分离

职责分离主要包括被审计单位如何将交易授权、交易记录以及资产保管等职责分配给不同员工，以防范同一员工由于兼任不相容职务而可能发生的舞弊或错误。所谓不相容职务，是指由同一人办理会增加发生错误或舞弊的可能性，或者增加了发生错误或舞弊以后进行掩饰的可能性的那些职务。

通常情况下，以下不相容职务应实行职责分离：①某项经济业务授权批准的职责与该项经济业务执行的职责应分离；②执行某项经济业务的职责和审查该项经济业务的职责应分离；③执行某项经济业务的职责与该项经济业务的记录职责应分离；④保管某项财产物资的职责与该项财产物资的记录职责应分离；⑤保管某项财产物资的职责与对该项财产物资进行清查的职责应分离；⑥登记总账的职责与登记明细账、日记账的职责应分离。

---

### ✐ 做中学 4-1：

康诺公司有以下一些工作。

(1) 批准物资采购的工作。

(2) 执行物资采购的工作。

(3) 对采购的物资进行验收的工作。

(4) 物资保管和发放的工作。

(5) 物资保管账的记录工作。

(6) 物资明细账的记录工作。

(7) 物资总分类账的记录工作。

(8) 物资的定期清查工作。

**要求：** 分析上述工作中，哪些是不相容职务。

---

在了解控制活动时，注册会计师应当重点考虑一项控制活动单独或连同其他控制活动，是否能够以及如何防止或发现并纠正各类交易、账户余额和披露存在的重大错报。注册会计师的工作重点是识别和了解针对重大错报可能发生的领域的控制活动。如果多项控制活动能够实现同一目标，注册会计师不必了解与该目标相关的每项控制活动。

### (五)对控制的监督

对控制的监督是指被审计单位评价内部控制在一段时间内运行有效性的过程，该过程包括及时评价控制的设计和运行，以及根据情况的变化采取必要的纠正措施。通常，管理层通过持续的监督活动、单独的评价活动或两者相结合实现对控制的监督。注册会计师应当了解与被审计单位监督活动相关的信息来源，以及管理层认为信息具有可靠性的依据。如果拟利用被审计单位监督活动使用的信息(包括内部审计报告)，注册会计师应当考虑该信息是否具有可靠的基础，是否足以实现审计目标。

## 三、了解内部控制的程序

注册会计师通常实施下列风险评估程序，以获取有关控制设计和执行的审计证据。
(1) 询问被审计单位的人员。
(2) 观察特定控制的运用。
(3) 检查文件和报告。
(4) 追踪交易在财务报告信息系统中的处理过程(穿行测试)。

穿行测试是通过追踪交易在财务报告信息系统中的处理过程，来证实注册会计师对控制的了解，评价控制设计的有效性以及确定控制是否得到执行。值得注意的是，穿行测试不是单独的一种程序，而是将多种程序按特定审计需要进行结合运用的方法。

这些程序是风险评估程序在了解被审计单位内部控制方面的具体运用。需要注意的是，询问本身并不足以评价控制的设计以及确定其是否得到执行，注册会计师应当将询问与其他风险评估程序结合使用。

## 四、记录对内部控制的了解

注册会计师可以采用文字表述、调查问卷、流程图等方法记录对被审计单位内部控制的了解和评价，并形成审计工作底稿。

### (一)文字表述法

文字表述法是指注册会计师通过询问有关人员、查阅有关内控文件，将被审计单位的内部控制健全与否和执行情况以简洁的文字表达出来的一种方法。文字表述法一般按业务循环(销售与收款、采购与付款、投资与筹资等)，分别写明各个职务所完成的各种工作、办理业务时所经历的各种手续等。

用文字表述法描述内部控制制度具有灵活性的特点，可以描述内部控制中的任何特殊情况，适用于各种类型和规模的企业。该方法的缺点是描述内容不够直观，特别是较为复杂的业务，有时不易说清楚，因而有时使用文字表述显得比较冗赘。文字表述法一般适用于内部控制程序比较简单、比较容易描述的小企业。图 4-1 是采用文字表述法描述销售业务的简单例子。

---

**康诺有限责任公司销售业务内部控制**

　　1. 销售由销售部门负责，业务人员负责与客户谈判，签订的销售合同必须由财务部经理和总经理核准才能生效。

　　2. 业务人员不得经手货款和货物，所有的款项直接打入公司的银行账户，不得收受现金。

　　3. 销售合同订立后，由销售部门编制《销售通知单》，《销售通知单》由销售部经理审核、财务部经理和总经理审批后交财务部开具《出库单》交成品库发货。成品库发货后，装运部门核对与销售单相符后，发运商品。《出库单》返回财务部作为开具发票和结转成本的依据。

　　4. 销售退货需经销售部经理、财务经理和总经理核准后才能办理，成品库凭核准的退货单接收退回的成品，并填制红字《出库单》交财务部。

　　5. 发票的开具由记账会计根据销售合同、销售通知单和《出库单》开具。

---

**图 4-1　文字表述法**

## (二)调查表法

调查表法是指注册会计师将与确保会计记录的准确性和可靠性，确保资产的安全、完整有关的主要事项作为调查对象，设计成标准化的调查表，交由企业有关人员或由审计人员根据调查结果填写，以了解内部控制的强弱程度。调查表法示例如表 4-1 所示。

**表 4-1　销售业务内部控制调查表**

20××年××月××日

| 主要业务活动 | 提出问题 | 是 | 否 | 不适用 | 备注 |
|---|---|---|---|---|---|
| 1. 接受顾客订单 | (1)是否将顾客订单与批准顾客清单核对<br>(2)新顾客是否由主管批准<br>(3)对每张已接受的顾客订单是否都编制销售单 | | | | |
| 2. 批准信用 | (1)是否对所有新顾客都执行信用检查<br>(2)是否在每次销售前都检查顾客信用额度 | | | | |
| 3. 按销售单供货与装货 | (1)供货前是否要求有已批准的销售单<br>(2)是否独立检查从仓库收到的商品同已批准销售单的一致性<br>(3)每次装运货物是否都编制了装运凭证 | | | | |
| 4. 开账单给顾客 | (1)每次开单是否都有相应的装运凭证和已批准的销售单<br>(2)每张装运凭证是否有相应的销售发票<br>(3)独立检查销售发票计价和计算的正确性 | | | | |

续表

| 主要业务活动 | 提出问题 | 是 | 否 | 不适用 | 备注 |
|---|---|---|---|---|---|
| 5. 记录销售 | (1)销售发票计算合计数,该合计数是否与销售账和应收账款中记录的金额一致<br>(2)是否每月给顾客寄出对账单 | | | | |
| 6. 销售退回与折让 | (1)销售退回是否取得对方税务局开具的有关证明<br>(2)销售退回和折让是否附有经主管人员核准的红字发票<br>(3)退回商品是否有仓库签发的退货验收报告,并与红字发票内容、金额一致 | | | | |

调查表法的优点是调查范围明确,问题突出;简便易行,节省审计工作量。该方法的缺点是调查表格式固定,缺乏弹性,反映问题不全面,对于不同行业、不同规模的企业,可能出现不适用的情形。

### (三)流程图法

流程图法是指注册会计师采用一定符号和图形,以业务流程线加以连接,将内部控制中的各种业务处理手续及各种文件或凭证的传递流程,用图解的形式直观地表现出来的一种描述方法。对于企业发生的各种业务,特别是经常发生和重复发生的业务可以采用流程图法来描述。内部控制流程图示例如图 4-2 所示。

**销售与收款循环内部控制流程图**

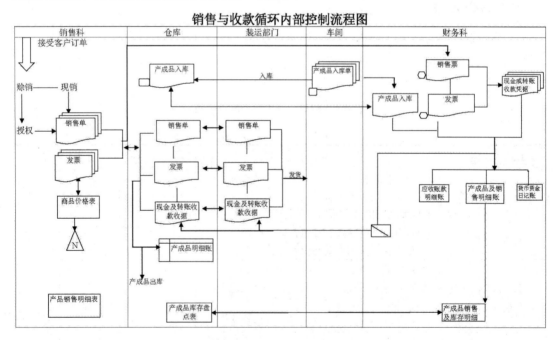

图 4-2  内部控制流程图

流程图法的优点是能够比较形象直观地表达内部控制的运行情况,能清晰地表达各项经济业务的处理程序和内控情况,而且便于根据控制程序的变化随时进行修改。该方法的缺点是编制流程图需要比较娴熟的技术和较丰富的工作经验，耗时较多，而且有时很难将内部控制系统中的某些弱点明显反映出来。

描述内部控制的三种方法并不相互排斥，而是相互依赖和相互补充的。在描述某一单位内部控制时，可对不同业务环节使用不同的方法，也可同时使用两种或三种方法，三者结合使用，往往比采用某一种方法效果更好。

### 任务解析

注册会计师在了解内部控制时，应当评价控制的设计，并确定其是否得到执行。评价控制的设计，涉及考虑该控制单独或连同其他控制是否能够有效防止或发现并纠正重大错报。控制得到执行是指某项控制存在且被审计单位正在使用。评估一项无效控制的运行没有什么意义，因此，需要首先考虑控制的设计。如果设计合理的控制没有得到执行，该控制也不会发挥应有的作用。因此，注册会计师还需要获取审计证据，评价这类控制是否确实存在，且正在被使用。

如果认为被审计单位控制设计合理并得到执行，能够有效防止或发现并纠正重大错报，那么，注册会计师通常可以信赖这些控制，减少拟实施的实质性程序。如果拟更多地信赖这些控制，需要确信所信赖的控制在整个拟信赖期间都有效地发挥了作用，即注册会计师应进行控制测试以确定这些控制在该期间内是否得到一贯运行。如果控制测试的结果进一步证实内部控制是有效的，注册会计师可以认为相关账户及认定发生重大错报的可能性较低，对相关账户及认定实施实质性程序的范围也将减少。

有时，注册会计师也可能认为控制是无效的，包括控制本身设计不合理，不能实现控制目标，或者尽管控制设计合理，但没有得到执行。这时，注册会计师不需要测试控制运行的有效性，而直接实施实质性程序。

### 能力拓展

某企业财务科有三名会计人员，三人工作能力相当，要完成以下几项工作。

(1) 记录总账。
(2) 记录应付账款明细账。
(3) 记录应收账款明细账。
(4) 开具支票，以便主管人员签章，记载现金、银行存款日记账。
(5) 开具退货拒付通知书。
(6) 调节银行对账单。
(7) 处理并送存收入的现金。

除(5)、(6)外，其他工作量基本相当。

**要求**：请将以上工作分配给三人，起到较好的内部控制作用且使工作量基本相当。

### 延伸阅读

扫一扫，打开"企业内部控制规范"阅读材料。

企业内部
控制规范

# 任务三　风险应对

总体应对措施

 **任务导入**

注册会计师李立在对康诺公司的内外部经营环境进行全面了解并与审计小组成员进行充分讨论后认为：康诺公司虽是初次审计，但企业发展内外部环境良好，财务报表层次重大错报风险不大。

**具体任务：**

评估的财务报表层次重大错报风险对拟实施的进一步审计程序有什么影响？

 **知识准备**

注册会计师通过实施风险评估程序，识别和评估财务报表层次以及各类交易、账户余额、列报认定层次的重大错报风险。针对已评估的重大错报风险，注册会计师还应确定总体应对措施，设计和实施进一步审计程序。

## 一、针对风险的总体应对措施

注册会计师应当针对评估的财务报表层次重大错报风险确定下列总体应对措施。

(1) 向项目组强调在收集和评价审计证据过程中保持职业怀疑态度的必要性。

(2) 分派更有经验或具有特殊技能的审计人员，或利用专家的工作。由于各行业在经营业务、经营风险、财务报告、法规要求等方面具有特殊性，审计人员的专业分工细化成为一种趋势。审计项目组成员中应有一定比例的人员曾经参与过被审计单位以前年度的审计，或具有被审单位所处特定行业的相关审计经验。必要时，要考虑利用信息技术、税务、评估、精算师等方面的专家的工作。

(3) 提供更多的督导。对于财务报表层次重大错报风险较高的审计项目，项目组的高级别成员，如项目负责人、项目经理等经验较丰富的人员，要对其他成员提供更详细、更经常、更及时的指导和监督并加强项目质量复核。

(4) 在选择进一步审计程序时，应当注意使某些程序不被管理层预见或事先了解。在设计拟实施审计程序的性质、时间和范围时，为了避免既定思维对审计方案的限制，避免对审计效果的人为干涉，从而使得针对重大错报风险的进一步审计程序更加有效，注册会计师要考虑使某些程序不被被审计单位管理层预见或事先了解。比如可以调整实施审计程序的时间、采取不同的审计抽样方法、选取不同的地点实施审计程序等方式提高审计程序的不可预见性。

(5) 对拟实施审计程序的性质、时间和范围做出总体修改。财务报表层次的重大错报风险很可能源于薄弱的控制环境。注册会计师对控制环境的了解影响其对财务报表层次重大错报风险的评估。有效的控制环境可以使注册会计师增强对内部控制和被审计单位内部产生的证据的信赖程度。如果控制环境存在缺陷，注册会计师在对拟实施审计程序的性质、时间和范围做出总体修改时应当考虑以下方面。

①在期末而非期中实施更多的审计程序。控制环境的缺陷通常会削弱期中获得的审计证据的可信赖程度。②主要依赖实质性程序获取审计证据。良好的控制环境是其他控制要素发挥作用的基础。控制环境存在缺陷通常会削弱其他控制要素的作用，导致注册会计师可能无法信赖内部控制，而主要依赖实施实质性程序获取审计证据。③修改审计程序的性质，获取更具说服力的审计证据。修改审计程序的性质主要是指调整拟实施审计程序的类别及组合，比如原先可能主要限于检查某项资产的账面记录或相关文件，而调整审计程序的性质后可能意味着更加重视实地检查该项资产。④扩大审计程序的范围。例如扩大样本规模，或采用更详细的数据实施分析程序。

财务报表层次重大错报风险难以限于某类交易、账户余额、列报的特点，意味着此类风险可能对财务报表的多项认定产生广泛影响，并相应增加注册会计师对认定层次重大错报风险的评估难度。因此，注册会计师评估的财务报表层次重大错报风险以及采取的总体应对措施，对拟实施进一步审计程序的总体方案具有重大影响。

# 二、针对风险的进一步审计程序

进一步审计程序相对风险评估程序而言，是指注册会计师针对评估的各类交易、账户余额、列报认定层次重大错报风险实施的审计程序，包括控制测试和实质性程序。

## (一)控制测试

### 1. 控制测试的含义

控制测试指的是测试控制运行的有效性，这一概念需要与"了解内部控制"进行区分。"了解内部控制"包含两层含义：一是评价控制的设计，二是确定控制是否得到执行。测试控制运行的有效性与确定控制是否得到执行所需获取的审计证据是不同的。

在实施风险评估程序以获取控制是否得到执行的审计证据时，注册会计师应当确定某项控制是否存在，被审计单位是否正在使用。

在测试控制运行的有效性时，注册会计师应当从下列方面获取关于控制是否有效运行的审计证据：①控制在所审计期间的不同时点是如何运行的；②控制是否得到一贯执行；③控制由谁执行；④控制以何种方式运行(如人工控制或自动化控制)。从这四个方面来看，控制运行有效性强调的是控制能够在各个不同时点按照既定设计得以一贯执行。因此，在了解控制是否得到执行时，注册会计师只需抽取少量的交易进行检查或观察某几个时点。但在测试控制运行的有效性时，注册会计师需要抽取足够数量的交易进行检查或对多个不同时点进行观察。

测试控制运行的有效性与确定控制是否得到执行所需获取的审计证据虽然存在差异，但两者也有联系。为评价控制设计和确定控制是否得到执行而实施的程序也可以提供有关控制运行有效性的审计证据。因此注册会计师可以考虑在评价控制设计和获取其得到执行的审计证据的同时测试控制运行有效性，以提高审计效率。

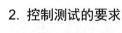

### 2. 控制测试的要求

作为进一步审计程序的类型之一，控制测试并非在任何情况下都需要实施。有时，注册会计师也可能认为控制是无效的，包括控制本身设计不合理，不能实现控制目标，或者尽管控制设计合理，但没有得到执行。这时，注册会计师不需要测试控制运行的有效性，而直接实施实质性程序。

当存在下列情形之一时，注册会计师应当实施控制测试：①在评估认定层次重大错报风险时，预期控制的运行是有效的；②仅实施实质性程序不足以提供认定层次充分、适当的审计证据。

注册会计师通过实施风险评估程序，可能发现某项控制的设计是存在的，也是合理的，同时得到了执行。如果再通过控制测试证明相关控制在不同时点都得到了一贯执行，在这种情况下，与该项控制有关的财务报表认定发生重大错报的可能性就不会很大，也就不需要实施很多的实质性程序。出于成本效益的考虑，注册会计师会认为值得对相关控制实施控制测试。因此，只有认为控制设计合理、能够防止或发现和纠正认定层次的重大错报，注册会计师才有必要对控制运行的有效性实施测试。

有时，对有些重大错报风险，注册会计师仅通过实质性程序无法予以应对。在认为仅通过实施实质性程序不能获取充分、适当的审计证据的情况下，注册会计师必需实施控制测试，且这种测试已经不再是单纯出于成本效益的考虑，而是必须实施的审计程序。

### 3. 控制测试的审计程序

注册会计师应当选择适当类型的审计程序以获取有关控制运行有效性的保证。虽然控制测试与了解内部控制的目的不同，但两者采用审计程序的类型通常相同，包括询问、观察、检查和穿行测试。此外，控制测试的程序还包括重新执行。

(1) 询问。注册会计师可以询问被审计单位适当的员工，获取与内部控制运行情况相关的信息。例如，向负责复核银行存款余额调节表的人员询问如何进行复核，包括复核的要点是什么、发现不符事项如何处理等。虽然询问是一种有用的手段，但它必须和其他测试手段结合使用才能发挥作用，注册会计师通常需要印证被询问者的答复。在询问过程中，注册会计师应当保持职业怀疑态度。

(2) 观察。观察是测试不留下书面记录的控制(如职责分离)的运行情况的有效方法。例如，观察存货盘点控制的执行情况。观察也可运用于实物控制，如查看仓库门是否锁好，或空白支票是否妥善保管。通常情况下，注册会计师通过观察直接获取的证据比间接获取的证据更可靠。

(3) 检查。对运行情况留有书面证据的控制，检查非常适用。书面说明、复核时留下的记号，都可以被当作控制运行情况的证据。

(4) 重新执行。通常只有当询问、观察和检查程序结合在一起仍无法获得充分的证据时，注册会计师才考虑通过重新执行来证实控制是否有效运行。例如，被审计单位的一项控制要求复核人员核对销售发票上的价格与统一价格单上的价格是否一致。要检查复核人员有没有认真执行核对，仅仅检查复核人员是否在相关文件上签字是不够的，注册会计师还需要自己选取一部分销售发票进行核对，这就是重新执行程序。

(5)　穿行测试。除了上述四类控制测试常用的审计程序以外，实施穿行测试也是一种重要的审计程序。穿行测试更多地在了解内部控制时运用。但在执行穿行测试时，注册会计师可能获取部分控制运行有效性的审计证据。

以上的审计程序结合使用会有更好的效果。询问本身并不足以测试控制运行的有效性，注册会计师应将询问与其他审计程序结合使用，以获取有关控制运行有效性的审计证据。观察提供的证据仅限于观察发生的时点，本身也不足以测试控制运行的有效性；将询问与检查或重新执行结合使用，通常能够比仅实施询问和观察获取更高的保证。

## (二)实质性程序

### 1. 实质性程序的含义

实质性程序是指注册会计师针对评估的重大错报风险实施的直接用以发现认定层次重大错报的审计程序。实质性程序包括对各类交易、账户余额、列报的细节测试以及实质性分析程序。

注册会计师实施的实质性程序应当包括下列与财务报表编制完成阶段相关的审计程序：①将财务报表与其所依据的会计记录相核对或调节；②检查财务报表编制过程中做出的重大会计分录和其他会计调整。注册会计师对会计分录和其他会计调整检查的性质和范围，取决于被审计单位财务报告过程的性质和复杂程度以及由此产生的重大错报风险。

由于注册会计师对重大错报风险的评估是一种判断，可能无法充分识别所有的重大错报风险，并且由于内部控制存在固有局限性，无论评估的重大错报风险结果如何，注册会计师都应当针对所有重大的各类交易、账户余额、列报实施实质性程序。

### 2. 实质性程序的类型

实质性程序的两种基本类型包括细节测试和实质性分析程序。

细节测试是对各类交易、账户余额、列报的具体细节进行测试，目的在于直接识别财务报表认定是否存在错报。

实质性分析程序从技术特征上看仍然是分析程序，主要是通过研究数据间关系评价信息，只是将该技术方法应用于实质性程序，即用以识别各类交易、账户余额、列报及相关认定是否存在错报。

由于细节测试和实质性分析程序的目的、技术手段存在一定差异，因此各自有不同的适用领域。注册会计师应当根据各类交易、账户余额、列报的性质选择实质性程序的类型。细节测试适用于对各类交易、账户余额、列报认定的测试，尤其是对存在或发生、计价认定的测试；对在一段时期内存在可预期关系的大量交易，注册会计师可以考虑实施实质性分析程序。

### 3. 实质性程序的范围

评估的认定层次重大错报风险和实施控制测试的结果是注册会计师在确定实质性程序的范围时重点考虑因素。因此，在确定实质性程序的范围时，注册会计师应当考虑评估的认定层次重大错报风险和实施控制测试的结果。注册会计师评估的认定层次的重大错报风险越高，需要实施实质性程序的范围越广。如果对控制测试结果不满意，注册会计师应当考虑扩大实质性程序的范围。

## 任务解析

注册会计师评估的财务报表层次重大错报风险以及采取的总体应对措施，对拟实施进一步审计程序的总体审计方案具有重大影响。拟实施进一步审计程序的总体方案包括实质性方案和综合性方案。其中，实质性方案是指注册会计师实施的进一步审计程序以实质性程序为主；综合性方案是指注册会计师在实施进一步审计程序时，将控制测试与实质性程序结合使用。当评估的财务报表层次重大错报风险属于高风险水平时，拟实施进一步审计程序的总体方案往往更倾向于实质性方案。

综上所述，如果审计人员认为康诺公司财务报表层次重大错报风险不大，拟实施进一步审计程序的总体方案可采用综合性方案。

## 能力拓展

**要求：** 指出以下审计程序哪些属于控制测试，哪些属于实质性程序。

(1) 函证所有银行存款账户余额。

(2) 盘点库存现金，并倒挤出期末截止日库存现金的真正余额。

(3) 抽取大额现金支票存根，检查是否都经签字批准。

(4) 检查银行存款收支是否按规定的程序和权限办理。

(5) 对银行存款实施分析程序。

(6) 取得银行存款余额调节表并检查未达账项的真实性。

(7) 检查银行存款收支的正确截止。

(8) 检查是否定期取得银行对账单并编制银行存款余额调节表。

(9) 检查出纳和会计的职责是否分离。

(10) 银行存款的日记账与总账核对相符。

## 延伸阅读

扫一扫，打开"审计风险准则"阅读材料。

审计风险准则

# 复习自测题

## 一、单项选择题

1. 下列不属于内部控制要素的是(　　)。

    A. 控制风险　　　　B. 控制活动　　　　C. 对控制的监督　　　　D. 控制环境

2. 下列职务中，不属于不相容职务的是(　　)。

    A. 授权业务与执行业务　　　　　　　　B. 记录业务与审核业务

    C. 记录资产与保管资产　　　　　　　　D. 授权业务与审核业务

3. 在测试控制运行的有效性时，下列审计程序中可能无法实现这一目的的是(　　)。

A. 询问员工执行控制活动的情况　　　B. 使用高度汇总的数据实施分析程序

C. 观察员工执行的控制活动　　　　　D. 检查文件和记录

4. 在对重大错报风险进行评价后，注册会计师确定可接受的检查风险水平为低水平，则选择实质性程序的策略应为(　　)。

A. 以分析程序为主　　　　　　　　　B. 以控制测试为主

C. 以细节测试为主　　　　　　　　　D. 以分析程序和细节测试为主

5. 对经常发生和重复发生的经济业务的内部控制，普遍采用的描述方法是(　　)。

A. 文字描述法　　　B. 调查表法　　　C. 核对表法　　　　　　D. 流程图法

6. 注册会计师了解被审计单位及其环境的目的是(　　)。

A. 为了进行风险评估程序

B. 收集充分、适当的审计证据

C. 识别和评估财务报表重大错报风险

D. 控制检查风险

7. 下列关于认定层次风险的说法正确的是(　　)。

A. 通常与控制环境有关

B. 当评估为高风险时，拟实施进一步审计程序的总体方案往往更倾向于实质性方案

C. 可以界定于某类交易、账户余额、列报的具体认定，通常实施的审计程序，包括控制测试和实质性程序

D. 可能影响多项认定

8. 了解重要内部控制时，不应实施的程序是(　　)。

A. 询问被审计单位的有关人员，并查阅相关内部控制文件

B. 检查内部控制生成的文件和记录

C. 选择若干具有代表性的交易和事项进行穿行测试

D. 重新执行被审计单位的重要内部控制

9. 下列说法正确的是(　　)。

A. 内部控制可以对财务报告的可靠性提供合理的保证，也可以提供绝对的保证

B. 在了解被审计单位的内部控制时，只需关注控制的设计

C. 在了解被审计单位的内部控制时，只需关注控制的执行

D. 在某些情况下，仅通过实施实质性程序不能获取充分、适当的审计证据时，注册会计师应当实施控制测试

10. 实质性程序的类型包括(　　)。

A. 控制测试和细节测试　　　　　　　B. 控制测试和实质性测试

C. 细节测试和实质性分析程序　　　　D. 控制测试和实质性分析程序

11. 下列属于控制测试常用的审计程序的有(　　)。

A. 询问、观察、检查、穿行测试和重新执行

B. 询问、观察、检查、重新执行和重新计算

C. 观察、检查、穿行测试、重新执行和函证

D. 询问、观察、检查、穿行测试和分析程序

12. 提高审计程序的不可预见性是注册会计师应对财务报表层次重大错报风险的重要措施。但在实务中，注册会计师不可以通过(　　)方式提高审计程序的不可预见性。

A. 调整实施审计程序的时间，使被审计单位不可预期

B. 调整实施审计程序的人员，由助理人员担任关键项目的审计工作

C. 采取不同的审计抽样方法，使当期抽取的测试样本与以前有所不同

D. 选取不同的地点实施审计程序，或预先不告知被审计单位所选定的测试地点

13. 注册会计师拟对 H 公司与借款活动相关的内部控制进行测试，下列程序中不属于控制测试程序的是(　　)。

A. 索取借款的授权批准文件，检查批准的权限是否恰当、手续是否齐全

B. 观察借款业务的职责分工，并将职责分工的有关情况记录于审计工作底稿中

C. 抽取借款明细账的部分会计记录，按原始凭证到明细账再到总账的顺序核对有关数据和情况，判断其会计处理工作流程是否合规

D. 计算短期借款、长期借款在各个月份的平均余额，选取适用的利率计算利息支出总额，并与财务费用等项目的相关记录核对

14. 下列各项中，属于内部控制中控制活动内容的是(　　)。

A. 人事政策　　　　B. 组织结构设置　　　　C. 风险评估　　　　D. 实物控制

15. 下列各项中，属于认定层次重大错报风险的是(　　)。

A. 被审计单位治理层和管理层不重视内部控制

B. 被审计单位管理层凌驾于内部控制之上

C. 被审计单位大额应收账款可收回性具有高度不确定性

D. 被审计单位所处行业陷入严重衰退

## 二、多项选择题

1. 下列属于针对财务报表层次重大错报风险的总体应对措施的是(　　)。

A. 提供更多的督导

B. 向项目组强调在收集和评价审计证据过程中保持职业怀疑态度

C. 选择实质性方案实施进一步审计程序

D. 只在期末实施实质性程序

2. 了解被审计单位及其环境时，注册会计师可能实施的风险评估程序有(　　)。

A. 询问被审计单位管理层和内部其他人员

B. 实地察看被审计单位生产经营场所和设备

C. 检查文件、记录和内部控制手册

D. 实施分析程序

3. 在测试控制运行的有效性时，注册会计师应当获取的审计证据有(　　)。

A. 控制在所审计期间不同时点是如何运行的　　B. 控制是否得到一贯执行

C. 控制由谁执行　　　　　　　　　　　　　　D. 控制以何种方式运行

4. 关于进一步审计程序的表述中，正确的是(　　)。

A. 进一步审计程序包括检查、观察、询问、函证、重新计算、重新执行和分析程序

B. 注册会计师计划的进一步审计程序可以分为进一步审计程序的总体方案和拟实施的具体审计程序两个层次

C. 确定的重要性水平越低，注册会计师实施进一步审计程序的范围越广

D. 进一步审计程序属于总体审计策略

5. 下列各项审计程序，必须执行的是(　　)。

A. 了解被审计单位的基本情况　　　　　B. 控制测试

C. 实质性程序　　　　　　　　　　　　D. 风险评估程序

6. 关于内部控制的目标，下列表述正确的是(　　)。

A. 合理保证财务报告的可靠性

B. 绝对保证财务报告的可靠性

C. 合理保证经济有效地使用企业资源

D. 合理保证在法律法规的框架下从事经营活动

7. 审计人员实施控制测试的情形不包括(　　)。

A. 在评估认定层次重大错报风险时，预期控制的运行是有效的

B. 仅实施实质性程序不足以提供认定层次充分、适当的审计证据

C. 在评估财务报表层次重大错报风险时，预期控制的运行是有效的

D. 仅实施实质性程序不足以提供内部控制有效运行的充分、适当的审计证据

8. 下面有关了解被审计单位内部控制的提法正确的是(　　)。

A. 注册会计师通过了解确定控制设计不当，就不需要再考虑控制是否得到执行

B. 注册会计师可使用询问程序来获得其设计的证据以及确定其是否得到执行

C. 注册会计师需要了解和评价的内部控制只是与财务报表审计相关的内部控制，并非被审计单位所有的内部控制

D. 实施穿行测试既可获得其设计的证据，也可确定其是否得到执行

9. 在识别和评估重大错报风险时，审计人员可能实施的审计程序有(　　)。

A. 识别公司的所有经营风险

B. 考虑识别的错报风险是否重大

C. 将识别的错报风险与认定层次可能发生错报的领域相联系

D. 考虑识别的错报风险导致财务报表发生重大错报的可能性

10. 进一步审计程序是指注册会计师针对评估的各类交易、账户余额、列报认定层次重大错报风险实施的审计程序，包括(　　)。

A. 控制测试　　　　B. 实质性程序　　　　C. 分析程序　　　　D. 综合性程序

## 三、判断题

1. 一般而言，审计人员可通过实施控制测试，直接为认定层次获取充分、适当的审计证据，进而得出审计结论。　　　　　　　　　　　　　　　　　　　　　(　　)

2. 控制测试是指审计人员针对评估的重大错报风险实施的直接用以发现认定层次重大错报的审计程序。　　　　　　　　　　　　　　　　　　　　　　　(　　)

3. 当评估的财务报表层次重大错报风险属于高水平时，拟实施进一步审计程序的总体方案往往更倾向于实质性方案。　　　　　　　　　　　　　　　　　　(　　)

4. 财务报表层次的重大错报风险与财务报表整体相关。　　　　　　　　（　　）

5. 注册会计师应当针对所评估的认定层次重大错报风险来设计和实施进一步审计程序。
　　　　　　　　　　　　　　　　　　　　　　　　　　　　　　　（　　）

6. 控制测试进一步审计程序的类型包括检查、观察、监盘、询问、函证、重新计算、重新执行和分析程序。　　　　　　　　　　　　　　　　　　　　　　（　　）

7. 注册会计师无须了解被审计单位的所有内部控制，而只需了解与审计相关的内部控制。　　　　　　　　　　　　　　　　　　　　　　　　　　　　　（　　）

8. 在评估认定层次重大错报风险时，如果预期控制的运行是有效的，则审计人员不必实施实质性程序，只需实施控制测试。　　　　　　　　　　　　　　　（　　）

9. 只有当询问、观察和检查程序结合在一起仍无法获得充分的证据时，注册会计师才考虑通过重新执行来证实控制是否有效运行。　　　　　　　　　　　　（　　）

10. 审计人员实施风险评估程序，可以确定重大错报风险的实际水平。　　（　　）

11. 注册会计师审查控制是否得到执行所获取的审计证据也可以证明控制运行的有效性。　　　　　　　　　　　　　　　　　　　　　　　　　　　　　（　　）

12. 认定层次的重大错报风险通常与控制环境有关，可能影响多项认定。　（　　）

13. 内部控制只能对财务报告的可靠性提供合理的保证，而非绝对的保证。（　　）

14. 在了解被审计单位的内部控制时，只需关注控制的设计。　　　　　　（　　）

15. 实施控制测试与了解内部控制所采用的审计程序大体相同，主要区别在于了解内部控制所采用的审计程序中通常不包括重新执行。　　　　　　　　　　（　　）

# 项目五 销售与收款循环审计

## 【技能目标】

- 能进行销售与收款循环主要账户的控制测试。
- 能进行销售与收款循环主要账户的实质性测试。

## 【知识目标】

- 理解销售与收款循环的控制测试内容。
- 掌握销售与收款循环业务流程。
- 掌握采购与付款循环主要账户的审计目标。
- 掌握销售与收款循环审计中主要账户的实质性程序。

## 知识导图

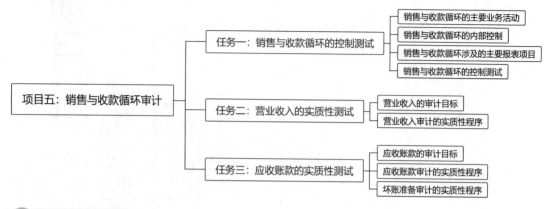

## 项目描述

在完成风险评估后，就可以转入进一步审计程序了。这部分是审计工作的主体部分，工作量较大，实务中通常按业务循环来实施审计。首先我们来看销售与收款循环。销售与收款循环涉及可供销售商品和劳务所有权转让的各项业务和过程。它由客户提出订货要求开始，将商品或劳务转化为应收账款，并以最终收回现金为结束。销售与收款循环的审计，通常可以相对独立于其他业务循环单独进行。但审计人员在最终判断被审计单位财务报表是否公允反映时，必须综合考虑审计发现的各业务循环的错误对财务报表产生的影响。因此，即使在单独执行销售与收款循环审计时，审计人员仍要经常地将该循环与其他循环的审计情况结合起来加以考虑。

## 情境引导

### 康诺公司销售与收款业务审计

康诺公司报表审计的项目组成员注册会计师小妍负责销售与收款业务的审计。康诺公司生产小型健身器材，主要产品包括三个系列的十余种产品。随着生活水平的提高，人们对健康的追求日益增长。康诺公司准确地抓住了商机，开发出适合家庭健身的器械，因产品新颖、质量过硬受到消费者欢迎。公司发展势头良好，销售收入连年增长，下一步还将有新产品上市，公司扩张的意愿强烈。本次审计也是为了吸收新的投资者为企业注资，扩大企业的生产规模。考虑到投资者对会计信息的需求，小妍认为销售审计的应该是重点的审计领域。由于康诺公司是首次接受审计，且收入连年高速增长，因此小妍将证明销售收入的真实性作为主要的审计目标。同时，康诺公司的销售以赊销为主，应收账款余额大且客户遍布全国，审计风险较大，在审计工作中也应重点关注。

在对康诺公司的销售与收款相关业务进行充分了解后，小妍初步制订了具体审计计划，开始了对康诺公司销售与收款业务的进一步审计程序。

在财务造假案件中，收入与利润的造假是最常见的，如何识破和防止此类造假的发生？为了履行职责，注册会计师应该高度关注一些诱发管理层虚构交易的动因。例如，要使公司的业绩看起来更具有吸引力，以便鼓励投资；要增加每股盈余，以便增发或配股；要实现总公司下达的目标和任务；公司或产业面临着收益或市场占有率的突然减少等。这些动因刺激了被审计单位铤而走险进行舞弊，也增加了审计的风险。如果我们事先对这些因素进行充分的了解与评估，通过合理运用分析性程序可以发现审计线索，再通过运用恰当的审计程序，再精明的舞弊也会有迹可循。下面就来学习如何进行销售与收款业务的审计。

# 任务一　销售与收款循环的控制测试

销售与收款循环
的主要业务活动

## ◉ 任务导入

审计人员审查康诺公司有关销售与收款的内部控制时，了解情况如下。

(1) 业务部门收到订货单后，首先进行登记，然后审核订货单的内容和数量，确定能够如期供货后，编制一式两联的销售单，自留一联，另一联传给信用部门。

(2) 信用部门根据销售单进行资信调查，并批准赊销。信用部门在销售单上签字并传送给运输部门。

(3) 仓库部门根据运输部门持有的经信用部门批准的销售单核发货物。填制出库单一式三联，自留一联并登记有关存货账簿，传给会计部门和业务部门各一联。

(4) 运输部门办理托运，取得运单并交给开票部门。

(5) 会计部门根据出库单和运单开具销货发票，并根据销货发票及出库单和运单编制记账凭证、登记应收账款明细账，并进行总分类核算。

(6) 出纳人员收到货款时，应登记银行存款日记账；收到商业汇票时，应登记应收票据登记簿，然后交会计人员制单、记账。

(7) 会计部门及时催收尚未付清的应收账款。对确已无法收回的，经批准后可作为坏账处理。对已冲销的坏账进行登记并加以控制，以免已冲销坏账日后收回时被有关人员贪污。

**具体任务：**

如何进行康诺公司销售与收款循环的控制测试？

## ◉ 知识准备

## 一、销售与收款循环的主要业务活动

了解企业在销售与收款循环中的典型活动，对该业务循环的审计非常必要。销售与收款业务循环一般包括以下主要业务过程。

### 1. 接受顾客订单

顾客向企业寄送订单，提出订货要求是整个销售与收款循环的起点。接受顾客订单后，企业应对顾客订单的内容是否符合企业的销售政策(比如是否符合该产品的销售单价、运费支付方式、交货地点、三包承诺等)进行审批。订单管理部门应区分现购和赊购，赊购订单只有在符合企业管理当局授权批准的情况下才能接受。企业管理当局一般都列出了准予赊销的顾客名单,订单管理部门的职员在决定是否同意接受某顾客的订单之前,应追查该顾客是否被列在该名单中。如果顾客未被列入该名单,则通常需要订单管理部门的主管来决定是否接受该订单。

企业在批准了顾客订单之后,通常应编制一式多联的销售单。销售单是证明销售交易"发生"的有效凭据。也是此笔销售交易轨迹的起点之一。

### 2. 信用管理部门进行信用批准

赊销批准是由信用管理部门根据企业管理当局的赊销政策以及对每个顾客已授权的信用额度进行的。信用管理部门的职员在收到订单管理部门的销售单后,应将销售单上的金额与该顾客已取得的赊销信用额度扣除其迄今尚欠应收账款余额后的差额进行比较,以决定是否继续给予赊销。信用管理部门与销售部门不能是同一个部门,职责要分离。批准或不批准赊销,都要求被授权的信用管理部门人员在销售单上签署意见,其后再将签署意见后的销售单返回销售单管理部门。

设计信用批准控制的目的是降低坏账风险,因此,这些控制与应收账款账面余额的"计价和分摊"认定有关。

### 3. 仓库部门按批准的销售单供货

通常情况下,仓库只有在收到经过批准的销售单时才能供货。设计这项控制程序的目的是防止仓库在未经授权的情况下擅自发货。因此,已批准销售单的副联通常应送达仓库,作为仓库按销售单供货和发货给装运部门的授权依据。

### 4. 装运部门按销售单装运货物

装运部门的职员应在经授权的情况下装运产品,装运部门应与仓库分离,以使企业按销售单装运与按销售单供货的职责相分离。装运部门的职员在装运之前,还必须进行独立验证,以确定从仓库收到的商品都附有已批准的销售单,并且所装运商品与销售单上的相符。装运凭证是一式多联的、连续编号的提货单,按序归档的装运凭证通常由装运部门保管。装运凭证提供了商品确实已装运的证据,是证明销售交易是否发生的另一有效凭据。

### 5. 向客户开具账单

开具账单包括编制和向顾客寄送事先连续编号的销售发票。为防止出现遗漏、重复、错误计价或其他差错,开具账单时应注意:编制每张销售发票前,应独立检查是否存在装运凭证和相应的经批准的销售单;依据已授权批准的商品价目表编制销售发票;独立检查销售发票计价和计算的正确性;将装运凭证上的商品总数与相对应的销售发票上的商品总数进行比较。

开具账单的这些要求与销售交易的"发生""完整性"以及"准确性"认定有关。销售发票副联通常由开具账单部门保管。

### 6. 记录销售

在手工会计系统中,记录销售的过程包括区分赊销、现销,按销售发票编制转账凭证或现金、银行存款收款凭证，再据以登记销售明细账和应收账款明细账或现金、银行存款日记账。

### 7. 办理和记录现金、银行存款收入

这项流程涉及有关货款收回，现金、银行存款的记录以及应收账款减少的活动。处理货币资金收入时最重要的是要保证全部货币资金及时记入现金、银行存款日记账或应收账款明细账，并及时将现金存入银行。在这方面汇款通知单起着很重要的作用。

### 8. 办理和记录销货退回、销货折扣与折让

顾客如果对商品不满意，销货企业一般都会同意接受退货，或给予一定的销货折让；顾客如果提前支付货款，销货企业则可能会给予一定的销货折扣。发生此类事项时，必须经授权批准，并应确保与办理此事有关的部门和人员各司其职，分别控制实务流和会计处理。在此环节，严格使用贷项通知单起到重要作用。

### 9. 注销坏账

不管赊销部门的工作如何主动，顾客因宣告破产、死亡等原因而不支付货款的事仍时有发生。销货企业若认为某项货款再也无法收回，就必须注销这笔货款。对这些坏账，正确的处理方法应该是获取货款无法收回的确凿证据，经适当审批后及时进行会计调整。

### 10. 提取坏账准备

坏账准备的提取数必须能抵补企业以后无法收回的本期销货款。

我们可以用表 5-1 来说明在销售与收款循环中各经济业务和相关凭证记录之间的关系。

表 5-1　销售与收款循环的主要凭证与记录

| 业务内容 | 原始凭证与记录 | 记账凭证与账簿 | 会计分录 |
|---|---|---|---|
| 销售业务：(赊销) | | | |
| 订单处理 | 顾客订单(外部凭证)<br>销售单(内部凭证) | | |
| 核准赊销 | 销售单(有关人员签字)；<br>核准赊销的顾客名单<br>(内部记录) | | |
| 发货 | 发运凭证 | | |
| 开票 | 销售发票(内部凭证)<br>价目表 | | |
| 会计记录 | | 记账凭证、应收账款明细账<br>与总账、主营业务收入明细<br>账与总账、应交税费明细<br>账与总账、库存商品明细账与<br>总账、主营业务成本明细账<br>与总账 | 借：应收账款<br>　贷：主营业务收入<br>　　　应交税费<br>借：主营业务成本<br>　贷：库存商品 |

| 业务内容 | 原始凭证与记录 | 记账凭证与账簿 | 会计分录 |
|---|---|---|---|
| 收款业务: | | | |
| 收款 | 支票、银行本票、银行汇票等(外部凭证)<br>汇款通知单(内部凭证) | 记账凭证、银行存款日记账与总账、应收账款明细账与总账 | 借：银行存款<br>　贷：应收账款 |
| 销售调整业务: | | | |
| 销售退回 | 入库单(内部凭证)<br>贷项通知单(内部凭证) | 记账凭证、应收账款明细账或银行存款日记账与总账、主营业务收入、主营业务成本明细账与总账、应交税费明细账与总账、库存商品明细账与总账 | 借：主营业务收入<br>　　应交税费<br>　贷：银行存款<br>　　(应收账款)<br>借：库存商品<br>　贷：主营业务成本 |
| 现金折扣 | 现金折扣审批表(内部凭证) | 记账凭证、应收账款明细账与总账或银行存款日记账与总账 | 借：财务费用<br>　贷：应收账款<br>　　(银行存款) |
| 销售折让 | 销售折让审批表、贷项通知单(内部凭证) | 记账凭证、应收账款明细账与总账或银行存款日记账与总账、应交税费明细账与总账 | 借：主营业务收入<br>　　应交税费<br>　贷：应收账款<br>　　(银行存款) |
| 坏账处理: | | | |
| 坏账准备的计提 | 账龄分析表(内部凭证) | 记账凭证、坏账准备及资产减值损失明细账与总账 | 借：资产减值损失<br>　贷：坏账准备 |
| 坏账冲销 | 坏账审批表(内部凭证) | 记账凭证、坏账准备明细账与总账、应收账款明细账与总账 | 借：坏账准备<br>　贷：应收账款 |

## 二、销售与收款循环的内部控制

销售与收款循环中企业通常从以下方面设计和执行内部控制。

### (一)销售的内部控制

#### 1. 建立明确的职责分工制度

职责分工是内部控制中的一项重要控制措施，适当的职责分工有助于防止各种有意或无意的错误。为了保证销售与收款业务控制的有效性，单位应当将办理销售、发货、收款三项业务的部门(或岗位)分别设立；单位在销售合同订立前，应当指定专门人员就销售价格、信用政策、发货及收款方式等具体事项与客户进行谈判。谈判人员至少应有两人以上，并与订立合同人员相分离；编制销售发票通知单的人员与开具销售发票的人员应相互分离；销售人员应避免接触销货现款；单位应收票据的取得和贴现必须经由保管票据以外的主管人员的书面批准。这些都是对单位提出的有关销售与收款业务相关职责适当分离的基本要求，以确保办理销售与收款业务的不相容岗位相互分离、制约和监督。

### 2. 合理的授权审批制度

销售与收款业务各环节都要经过适当的授权批准：顾客的赊销要经过授权审批；商品的发出要经过批准；销售价格、付款条件、运费和销售退回、折让与折扣等的确定要经过适当的授权批准；对确实无法收回的应收账款按规定程序批准后方可转为坏账处理；还要注意审批人应在授权范围内进行审批，不得超越审批权限。对于超过单位既定销售政策和信用政策规定范围的特殊销售交易，单位应当进行集体决策。合理的授权审批是保证销售业务正常进行的重要控制环节。赊销和发货的审批可以防止企业向虚构的或无力支付货款的顾客发货而蒙受损失；价格审批控制可以保证销售交易按照企业定价政策规定的价格开票收款；对授权审批范围设定权限可以防止审批人决策失误而造成严重损失。

### 3. 充分的凭证和记录制度

对内部控制来说，只有具备完善的记账手续、充分的凭证和记录才有可能实现其各项控制目标。例如，有的企业在收到顾客订货单后，就立即编制一份预先编号的一式多联的销售单，并分别用于批准赊销、审批发货、记录发货数量以及向顾客开具账单等。在这种制度下，只要定期清点销售发票，漏开账单的情形几乎就不会发生。相反，有的企业只在发货后才开具账单，如果没有其他控制措施，在这种情况下漏开账单的情况就很可能发生。

### 4. 凭证的预先编号

对凭证预先进行编号，目的在于防止销货以后忘记向顾客开具账单或登记入账，也可以防止重复开具账单或重复记账。当然，如果对凭证的编号不作清点，预先编号就会失去控制意义。例如，由收款员对每笔销货开具账单后将发运凭证按顺序归档，而由另一位职员定期检查全部凭证的编号并调查凭证缺号的原因，就是实施这项控制的一种方法。

### 5. 按月寄出对账单

每月由不负责现金、销货及应收账款记账的人员按月向顾客寄发对账单，促使顾客在发现应付账款余额不正确后及时做出说明。对账户余额中出现的核对不符的账项，指定一位不掌管货币资金、也不记载主营业务收入和应收账款的主管人员处理，然后由独立人员按月编制对账情况汇总报告并交管理层审阅。

### 6. 内部核查制度

由内部审计人员或其他独立人员核查销货业务的处理和记录，是实现内部控制目标不可缺少的一项控制措施。销售与收款内部控制监督检查的主要内容如下。

(1) 销售与收款业务相关岗位及人员的设置情况。重点检查是否存在销售与收款业务不相容职务混岗的现象。

(2) 销售与收款业务授权批准制度的执行情况。重点检查授权批准手续是否健全，是否存在越权审批行为。

(3) 销售的管理情况。重点检查信用政策、销售政策的执行是否符合规定。

(4) 收款的管理情况。重点检查单位销售收入是否及时入账，应收账款的催收是否有效，坏账核销和应收票据的管理是否符合规定。

(5) 销售退回的管理情况。重点检查销售退回手续是否齐全，退回货物是否及时入库。

## (二)收款的内部控制

尽管由于每个企业的性质、所处行业、规模以及内部控制健全程度等不同，而使得其与收款交易相关的内部控制内容有所不同，但以下与收款交易相关的内部控制内容是通常应当共同遵循的。

(1) 企业应当按照《现金管理暂行条例》《支付结算办法》等的规定，及时办理销售收款业务。

(2) 企业应将销售收入及时入账，不得账外设账，不得擅自坐支现金。销售人员应当避免接触销售现款。

(3) 企业应当建立应收账款账龄分析制度和逾期应收账款催收制度。销售部门应当负责应收账款的催收，财会部门应当督促销售部门加紧催收。对催收无效的逾期应收账款可通过法律程序予以解决。

(4) 企业应当按客户设置应收账款台账，及时登记每一客户应收账款余额增减变动情况和信用额度使用情况。对长期往来客户应当建立完善的客户资料，并对客户资料实行动态管理，及时更新。

(5) 企业对于可能成为坏账的应收账款应当报告有关决策机构，由其进行审查，确定是否确认为坏账。企业发生的各项坏账，应查明原因，明确责任，并在履行规定的审批程序后做出会计处理。

(6) 企业注销的坏账应当进行备查登记，做到账销案存。已注销的坏账又收回时应当及时入账，防止形成账外资金。

(7) 企业应收票据的取得和贴现必须经由保管票据以外的主管人员的书面批准。应有专人保管应收票据，对于即将到期的应收票据，应及时向付款人提示付款；已贴现票据应在备查簿中登记，以便日后追踪管理；应制定逾期票据的冲销管理程序和逾期票据追踪监控制度。

(8) 企业应当定期与往来客户通过函证等方式核对应收账款、应收票据、预收款项等往来款项。如有不符，应查明原因，及时处理。

# 三、销售与收款循环涉及的主要报表项目

根据财务报表项目与业务循环的相关程度，销售与收款循环涉及的报表项目见表5-2。

表5-2 销售与收款循环与主要财务报表项目对照表

| 业务循环 | 资产负债表项目 | 利润表项目 |
|---|---|---|
| 销售与收款循环 | 应收票据、应收账款、长期应收款、预收账款、应交税费 | 营业收入、税金及附加 |

## 任务解析

在审计实务中，注册会计师可以考虑以识别的重大错报风险为起点实施控制测试(见

表 5-3)。

表 5-3　销售与收款交易的风险、控制和控制测试

| 风险 | 计算机控制 | 人工控制 | 控制测试 |
|---|---|---|---|
| 信用控制和赊销 | | | |
| 可能向没有获得赊销授权或超出其信用额度的客户赊销 | 订购单上的客户代码与应收账款主文档记录的代码一致。目前未偿付余额加上本次销售额在信用限额范围内。只有上述两项均满足才能获得发货批准并生成发运凭证 | 信用控制程序包括复核信用申请、收入和信用状况的支持性信息，批准信用限额，授权增设新的账户，以及适当授权超过信用限额的人工控制 | 通过询问员工、检查相关文件证实上述控制的实施 |
| 发运商品 | | | |
| 可能在没有批准发运凭证的情况下发出了商品。已发出商品可能与发运凭证上的商品种类和数量不符。客户可能拒绝承认已收到商品 | 当客户订购单在系统中获得发货批准时，系统自动生成连续编号的发运凭证。计算机把所有准备发出的商品与销售单上的商品种类和数量进行比对。打印种类或数量不符的例外报告，并暂缓发货 | 商品打包发运前，对商品和发运凭证内容进行独立核对。在发运凭证上签字以示商品已与发运凭证核对且种类和数量相符。销售人员关注快到期的发运凭证和未完成的订购单，督促尽快向客户发货。保安人员只有当商品附有发运凭证时才能放行。客户要在发运凭证上签字以作为收到商品且商品与订购单一致的证据。管理层复核例外报告和暂缓发货的清单，并解决问题 | 执行观察、检查程序。检查发运凭证上相关员工和客户的签名，作为发货的证据。检查例外报告和暂缓发货的清单 |
| 开具发票 | | | |
| 商品发运可能未开具销售发票 | 发货以后系统根据发运凭证及相关信息自动生成连续编号的销售发票。定期打印销售发票。系统自动复核连续编号的发票和发运凭证的对应关系，并定期生成例外报告 | 复核例外报告并调查原因 | 执行观察程序。检查例外报告 |

| 风险 | 计算机控制 | 人工控制 | 控制测试 |
|---|---|---|---|
| **记录赊销** | | | |
| 销售发票入账的会计期间可能不正确 | 系统根据销售发票的信息自动汇总生成当期销售入账记录 | 定期执行人工销售截止检查程序。检查发票打印件的连续编号。复核并调查所有与发票不匹配的发运凭证 | 检查发票,重新执行销售截止检查程序 |
| 销售发票可能计入不正确的应收账款账户 | 系统将客户代码、商品发送地址、发运凭证、发票与应收账款主文档中的相关信息进行比对 | 应收账款客户主文档中明细余额的汇总金额应与应收账款总分类账核对。向客户发送月末对账单,调查并解决客户质询的差异 | 检查应收账款客户主文档中明细余额汇总金额的调节结果与应收账款总分类账是否核对相符,以及负责该项工作的员工签名。检查客户质询信件并确定问题是否已得到解决 |
| **记录现金销售** | | | |
| 现金销售可能没有在销售时被记录。收到的现金可能没有存入银行 | 现金销售通过统一的收款台用收银机集中收款,并自动打印销售小票 | 销售小票应交予客户。通过监视器监督收款台。每个收款台都打印每日现金销售汇总表。计算每个收款台收到的现金,并与相关销售汇总表调节相符。独立检查所有收到的现金已存入银行 | 实地检查收银台、销售点并询问管理层,以确定在这些地方是否有足够的物理监控。检查结算记录上负责计算现金和与销售汇总表调节工作的员工的签名。检查存款单和销售汇总表上的签名,证明已实施复核。重新检查已存入金额和销售汇总表金额 |
| **记录应收账款收款** | | | |
| 应收账款记录的收款与银行存款可能不一致 | 每日编制电子版收款清单时,系统自动贷记应收账款 | 将每日收款汇总表、电子版收款清单和银行存款清单相比较。定期取得银行对账单,独立编制银行存款余额调节表。向客户发送月末对账单,对客户质询的差异应予以调查并解决 | 检查核对每日收款汇总表,电子版收款清单和银行存款清单的核对记录和核对人签名。检查银行存款余额调节表和负责编制的员工的签名。检查客户质询信件并确定问题是否已被解决。 |

续表

| 风险 | 计算机控制 | 人工控制 | 控制测试 |
|---|---|---|---|
| 收款可能被计入不正确的应收账款账户 | 电子版的收款清单与应收账款明细账之间建立连接界面，根据对应的客户名称、代码、发票号等将收到的款项对应到相应的客户账户。对于无法对应的款项生成例外事项报告 | 将生成的例外事项报告的项目进行手工核对，调查产生的原因并解决。<br>向客户发送月末对账单，对客户质询的差异应予以调查并解决。<br>管理层每月复核按客户细分的应收账款账龄分析表，并调查长期余额或其他异常余额 | 检查系统中的对应关系审核设置是否合理。<br>检查对例外事项报告中的信息进行核对的记录以及无法核对事项的解决情况。<br>检查客户质询信件并确定问题是否已被解决。<br>检查管理层对应收账款账龄分析表的复核及跟进措施 |
| 坏账准备计提及坏账 | | | |
| 坏账准备的计提可能不充分 | 系统自动生成应收账款账龄分析表 | 管理层对财务人员基于账龄分析表，采用预期信用损失模型计算编制的坏账准备计提表进行复核。复核无误后需在坏账准备计提表上签字。<br>管理层复核坏账核销的依据，并进行审批 | 检查财务系统计算账龄分析表的规则是否正确。<br>询问管理层如何复核坏账准备计提表的计算，检查是否有复核人员的签字。<br>检查坏账核销是否经过管理层的恰当审批 |

表 5-3 中列示的方法，目的在于帮助注册会计师根据具体情况设计相应的审计方案。但它既未包含销售交易所有的内部控制、控制测试，也并不意味着审计实务必须一成不变地按此顺序与方法。一方面，被审计单位所处行业不同、规模不一、内部控制制度的健全程度和执行结果不同，以前期间接受审计的情况也各不相同；另一方面，受审计时间、审计成本的限制，注册会计师除了确保审计质量、审计效果外，还必须提高审计效率，尽可能地消除重复的测试程序，保证检查某一凭证时能够一次完成对该凭证的全部审计测试程序，并按最有效的顺序实施审计测试。因此，在康诺公司审计实务工作中，注册会计师应根据表 5-3 所列示的内容，从实际出发，将其转换为更实用、高效的审计计划。

◉ 能力拓展

**要求**：根据"任务导入"中审计人员对康诺公司销售与收款内部控制掌握的情况，思考以下问题。

(1) 康诺公司销售与收款循环的内部控制是否存在缺陷？

(2) 如果有缺陷，应如何进行改进？

◉ 延伸阅读

扫一扫，打开"业务循环审计"阅读材料。

业务循环审计

# 任务二　营业收入的实质性测试

## 🔘 任务导入

　　信诚会计师事务所注册会计师小妍在对康诺公司全年各月销售收入进行对比时，发现 12 月的销售收入增长幅度大，超出平时月份的计划收入很多。为了查明这一异常情况，该注册会计师审阅并核对了 12 月的主营业务收入、主营业务成本、应收账款、库存商品等明细账和有关凭证。发现一张 12 月 20 日编制的收款凭证未附原始凭证，会计分录为：借记"应收账款"56.5 万元，贷记"主营业务收入"50 万元，贷记"应交税费——应交增值税(销项税额)"6.5 万元。但库存商品明细账上没有相应记录，经询问仓库管理员得知，当时并未发货。

　　**具体任务：**

　　应如何开展主营业务收入的实质性测试？

## 🔘 知识准备

# 一、营业收入的审计目标

　　营业收入项目核算企业在销售商品、提供劳务等活动中所产生的收入，可分为主营业务收入和其他业务收入，其审计目标的确定见表 5-4。

表 5-4　营业收入审计目标的确定

| 被审计单位： | | | 索引号： | | 页次： |
|---|---|---|---|---|---|
| 项目：营业收入 | | | 编制人： | | 日期： |
| 报表期间： | | | 复核人： | | 日期： |

| 审计目标 | 财务报表认定 | | | | | |
|---|---|---|---|---|---|---|
| | 发生 | 完整性 | 准确性 | 截止 | 分类 | 列报 |
| A. 利润表中记录的营业收入已发生，且与被审计单位有关 | √ | | | | | |
| B. 所有应当记录的营业收入均已记录 | | √ | | | | |
| C. 与营业收入有关的金额及其他数据已恰当记录 | | | √ | | | |
| D. 营业收入已记录于正确的会计期间 | | | | √ | | |
| E. 营业收入已记录于恰当的账户 | | | | | √ | |
| F. 营业收入已按照企业会计准则的规定在财务报表中做出恰当的列报 | | | | | | √ |

## 二、营业收入实质性程序的要点

以下以主营业务收入为例介绍收入项目审计的实质性程序的要点。

### (一)检查主营业务收入确认方法是否符合《企业会计准则》的规定

根据《企业会计准则第 14 号——收入》的规定，企业应当在履行了合同中的履约义务，及在客户取得相关商品控制权时确认收入。当企业与客户之间的合同同时满足下列条件时，企业应当在客户取得商品控制权时确认收入。

(1) 合同各方已批准该合同并承诺将履行各自义务。

(2) 该合同明确了合同各方与所转让商品或提供劳务相关的权利和义务。

(3) 该合同有明确的与所转让的商品相关的支付条款。

(4) 该合同具有商业实质，即履行该合同将改变企业未来现金流量的风险、时间分布或金额。

(5) 企业因向客户转让商品而有权取得的对价很可能收回。

《企业会计准则》分别对"在某时段内履行的履约义务"和"在某一时点履行的履约义务"的收入确认做出了规定。对于在某一时段内履行的履约义务，企业应当在该段时间内按照履约进度确认收入。对于在某一时点履行的履约义务，企业应当在客户取得相关商品的控制权时确认收入。注册会计师需要基于对被审计单位商业模式和日常经营活动的了解，判断被审计单位的合同履约义务是在某一时段内履行还是某一时点履行的，据以评估被审计单位确认产品销售收入的会计政策是否符合《企业会计准则》的规定，并测试被审计单位是否按照其既定的会计政策确认产品销售收入。

注册会计师通常对所选取的交易，追查至原始的销售合同及与履行合同相关的单据和文件记录，以评价收入确认方法是否符合《企业会计准则》的规定。

---

📝 **做中学 5-1:**

审计人员对某企业 2020 年度利润表进行审计时，抽查了 12 月份的有关账簿，发现下列情况。

(1) 企业销售甲产品，采用预收款项方式，12 月 5 日收到货款 56 500 元，货物尚未发出。企业收到货款时的账务处理是：借记"银行存款"56 500 元，贷记"主营业务收入"50 000 元，贷记"应交税费——应交增值税(销项税额)"6 500 元。

(2) 12 月 11 日，企业采用托收承付结算方式销售甲产品 60 台，已到银行办妥结算手续，货物已发出，但企业未作账务处理。

(3) 12 月 20 日，采用交款提货方式销售给某单位乙产品 100 台，但仅在主营业务收入明细账中作了记录，主营业务成本明细账中未记录。

(4) 12 月 25 日，上月售出的乙产品 50 台，由于质量原因全部退回。产品已入库，但企业未作账务处理。

甲产品单位售价 1 000 元，单位成本 500 元。乙产品单位售价 1 200 元，单位成本 800 元。

> **要求：** 1. 指出该厂在销售业务核算中存在的问题。
> 　　　　 2. 分析对利润的影响数。

### (二)检查收入是否真实发生

以主营业务收入明细账中的会计分录为起点，检查相关原始凭证如订购单、销售单、发运凭证、发票等，以评价已入账的营业收入是否真实发生。检查订购单和销售单，用以确认存在真实的客户购买要求，销售交易已经过适当的授权批准。销售发票存根上所列的单价，通常还要与经过批准的商品价目表进行比较核对，对其金额小计和合计数也要进行复算。发票中列出的商品的规格、数量和客户代码等，则应与发运凭证上记载的相应内容进行比较核对，尤其是由客户签收商品的一联，确定已按合同约定履行了履约义务，可以确认收入。同时，还要检查原始凭证中的交易日期(客户取得商品控制权的日期)，以确认收入计入了正确的会计期间。

### (三)检查收入记录的完整性

以发运凭证为起点，从发运凭证(客户签收联)中选取样本，追查至主营业务收入明细账，以确定是否存在遗漏事项(完整性认定)。为使这一程序成为一项有意义的测试，注册会计师需要确认全部发运凭证均已归档，这一点一般可以通过检查发运凭证的顺序编号来查明。

### (四)实施销售截止测试

对主营业务收入实施截止测试，目的主要在于确定被审计单位主营业务收入的会计记录归属期是否正确；应记入本期或下期的主营业务收入是否被推延至下期或提前至本期。

实施截止测试的前提是注册会计师充分了解被审计单位的收入确认会计实务，并识别能够证明某笔销售符合收入确认条件的关键单据。例如，货物出库时，与货物相关的风险和报酬可能尚未转移，不符合收入确认的条件，因此，发货单可能不是实现收入的充分证据；又如，销售发票与收入相关，但是发票开具日期不一定与收入实现的日期一致。

假定一般制造业企业在货物送达客户并由客户签收时确认收入，注册会计师可以考虑选择两条审计路径实施主营业务收入的截止测试，具体内容见表5-5。

表5-5　收入截止测试的两条审计路线对比

| 起点 | 路　线 | 目　的 | 优　点 | 缺　点 |
|---|---|---|---|---|
| 账簿记录 | 从报表日前后若干天的账簿记录查至记账凭证，检查发票存根与发货凭证 | 证实已入账收入是否在同一期间已开具发票发货，有无多记收入，防止高估营业收入 | 比较直观，容易追查至相关凭证记录 | 缺乏全面性和连贯性，只能查多记，无法查漏记 |
| 发运凭证 | 从报表日前后若干天的发货凭证查至发票开具情况与账簿记录 | 确认收入是否已计入适当的会计期间，防止低估收入 | 较全面、连贯，容易发现漏记收入 | 较费时、费力，尤其难以查找相应的发货及账簿记录，不易发现多记收入 |

上述两条审计路径在实务中均被广泛采用,它们并不是孤立的,注册会计师可以考虑并用这两条路径,甚至可以在同一主营业务收入科目审计中并用。实际上,由于被审计单位的具体情况各异,管理层的意图各不相同,有的为了完成利润目标、承包指标,更多地享受税收等优惠政策,便于筹资等目的,可能会多计收入;有的则为了以丰补歉、留有余地、推迟缴税时间等目的而少计收入。因此,为提高审计效率,注册会计师应当凭借专业经验和所掌握的信息、资料做出正确判断,选择适当的审计路径实施有效的收入截止测试。

---

**📝 做中学 5-2:**

华兴公司在销售时要求必须有预先编号的出库单。出货时,发货人员要在出库单上填上日期。截至 12 月 31 日,最后一张出库单号码为 2167。会计部门按收到的出库单先后开立发票。

康诺公司 12 月底和次年 1 月的部分账簿记录如表 5-6 所示。

表 5-6 华兴公司 12 月底和次年 1 月的部分账簿记录

| 日 期 | 出库单号码 | 销售发票号码 | 交易金额/元 |
|---|---|---|---|
| 12.30 | 2164 | 4326 | 726.11 |
| 12.30 | 2169 | 4329 | 1 914.30 |
| 12.31 | 2165 | 4327 | 417.83 |
| 12.31 | 2168 | 4328 | 2 620.22 |
| 12.31 | 2166 | 4330 | 47.74 |
| 01.01 | 2163 | 4332 | 641.31 |
| 01.01 | 2167 | 4331 | 106.39 |
| 01.01 | 2170 | 4333 | 852.06 |
| 01.02 | 2171 | 4335 | 1 250.50 |
| 01.02 | 2172 | 4334 | 646.58 |

**要求:** 根据以上资料判断该企业账面记录是否存在问题并分析对财务报表的影响。

---

## 🔵 任务解析

主营业务收入实质性测试的程序可参考表 5-7。

表 5-7 主营业务收入实质性分析和细节测试程序表

| 单位名称: | | 编制人: | 复核人: | 质控人: | 索引号: |
|---|---|---|---|---|---|
| 所属期间: 年度 | | 日 期: | 日 期: | 日 期: | 页 次: |

| 审计程序 | 涉及的相关认定 | 是否执行 | 索引号 N/A | 执行人及日期 |
|---|---|---|---|---|
| 一、实质性分析程序 | | | | |
| 1. 将本期的主营业务收入与上期的主营业务收入、销售预算或预测数等进行比较,分析主营业务收入及其构成的变动是否异常,并分析异常变动的原因 | ABC | | | |

| 审计程序 | 涉及的相关认定 | 是否执行 | 索引号 N/A | 执行人及日期 |
|---|---|---|---|---|
| 2. 计算本期重要产品的毛利率，与上期或预算或预测数据比较，检查是否存在异常 | ABC | | | |
| 3. 比较本期各月各类主营业务收入的波动情况，分析其变动趋势是否正常，是否符合被审计单位季节性、周期性的经营规律，查明异常现象和重大波动的原因 | | | | |
| 4. 将本期重要产品的毛利率与同行业企业进行对比分析，检查是否存在异常 | | | | |
| 5. 根据增值税发票申报表或普通发票，估算全年收入，与实际收入金额比较 | | | | |
| 6. 根据产品生产能力、仓储能力和运输能力，原材料采购数量及单位产品材料耗用定额，生产工人数量、生产工时及劳动生产率分析产品生产量和销售量的合理性，并查明异常情况的原因 | | | | |
| 7. 将营业收入、主营业务利润与经营活动产生的现金流量、净利润进行比较分析，判断营业收入、主营业务利润的合理性 | | | | |
| 8. 将营业收入与成本、销售佣金、广告费用、运输费用、保险费用等进行对比分析，判断营业收入的合理性 | | | | |
| 二、细节测试程序 | | | | |
| 1. 获取或编制主营业务收入明细表，复核其加计是否正确，并与明细账、总账及报表数核对是否相符 | C | | | |
| 2. 审阅主营业务收入的确认原则、方法，注意是否符合相关会计准则(制度)规定的收入实现条件，前后期是否一致 | ABCD | | | |
| 3. 获取产品价格目录，抽查售价是否符合价格政策，并注意销售给关联方或关系密切的重要客户的产品价格是否合理，有无以低价或高价结算的方法相互之间转移利润的现象 | C | | | |
| 4. 抽取发货单，审查出库日期、品名、数量等是否与发票、销售合同、记账凭证等上的内容一致 | ABCD | | | |
| 5. 抽取记账凭证，审查入账日期、品名、数量、单价、金额等是否与发票、发货单、销售合同等上的内容一致 | ACD | | | |

续表

| 审计程序 | 涉及的相关认定 | 是否执行 | 索引号N/A | 执行人及日期 |
|---|---|---|---|---|
| 6. 结合对应收账款的审计,选择主要客户函证本期销售额 | AC | | | |
| 7. 销售的截止测试 | D | | | |
| 8. 存在销售退回的,检查手续是否符合规定,结合原始销售凭证检查其会计处理是否正确。结合存货项目审计关注其真实性 | A | | | |
| 9. 检查销售退回及折让:<br>(1) 获取或编制折扣与折让明细表,复核加计正确,并与明细账合计数核对相符;<br>(2) 取得被审计单位有关折扣与折让的具体规定和其他文件资料,并抽查较大的折扣与折让发生额的授权批准情况,与实际执行情况进行核对,检查其是否经授权批准,是否合法、真实;<br>(3) 销售折让与折扣是否及时足额提交对方,有无虚设中介、转移收入、私设账外"小金库"等情况<br>(4) 检查折扣与折让的会计处理是否正确。 | C | | | |
| 10. 检查有无特殊的销售行为,如委托代销、分期收款销售、商品需要安装和检验的销售、附有退回条件的销售、售后租回、售后回购、以旧换新、出口销售等,选择恰当的审计程序进行审核 | ABCDE | | | |
| 11. 调查向关联方销售的情况,记录其交易品种、价格、数量、金额等,并记录占总销售收入的比例。对合并范围内的销售活动,记录应予合并抵销的金额 | AC | | | |
| 12. 根据评估的舞弊风险等因素增加的审计程序 | | | | |
| 13. 检查营业收入是否已按照企业会计准则的规定在财务报表中做出恰当列报 | F | | | |

　　审计人员可以结合康诺公司具体情况,根据表 5-7 中的审计程序选取必要程序开展主营业务收入的实质性测试。

⊙ 能力拓展

　　**要求**:根据"任务导入"中审计人员发现的情况,思考以下问题。
　　(1) 你认为康诺公司该笔销售业务可能存在什么问题?
　　(2) 为被审计单位提出调整建议。

● 延伸阅读 ▶

扫一扫，打开"如何发现收入核算中存在的舞弊问题"阅读材料。

如何发现收入
核算中存在的
舞弊问题

# 任务三　应收账款的实质性测试

● 任务导入 ▶

康诺公司销售以赊销为主，因此应收账款金额较大。注册会计师小妍在审计康诺公司2020年度的应收账款时，采用积极函证的方式发出了86份询证函。结果收回了76份回函，其中71份回答是肯定的，另有5份存在问题，分别如下。

(1) A公司：货款30万元属实，但款项已于2020年12月25日用支票支付。

(2) B公司：购买的20万元货物尚未收到。

(3) C公司：因产品质量问题，根据合同约定，于2020年12月28日将货物退回。

(4) D公司：因货物运输途中损坏，已提出诉讼要求半价支付货款20万元，而非40万元。

(5) E公司：2020年12月8日收到华兴公司委托代销商品34万元，尚未销售。

没有回函的10份中，G公司因地址错误被邮局退回；H公司已经被吊销；其他公司情况不明。

**具体任务：**

应如何开展应收账款的实质性测试？

● 知识准备 ▶

## 一、应收账款的审计目标

应收账款是指企业因销售商品、提供劳务而形成的债权，即由于企业销售商品、提供劳务等原因，应向购货客户或接受劳务的客户收取的款项或代垫的运杂费等，是企业在信用活动中形成的各种债权性资产。企业的应收账款是在销货业务中产生的。企业在销售实现时若没有立即收取现款，而是获得了要求客户在一定条件下和一定时间内支付货款的权力，就产生了应收账款。因此，应收账款的审计应结合销货业务来进行。应收账款余额一般包括应收账款账面余额和相应的坏账准备两部分。

应收账款审计目标的确定见表5-8。

表 5-8　应收账款审计目标的确定

被审计单位：　　　　　　　　　　索引号：　　　　　　页次：

项目：应收账款　　　　　　　　　编制人：　　　　　　日期：

报表期间：　　　　　　　　　　　复核人：　　　　　　日期：

| 审计目标 | 财务报表认定 | | | | |
|---|---|---|---|---|---|
| | 存在 | 完整性 | 权利与义务 | 计价与分摊 | 列报 |
| A. 资产负债表中记录的应收账款是存在的 | √ | | | | |
| B. 所有应当记录的应收账款均已记录 | | √ | | | |
| C. 记录的应收账款由被审计单位拥有或控制 | | | √ | | |
| D. 应收账款以恰当的金额包括在财务报表中，与之相关的计价调整已恰当记录 | | | | √ | |
| E. 应收账款已按照企业会计准则的规定在财务报表中做出恰当列报 | | | | | √ |

## 二、应收账款实质性程序的要点

### (一)实施函证程序

对应收账款来说，函证是非常重要的审计程序。函证就是直接发函给被审计单位的债务人，要求核实被审计单位应收账款的记录是否正确的一种审计方法。通过函证应收账款，可以有效地证明被询证者的存在和被审计单位记录的可靠性。除非有充分证据表明应收账款对被审计单位财务报表而言是不重要的，或者函证很可能是无效的，否则，审计人员应当对应收账款进行函证。询证函由审计人员根据被审计单位提供的应收账款明细账户名称及地址编制，询证函的寄发一定要由审计人员亲自进行。

#### 1. 函证范围的选择

审计人员不需要对被审计单位所有的应收账款进行函证。函证数量的大小、范围是由诸多因素决定的，主要有以下几个方面。

(1) 应收账款在全部资产中的比重。如果应收账款在全部资产中所占的比重较大，则函证的范围应相应大一些。

(2) 被审计单位内部控制的强弱。如果内部控制系统较健全，则可以相应减少函证量。

(3) 以前期间的函证结果。若以前期间函证中发现过重大差异，或纠纷较多，则范围应相应扩大。

(4) 函证的方式。若采用肯定式函证，则可以相应减少函证量；若采用否定式函证，则要相应增加函证量。

#### 2. 函证对象的选择

注册会计师选择函证项目时，除了考虑金额较大的项目外，还要考虑风险较高的项目。

例如：账龄较长的项目；与债务人发生纠纷的项目；重大关联方项目；主要客户(包括关系密切的客户)项目；新增客户项目；交易频繁但期末余额较小甚至余额为零的项目；可能产生重大错报或舞弊的非正常的项目。这种基于一定的标准选取样本的方法具有针对性，比较适用于应收账款余额金额和性质差异较大的情况。如果应收账款余额由大量金额较小且性质类似的项目构成，则注册会计师通常采用抽样技术选取函证样本。

---

📝 **做中学 5-3：**

A 注册会计师是甲公司 2020 年度财务报表审计项目负责人，决定从表 5-9 中所列甲公司的应收账款明细账中选择 3 家进行肯定式函证，其中 E 公司属于甲公司的子公司。

表 5-9  甲公司客户情况

| 客户名称 | 金额/元 | 账龄 | 回函内容 |
|---|---|---|---|
| A 公司 | 30 000 000 | 6 个月 | 已于 2020 年 12 月 25 日支票支付货款 500 万元 |
| B 公司 | 50 000 | 1.5 年 | |
| C 公司 | 800 | 6 个月 | |
| D 公司 | 10 000 | 3.5 年 | 未回函 |
| E 公司 | 234 000 | 1 年 | |

**要求**：请指出应选择哪三家企业进行函证，并分别说明理由。

---

### 3. 函证的方式

注册会计师可采用积极的或消极的函证方式实施函证。

(1) 积极的函证方式。如果采用积极的函证方式，注册会计师应当要求被询证者在所有情况下必须回函，确认询证函所列示信息是否正确，或填列询证函要求的信息。积极的函证方式又分为两种：一种是在询证函中列明拟函证的账户余额或其他信息，要求被询证者确认所函证的款项是否正确。通常认为，对这种询证函的回复能够提供可靠的审计证据。但是，其缺点是被询证者可能对所列示信息根本不加以验证就予以回函确认。注册会计师通常难以发觉是否发生了这种情形。为了避免这种风险，注册会计师可以采用另外一种询证函，即在询证函中不列明账户余额或其他信息，而要求被询证者填写有关信息或提供进一步信息。由于这种询证函要求被询证者做出更多的努力，可能会导致回函率降低，进而导致注册会计师执行更多的替代程序。

在采用积极的函证方式时，只有注册会计师收到回函，才能为财务报表认定提供审计证据。注册会计师没有收到回函，可能是由于被询证者根本不存在，或是由于被询证者没有收到询证函，也可能是由于询证者没有理会询证函，因此，无法证明所函证信息是否正确。

当债务人符合下列情况时，采用肯定式函证较好：①个别账户的欠款金额较大；②有理由相信欠款可能存在争议、差错等问题。

图 5-1 系常用积极式询证函的格式，供参考。

## 企业询证函

编号：

××(公司)：

　　本公司聘请的××会计师事务所正在对本公司××年度财务报表进行审计，按照《中国注册会计师审计准则》的要求，应当询证本公司与贵公司的往来账项等事项。下列数据出自本公司账簿记录，如与贵公司记录相符，请在本函下端"信息证明无误"处签章证明；如有不符，请在"信息不符"处列明不符金额。回函请直接寄至××会计师事务所。

回函地址：

邮编：　　　　　电话：　　　　　传真：　　　　　联系人：

1. 贵公司与本公司的往来账项列示如下。

单位：元

| 截止日期 | 贵公司欠 | 欠贵公司 | 备　注 |
|---|---|---|---|
|  |  |  |  |
|  |  |  |  |

2. 其他事项。

本函仅为复核账目之用，并非催款结算。若款项在上述日期之后已经付清，仍请及时函复为盼。

(公司盖章)

年　月　日

结论：1. 信息证明无误。

(公司盖章)

年　月　日

经办人：

　　　　2. 信息不符，请列明不符的详细情况。

(公司盖章)

年　月　日

经办人：

**图 5-1　常用积极式询证函的格式**

(2) 消极的函证方式。如果采用消极的函证方式，注册会计师只要求被询证者仅在不同意询证函列示信息的情况下才予以回函。对消极式询证函而言，未收到回函并不能明确表明预期的被询证者已经收到询证函或已经核实了询证函中包含的信息的准确性。因此，未收到消极式询证函的回函提供的审计证据，远不如积极式询证函的回函提供的审计证据有说服力。如果询证函中的信息对被询证者不利，则被询证者更有可能回函表示其不同意；相反，如果询证函中的信息对被询证者有利，回函的可能性就会相对较小。

当债务人符合以下条件时，可以采用否定式函证：①相关的内部控制是有效的，固有风险和控制风险评估为低水平；②预计差错率较低；③欠款余额小的债务人数量很多；④审计人员有理由确信大多数被询证者能认真对待询证函，并对不正确的情况予以反馈。

图 5-2 系常用消极式询证函的格式，供参考。

## 企业询证函

编号：

××(公司)：

本公司聘请的××会计师事务所正在对本公司××年度财务报表进行审计，按照《中国注册会计师审计准则》的要求，应当询证本公司与贵公司的往来账项等事项。下列数据出自本公司账簿记录，如与贵公司记录相符，则无须回复；如有不符，请直接通知会计师事务所，并请在空白处列明贵公司认为正确的信息。回函请直接寄至××会计师事务所。

回函地址：

邮编：　　　　电话：　　　　传真：　　　　联系人：

1. 贵公司与本公司的往来账项列示如下。

单位：元

| 截止日期 | 贵公司欠 | 欠贵公司 | 备　注 |
|---|---|---|---|
|  |  |  |  |
|  |  |  |  |

2. 其他事项。

本函仅为复核账目之用，并非催款结算。若款项在上述日期之后已经付清，仍请及时函复为盼。

(公司盖章)

年　月　日

××会计师事务所：

上面的信息不正确，差异如下。

(公司盖章)

年　月　日

经办人：

**图 5-2　常用消极式询证函的格式**

(3) 两种方式的结合使用。在实务中，注册会计师也可将这两种方式结合使用。以应收账款为例，当应收账款的余额是由少量的大额应收账款和大量的小额应收账款构成时，注册会计师可以对所有的或抽取的大额应收账款样本项目采用积极的函证方式，而对抽取的小额应收账款样本项目采用消极的函证方式。

### 4. 函证时间的选择

注册会计师通常以资产负债表日为截止日，在资产负债表日后适当时间内实施函证。如果重大错报风险评估为低水平，注册会计师可选择资产负债表日前适当日期为截止日实施函证，并对所函证项目自该截止日起至资产负债表日止发生的变动实施其他实质性程序。

### 5. 函证的控制

注册会计师通常根据被审计单位提供的应收账款明细账户名称及客户地址等资料编制询证函，但注册会计师应当对函证全过程保持控制。询证函应由注册会计师直接收发；被询证者以传真、电子邮件等方式回函的，应要求被询证者寄回询证函原件；如果未能收到积极式函证回函，应当考虑与被询证者联系，要求对方做出回应或再次寄发询证函。

### 6. 对不符事项的处理

对回函中出现的不符事项，注册会计师需要调查核实原因，确定其是否构成错报。注册会计师不能仅通过询问被审计单位相关人员就对不符事项的性质和原因得出结论,而是要在询问原因的基础上,检查相关的原始凭证和文件资料予以证实。必要时与被询证方联系,获取相关信息和解释。对应收账款而言,登记入账的时间不同而产生的不符事项主要表现为以下几个方面。

(1) 客户已经付款,被审计单位尚未收到货款。

(2) 被审计单位的货物已经发出并已做销售记录,但货物仍在途中,客户尚未收到货物。

(3) 客户由于某种原因将货物退回,而被审计单位尚未收到。

(4) 客户对收到的货物的数量、质量及价格等方面有异议而全部或部分拒付货款等。

### 7. 对未回函项目实施替代程序

如果采用积极的函证方式实施函证而未能收到回函。注册会计师应当考虑与被询证者联系,要求对方做出回应或再次寄发询证函。如果未能得到被询证者的回应,注册会计师应当实施替代审计程序。例如:

(1) 检查资产负债表日后收回的货款。值得注意的是,注册会计师不能仅查看应收账款的贷方发生额,还要查看相关的收款单据,以证实付款方确为该客户且确与资产负债表日的应收账款相关。

(2) 检查相关的销售合同、销售单、发运凭证等文件。注册会计师需要根据被审计单位的收入确认条件和时点,确定能够证明收入发生的凭证。

(3) 检查被审计单位与客户之间的往来邮件,如有关发货、对账、催款等事宜的邮件。

在某些情况下,注册会计师可能认为取得积极式函证回函是获取充分、适当的审计证据的必要程序,尤其是识别出有关收入确认的舞弊风险,导致注册会计师不能信赖从被审计单位取得的审计证据,则替代程序不能提供注册会计师需要的审计证据。在这种情况下,如果未获取回函,注册会计师应当确定其对审计工作和审计意见的影响。

注册会计师应当将询证函回函作为审计证据,纳入审计工作底稿管理,询证函回函的所有权归属所在会计师事务所。

### (二)检查坏账的冲销和转回

首先,注册会计师检查有无债务人破产或者死亡的,以及破产或以遗产清偿后仍无法收回的,或者债务人长期未履行清偿义务的应收账款;其次,应检查被审计单位坏账的处理是否经授权批准,有关会计处理是否正确。

### (三)确定应收账款的列报是否恰当

除了企业会计准则要求的披露之外,如果被审计单位为上市公司,注册会计师还要评价其披露是否符合证券监管部门的特别规定。

## 三、坏账准备实质性程序的要点

企业通常应当定期或者至少于每年年度终了,对应收款项进行全面检查,预计各项应收款项可能发生的坏账，相应计提坏账准备。坏账准备审计常用的实质性程序如下。

(1) 取得或编制坏账准备明细表，复核加计正确，与坏账准备总账数、明细账合计数核对相符。

(2) 将应收账款坏账准备本期计提数与资产减值损失相应明细账目的发生数核对相符。

(3) 检查应收账款坏账准备计提和核销的批准程序，取得书面报告等证明文件。评价计提坏账准备所依据的资料、假设及方法；复核应收账款坏账准备是否按经股东(大)会或董事会批准的既定方法和比例提取，其计算和会计处理是否正确。

企业应根据所持应收账款的实际可收回情况，合理计提坏账准备，不得多提或少提，否则应视为滥用会计估计，按照重大会计差错更正的方法进行会计处理。

(4) 实际发生坏账损失的，检查转销依据是否符合有关规定，会计处理是否正确。对于被审计单位在被审计期间发生的坏账损失，注册会计师应检查其原因是否清楚，是否符合有关规定，有无授权批准，相应的会计处理是否正确。对有确凿证据表明确实无法收回的应收账款，如债务单位已撤销、破产、资不抵债、现金流量严重不足等，企业应根据管理权限，经股东(大)会或董事会或类似机构批准作为坏账损失，冲销提取的坏账准备。

(5) 已经确认并转销的坏账重新收回的，检查其会计处理是否正确。

(6) 确定坏账准备的披露是否恰当。企业应当在财务报表附注中清晰地说明坏账的确认标准、坏账准备的计提方法和计提比例。

---

📝 做中学 5-4:

甲公司 2020 年 12 月 31 日应收账款总账余额为 20 000 万元，其所属明细账中借方余额的合计数为 21 000 万元，贷方余额的合计数为 1 000 万元；其他应收款总账余额为 3 000 万元，该公司采用余额百分比法计提坏账准备，计提比例为 1%，计提金额为 230 万元。坏账准备的账户记录如表 5-10 所示。

表 5-10　坏账准备明细账　　　　　　　　　　　　单位：万元

| 日　期 | 凭证字号 | 摘　要 | 借　方 | 贷　方 | 余　额 |
|---|---|---|---|---|---|
| 1/1 | | 上年结转 | | | 100 (贷方) |
| 5/6 | 转字 37 | 核销坏账 | 50 | | 50 (贷方) |
| 8/11 | 转字 87 | 核销坏账 | 60 | | -10 (借方) |
| 12/31 | 转字 98 | 计提本年的坏账准备 | | 230 | 220 (贷方) |

要求: 根据上述资料，指出坏账准备计提中存在的问题并进行纠正。

---

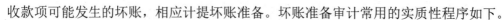 任务解析

应收账款实质性测试的程序可参考表 5-11。

表 5-11　应收账款实质性分析和细节测试程序表

| 单位名称：　　　　　　编制人：　　　　　复核人：　　　　　质控人：　　　　　索引号： |
| 截止日期：　年　月　日　日　期：　　　　日　期：　　　　日　期：　　　　页　次： |

| 审计程序 | 涉及的相关认定 | 是否执行 | 索引号 N/A | 执行人及日期 |
|---|---|---|---|---|
| 一、实质性分析程序 | | | | |
| 1. 比较分析应收账款期末数与年初数的变动情况和原因，评价其合理性 | | | | |
| 2. 比较当期及前期的应收账款的账龄，并查明异常情况的原因 | | | | |
| 3. 比较当期及前期应收账款与主营业务收入的比率、应收账款增减额与主营业务收入增减额的比率，结合当前经济环境及信用政策判断其合理性 | | | | |
| 4. 比较当期及前期应收账款的回收期，结合当前经济环境、信用政策及行业平均水平判断其合理性 | | | | |
| 5. 比较当期及前期坏账准备与主营业务收入的比率、坏账准备与应收账款的比率、坏账损失，并查明异常情况的原因 | ABD | | | |
| 6. 比较截止日前后两个月应收账款的期末余额，并查明异常情况的原因 | | | | |
| 7. 分析本年各月间应收账款的增减变动，结合收入的形成以及货币资金的流入进行分析，关注差异的形成原因及其合理性 | | | | |
| 8. 分析主要客户的应收账款余额，并与销售收入进行比较，比较期末与年初数的变动情况和原因，评价其合理性 | | | | |
| 二、细节测试程序 | | | | |
| 1. 获取或编制应收账款余额明细表： | | | | |
| (1) 复核加计是否正确，并与总账数和明细账合计数核对是否相符；结合坏账准备科目与报表数核对是否相符； | | | | |
| (2) 检查非记账本位币应收账款的折算汇率及折算是否正确； | | | | |
| (3) 分析有贷方余额的项目，查明原因，必要时，作重分类调整； | D | | | |
| (4) 结合其他应收款、预收账款等往来项目的明细余额，调查有无同一客户多处挂账、异常余额或与销售无关的其他款项； | | | | |
| (5) 标识重要的欠款单位，计算其欠款合计数占应收账款余额的比例 | | | | |

| 审计程序 | 涉及的相关认定 | 是否执行 | 索引号 N/A | 执行人及日期 |
|---|---|---|---|---|
| 2. 获取或编制应收账款账龄分析表：<br>(1) 测试计算的准确性；<br>(2) 将加总数与应收账款总分类账余额相比较，并调查重大调节项目；<br>(3) 检查原始凭证，如销售发票、运输记录等，测试账龄核算的准确性；<br>(4) 请被审计单位协助，在应收账款明细表上标出至审计时已收回的应收账款金额，对已收回金额较大的款项进行常规检查，如核对收款凭证、银行对账单、销货发票等，并注意凭证发生日期的合理性，分析收款时间是否与合同相关要素一致 | D | | | |
| 3. 对应收账款进行函证：<br>(1) 选取函证项目；<br>(2) 对函证实施过程进行控制；<br>(3) 编制"应收账款函证结果汇总表"，对函证结果进行评价；<br>(4) 针对最终未回函的账户实施替代审计程序 | ACD | | | |
| 4. 对未函证应收账款实施替代审计程序 | A | | | |
| 5. 抽查有无不属于结算业务的债权：抽查应收账款明细账，并追查至有关原始凭证，查证被审计单位有无不属于结算业务的债权。如有，应建议被审计单位作适当调整 | A | | | |
| 6. 检查被审计单位授予欠款单位的减免应收账款凭证以测试其准确性。检查资产负债表日前后销售退回和赊销水平，确定是否存在异常迹象(如与正常水平相比)，并考虑是否有必要追加审计程序 | A | | | |
| 7. 复核应收账款和相关总分类账、明细分类账和现金日记账，调查异常项目。对大额或异常及关联方应收账款，即使回函相符，仍应抽查其原始凭证 | A | | | |
| 8. 检查应收账款减少有无异常 | A | | | |
| 9. 检查应收账款中是否存在债务人破产或者死亡，以其破产财产或者遗产清偿后仍无法收回，或者债务人长期未履行偿债义务的情况，如果存在，应提请被审计单位处理 | D | | | |

续表

| 审计程序 | 涉及的相关认定 | 是否执行 | 索引号 N/A | 执行人及日期 |
|---|---|---|---|---|
| 10. 对关联方、有密切关系的主要客户的交易事项作专门检查:<br>(1) 了解交易事项的目的、价格和条件,作比较分析;<br>(2) 检查销售合同、销售发票、货运单等相关文件资料;<br>(3) 检查收款凭证等货款结算单据;<br>(4) 向交易相关的第三方或其他注册会计师询证 | ABCD | | | |
| 11. 检查银行存款和银行贷款等询证函的回函、会议纪要、借款协议和其他文件,确定应收账款是否已被质押或出售 | C | | | |
| 12. 根据评估的舞弊风险等因素增加审计程序 | | | | |
| 13. 确定应收账款是否已按照企业会计准则的规定在财务报表中做出恰当的列报 | E | | | |

审计人员可以结合康诺公司的具体情况、根据表 5-11 中的审计程序选取必要程序开展应收账款的实质性测试。

## 能力拓展

**要求：** 根据"任务导入"中审计人员对康诺公司应收账款的审计情况，思考以下问题。

(1) 针对 5 份回函有问题的事项，该如何处理？

(2) 针对未回函的情况又该如何处理？

## 延伸阅读

扫一扫，打开"虚构销售、虚列应收账款的审计"阅读材料。

虚构销售、虚列
应收账款的审计

# 复习自测题

## 一、单项选择题

1. 销售与收款循环的业务一般以(　　)为起点。

    A. 处理顾客订货　　　　　　　　B. 向顾客提供商品或劳务

    C. 商品或劳务转化为应收账款　　D. 收入货币资金

2. 下列各项中，预防员工贪污、挪用销货款的最有效的方法是(　　)。

    A. 记录应收账款明细账的人员不得兼任出纳

    B. 收取顾客支票与收取顾客现金由不同的人员担任

    C. 请顾客将货款直接汇入公司指定的银行账户

    D. 公司收到顾客支票后立即寄送收据给顾客

3. (　　)是证实销售与收款循环中有关存在或发生认定的最有力证明。

    A. 顾客订货单　　　B. 销售单　　　　　　C. 发运凭证　　　D. 销售发票

4. 审计应收账款的目的不应包括(　　)。

    A. 确定应收账款的存在性

    B. 确定应收账款记录的完整性

    C. 确定应收账款的回收期

    D. 确定应收账款在会计报表上披露的恰当性

5. 审计人员对被审计单位实施销货业务截止测试,主要目的是为了检查(　　)。

    A. 年底应收账款的真实性　　　　　　B. 是否存在过多的销货折扣

    C. 销货业务的入账时间是否正确　　　D. 销货退回是否已经核准

6. 分析应收款项账龄仅有助于判断(　　)。

    A. 应收账款的完整性　　　　　　B. 赊销业务的审批情况

    C. 应收账款的可收回性　　　　　D. 应收账款的估价

7. 对通过函证无法证实的应收账款,审计人员应当执行的最有效的审计程序是(　　)。

    A. 重新测试相关的内部控制　　　B. 审查与应收账款相关的销货凭证

    C. 进行分析性复核　　　　　　　D. 审查资产负债表日后的收款情况

8. 为了提高函证应收账款所得证据的可靠性,函证的时间最好安排在(　　)。

    A. 被审计年度的年中　　　　　　B. 资产负债表日附近

    C. 被审计年度的年初　　　　　　D. 外勤工作结束日

9. 采用(　　)结算方式,在正式向购货方发出商品时作为收入的实现。

    A. 托收承付　　　B. 预收款项　　　C. 分期收款　　　D. 直接收款

10. 审查基本业务收入时,(　　)不通过"主营业务收入"科目核算。

    A. 自制半成品销售　　　　　　B. 产成品销售

    C. 外购半成品直接销售收入　　D. 代制品销售收入

11. 下列应该寄发积极式询证函的是(　　)。

    A. 重大错报风险评估为高水平　　B. 涉及大量余额较小的账户

    C. 预期不存在大量的错误　　　　D. 有理由相信被询证者会认真对待询证

12. 为了证明被审计单位主营业务收入是否完整,执行下列审计程序最有效的是(　　)。

    A. 将本年各月收入与上年各月收入进行比较

    B. 检查收入的计量是否符合企业会计准则

    C. 以主营业务收入明细账为起点追查到发票及发运凭证

    D. 以发运凭证为起点追查到发票及主营业务收入明细账

13. 为了证实登记入账的销售业务是否均已发生,最有效的做法是(　　)。

    A. 只审查主营业务收入明细账

    B. 由主营业务收入明细账追查至有关的原始凭证

    C. 只审查有关的原始凭证

    D. 由有关原始凭证追查至主营业务收入明细账

14. 在确定应收账款函证对象时,以下项目中,最应当进行函证的是(　　)。

    A. 函证很可能无效的应收账款

B. 执行其他审计程序可以确认的应收账款

C. 交易频繁但期末余额较小的应收账款

D. 有充分证据表明应收账款对被审计单位财务报表而言是不重要的

15. 下列情况中，审计人员应主要审查收入的截止目标的是(　　)。

A. 将未曾发生的销售收入登记入账

B. 已经发生的销售业务不登记入账

C. 将下年度收入列入本期

D. 将利息收入列入营业收入

16. 针对被审计单位年末隐瞒销售收入的行为，下列审计程序中，最不相关的是(　　)。

A. 从次年1月份主营业务收入明细账记录中抽取某些项目，检查相应的记账凭证、发运单和销售发票

B. 以当年12月31日主营业务收入明细账记录为起点，抽取项目，检查相应的记账凭证、发运凭证和销售发票

C. 抽取本年度12月31日开具的销售发票，检查相应的发运凭证和账簿记录

D. 抽取本年度12月31日的发运凭证，检查相应的销售发票和账簿记录

17. 下列认定中，与销售信用批准控制相关的是(　　)。

A. 计价和分摊　　　　B. 发生　　　　　　C. 权利和义务　　　　D. 完整性

18. 应收账款函证的回函应当(　　)。

A. 直接寄给客户

B. 直接寄给会计师事务所

C. 直接寄给客户和会计师事务所

D. 直接寄给客户，由客户转交会计师事务所

19. 下列事项中，不属于虚增收入或提前确认收入的舞弊手段的是(　　)。

A. 采用完工百分比法确认劳务收入时，故意少计实际发生的成本

B. 在与商品相关的风险和报酬尚未全部转移给客户之前确认销售收入

C. 隐瞒售后回租协议，而将售后租回方式发出的商品作为销售商品确认收入

D. 销售合同中约定被审计单位的客户在一定时间内有权无条件退货，而被审计单位隐瞒退货条款在发货时全额确认销售收入

20. 下列事项中，没有表明收入确认可能存在舞弊风险迹象的是(　　)。

A. 发生销售业务之后长期不进行结算，挂账发出商品和其他应收款

B. 在应收款项收回时，付款单位与购买方不一致，存在较多代付的情况

C. 被审计单位销售记录表明已将商品发往外部仓库或货运代理人，却未指明任何客户

D. 经客户同意，将商品运送到销售合同约定地点以外的其他地点

## 二、多项选择题

1. 在对收入及其结算情况审计时，一般要结合(　　)进行。

A. 应收账款　　　　B. 应付账款　　　　　C. 预付账款　　　　D. 预收款项

2. 确定主营业务收入归属期是否正确，应重点审查的日期是(　　)。

A. 发票开具日期　　B. 收款日期　　C. 发货日期　　D. 记账日期

3. 审计人员确定应收账款函证数量的大小、范围时，应考虑的主要因素有(　　)。

A. 应收账款在全部资产中的重要性　　B. 被审计单位内部控制的强弱

C. 以前年度函证结果　　D. 函证方式的选择

4. 销售与收款循环业务包括的利润表项目主要有(　　)。

A. 主营业务收入　　B. 税金及附加　　C. 管理费用　　D. 所得税费用

5. 审计人员采用肯定式询证函较好的情形是债务人符合(　　)。

A. 欠款可能存在差错　　B. 预计的差错率低

C. 相关的内部控制有效　　D. 个别账户的欠款金额较大

6. 在符合(　　)情况时，注册会计师可以采用否定式函证。

A. 预计差错率较低　　B. 债务人欠款余额小

C. 债务人能认真对待询证函　　D. 内部控制较差

7. 注册会计师在确定函证对象时，下列债务人中应作为主要选择对象的是(　　)。

A. 欠款金额占全部应收账款的20%　　B. 欠款时间已达两年以上

C. 持有被审计单位30%的股权　　D. 与被审计单位同一董事长

8. 对销售交易中内部控制进行测试，以下情况体现了适当的职责分离原则的有(　　)。

A. 一人负责主营业务收入账和应收账款账，但由另一位不负责账簿记录的职员定期调节总账和明细账

B. 负责主营业务收入和应收账款记账的职员不经手货币资金

C. 将办理销售、发货、收款三项业务的部门(或岗位)分别成立

D. 应收票据的取得和贴现必须经由保管票据以外的主管人员的书面批准

9. 以下控制措施对防范相应的风险有效的有(　　)。

A. 赊销的审批可以防止以巨额坏账损失为代价的大量销售风险

B. 销售价格、销售条件、运费、折扣等必须经过审批是为了保证销售交易按照企业定价政策规定的价格开票收款

C. 对于超过单位既定销售政策和信用政策规定范围的特殊销售交易，单位进行集体决策是为了防止因审批人决策失误而造成严重损失

D. 发货以后才开具账单是为了防止漏开账单的风险

10. 注册会计师对被审计单位已发生的销货业务是否均已登记入账进行审计时，常用的控制测试程序有(　　)。

A. 检查发运凭证连续编号的完整性　　B. 检查赊销业务是否经过授权批准

C. 检查销售发票连续编号的完整性　　D. 观察已经寄出的对账单的完整性

11. 注册会计师在审计过程中发现，被审计单位对外销售一批商品，该商品已发出且纳税义务已发生，由于货款收回存在较大不确定性，判断不符合收入确认条件。下列各项关于该笔销售业务的会计处理中，得到注册会计师认可的有(　　)。

A. 发出商品的同时结转其销售成本

B. 根据增值税专用发票上注明的税额确认应收账款

C. 根据增值税专用发票上注明的税额确认应交税费

D. 将发出商品的成本记入"发出商品"科目

12. 在对"应收票据"进行审计时，审计人员应检查的项目包括(　　)。

A. 销售产品收到的银行承兑汇票

B. 提供劳务收到的商业承兑汇票

C. 以持有的商业承兑汇票背书抵付前欠货款

D. 收到购货方背书转让的银行承兑汇票

13. 下列各项中，会导致被审计单位应收账款账面价值减少的有(　　)。

A. 转销无法收回备抵法核算的应收账款　　B. 收回应收账款

C. 计提应收账款坏账准备　　　　　　　　D. 收回已转销的应收账款

14. 下列针对销售与收款循环的授权审批控制中，符合恰当的授权审批的有(　　)。

A. 在销售之前，赊销已经正确审批

B. 未经赊销批准的销货一律不准发货

C. 销售价格、销售条件、运费、折扣由销售人员根据客户情况进行谈判后直接确定

D. 对于超过既定销售政策和信用政策规定范围的特殊销售业务，采用集体决策方式

15. 以下对询证函的处理方法中，正确的有(　　)。

A. 在粘封询证函时对其统一编号，并将发出询证函的情况记录于审计工作底稿

B. 询证函经会计师事务所盖章后，由注册会计师直接寄出

C. 收回的询证函回函复制给被审计单位管理层以帮助其催收货款

D. 以电子邮件方式收回的询证函，必要时，要求被询证单位将原件盖章后寄至会计师事务所

## 三、判断题

1. 在销售与收款循环审计中，审计人员应当将完整性作为重要目标进行实质性测试。

(　　)

2. 在销售的截止测试中，审计人员可以考虑采用以账簿记录为起点的审计路线，以防止少计收入。(　　)

3. 应收账款的账龄分析将有助于了解坏账准备的计提是否充分。(　　)

4. 对于大额应收账款余额，审计人员必须采用肯定式询证函予以证实。(　　)

5. 应收账款询证函的编制和寄发均由审计人员亲自进行。(　　)

6. 采用委托其他单位代销产品的被审计单位，审计人员应提请其在代销产品销售时确认收入的实现。(　　)

7. 批准赊销应与销售独立，以防止信用风险。(　　)

8. 由出纳定期向客户寄出对账单，促使客户履行合约。(　　)

9. 审查坏账准备提取是否正确，仅关系到资产负债表的正确性。(　　)

10. 肯定式函证方式没有得到复函的，应采用追查程序，一般来说应第二次甚至第三次发函，如果仍得不到答复，应考虑采用必要的替代审计程序。(　　)

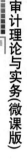

11. 被审计单位保管应收票据的人不应该经办有关会计分录。 （　）

12. 为了证实已发生的销售业务是否均已登记入账，有效的做法是审查销售日记账。

（　）

13. 营业成本属于销售与收款循环中审计的项目。 （　）

14. 向顾客提供商品或劳务是销售与收款循环的起点。 （　）

15. 注册会计师签发的否定式询证函，如果客户未予答复，表明被审计单位的记录一定是正确可靠的。 （　）

# 项目六

## 采购与付款循环的审计

【技能目标】

● 能进行采购与付款业务循环主要账户的控制测试。

● 能进行采购与付款业务循环主要账户的实质性测试。

【知识目标】

● 理解采购与付款循环的控制测试内容。

● 掌握采购与付款循环的业务流程。

● 掌握采购与付款循环主要账户的审计目标。

● 掌握采购与付款循环审计中主要账户的实质性审计程序。

## 知识导图

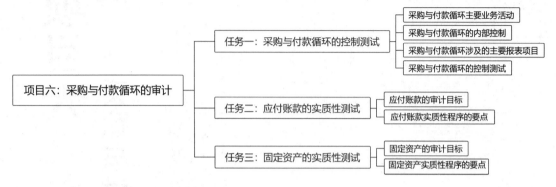

## 项目描述

采购与付款循环是企业另一个重要的业务环节，是企业生产经营活动的起点，主要包括购买商品和劳务，以及企业在经营活动中为获取收入而发生的直接或间接的支出。该业务循环涉及的业务范围广泛，在企业的总资产和负债中占有相当的比重，在审计工作中应是重点审查的领域之一。本项目主要关注与购买货物和劳务、应付账款的支付有关的控制活动以及重大交易，另外还包括固定资产等长期资产有关业务的审计。

## 情境引导

### 康诺公司采购与付款业务审计

信诚会计师事务所注册会计师李立协同助理人员小宇进行采购与付款循环业务的审计。经过对康诺公司业务的了解，作为一般制造业企业，康诺公司采购与付款业务主要包括采购生产过程所需的设备、原材料、易耗品、配件等并进行日常存储管理，以及发生的市场经营费用、把产成品运达顾客或零售商处发生的运输费用、管理费用等。由于公司销售业务的连年增长，康诺公司每年原材料采购业务量较大，由此而产生的材料供应商较多、应付账款余额较大，成为流动负债中的主要项目。另外，由于企业正处于扩张期，康诺公司固定资产投资投入较大。2020年因为生产新产品，又为新产品新建了一条生产线。

针对康诺公司的情况，李立对采购与付款循环的审计制定了具体审计计划，将应付账款和固定资产作为重点审查项目，开始了对康诺公司采购与付款业务的进一步审计程序。

采购环节是企业主要的支出环节，业务量大，涉及企业一些主要的费用支出项目。蓄意低估负债、少记支出是这个循环常见的舞弊手段之一。另外该环节还涉及固定资产项目，由于固定资产核算的复杂性，也给审计带来难度。如何设计有效的审计程序才能避免审计的失败？如何发现企业在采购中的舞弊行为？本项目将来解决这些问题。

# 任务一　采购与付款循环的控制测试

采购与付款循环
的主要业务活动

## 任务导入

注册会计师李立对康诺公司采购与付款循环内部控制进行了解时发现如下一些情况。

(1) 康诺公司的材料采购由采购部门负责，采购部门根据自己编制的采购单采购，货物进厂后由隶属采购部门的验收部门负责验收。

(2) 如果货物验收合格，验收部门就在"采购单"上盖"货已验讫"的印章，交给会计部门付款。

(3) 验收不合格的货物由验收部门直接退给供货商，验收部门不负责开验收单。

(4) 验收后的货物直接堆放在机器旁边准备加工。

**具体任务：**

如何进行康诺公司采购与付款循环的控制测试？

## 知识准备

## 一、采购与付款循环的主要业务活动

采购与付款循环从处理请购单开始，经过请购、订货、验收、付款等一系列业务环节。企业应将各项职能活动指派给不同的部门或职员来完成，这样，每个部门或职员都可以独立检查其他部门和职员工作的正确性。下面以采购商品为例，分别阐述采购与付款循环中的主要环节。

### 1. 请购商品

仓库负责对需要购买的已列入存货清单的项目填写请购单，其他部门也可以对所需购买的未列入存货的项目编制请购单。大多数企业对正常经营所需物资的购买均作一般授权，但对资本支出和租赁合同，企业政策通常要求作特别授权，只允许指定人员提出请购。请购单可由手工或计算机编制，由于企业许多部门都可以填列请购单，不便事先编号，为加强控制，每张请购单必须经过对这类支出负预算责任的主管人员签字批准。

请购单是证明有关采购交易的"发生"认定的凭据之一，也是采购交易轨迹的起点。

### 2. 编制订购单

采购部门在收到请购单后，对经过批准的请购单发出订购单。对每张订购单，采购部门应确定最佳的供应来源。对一些大额、重要的采购项目，应采取竞价方式来确定供应商，以保证供货的质量、及时性和成本的低廉。订购单一式多联，并连续编号，分送供应商、企业内部验收部门、请购部门和应付凭单部门。随后，应独立检查订购单的处理，以确定是否确实收到商品并正确入账。这项检查与采购交易的"完整性"和"发生"认定有关。

### 3. 验收商品

货物的验收是会计核算中确认资产、费用和负债是否存在和发生的重要依据，是购进交易中的重要环节。验收部门首先应比较所收商品与订购单上的要求是否相符，然后再盘点商品并检查商品有无损坏。验收后，验收部门应对已收货的每张订购单编制一式多联、预先编号的验收单，作为验收和检验商品的依据。验收人员将商品送交仓库或其他请购部门时，应取得经过签字的收据，或要求其在验收单的副联上签收，以确立他们对所采购的资产应负的保管责任。验收人员还应将其中的一联验收单送交应付凭单部门。

验收单是支持资产或费用以及与采购有关的负债的"存在或发生"认定的重要凭证。定期独立检查验收单的顺序以确定每笔采购交易都已编制凭单，则与采购交易的"完整性"认定有关。

### 4. 储存已验收的商品存货

将已验收商品的保管与采购的其他职责分离，可减少未经授权的采购风险。存放商品的仓储区应相对独立，限制无关人员接近。这些控制与商品的"存在"认定有关。

### 5. 编制付款凭单

付款凭单是采购方的应付凭单部门编制的，载明已收到商品、资产或接受劳务的厂商、应付款金额和付款日期的凭证。付款凭单是企业内部记录和支付负债的授权证明文件。货物验收后，应付凭单部门应核对订货单、验收单和供货发票的一致性，确认负债，编制付款凭单。经适当批准并预先编号的凭单为记录采购交易提供了依据。经审核的付款凭单，连同每日的凭单汇总表应一起送到付款会计部门。这些控制与"存在或发生""完整性""权利和义务"和"计价和分摊"等认定有关。

### 6. 确认与记录负债

会计部门在收到已批准的付款凭单后，应对有关资料的内容进行核对，确定无误后据以编制有关记账凭证和登记有关明细账和总账账簿。

应付账款确认与记录的一项重要控制是要求记录现金支出的人员不得经手现金、有价证券和其他资产。恰当的凭证、记录与记账手续，对业绩的独立考核和应付账款职能而言是必不可少的控制。

### 7. 付款

通常是由应付凭单部门负责确定未付凭单在到期日付款。企业有多种款项结算方式，以支票结算方式为例，编制和签署支票的有关控制包括：①独立检查已签发支票的总额与所处理的付款凭单的总额的一致性；②应由被授权的财务部门的人员负责签署支票；③被授权签署支票的人员应确定每张支票都附有一张已经适当批准的未付款凭单，并确定支票收款人姓名和金额与凭单内容一致；④支票一经签署就应在其凭单和支持性凭证上用加盖印戳或打洞等方式将其注销，以免重复付款。

### 8. 记录现金、银行存款支出

根据付款凭单、支票登记簿和有关记账凭证登记有关现金和银行存款的日记账和总账账簿。以银行存款支出来说，会计主管应独立检查记入银行存款日记账和应付账款明细账的金额的一致性，以及与支票汇总记录的一致性。通过定期比较银行存款日记账记录的日期与支票副本的日期，独立检查入账的及时性。

我们可以用表 6-1 来说明在采购与付款循环中各经济业务和相关凭证记录之间的关系。

表 6-1　采购与付款循环的主要凭证与记录

| 业　务 | 原始凭证与记录 | 记账凭证与账簿 | 会计分录 |
|---|---|---|---|
| 填写<br>请购单 | 请购单 | | |
| 采购 | 订购单、购货合同、购货发票 | 记账凭证、材料采购明细账与总账、应交税费明细账与总账、应付账款明细账与总账 | 借：材料采购<br>　　应交税费<br>　贷：应付账款 |
| 验收<br>入库 | 验收单 | 记账凭证、材料采购明细账与总账、原材料明细账与总账 | 借：原材料<br>　贷：材料采购 |
| 支付<br>货款 | 付款凭单、支票等 | 付款凭证、现金、银行存款日记账与总账、应付账款明细账与总账 | 借：应付账款<br>　贷：银行存款 |

## 二、采购与付款循环的内部控制

采购与付款循环中企业通常从以下方面设计和执行内部控制。

### (一)采购交易的内部控制

#### 1. 职责分离控制

购货业务环节中所需处理的主要业务有采购、验收、保管、付款、记录等。为保证采购确为企业生产经营所需并符合企业利益、收到商品的安全完整、价款及时准确地支付给供应商，采购和付款要有明确的分工。采购与付款业务不相容岗位至少有：请购与审批；询价与确定供应商；采购合同的订立与审批；采购与验收；采购、验收与相关会计记录；付款审批与付款执行。这些都是对单位提出的有关采购与付款业务相关职责适当分离的基本要求，以确保办理采购与付款业务的不相容岗位相互分离、制约和监督。

#### 2. 授权审批控制

企业应当对采购与付款业务建立严格的授权批准制度，明确审批人对采购与付款业务的授权批准方式、权限、程序、责任和相关控制措施，规定经办人办理采购与付款业务的职责范围和工作要求。审批人应当根据采购与付款业务授权批准制度的规定，在授权范围内进行审批，不得超越审批权限。经办人应当在职责范围内，按照审批人的批准意见办理采购与付款业务。

#### 3. 请购控制

企业应当建立采购申请制度，依据购置物品或劳务等类型，确定归口管理部门，授予相应的请购权，并确定相关部门或人员的职责权限及相应的请购程序。

### 4. 订货控制

无论何种需要的请购,采购部门在收到请购单后,最终发出购货订单之前,都应明确订购多少、向谁订购、何时购货等问题。在订购多少的控制方面,采购部门首先审查每一份请购单请购数量是否在控制限额的范围内,其次是检查使用物品和获得劳务的部门主管是否在请购单上签字同意;在向谁订购的问题上,采购部门应充分了解和掌握供应商的信誉、供货能力等有关情况,比较不同供应商提供的资料,选择最有利于企业生产和成本最低的供应商,与供应商签订合同;关于何时订货的问题,主要由存货管理部门运用经济批量法和分析最低存货点来进行,当请购单已提出,采购部门应将这些请购单的处理结果及时告知仓储和生产部门。

在上述三个方面的决定做出之后,购货部门应及时填制购货订单,并对其进行控制,主要是预先对每份订单进行编号;在购货订单向供应商发出前,必须由专人检查该订单是否得到授权人的签字;由专人复查购货订单的编制过程和内容;购货订单的副本应递交给请购、保管与会计部门等。

### 5. 验收控制

企业应根据规定的验收制度和经批准的订单、合同等采购文件,由独立的验收部门或指定专人对所购物品或劳务等的品种、规格、数量、质量和其他相关内容进行验收,出具验收证明。对验收过程中发现的异常情况,负责验收的部门或人员应当立即向有关部门报告;有关部门应查明原因,及时处理。

### 6. 会计记录控制

在保证采购业务正常运行的同时,内部控制制度还应通过对会计记录的控制来保证会计记录所反映的经济活动信息的全面性、及时性和可靠性。在凭证记录的管理上,企业应做到请购单、订货单、验收单和卖方发票一应俱全,并附在付款凭单后;注销凭证以防止重复使用;订货单、验收单、卖方发票均经事先编号并已及时入账;采用适当的会计科目进行正确的会计核算。

### 7. 内部监督检查

企业应当建立对采购与付款内部控制的监督检查制度,明确监督检查机构或人员的职责与权限,定期或不定期地进行检查。对监督检查过程中发现的采购与付款内部控制中的薄弱环节,企业应当采取措施,及时加以纠正和完善。采购与付款内部控制监督检查的主要内容如下。

(1) 采购与付款业务相关岗位及人员的设置情况。重点检查是否存在采购与付款业务不相容职务混岗的现象。

(2) 采购与付款业务授权批准制度的执行情况。重点检查大宗采购与付款业务的授权批准手续是否健全,是否存在越权审批的行为。

(3) 应付账款和预付款项的管理。重点审查应付账款和预付款项支付的正确性、时效性和合法性。

(4) 有关单据、凭证和文件的使用和保管情况。重点检查凭证的登记、领用、传递、保管、注销手续是否健全，使用和保管制度是否存在漏洞。

## (二)付款的控制

《内部会计控制规范——采购与付款(试行)》中规定的以下与付款业务相关的内部控制内容是应当共同遵循的。

(1) 单位应当按照《现金管理暂行条例》《支付结算办法》和《内部会计控制规范——货币资金(试行)》等的规定办理采购付款业务。

(2) 单位财会部门在办理付款业务时，应当对采购发票、结算凭证、验收证明等相关凭证的真实性、完整性、合法性及合规性进行严格审核。

(3) 单位应当建立预付款项和定金的授权批准制度，加强预付款项和定金的管理。

(4) 单位应当加强应付账款和应付票据的管理，由专人按照约定的付款日期、折扣条件等管理应付款项；已到期的应付款项须经有关授权人员审批后方可办理结算与支付。

(5) 单位应当建立退货管理制度，对退货条件、退货手续、货物出库、退货货款回收等做出明确规定，及时收回退货款。

(6) 单位应当定期与供应商核对应付账款、应付票据、预付款项等往来款项。如有不符，应查明原因，及时处理。

## (三)固定资产的内部控制

固定资产归属采购与付款循环，固定资产与一般的商品在内部控制和控制测试问题上固然有许多共性的地方，但也具有不少特殊性，有必要对其单独加以说明。固定资产在资产总额中占的比重大，而且固定资产的折旧、维修等费用是影响损益的重要因素，因此，固定资产管理一旦失控，其损失将远远超过一般的商品存货。为了确保固定资产的真实、完整、安全和有效利用，被审计单位应当建立和健全固定资产的内部控制制度。下面结合企业常用的固定资产内部控制，介绍固定资产控制测试应予以关注的地方。

### 1. 固定资产的预算制度

预算制度是固定资产内部控制中最重要的部分。审计人员应注意检查固定资产的取得和处置是否均依据预算，对实际支出与预算之间的差异以及未列入预算的特殊事项，应检查其是否履行特别的审批手续。如果固定资产增减均能处于良好的经批准的预算控制之下，审计人员可适当减少针对固定资产增加、减少的实质性程序的样本量。

### 2. 授权批准制度

完善的授权批准制度包括：企业的资本性预算只有通过董事会等高层管理机构批准方可生效；所有固定资产的取得和处置均需经企业管理层的书面认可。审计人员不仅要检查被审计单位固定资产批准制度本身是否完善，还要关注批准制度是否得到切实执行。

### 3. 账簿记录制度

除固定资产总账外，被审计单位还需设置固定资产明细账和固定资产登记卡，按固定资产类别、使用部门和每项固定资产进行明细核算。固定资产的增减变化均应有充分的原始凭证。一套设置完善的固定资产明细分类账和登记卡，将为审计人员分析固定资产的取得和处置、复核折旧费用和修理支出的列支带来帮助。

### 4. 职责分工制度

对固定资产的取得、记录、保管、使用、维修、处置等，均应明确划分责任，由专门部门和专人负责。明确的职责分工制度，有利于防止舞弊，降低审计风险。

### 5. 资本性支出和收益性支出的区分制度

企业应制定区分资本性支出和收益性支出的书面标准。通常需明确资本性支出的范围和最低金额，凡不属于资本性支出的范围、金额低于下限的任何支出，均应列作费用并抵减当期收益。

### 6. 固定资产的处置制度

固定资产的处置，包括投资转出、报废、出售等，均要有一定的申请报批程序。

### 7. 固定资产的定期盘点制度

对固定资产的定期盘点，是验证账面各项固定资产是否真实存在，了解固定资产放置地点和使用状况以及发现是否存在未入账固定资产的必要手段。审计人员应了解和评价企业固定资产盘点制度，并注意查询盘盈、盘亏固定资产的处理情况。

### 8. 固定资产的维护保养制度

固定资产应有严密的维护保养制度，以防止其因各种自然和人为的因素而遭受损失，并应建立日常维护和定期检修制度，以延长其使用寿命。

## 三、采购与付款循环涉及的主要报表项目

根据财务报表项目与业务循环的相关程度，采购与付款循环涉及的报表项目见表 6-2。

表 6-2　采购与付款循环与主要财务报表项目对照表

| 业务循环 | 资产负债表项目 | 利润表项目 |
| --- | --- | --- |
| 采购与付款循环 | 预付账款、固定资产、在建工程、工程物资、固定资产清理、无形资产、开发支出、商誉、长期待摊费用、应付票据、应付账款、长期应付款 | 管理费用、销售费用等 |

### 任务解析

我们可以以识别的重大错报风险为起点实施采购与付款循环的控制测试。采购与付款循环控制测试的具体内容见表 6-3。

表 6-3　采购与付款交易的风险、控制和控制测试

| 风险 | 计算机控制 | 人工控制 | 控制测试 |
|---|---|---|---|
| 订购商品和劳务 | | | |
| 采购可能由未经授权的员工执行 | 访问控制只允许经授权的员工处理订购单，菜单层面的控制授权限定至单个员工 | 复核正式的授权级别并定期修订，采购人员有权在限额内进行采购或处理某些类型的支出。超越控制的、人工接受的订购单，需经采购主管或高级管理层批准 | 询问、检查授权批准和授权越权的文件。检查订购单并确定其是否在授权批准的范围之内 |
| 收到商品和劳务 | | | |
| 收到商品可能未被记录 | 当商品接收仓库索取订购单以核对货物时，计算机生成一份事先编号的采购入库通知单<br>定期打印未完成订购单 | 由采购部门复核和追踪未完成订购单报告<br>定期将报表余额调整至应付账款余额 | 检查打印文件并追踪未完成订购单<br>检查应付账款的调整，并重新执行这些程序，以获取其是否正确的证据 |
| 收到的商品可能不符合订购单的要求或可能已被损坏 | 收货人员将收到的商品情况、实际收货数量录入采购入库通知单，将采购入库通知单与订购单上的具体信息进行比对，并就比对不符商品的情况和数量生成例外报告 | 清点从供应商处收到的商品，将商品的情况、收货数量与订购单上的信息进行核对。检查货物的状况。复核例外报告并解决所有差异 | 询问、观察商品实物并与订购单进行核对。检查打印文件以获取复核和跟进的证据 |
| 记录采购和应付账款 | | | |
| 收到的商品可能未被计入采购 | 由计算机打印一份没有相应发票记录的采购入库通知单的完整清单。在一些计算机系统中，可能根据订购单上的采购价格在临时文档中生成一份预开单据，当实际收到供应商发票时，再按发票金额转账 | 由会计部门人员追踪遗失的发票 | 询问、检查例外报告和其他文件，以追踪商品已收到但发票未到、未作采购记录的情况 |
| 对发票已到，但商品或劳务尚未收到的可能作采购记录，或者可能重复作采购记录 | 由计算机比对订购单、采购入库通知单和发票，只有比对一致后，采购才能被记录至总分类账；对比对不符和重复的发票生成例外报告。<br>在分批次处理系统中，由计算机控制各采购入库通知单金额的总额，并与相应的供应商发票上的金额比对，对出现的差异生成例外报告 | 由会计部门人员追踪例外报告中提及的供应商发票与订购单或采购入库通知单比对不一致问题或重复问题 | 询问和检查例外报告，并追踪已收到但比对不符的发票 |

| 风险 | 计算机控制 | 人工控制 | 控制测试 |
|---|---|---|---|
| 采购发票可能未被记录于正确的会计期间 | 由计算机将记录采购的日期和采购入库通知单上的日期进行比对,如果这些日期归属不同的会计期间,应生成打印文档 | 由会计人员输入必要的分录,确保对计入当期的负债的核算是恰当的 | 询问和检查打印文件并重新执行截止程序 |
| 记录的采购价格可能不正确 | 由计算机将供应商发票上的单价与订购单上的单价进行比对,如有差异应生成例外报告 | 复核例外报告,并解决问题 | 询问和检查打印文件,以及解决差异存在的证据。通过对照发票价格与订购单上的价格,重新执行价格测试 |
| 记录开具的支票和电子货币转账支付 | | | |
| 开具的支票和电子货币转账支付凭证可能未被记录 | 在开具支票过程中,由计算机生成事先顺序编号的支票。对空白支票实施接触控制,只有得到授权的员工才能接触。由支票支付系统打印所有开具的支票 | 如果支票是手工开具的,应控制尚未签发的事先顺序编号的支票;由高级员工开具支票;按顺序检查支票编号;调节银行存款余额 | 询问并观察实物控制和接触控制。重新执行顺序检查和调节银行余额的程序 |
| 可能就虚构或未经授权的采购开具支票和电子货币转账支付凭证 | 由计算机比对订购单、采购入库通知单和发票,以及经批准的供应商主文档上的供应商账户代码和名称,打印例外报告 | 如果支票由人工开具,由支票开具人员检查所有支持性文件,包括支票开具供应商的应付账款调节表和汇款通知。由管理层复核应付账款明细表以发现非正常的支付 | 询问和观察支票开具流程。检查例外报告并追踪问题的解决 |
| 可能重复开具支票和电子货币转账支付凭证 | 由计算机将付款金额和应付账款余额进行比对,并就支付金额超过应付金额的情况生成例外报告 | 支持性凭证应该注明"已付讫"标记,以防止重复支付。复核例外报告并检查例外事项的处理 | 检查例外报告,以确定任何付款额超过应付余额的情况是否已得到解决。检查已注明"已付讫"标记的凭据 |
| 开具支票和电子货币转账支付凭证的金额可能不正确 | 由计算机比对订购单、采购入库通知单、发票以及在每一应付账款记录中的供应商账户代码和金额 | 如果支票由人工开具,由支票开具人员检查所有支持性文件,包括支票开具前供应商的应付账款调节表和汇款通知 | 询问和观察支票开具流程,并重新执行调节程序 |

在控制测试基础上,要对采购与付款内部控制进行评价以确定内部控制的可信赖程度。在评价时应注意分析采购与付款业务中可能发生哪些潜在的错报,哪些控制可以防止或者发现并更正这些错报。通过比较必要的控制和现有控制,评价计划依赖的采购与付款业务内部控制的健全性与有效性,在此基础上设计并实施更为有效的审计程序。

◉ 能力拓展 ▷

**要求:** 根据"任务导入"中审计人员对康诺公司采购与付款内部控制掌握的情况,思考以下问题。

(1) 康诺公司采购与付款循环的内部控制是否存在问题?

(2) 如果有问题,应如何改进?

内部会计
控制规范

延伸阅读

扫一扫，打开"内部会计控制规范"阅读材料。

# 任务二  应付账款的实质性测试

## 任务导入

信诚会计师事务所注册会计师李立正在进行采购与付款循环业务的审计。应付账款的审计工作安排给助理人员小宇负责，并告知经分析康诺公司应付账款有可能低估。考虑到同为往来款项，小宇向负责应收账款审计的小妍咨询了应收账款审计的主要程序，之后决定借鉴应收账款的审计方法，并重点通过函证程序对应付账款进行审计。

**具体任务：**

应如何开展应付账款的实质性测试？

## 知识准备

应付账款是企业在正常经营过程中，因购买材料、商品或接受劳务供应等而应付给供应单位的款项。可以看出，应付账款业务是随着企业赊购交易的发生而发生的，审计人员应结合购货业务进行应付账款的审计。

# 一、应付账款的审计目标

采购与付款交易的主要重大错报风险通常是低估费用和应付账款，从而高估利润、粉饰财务状况。该交易循环中的另一项重大错报风险是采购的商品、资产被错误分类，即对本应资本化的予以费用化，或对本应费用化的予以资本化。这都将影响利润和资产或负债。此外，对于付款交易，还应关注被审计单位是否存在未经授权或无效的付款，是否将应计入费用的付款有意无意地冲销了不相关的应付账款。

针对上述重大错报风险实施实质性审计程序的目标见表 6-4。

表 6-4  应付账款审计目标的确定

被审计单位：　　　　　　　索引号：　　　　　　　页次：
项目：应付账款　　　　　　编制人：　　　　　　　日期：
报表期间：　　　　　　　　复核人：　　　　　　　日期：

| 审计目标 | 财务报表认定 | | | | |
|---|---|---|---|---|---|
| | 存在 | 完整性 | 权利与义务 | 计价与分摊 | 列报 |
| A. 资产负债表中记录的应付账款是存在的 | √ | | | | |
| B. 所有应当记录的应付账款均已记录 | | √ | | | |

续表

| 审计目标 | 财务报表认定 | | | | |
|---|---|---|---|---|---|
| | 存在 | 完整性 | 权利与义务 | 计价与分摊 | 列报 |
| C. 资产负债表中记录的应付账款是被审计单位应当履行的现实义务 | | | ✓ | | |
| D. 应付账款以恰当的金额包括在财务报表中,与之相关的计价调整已恰当记录 | | | | ✓ | |
| E. 应付账款已按照企业会计准则的规定在财务报表中做出恰当的列报 | | | | | ✓ |

## 二、应付账款实质性程序的要点

### (一)检查是否存在未入账应付账款

可以通过以下方式查找未入账的应付账款。

(1) 检查债务形成的相关原始凭证,如供应商发票、验收报告或入库单等,查找有无未及时入账的应付账款,确认应付账款期末余额的完整性。

(2) 检查资产负债表日后应付账款明细账贷方发生额的相应凭证,关注其购货发票的日期,确认其入账时间是否合理。

(3) 获取被审计单位与其供应商之间的对账单,并将对账单和被审计单位财务记录之间的差异进行调节(如在途款项、在途商品、付款折扣、未记录的负债等),查找有无未入账的应付账款,确定应付账款金额的准确性。

(4) 针对资产负债表日后付款项目,检查银行对账单及有关付款凭证(如银行汇款通知、供应商收据等),询问被审计单位内部或外部的知情人员,查找有无未及时入账的应付账款。

(5) 结合存货监盘程序,检查被审计单位在资产负债日前后的存货入库资料(验收报告或入库单),检查是否有大额货到单未到的情况,确认相关负债是否计入了正确的会计期间。

### (二)函证应付账款

作为往来款项,一般情况下应付账款不需要函证,但如果控制风险较高,某些应付账款明细账户金额较大或被审计单位处于财务困难阶段,则应进行应付账款的函证。函证时,审计人员应选择较大金额的债权人,以及那些在资产负债表日金额不大甚至为零,但为企业重要供货人的债权人,作为函证对象。函证最好采用肯定形式,并具体说明应付金额。

审计人员应获取适当的供应商相关清单,如本期采购量清单、所有现存供应商名单或应付账款明细账。询问该清单是否完整并考虑该清单是否应包括预期负债等附加项目。选取样本进行测试并执行如下程序。

(1) 向债权人发送询证函。注册会计师应根据审计准则的规定对询证函保持控制,包括确定需要确认或填列的信息,选择适当的被询证者,设计询证函,正确填列被询证者的姓名和地址,以及被询证者直接向注册会计师回函的地址等信息,必要时再次向被询证者寄发询证函等。

(2) 将询证函回函确认的余额与已记录金额相比较，如存在差异，检查支持性文件，评价已记录金额是否适当。

(3) 对于未作回复的函证实施替代程序：如检查至付款文件(如现金支出、电汇凭证和支票复印件)、相关的采购文件(如采购订单、验收单、发票和合同)或其他适当文件。

(4) 如果认为回函不可靠，评价对评估的重大错报风险以及其他审计程序的性质、时间安排和范围的影响。

---

### 做中学 6-1：

在初次审计 G 公司的财务报表时，若决定函证部分应收账款，下列为正在考虑的应收账款账户。

| 公　司 | 年末应收账款 | 全年销货金额 |
| --- | --- | --- |
| 甲 | 0 万 | 100 万 |
| 乙 | 3 万 | 6 万 |
| 丙 | 9 万 | 11 万 |
| 丁 | 20 万 | 220 万 |

**要求：** 1. 上述公司中哪两家最需要函证？请说明理由。

2. 假定上述 4 家公司为被审计单位的供货商，且上述金额为应付账款余额和全年购货总额，若正准备从中抽取两家进行应付账款函证，则哪两家最需要函证？请说明理由。

---

## (三)检查长期挂账的应付账款

在审计过程中，如发现长期挂账的应付账款，应询问被审计单位长期挂账的原因，做出记录，注意其是否可能发生呆账收益。还要注意判断被审计单位是否缺乏偿债能力或利用应付账款隐瞒利润。检查应付账款长期挂账的原因并做出记录，对确实无需支付的应付款的会计处理是否正确。

---

### 做中学 6-2：

2021 年 1 月，审计人员审计某公司应付账款明细账时发现应付账款——A 公司的贷方余额为 100 000 元，经审查是 2018 年向 A 公司购买原料的货款。

**要求：** 分析可能存在的问题；说明应采取何种审计程序审计。

---

## (四)检查应付账款在财务报表中的列报

检查应付账款是否已按企业会计准则的规定在财务报表中做出恰当列报和披露。一般来说，"应付账款"项目应根据"应付账款"和"预付账款"科目所属明细科目的期末贷方余额的合计数填列。

◉ **任务解析**

应付账款实质性测试的程序可参考表 6-5。

表 6-5　应付账款实质性分析和细节测试程序表

单位名称：　　　　　　　编制人：　　　　　复核人：　　　　质控人：　　　索引号：

截止日期：　年　　月　　日　日　期：　　　　日　期：　　　日　期：　　　页　次：

| 审计程序 | 涉及的相关认定 | 是否执行 | 索引号 N/A | 执行人及日期 |
|---|---|---|---|---|
| **一、实质性分析程序** | | | | |
| 1. 比较当年度及以前年度应付账款的增减变动,并对异常情况做出解释 | ABD | | | |
| 2. 比较当年度及以前年度应付账款构成、账龄及主要供货商的变化,并查明异常情况的原因 | | | | |
| 3. 比较当年度及以前年度应付账款支付期的变动情况 | | | | |
| 4. 比较截止日前后两个月应付账款的支付期、余额构成及主要供货商的变化,并查明异常情况的原因 | | | | |
| **二、细节测试程序** | | | | |
| 1. 获取或编制应付账款明细表: (1) 复核加计正确,并与报表数、总账数和明细账合计数核对是否相符; (2) 检查非记账本位币应付账款折算汇率及折算是否正确; (3) 分析出现借方余额的项目,查明原因,必要时,作重分类调整; (4) 结合预付账款等往来项目的明细余额,调查有无同时挂账的项目、异常余额或与购货无关的其他款项 | D | | | |
| 2. 获取被审计单位与其供应商之间的对账单,查找有无未入账的应付账款,确定应付账款金额的准确性 | BD | | | |
| 3. 检查债务形成的相关原始凭证,检查有无未及时入账的应付账款,确定应付账款金额的准确性 | BD | | | |
| 4. 检查资产负债表日后应付账款明细账贷方发生额的相应凭证,关注其购货发票的日期,确认其入账时间是否合理 | AB | | | |
| 5. 针对资产负债表日后付款项目,检查银行对账单及有关付款凭证,查找有无未及时入账的应付账款 | B | | | |
| 6. 结合存货监盘程序,检查被审计单位资产负债日前后的存货入库资料,确认相关负债是否计入了正确的会计期间 | AB | | | |

续表

| 审计程序 | 涉及的相关认定 | 是否执行 | 索引号 N/A | 执行人及日期 |
|---|---|---|---|---|
| 7. 复核截至审计现场工作日的全部未处理的供应商发票，并询问是否存在其他未处理的供应商发票，确认所有的负债都记录在正确的会计期间内 | B | | | |
| 8. 选择应付账款的重要项目(包括零账户)函证其余额和交易条款，对未回函的再次发函或实施替代的检查程序 | AC | | | |
| 9. 检查应付账款长期挂账的原因并做出记录 | AE | | | |
| 10. 针对已偿付的应付账款，追查至银行对账单、银行付款单据和其他原始凭证，检查其是否在资产负债表日前真实偿付 | B | | | |
| 11. 针对异常或大额交易及重大调整事项(如大额的购货折扣或退回、会计处理异常的交易、未经授权的交易，或缺乏支持性凭证的交易等)，检查相关原始凭证和会计记录，以分析交易的真实性、合理性 | AB | | | |
| 12. 检查带有现金折扣的应付账款是否按发票上记载的全部应付金额入账，在实际获得现金折扣时再冲减财务费用 | D | | | |
| 13. 被审计单位与债权人进行债务重组的，检查不同债务重组方式下的会计处理是否正确 | ABCD | | | |
| 14. 检查应付关联款项的真实性、完整性 | ABCD | | | |
| 15. 根据评估的舞弊风险等因素增加的审计程序 | | | | |
| 16. 检查应付账款是否已按照企业会计准则的规定在财务报表中做出恰当列报 | E | | | |

◉ **能力拓展**

　　**要求：**"任务导入"中审计人员决定借鉴应收账款的审计方法，并重点通过函证程序对应付账款进行审计。结合本任务的学习内容思考以下问题。

　　(1)　应付账款能否完全借鉴应收账款的审计方法？

　　(2)　应付账款函证与应收账款函证存在哪些区别？

◉ **延伸阅读**

　　扫一扫，打开"应付账款审计失败案例"阅读材料。

应付账款审计
失败案例

# 任务三　固定资产的实质性测试

◉ **任务导入**

　　审计人员在审查康诺公司 2020 年度固定资产业务时，发现本年9月份购入专用设备一台，价值 300 000 元，共发生运杂费 2 000 元和设备安装费 2 500 元，后两笔费用都计入管理费用。专用设备于该年 9 月份投入使用(预计净残值为 0，采用直线法折旧，折旧率为 10%)。

**具体任务：**

应如何开展固定资产的实质性测试？

◉ 知识准备

固定资产是指同时具有以下两个特征的有形资产：①为生产商品、提供劳务、出租或经营管理而持有的；②使用寿命超过一个会计年度。固定资产只有同时满足下列两个条件才能予以确认。

(1) 与该固定资产有关的经济利益很可能流入企业。

(2) 该固定资产的成本能够可靠地计量。固定资产属于长期资产，随着使用和磨损的发生，通过计提折旧的方式逐渐减少账面价值。

固定资产审计的范围很广。固定资产项目反映企业所有固定资产的原价；累计折旧项目反映企业固定资产的累计折旧数额；固定资产减值准备项目反映企业对固定资产计提的减值准备数额。这三项无疑属于固定资产的审计范围。除此之外，由于固定资产的增加包括购置、自行建造、投资者投入、融资租入、更新改造、接受捐赠和盘盈等多种途径，相应涉及银行存款、应付账款、预付款项、在建工程、股本、资本公积、长期应付款等项目；企业的固定资产又因出售、报废、投资转出、捐赠转出、毁损和盘亏等原因而减少，与固定资产清理、其他应收款、营业外收入和营业外支出等项目有关；另外，企业按月计提固定资产折旧，又与制造费用、销售费用、管理费用等项目联系在一起。因此，在进行固定资产审计时，应当关注这些相关项目。本任务重点讨论固定资产和累计折旧项目的审计。

# 一、固定资产的审计目标

固定资产审计目标的确定见表 6-6。

表 6-6　固定资产审计目标的确定

被审计单位：　　　　　　索引号：　　　　　　页次：
项目：固定资产　　　　　编制人：　　　　　　日期：
报表期间：　　　　　　　复核人：　　　　　　日期：

| 审计目标 | 财务报表认定 | | | | |
|---|---|---|---|---|---|
| | 存在 | 完整性 | 权利与义务 | 计价与分摊 | 列报 |
| A. 资产负债表中记录的固定资产是存在的 | √ | | | | |
| B. 所有应当记录的固定资产均已记录 | | √ | | | |
| C. 记录的固定资产由被审计单位拥有或控制 | | | √ | | |

续表

| 审计目标 | 财务报表认定 | | | | |
|---|---|---|---|---|---|
| | 存在 | 完整性 | 权利与义务 | 计价与分摊 | 列报 |
| D. 固定资产以恰当的金额包括在财务报表中，与之相关的计价或分摊已恰当记录 | | | | √ | |
| E. 固定资产已按照企业会计准则的规定在财务报表中做出恰当的列报 | | | | | √ |

## 二、固定资产实质性程序的要点

### (一)对固定资产进行实地观察

对固定资产实施实地观察程序时，审计人员可以以固定资产明细分类账为起点，进行实地追查，以证明会计记录中所列固定资产确实存在，并了解其目前的使用状况；也可以以实地观察为起点，追查至固定资产明细分类账，以获取实际存在的固定资产均已入账的证据。实地观察时除确认数量是否相符外，审计人员还应注意固定资产的质量状况、使用情况及保管情况。审计人员实地观察的重点是本期新增加的重要固定资产。

### (二)检查固定资产的所有权

对各类固定资产，审计人员应收集不同的证据以确定其是否确实归被审计单位所有。

(1) 外购的机器设备等，审核采购发票、采购合同等予以确定。

(2) 房地产类固定资产，可以查阅有关的合同、产权证明、财产税单、抵押借款的还款凭据、保修单等书面文件。

(3) 对融资租入的固定资产，应验证有关融资租赁合同，证实其并非经营租赁。

(4) 对汽车等运输设备，应验证有关运营证件等。

### (三)固定资产增加的审查

被审计单位如果不能正确核算固定资产的增加，将对资产负债表和利润表产生长期的影响。因此，审计固定资产的增加是固定资产实质性程序中的重要内容。固定资产的增加有购置、自制自建、投资者投入、更新改造、债务人抵债等多种途径。审计要点如下。

(1) 审查固定资产增加是否列入计划、是否合法，会计处理是否符合规定。

(2) 审查增加固定资产的计价是否符合规定。①对于外购固定资产，通过核对采购合同、发票、保险单、发运凭证等资料，抽查测试其入账价值是否正确，授权批准手续是否齐备，会计处理是否正确；如果购买的是房屋建筑物，还应检查契税的会计处理是否正确；检查分期付款购买固定资产入账价值及会计处理是否正确。②对于在建工程转入的固定资产，应检查固定资产确认时点是否符合企业会计准则的规定，入账价值与在建工程的相关记录是否核对相符，是否与竣工决算、验收和移交报告等一致；对已经达到预定可使用状态，但尚未办理竣工决算手续的固定资产，检查其是否已按估计价值入账，并按规定计提折旧。③对于投资者投入的固定资产，检查投资者投入的固定资产是否按投资各方确认的价值入账，并检查确认价值是否公允，交接手续是否齐全；涉及国有资产的，是否有评估报告并经国有资产管理部门评审备案或核准确认。④对于更新改造增加的固定资产，检查固定资产增加的价值是否符合资本化条件，是否真实，会计处理是否正确；重新确定的折旧年限是否恰当。⑤对于租赁增加的固定资产，获取租入固定资产的相关证明文件，检查租赁合同的主要内容，并结合长期应付款、未确认融资费用科目检查相关的会计处理是否正确。⑥对于企业合并、债务重组和非货币性资产交换增加的固定资产，检查产权过户手续是否齐备，固定资产入账价值及确认的损益和负债是否符合规定。⑦对于通过其他途径增加的固定资产，应检查增加固定资产的原始凭证，核对其计价及会计处理是否正确，法律手续是否齐全。

---

**做中学 6-3:**

审计人员审计某企业当年财务决算时发现，该企业本年度 6 月份购入空调 10 台，每台 3 000 元，当日即投入使用，其会计处理如下。

借: 管理费用　　　　　　　　　　　　30 000

　　贷: 银行存款　　　　　　　　　　　　　　　30 000

经查，该类空调的年折旧率为 12%，购买手续齐备。

**要求:** 指出该企业处理当中存在的问题，提出处理意见。

---

### (四)固定资产减少的审查

企业固定资产的减少，大致有以下去向：出售、报废、毁损、向其他单位投资转出、盘亏等。为了保护固定资产的安全和完整，必须对固定资产的减少进行严格的审查，从而确定固定资产减少的合理性、合法性。固定资产减少审计的主要目的在于查明已减少的固定资产是否已做适当的会计处理。

---

**做中学 6-4:**

审计人员审查某工厂固定资产时，发现该厂将报废出售的某项固定资产的变价收入 5 000 元冲减"固定资产"账户(借: 银行存款，贷: 固定资产)，并将发生的固定资产清理费用 3 000 元直接列入营业外支出(借: 营业外支出，贷: 银行存款)。同时了解到该项固定资产原始价值为 50 000 元，预计使用 5 年，预计残值 2 000 元，采用双倍余额递减法计提折旧，已使用 3 年并将其出售给一家乡镇企业。

**要求:** 指出该项业务的错误及其影响。

---

### (五)固定资产折旧的审查

(1) 审查被审计单位固定资产折旧政策的执行情况。主要应检查折旧范围、折旧方法是否符合企业会计准则的规定，如有无扩大或缩小固定资产折旧范围、随意变更折旧方法的问题。

①固定资产准则中规定，企业应对所有的固定资产计提折旧，但是，已提足折旧仍继续使用的固定资产和单独计价入账的土地除外。固定资产提足折旧后，无论是否继续使用，均不再计提折旧，提前报废固定资产不再补提折旧；已达到预定可使用状态但尚未办理竣工决算的固定资产，应按估计价值确定成本，计提折旧。②企业可选用的固定资产折旧方法包括年限平均法、工作量法、双倍余额递减法和年数综合法等；除非由于与固定资产有关的经济利益的预期实现方式有重大改变，折旧方法一经选定，不得随便调整。

(2)　固定资产折旧费用计算的审查。审计人员应审阅、复核固定资产折旧计算表，并对照记账凭证、固定资产卡片和固定资产分类表，通过核实月初固定资产原值、分类或个别折旧率，结合固定资产当期增加及减少的情况，复算折旧额的计算是否正确。审查时注意：计提减值准备的固定资产，计提的折旧是否正确；因更新改造而停止使用的固定资产是否停止计提折旧，因大修理停用的固定资产是否照提折旧；固定资产装修费用的处理是否正确；经营租赁方式租入的固定资产发生改良支出，是否采用合理方法单独计提折旧；未使用、不需用的和暂时闲置的固定资产是否按规定计提折旧。

(3)　固定资产折旧费用分配的审查。将"累计折旧"账户的本期发生额与相应成本费用中的折旧费用明细账户相核对，以确定所计提折旧金额是否全部摊入本期产品成本费用，折旧费用的分配是否合理，分配方法与上期是否一致。

> 📝 **做中学 6-5：**
>
> 　　审计人员审查甲股份有限公司 2020 年度"固定资产"和"累计折旧"项目时发现下列情况。
>
> 　　(1)　对所有的空调机按其实际使用的时间(5月至9月)计提折旧。
>
> 　　(2)　公司有租入的设备 4 台，租赁期为 5 年，未列入计提折旧固定资产范围。
>
> 　　(3)　对已提足折旧继续使用的某设备，仍计提折旧。
>
> 　　(4)　8 月初购入吊车 2 辆，价值 650 万元，当月已投入使用并同时开始计提折旧。
>
> 　　(5)　该公司采用平均年限法计提折旧，但于本年度 9 月改为工作量法，这一改变已经董事会批准，未在财务报表附注中予以说明。
>
> 　　**要求**：请指出上述各项中存在的问题，并提出改进建议。

### (六)检查固定资产在财务报表中的披露

财务报表附注通常应说明固定资产的标准、分类、计价方法和折旧方法，各类固定资产的预计使用年限、预计净残值和折旧率，分类别披露固定资产在本期的增减变动情况，并应披露用作抵押、担保和本期从在建工程转入数、本期出售固定资产数、本期置换固定资产数等情况。

📝 做中学 6-6：

审计人员在审查中立公司 2020 年度固定资产折旧时，发现上年末新增已投入生产使用的机床一台，原价为 100 000 元，预计净残值为 10 000 元，预计使用年限为 5 年，从 2020 年 1 月起开始计提折旧。使用年数总和法对该项固定资产进行折旧，其余各类固定资产均用直线法折旧，且该公司对这一事项在财务报表附注中未作揭示。

**要求：** 作为审计人员，应要求该被审计单位在报表中如何处理该事项？

## ◎ 任务解析

固定资产实质性测试的程序可参考表 6-7。

**表 6-7　固定资产实质性分析和细节测试程序表**

单位名称：　　　　　编制人：　　　　　复核人：　　　质控人：　　　　索引号：
截止日期：　年　月　日　日　期：　　　　日　期：　　　日　期：　　　　页　次：

| 审计程序 | 涉及的相关认定 | 是否执行 | 索引号 N/A | 执行人及日期 |
|---|---|---|---|---|
| 一、实质性分析程序 | | | | |
| 1. 按类别分析当年度和以前年度的固定资产、在建工程增减变动情况，并将新增固定资产与新增产品产量进行比较 | ABD | | | |
| 2. 按类别分析固定资产当年度折旧额和以前年度折旧额，如将折旧额与固定资产账面原值进行比较，按类别将固定资产账面价值与平均折旧率的乘积与账面折旧计提数进行比较 | | | | |
| 3. 分析当年度和以前年度固定资产维修费用占固定资产原值、营业收入和费用总额的比率 | | | | |
| 二、细节测试程序 | | | | |
| 1. 获取或编制固定资产明细表，复核加计是否正确，并与总账数和明细账合计数核对是否相符，结合累计折旧和固定资产减值准备与报表数核对是否相符 | D | | | |
| 2. 实地检查重要固定资产，确定其是否存在，关注是否存在已报废但仍未核销的固定资产 | A | | | |
| 3. 检查固定资产的所有权或控制权，对各类固定资产，获取、收集不同的证据以确定其是否归被审计单位所有 | C | | | |
| 4. 固定资产增加的审计：<br>(1) 询问管理层当年固定资产的增加情况，并与获取或编制的固定资产明细表进行核对；<br>(2) 检查本年度增加固定资产的计价是否正确，手续是否齐备，会计处理是否正确 | ABCD | | | |

续表

| 审计程序 | 涉及的相关认定 | 是否执行 | 索引号 N/A | 执行人及日期 |
|---|---|---|---|---|
| 5. 固定资产减少的审计<br>(1) 结合固定资产清理科目，抽查固定资产账面转销额是否正确；<br>(2) 检查出售、盘亏、转让、报废或毁损、投资转出的固定资产是否经授权批准，会计处理是否正确 | ABD | | | |
| 6. 检查固定资产租赁业务的核算是否正确<br>1) 检查固定资产租入的核算：<br>(1) 索取固定资产租赁合同，认真阅读合同并判断租赁业务的使用权资产和租赁负债确认是否正确；<br>(2) 追查至固定资产盘点表、固定资产明细账，检查租赁资产是否正确入账；<br>(3) 检查租金支付的情况；<br>(4) 检查折旧计提情况。<br>2) 检查固定资产出租的核算：<br>(1) 索取固定资产租赁合同，认真阅读合同并判断各项租赁业务的类别；<br>(2) 追查至固定资产盘点表、固定资产明细账，检查并确定租出资产的账务处理是否正确；<br>(3) 检查租金收入情况 | ABCD | | | |
| 7. 检查固定资产的后续支出，确定固定资产有关的后续支出是否满足资产确认条件，如不满足，该支出是否在该后续支出发生时计入当期损益 | AB | | | |
| 8. 获取暂时闲置固定资产的相关证明文件，并观察其实际状况，检查是否已按规定计提折旧，相关的会计处理是否正确 | D | | | |
| 9. 获取已提足折旧仍继续使用固定资产的相关证明文件，并作相应记录 | D | | | |
| 10. 检查有无与关联方的固定资产购售活动，是否经适当授权，交易价格是否公允。对于合并范围内的购售活动，记录应予合并抵销的金额 | ABD | | | |
| 11. 对应计入固定资产价值的借款费用，应根据企业会计准则的规定，结合长短期借款、应付债券或长期应付款的审计，检查借款费用资本化的计算方法和资本化金额，以及会计处理是否正确 | D | | | |
| 12. 结合银行借款的检查，了解固定资产是否存在抵押、担保情况，如有，则应取证记录，详细列明固定资产的名称、原值、净值等，并提请被审计单位作必要的披露 | CE | | | |

续表

| 审计程序 | 涉及的相关认定 | 是否执行 | 索引号 N/A | 执行人及日期 |
|---|---|---|---|---|
| 13. 检查累计折旧:<br>(1) 获取或编制累计折旧分类汇总表,复核加计是否正确,并与总账数和明细账合计数核对;<br>(2) 检查被审计单位制定的折旧政策和方法是否符合相关企业会计准则的规定;<br>(3) 复核本期折旧费用的计提和分配 | D | | | |
| 14. 检查固定资产减值准备:<br>(1) 获取或编制固定资产减值准备明细表,复核加计是否正确,并与总账数和明细账合计数核对相符;<br>(2) 检查被审计单位计提固定资产减值准备的依据是否充分,会计处理是否正确;<br>(3) 检查资产组的认定是否恰当,计提固定资产减值准备的依据是否充分,会计处理是否正确;<br>(4) 计算本期末固定资产减值准备占期末固定资产原值的比率,并与期初该比率比较,分析固定资产的质量状况;<br>(5) 检查被审计单位处置固定资产时原计提的减值准备是否同时结转,会计处理是否正确;<br>(6) 检查是否存在转回固定资产减值准备 | D | | | |
| 15. 根据评估的舞弊风险等因素增加的审计程序 | | | | |
| 16. 验明固定资产、累计折旧是否已在资产负债表上恰当披露 | E | | | |

## ◉ 能力拓展 ▶

**要求**:根据"任务导入"中审计人员发现康诺公司固定资产的业务,思考下列问题。
(1) 该笔固定资产业务是否存在问题?
(2) 如果存在问题,为被审计单位提出调整建议。

## ◉ 延伸阅读 ▶

扫一扫,打开"固定资产投资中的'黑洞'"阅读材料。

固定资产投资中的"黑洞"

# 复习自测题

## 一、单项选择题

1. 下列各项措施中,预防员工在购货中舞弊的最有力的措施是(    )。
 A. 定期与供应商对账    B. 记录应付账款明细账的人员不得兼任出纳

C. 收到货物必须由专人验收　　　　D. 将款项直接汇到供应商指定的银行账户

2. 对应付账款进行函证时，审计人员最好(　　)。
   A. 采用消极式函证，并不具体说明应付金额
   B. 采用积极式函证，并具体说明应付金额
   C. 采用积极式函证，并不具体说明应付金额
   D. 采用消极式函证，并具体说明应付金额

3. 审计人员实地观察的重点是(　　)的重要固定资产。
   A. 本期增加　　B. 本期减少　　C. 本期报废　　D. 本期正在使用

4. 下列凭证中，不属于采购与付款循环审计范围的是(　　)。
   A. 购货发票　　B. 支票　　C. 订货单　　D. 发货单

5. 审计人员为审查被审计单位未入账负债而实施的下列审计程序中，最有效的是(　　)。
   A. 审查资产负债表日后货币资金支出情况
   B. 审查资产负债表日前后几天的发票
   C. 审查应付账款、应付票据的函证回函
   D. 审查购货发票与债权人名单

6. 固定资产折旧审计的目标不应包括(　　)。
   A. 确定固定资产的增加、减少是否符合预算和经过授权批准
   B. 确定折旧政策和方法是否符合国家有关财会法规的规定
   C. 确定适当的折旧政策和方法是否得到一贯遵守
   D. 确定折旧额的计算是否正确

7. 审计人员应进行应付账款函证的情况不包括(　　)。
   A. 控制风险较高　　　　　　　　B. 应付账款明细账户金额较大
   C. 应付账款在全部负债中所占比重较大　　D. 被审计单位处于财务困难阶段

8. 审查报废的固定资产时应注意，报废固定资产的净损失按规定应计入(　　)科目。
   A. 投资收益　　B. 营业外支出　　C. 制造费用　　D. 管理费用

9. 审计人员为了获取存在的固定资产均已入账的证据，应当采用的最佳程序是(　　)。
   A. 以固定资产明细账为起点，进行实地追查
   B. 以实地为起点，追查至固定资产明细账
   C. 先从实地追查至明细账，再从明细账追查至实地
   D. 先从明细账追查至实地，再从实地追查至明细账

10. 审计人员认为被审计单位固定资产折旧计提不足的迹象是(　　)。
    A. 经常发生大额的固定资产清理损失　　B. 累计折旧与固定资产原值比率较大
    C. 提取折旧的固定资产账面价值庞大　　D. 固定资产保险额大于其账面价值

11. 验证应付账款余额不存在漏报时，审计人员获取的审计证据中，证明力最强的是(　　)。
    A. 供应商开具的销售发票
    B. 供应商提供的月对账单
    C. 被审计单位编制的连续编号的验收报告

D. 被审计单位编制的连续编号的订货单

12. 注册会计师在对应付账款进行实质性程序时用到的下列实质性分析程序的表述中不正确的是( )。

A. 将期末应付账款余额与期初余额进行比较,分析波动原因

B. 分析存货和营业成本等项目的增减变动,判断应付账款增减变动的合理性

C. 计算应付账款与存货的比率、应付账款与流动负债的比率,并与以前年度相关比率对比分析,评价应付账款整体的合理性

D. 分析长期挂账的应付账款,要求被审计单位做出解释,判断应付账款的波动情况

13. 向被审计单位的生产部门经理询问以下事项中,最有可能获取审计证据的是( )。

A. 固定资产的抵押情况　　　　　　B. 固定资产的报废或毁损情况

C. 固定资产的投保及其变动情况　　D. 固定资产折旧的计提情况

14. 审计人员在查找已提前报废但尚未做出会计处理的固定资产时,以下审计程序中最有可能实施的是( )。

A. 以检查固定资产实物为起点,检查固定资产的明细账和投保情况

B. 以检查固定资产明细账为起点,检查固定资产实物和投保情况

C. 以分析折旧费用为起点,检查固定资产实物

D. 以检查固定资产实物为起点,分析固定资产维修和保养费用

15. 下列各项中,为获取适当审计证据所实施的审计程序与审计目标最相关的是( )。

A. 从被审计公司销售发票存根中选取样本,追查至对应的发货单,以确定销售完整性

B. 从被审计公司固定资产明细账中选取样本,进行实地观察,以确定固定资产所有权

C. 从应付账款明细账中选取样本,追查至对应的卖方发票和验收单,以确定应付账款的完整性

D. 函证被审计公司的银行存款,以确定银行存款余额的存在

16. 以下审计程序中,与查找未入账应付账款无关的是( )。

A. 审核资产负债表日后未付账单的凭证

B. 审核资产负债表日后现金支出的主要凭证

C. 检查年末应付账款明细账记录

D. 追查年末前签发的验收单至相关的供应商发票

17. 以下控制活动中,与采购交易发生认定最相关的是( )。

A. 检查验收单是否连续编号

B. 检查有无未记录的供应商发票

C. 检查付款凭证是否附有供应商发票

D. 审核批准采购价格和折扣的授权签字

18. 在固定资产审计过程中,发现被审计单位对生产设备进行改良。经调查发现,发生资本化支出共计45万元(不考虑增值税),被替换的旧部件变卖收入10万元,该设备原价为500万元,已计提折旧300万元。不考虑其他影响因素,审计人员核算的设备改良后的入账

价值为(　　)万元。

  A. 245    B. 235    C. 200    D. 190

19. 下列部门和采购与付款业务的内部控制不相关的是(　　)。

  A. 业务部门  B. 采购部门  C. 验收部门  D. 信用部门

20. 以下有关被审计单位针对采购与付款交易内部控制的说法中,不恰当的是(　　)。

  A. 付款需要由经授权的人员审批,审批人员在审批前需检查相关支持文件,并对发现的例外事项进行跟进处理

  B. 通过对入库单的预先编号以及对例外情况的汇总处理,被审计单位可以应对存货和负债记录方面的高估风险

  C. 采购、验收与相关会计记录需职责分离

  D. 付款审批与付款执行需职责分离

## 二、多项选择题

1. 固定资产的审计目标一般包括(　　)。

  A. 确定固定资产是否归被审计单位所有

  B. 确定固定资产的计价和折旧政策是否恰当

  C. 确定固定资产的期末余额是否正确

  D. 确定固定资产及其累计折旧增减变动的记录是否完整

2. 下列选项中,可以用来验证应付账款是真实存在的程序的有(　　)。

  A. 将应付账款清单加总

  B. 从应付账款清单追查至卖方发票和卖方对账单

  C. 函证大额、异常项目的应付账款

  D. 对未列入本期的负债进行测试

3. 审计人员证实被审计单位应付账款是否在报表上充分披露时应考虑的情况有(　　)。

  A. 应付账款明细账的期末贷方余额是否并入应付账款项目

  B. 应付账款明细账的期末借方余额是否并入预付账款项目

  C. 以担保资产换取的应付账款是否在会计报表附注中予以揭示

  D. 应付账款的分类是否恰当

4. 下列固定资产中,不应计提折旧的是(　　)。

  A. 季节性停用和修理停用的设备  B. 处于改扩建期间的固定资产

  C. 企业短期出租给其他企业的固定资产  D. 已提足折旧继续使用的固定资产

5. 采购和付款循环一般要包括的主要过程是(　　)。

  A. 批准赊销  B. 发运商品  C. 确认债务  D. 验收商品和劳务

6. 某公司应付账款明细账余额及本年进货总额如下,选择进行函证的两家公司为(　　)。

  A. 497 000 元、668 200 元    B. 0 元、47 015 300 元

  C. 98 000 元、92 000 元    D. 3 032 000 元、2 897 000 元

7. 验收单是支持资产或费用以及与采购有关的负债的(　　)认定的重要凭证。

  A. 存在  B. 准确性  C. 权利与义务  D. 完整性

8. 下列各项目中，属于固定资产内部控制的是(　　)。
　　A. 区别资本性支出和收益性支出　　　B. 不相容职务的分离
　　C. 定期盘点制度　　　　　　　　　　D. 保险制度

9. 以下采购与付款业务不相容岗位包括(　　)。
　　A. 询价与确定供应商　　　　　　　　B. 采购、验收与相关会计记录
　　C. 付款审批与执行　　　　　　　　　D. 采购合同订立与审批

10. 注册会计师审计固定资产时，以下会计处理正确的有(　　)。
　　A. 固定资产改良支出应计入固定资产账面价值
　　B. 固定资产修理费用应直接计入当期费用
　　C. 固定资产装修费用可予以资本化
　　D. 不能区分是固定资产修理还是固定资产改良的，发生的支出计入固定资产价值

11. 以下审计程序中，与应付账款完整性检查有关的是(　　)。
　　A. 向供应商函证零余额的应付账款账户
　　B. 检查采购文件以确定是否使用预先编号的订购单、验收单
　　C. 从应付账款明细账追查至采购合同、供应商发票和验收单等凭证
　　D. 抽取采购合同、供应商发票和验收单等凭证，追查至应付账款明细账

12. 注册会计师对被审计单位的采购业务进行年底截止测试的方法可采用(　　)。
　　A. 实地观察期末存货和固定资产状况
　　B. 将验收单上的日期与采购明细账中的日期比较
　　C. 将购货发票上的日期与采购明细账中的日期比较
　　D. 了解期末存货盘亏调整和损失处理

13. 下列审计程序中，有助于证实采购交易记录的完整性认定的有(　　)。
　　A. 从有效的订购单追查至验收单　　　B. 从验收单追查至采购明细账
　　C. 从付款凭单追查至购货发票　　　　D. 从供应商发票追查至采购明细账

14. 当被审计单位管理层具有高估利润、粉饰财务状况的动机时，注册会计师主要关注的是被审计单位(　　)的重大错报风险。
　　A. 低估负债　　　B. 高估负债　　　C. 高估费用　　　D. 低估费用

15. 下列有关被审计单位固定资产折旧的会计处理中，注册会计师认可的是(　　)。
　　A. 基本生产车间使用的固定资产，其计提的折旧应计入制造费用
　　B. 销售部门使用的固定资产，其计提的折旧应计入销售费用
　　C. 建造厂房时使用的自有固定资产，其计提的折旧应计入在建工程成本
　　D. 行政管理部门使用的固定资产，其计提的折旧应计入管理费用

三、判断题

1. 对大规模企业而言，企业内部各个部门都可填制请购单。为了加强控制，企业的请购单必须连续编号。　　　　　　　　　　　　　　　　　　　　　(　　)

2. 应付账款通常不需函证，如函证，最好采用否定式函证。　　　　(　　)

3. 应付账款函证时，应选择的函证对象是较大金额的债权人，那些在资产负债表日金额为零的债权人不必函证。　　　　　　　　　　　　　　　　　(　　)

4. 审查固定资产减少的主要目的在于查明已减少的固定资产是否已做适当的会计处理。　　　　　　　　　　　　　　　　　　　　　　　　　　　　　　（　　）

5. 固定资产采购、付款、保管、记账应由不同人员分别负责，实行必要的职务分离。　　　　　　　　　　　　　　　　　　　　　　　　　　　　　　（　　）

6. 通常由采购部门提出请购，并由其办理采购业务。　　　　　　　　　（　　）

7. 审计人员审查应付账款时，应结合采购业务进行审计。　　　　　　　（　　）

8. 对于预收款项的审查，审计人员可将其并入采购业务一并进行。　　　（　　）

9. 对于更新改造增加的固定资产，审计人员应审查被审计单位是否对折旧进行了重新计算。　　　　　　　　　　　　　　　　　　　　　　　　　　　　　　（　　）

10. 审计人员实地观察固定资产的重点是价值比较大的重要固定资产。　（　　）

11. 注册会计师可将审计应付账款工作中选定账户金额邮寄询证函的程序，完全交由被审计单位办理。　　　　　　　　　　　　　　　　　　　　　　　　　　　（　　）

12. 验收单是支持资产或费用以及与采购有关的负债的存在或发生认定的重要凭证。　　　　　　　　　　　　　　　　　　　　　　　　　　　　　　（　　）

13. 注册会计师审查被审计单位卖方发票、验收单、订货单和请购单的合理性和真实性，追查存货的采购至存货的永续盘存记录，可测试已发生购货业务的完整性。　（　　）

14. 在被审计单位因重复付款、付款后退货及预付货款等原因，导致应付账款借方余额过大时，注册会计师应提请被审计单位作重分类调整。　　　　　　　　　　（　　）

15. 注册会计师在审查企业固定资产的计价时，如被审计单位从关联企业购入固定资产的价格明显高于或低于该项固定资产的净值，应建议被审计单位调整。　　　（　　）

# 项目七 生产与存货循环审计

## 【技能目标】

- 能进行生产与存货循环主要账户的控制测试。
- 能进行生产与存货循环主要账户的实质性测试。

## 【知识目标】

- 理解生产与存货循环的控制测试内容。
- 掌握生产与存货循环业务流程。
- 掌握生产与存货循环主要账户的审计目标。
- 掌握生产与存货循环审计中主要账户的实质性程序。

## 知识导图

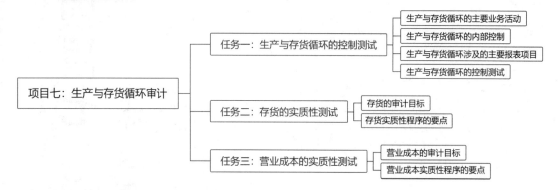

项目七：生产与存货循环审计
- 任务一：生产与存货循环的控制测试
  - 生产与存货循环的主要业务活动
  - 生产与存货循环的内部控制
  - 生产与存货循环涉及的主要报表项目
  - 生产与存货循环的控制测试
- 任务二：存货的实质性测试
  - 存货的审计目标
  - 存货实质性程序的要点
- 任务三：营业成本的实质性测试
  - 营业成本的审计目标
  - 营业成本实质性程序的要点

## 项目描述

　　生产与存货循环同其他业务循环的联系非常密切，原材料经过采购与付款环节就进入生产与存货循环，生产与存货循环中的产成品又随销售与收款循环中商品的销售环节而结束。对于一般制造业来说，生产与存货循环涉及的内容主要是存货的管理及费用归集和生产成本的计算等，存货项目包括采购的原材料、易耗品和配件等，生成的半成品和产成品等。存货对于生产制造业、贸易行业十分重要，审计中许多复杂和重大的问题都与存货有关，这就要求审计人员对存货项目的审计应当特别关注。

## 情境引导

### 康诺公司生产与存货业务审计

　　审计人员丁一负责康诺公司 2020 年财务报表审计工作中存货项目的审计。丁一是第一次独立负责存货项目的审查，对存货项目审计的实施与项目组负责人李立进行了探讨。丁一认为存货项目历来是审计的难点，而康诺公司由于产品的品种多，涉及的存货项目更为复杂。而存货审计最困难的工作应该是存货的盘点，如何能高效又高质量地完成存货的盘点应该是存货审计的要点。李立对丁一提出的存货项目审计计划表示肯定，并给丁一指派了两名助理人员协助其完成存货盘点工作。

　　审计计划得到项目负责人的认可使丁一对存货审计的实施更有信心。丁一提前与康诺公司沟通了期末存货盘点的实施。康诺公司告知，公司将于 2020 年 12 月 29 日进行存货的全面盘点。丁一提出要对存货进行现场监盘并详细了解了康诺公司的盘点工作计划和安排。之后，根据康诺公司存货的特点、盘存制度和存货内部控制的有效性等情况，在评价被审计单位存货盘点计划的基础上，丁一编制了存货监盘计划，并与其他两名助理人员进行了监盘工作的分工。

　　12 月 29 日，丁一及其团队按约定时间到达康诺公司存货盘点现场，在确认康诺公司存货盘点准备工作达到事前计划要求的情况下，开始了对康诺公司存货的现场监盘。康诺公司进行存货项目的年终盘点，审计小组进行监督和抽查，在双方的共同努力下，康诺公司存货盘点工作顺利完成。丁一通过抽查确认了康诺公司存货盘点的结果，取得了康诺公司存货盘点的资料，下一步他将把这些资料与被审计单位的书面资料进行核对，完成存货监盘报告并确定存货账实相符的情况。

存货监盘顺利完成，丁一也松了一口气。与其他账户不同，存货审计在审查书面资料的同时更重视实物的检查，审计工作量更大也更为复杂，对审计人员要求更高。丁一经过这次对康诺公司存货的审计积累了工作经验，对未来成为一名优秀的注册会计师树立了信心。

存货审计是如此的重要，也是如此的复杂，使得存货舞弊屡见不鲜。不诚实的企业常常利用以下几种方法的组合来进行存货造假：①虚构不存在的存货；②存货盘点操纵；③错误的存货资本化。所有这些精心设计的方案都有一个共同的目的，即虚增存货的价值。证实存货数量的最有效途径是对其进行整体盘点。注册会计师必须合理、周密地安排监盘程序并谨慎地予以执行。但仅靠监盘并不能发现所有重大舞弊行为，注册会计师还必须合理地运用存货审计的其他程序。下面就来学习一下存货审计的基本程序。

# 任务一 生产与存货循环的控制测试

生产与存货循环
的主要业务活动

## ● 任务导入

以下为审计人员了解的康诺公司关于原料购入、验收、储存、发出等程序的内部控制制度的基本内容。

(1) 原料(主要是价值较高的零部件)存放于加锁的仓库内，库房人员包括一位主管和两名保管人员。生产车间以书面或口头通知的形式从仓库领取材料。

(2) 公司未建立永续盘存制度，因此仓库保管人员未记录原料的发出，而是在每月通过实地盘点存货来倒算本期的发出存货，存货盘点的程序比较完善。

(3) 实地盘点后，仓库主管将盘点数量与预先确定的再订货点进行比较。如果某一原料低于再订货点，主管就将这种原料编号写在请购单上，然后送交采购部门，由采购部门负责进行材料的选购。

**具体任务：**

如何进行康诺公司生产与存货循环的控制测试？

## ● 知识准备

## 一、生产与存货循环的主要业务活动

首先，我们以制造业为例，介绍存货与仓储循环所涉及的主要业务活动。

### 1. 计划和安排生产

生产计划部门的职责是根据顾客订单或者对销售预测和存货需求的分析来决定生产授权。如决定授权生产，即签发预先编号的生产通知单。该部门通常应将发出的所有生产通知单编号并加以记录控制。此外，通常该部门还需编制一份材料需求报告，列示所需要的材料和零件及其库存。

### 2. 发出原材料

生产部门由专人负责根据生产的需要填制生产领料单，向仓库领取材料。仓库部门的责任是根据从生产部门收到的领料单发出原材料。领料单上必须列示所需的材料数量和种类，以及领料部门的名称。领料单可以一料一单，也可以一单多料，通常需一式三联。仓库发料后，其中一联连同材料交还领料部门，其余两联经仓库登记材料明细账后，送会计部门进行材料收发核算和成本核算。

### 3. 生产产品

生产部门在收到生产通知单及领取原材料后，便将生产任务分解到每一个生产工人，并将所领取原材料交给生产工人，据以执行生产任务。生产工人在完成生产任务后，将完成的产品交生产部门查点，然后转交检验员验收并办理入库手续；或是将所完成的产品移交下一个部门，以进一步加工。

### 4. 核算产品成本

为了正确地核算产品成本并对在产品进行有效控制，必须建立健全成本会计制度，将生产控制和成本核算有机地结合在一起。一方面，生产过程中的各种记录、生产通知单、领料单、计工单、入库单等文件资料都要汇集到会计部门，由会计部门对其进行检查和核对，了解和控制生产过程中对存货的实物流转；另一方面，会计部门要设置相应的会计账户，会同有关部门对生产过程中的成本进行核算和控制。成本会计制度可以非常简单，只在期末记录存货余额；也可以是完善的标准成本制度，它可以提供原材料转为在产品，在产品转为产成品，以及按成本中心、分批生产任务通知单或生产周期所消耗的材料、人工和间接费用的分配与归集的详细资料。

### 5. 储存产成品

产成品入库，须由仓库部门先行点验和检查，然后签收。签收后，将实际入库数量通知会计部门。据此，仓库部门确立了本身应承担的责任，并对验收部门的工作进行验证。

### 6. 发出产成品

产成品的发出须由独立的发运部门进行。装运产成品时必须持有经有关部门核准的发运通知单，并据此编制出库单。出库单至少一式四联，一联交仓库部门；一联发运部门留存；一联送交顾客；一联作为给顾客开发票的依据。

可以用表 7-1 来说明在生产与存货循环中主要经济业务和相关凭证记录之间的关系。

表 7-1　生产与存货循环业务与主要记录

| 业　务 | 原始凭证与记录 | 记账凭证与账簿 | 会计分录 |
|---|---|---|---|
| 计划和安排生产 | 生产通知单 | | |
| 发出原材料 | 领料单 | 记账凭证、生产成本明细账与总账、制造费用明细账与总账 | 借：生产成本<br>　　制造费用<br>贷：原材料 |

| 业　务 | 原始凭证与记录 | 记账凭证与账簿 | 会计分录 |
|---|---|---|---|
| 生产产品 | 工薪费用分配表、制造费用分配表、产品成本计算单等 | 记账凭证、生产成本明细账与总账、制造费用明细账与总账 | 借：生产成本<br>　　制造费用<br>　　贷：应付职工薪酬<br>借：制造费用<br>　　贷：累计折旧<br>　　　　银行存款等<br>借：生产成本<br>　　贷：制造费用 |
| 产品完工 | 入库单 | 记账凭证、生产成本明细账与总账、库存商品明细账与总账 | 借：库存商品<br>　　贷：生产成本 |
| 存货发出对外销售 | 出库单(或提货单) | 记账凭证、主营业务成本明细账与总账、库存商品明细账与总账 | 借：主营业务成本<br>　　贷：库存商品 |

## 二、生产与存货循环的内部控制

生产与存货循环中企业通常从以下方面设计和执行内部控制。

### (一)存货内部控制

与存货相关的内部控制涉及被审计单位供、产、销各个环节，包括采购、验收、仓储、领用、加工、装运出库等方面。由于存货与其他业务循环的内在联系，存货的内部控制及审计程序，与其他相关业务循环结合将更为有效。尽管不同的企业对其存货可能采取不同的内部控制，但从根本上说，均可概括为存货的数量和计价两个关键因素的控制。

#### 1. 采购

与采购相关的内部控制的总体目标是所有交易都已获得适当的授权与批准。使用购货订单是一项基本的内部控制措施。购货订单应当预先连续编号，事先确定采购价格并获得批准。此外，还应当定期清点购货订单。

#### 2. 验收

与存货验收相关的内部控制的总体目标是所有收到的货物都已得到记录。使用验收报告单是一项基本的内部控制措施。被审计单位应当设置独立的部门负责验收货物，该部门具有验收存货实物、确定存货数量、编制验收报告、将验收报告传送至会计核算部门以及运送货物至仓库等一系列职能。

#### 3. 仓储

与仓储相关的内部控制的总体目标是确保与存货实物的接触必须得到管理层的指示和批准。被审计单位应当采取实物控制措施，使用适当的存储设施，以使存货免受意外损毁、盗窃或破坏。

### 4. 领用

与领用相关的内部控制的总体目标是所有存货的领用均应得到批准和记录。使用存货领用单是一项基本的内部控制措施。对存货领用单应当定期进行清点。

### 5. 加工(生产)

与加工(生产)相关的内部控制的总体目标是对所有的生产过程做出适当的记录。使用生产报告是一项基本的内部控制措施。在生产报告中,应当对产品质量缺陷和零部件使用及报废情况及时做出说明。

### 6. 装运出库

与装运出库相关的内部控制的总体目标是所有的装运都得到了记录。使用发运凭证是一项基本的内部控制措施。发运凭证应当预先编号,定期进行清点,并作为日后开具收款账单的依据。

### 7. 盘存制度

存货数量的盘存制度一般分为实地盘存制和永续盘存制。存货盘存制度不同,对存货数量的控制程度的影响也不同。但即使采用永续盘存制,也并不意味着无须对存货实物进行盘点。为了核对存货账面记录,加强对存货的管理,被审计单位每年至少应对存货进行一次全面盘点。

### (二)成本会计制度内部控制

(1) 在成本会计制度控制中,生产指令的授权批准、领料单的授权批准及工薪的授权批准等是关键控制环节,应履行恰当的手续,经过特别审批或一般审批方可进行。

(2) 成本会计制度中审批、执行、记录等各岗位人员职责应分离。

(3) 为保证成本核算的真实性,成本的核算是以经过审核的生产通知单、领发料凭证、产量和工时记录、工薪费用分配表、材料费用分配表、制造费用分配表等为依据进行的。

(4) 健全与材料消耗、人工消耗、费用支出、在产品转移、产成品完工入库等业务相关的原始凭证,并及时进行记录。相关的原始凭证必须事先编号并及时登记入账。

健全的成本会计制度还要求采用适当的成本核算方法、费用分配方法、成本核算流程和账务处理流程,并要求前后各期保持一致。

## 三、生产与存货循环涉及的主要报表项目

根据财务报表项目与业务循环的相关程度,生产与存货循环涉及的报表项目见表 7-2。

表 7-2　生产与存货业务循环与主要财务报表项目对照表

| 业务循环 | 资产负债表项目 | 利润表项目 |
|---|---|---|
| 生产与存货循环 | 存货(包括材料采购或在途物资、原材料、材料成本差异、库存商品、发出商品、商品进销差价、委托加工物资、委托供销商品、受托代销商品、周转材料、生产成本、制造费用、劳务成本、存货跌价准备、受托代销商品款等) | 营业成本 |

◉ **任务解析**

注册会计师可以以识别的重大错报风险为起点实施康诺公司生产与存货循环的控制测试，具体内容见表 7-3。

表 7-3 生产与存货交易的风险、控制和控制测试

| 风险 | 计算机控制 | 人工控制 | 控制测试 |
|---|---|---|---|
| **发出原材料** | | | |
| 原材料的发出可能未经授权 | | 所有领料单由生产主管签字批准，仓库管理员凭经批准的领料单发出原材料 | 选取领料单，检查是否有生产主管的签字授权 |
| 发出的原材料可能未正确记入相应产品的生产成本中 | 领料单信息输入系统时须输入对应的生产任务单编号和所生产的产品代码，每月末系统自动归集生成材料成本明细表 | 生产主管每月末将生产任务单及相关领料单存根联与材料成本明细表进行核对，调查差异并处理 | 检查生产主管核对材料成本明细表的记录，并询问其核对过程及结果 |
| **记录人工成本** | | | |
| 生产工人的人工成本可能未得到准确反映 | 所有员工有专属员工代码和部门代码，员工的考勤记录计入相应员工代码 | 人事部每月编制工薪费用分配表，按员工所属部门将工薪费用分配至生产成本、制造费用、管理费用和销售费用，经财务经理复核后入账 | 检查系统中员工的部门代码设置是否与其实际职责相符。询问并检查财务经理复核工资费用分配表的过程和记录 |
| **记录制造费用** | | | |
| 发生的制造费用可能没有得到完整归集 | 系统根据输入的成本和费用代码自动识别制造费用并进行归集 | 成本会计每月复核系统生成的制造费用明细表并调查异常波动。必要时由财务经理批准进行调整 | 检查系统的自动归集设置是否符合有关成本和费用的性质，是否合理。询问并检查成本会计复核制造费用明细表的过程和记录，检查财务经理对调整制造费用的分录的批准记录 |
| **计算产品成本** | | | |
| 生产成本和制造费用在不同产品之间、在产品和产成品之间的分配可能不正确 | | 成本会计执行产品成本核算日常成本核算，财务经理每月末审核产品成本计算表及相关资料(原材料成本核算表、工薪费用分配表、制造费用分配表等)，并调查异常项目 | 询问财务经理如何执行复核及调查。选取产品成本计算表及相关资料，检查财务经理复核记录 |

| 风险 | 计算机控制 | 人工控制 | 控制测试 |
|---|---|---|---|
| **产成品入库** | | | |
| 已完工产品的生产成本可能没有转移到产成品中 | 系统根据当月输入的产成品入库单和出库单信息自动生成产成品收(入库)发(出库)存(余额)报表 | 成本会计将产成品收发存报表中的产品入库数量与当月成本计算表中结转的产成品成本对应的数量进行核对 | 询问和检查成本会计将产成品收发存报表与成本计算表进行核对的过程和记录。 |
| **发出产成品** | | | |
| 销售发出的产成品的成本可能没有准确转入营业成本 | 系统根据确认的营业收入所对应的售出产品自动结转营业成本 | 财务经理和总经理每月对毛利率进行比较分析，对异常波动进行调查和处理 | 检查系统设置的自动结转功能是否正常运行，成本结转方式是否符合公司成本核算政策。询问和检查财务经理和总经理进行毛利率分析的过程和记录，并对异常波动的调查和处理结果进行核实 |
| **盘点存货** | | | |
| 存货可能被盗或因材料领用/产品销售未入账而出现账实不符 | | 仓库保管员每月末盘点存货并与仓库台账核对并调节一致；成本会计监督其盘点与核对，并抽查部分存货进行复盘。每年末盘点所有存货，并根据盘点结果分析盘盈盘亏并进行账面调整 | |
| **计提存货跌价准备** | | | |
| 可能存在残次的存货，影响存货的价值 | 系统根据存货入库日期自动统计货龄，每月末生成存货货龄分析表 | 财务部根据系统生成的存货货龄分析表，结合生产和仓储部门上报的存货损毁情况及存货盘点中对存货状况的检查结果，计提存货减值准备，报总经理审核批准后入账 | 询问财务经理识别减值风险并确定减值准备的过程，检查总经理的复核批准记录 |

在控制测试基础上，还要对生产与存货内部控制进行评价。评价计划依赖的内部控制的健全性与有效性，并在此基础上设计并实施实质性程序。

**◉ 能力拓展**

**要求：**根据"任务导入"中审计人员对康诺公司生产与存货内部控制掌握的情况，思考以下问题。

康诺公司的存货内部控制是否存在缺陷？

**◉ 延伸阅读**

扫一扫，打开"资产管理之存货管理"阅读材料。

资产管理之
存货管理

# 任务二　存货的实质性测试

**◉ 任务导入**

审计人员丁一正在对康诺公司的存货进行监盘，工作中发现下列问题。

(1) 产成品仓库中有数箱产品未挂盘点单，经询问，属于被审计单位的已售出产品。

(2) 一间小仓库中有三种沾满灰尘的原材料，每种材料都挂有盘点标签，并且数额与实物相符。

(3) 材料明细账上有一批存货记录，存货盘点表上没有，经询问，得知该批材料存放在外地。

**具体任务：**

应如何开展存货的实质性测试？

**◉ 知识准备**

存货往往是企业流动资产中所占比重最大的一个项目，存货的重大错报对于财务状况和经营成果都会产生直接的影响，审计中许多复杂和重大的问题都与存货有关。存货审计，尤其是对年末存货余额的测试，通常是审计中最复杂也最费时的部分。导致存货审计复杂的主要原因包括以下几个。

(1) 存货通常是资产负债表中的一个主要项目，而且通常是构成营运资本的最大项目。

(2) 存货存放于不同的地点，这使得对它的实物控制和盘点都很困难。企业必须将存货放置于便于产品生产和销售的地方，但是这种分散也带来了审计的困难。

(3) 存货项目的多样性。

(4) 存货本身的陈旧以及存货成本的分配也使得存货的估价存在困难。

(5) 不同企业采用的存货计价方法存在多样性。正是由于存货对于企业的重要性、存货问题的复杂性以及存货与其他项目密切的关联度，要求注册会计师对存货项目的审计应当予以特别的关注。

# 一、存货的审计目标

结合存货的特性,生产与存货交易的重大错报风险通常是影响存货存在、完整性、权利和义务、计价和分摊等认定的高估风险。相应地,注册会计师针对上述重大错报风险应实施实质性审计程序的目标在于获取关于存货存在、完整性、权利和义务、计价和分摊等多项认定的审计证据。存货审计目标的确定见表7-4。

表 7-4 存货审计目标的确定

被审计单位:        索引号:        页次:

项目:存货        编制人:        日期:

报表期间:        复核人:        日期:

| 审计目标 | 财务报表认定 | | | | |
|---|---|---|---|---|---|
| | 存在 | 完整性 | 权利与义务 | 计价与分摊 | 列报 |
| A. 资产负债表中记录的存货是存在的 | √ | | | | |
| B. 所有应当记录的存货均已记录。 | | √ | | | |
| C. 记录的存货由被审计单位拥有或控制 | | | √ | | |
| D. 存货以恰当的金额包括在财务报表中,与之相关的计价调整已恰当记录 | | | | √ | |
| E. 存货已按照企业会计准则的规定在财务报表中做出恰当列报 | | | | | √ |

# 二、存货实质性程序的要点

## (一)存货监盘

注册会计师监盘存货的目的在于获取有关存货数量和状况的审计证据,主要针对的是存货的存在认定和完整性认定。此外,注册会计师还可能在存货监盘中获取有关存货所有权的部分审计证据;但是存货监盘本身并不足以供注册会计师确定存货的所有权,注册会计师可能需要执行其他审计程序以应对所有权认定的相关风险。存货监盘程序见表7-5。

表 7-5 存货监盘程序表

被审计单位:        索引号:        页次:

项目:存货        编制人:        日期:

审计截止日期:        复核人:        日期:

| 审计程序 | 索引号 |
|---|---|
| 一、监盘前,获取有关资料,以编制存货监盘计划 | |
| 1. 复核或与管理层讨论存货盘点计划,评价其能否合理地确定存货的数量和状况 | |
| 2. 根据被审计单位的存货盘存制度和相关内部控制的有效性,评价其盘点时间是否合理: | |
| (1) 如盘点日和资产负债表日不一致,应当考虑两者的间隔情况,评价对内部控制的信赖能否将盘点日的结论延伸到资产负债表日; | |

续表

| 审计程序 | 索引号 |
|---|---|
| (2) 确定采用实地盘存制时盘点日是否与资产负债表日一致; | |
| (3) 确定对存放在不同地点的相同存货项目是否同时盘点 | |
| 3. 如果认为被审计单位的存货盘点计划存在缺陷，应当提请被审计单位调整 | |
| 4. 完成被审计单位盘点计划调查问卷 | |
| 5. 了解存货的内容、性质、各存货项目的重要程度及存放场所 | |
| 6. 了解与存货相关的内部控制 | |
| 7. 评估与存货相关的重大错报风险和重要性 | |
| 8. 查阅以前年度的存货监盘工作底稿 | |
| 9. 与管理层讨论以前年度存货存在的问题以及目前存货的状况 | |
| 10. 考虑实地察看存货的存放场所，特别是金额较大或性质特殊的存货 | |
| 11. 如存在特殊存货，考虑是否需要利用专家的工作或其他注册会计师的工作 | |
| 12. 编制存货监盘计划,并将计划传达给每一位监盘人员 | |
| 二、监盘中，实施观察和检查程序 | |
| 13. 在被审计单位盘点存货前，观察盘点现场: | |
| (1) 确定应纳入盘点范围的存货是否已经适当整理和排列; | |
| (2) 确定存货是否附有盘点标识，对未纳入盘点范围的存货，查明未纳入的原因 | |
| 14. 检查所有权不属于被审计单位的存货 | |
| 15. 在被审计单位盘点人员盘点时进行观察 | |
| 16. 检查已盘点的存货: | |
| (1) 从存货盘点记录中选取项目追查至存货实物，以测试盘点记录的准确性; | |
| (2) 从存货实物中选取项目追查至存货盘点记录，以测试存货盘点的完整性 | |
| 17. 对以包装箱等封存的存货，考虑要求打开箱子或挪开成堆的箱子 | |
| 18. 当发现重大盘点错误时，考虑扩大监盘范围 | |
| 19. 对于那些没有盘点的其他项目，复印或列出明细信息，以便它们能与存货清单一致 | |
| 20. 对检查发现的差异，进行适当处理 | |
| 21. 特别关注存货的移动情况，防止遗漏或重复盘点 | |
| 22. 特别关注存货的状况，观察被审计单位是否恰当区分毁损、陈旧、过时及残次的存货 | |
| 23. 对特殊类型的存货，考虑实施追加的审计程序 | |
| 24. 获取盘点日前后存货收发及移动的凭证，检查库存记录与会计记录期末截止是否正确 | |
| 三、监盘后，复核盘点结果，完成存货监盘报告 | |
| 25. 在被审计单位存货盘点结束前，再次观察盘点现场，以确定所有应纳入盘点范围的存货是否均已盘点 | |
| 26. 在被审计单位存货盘点结束前，取得并检查已填用、作废及未使用的盘点表单及号码记录，确定是否连续编号并与存货盘点汇总记录进行核对 | |

| 审计程序 | 索引号 |
|---|---|
| 27. 取得并复核盘点结果汇总记录，形成存货盘点报告(记录)，完成存货监盘报告 | |
| 28. 如果盘点日与资产负债表日一致，且被审计单位使用永续盘存记录来确定期末数，应当考虑对永续记录实施适当的审计程序，并作必要的监盘 | |
| 29. 如果存货盘点日不是资产负债表日，应当实施适当的审计程序，确定盘点日与资产负债表日之间存货的变动是否已做出正确的记录；编制存货抽盘核对表，将盘点日的存货调整为资产负债表日的存货，并分析差异 | |
| 30. 在永续盘存制下，如果永续盘存记录与存货盘点结果之间出现重大差异，应当实施追加的审计程序，查明原因并检查永续盘存记录是否已做出适当的调整 | |
| 31. 如果认为被审计单位的盘点方式及其结果无效，注册会计师应当提请被审计单位重新盘点 | |
| 四、特殊情况的处理 | |
| 32. 如果由于被审计单位存货的性质或位置等原因导致无法实施存货监盘，注册会计师应当考虑能否实施下列替代审计程序<br>(1) 检查进货交易凭证或生产记录以及其他相关资料；<br>(2) 检查资产负债表日后发生的销货交易凭证；<br>(3) 向顾客或供应商函证 | |
| 33. 如果因不可预见的因素导致无法在预定日期实施存货监盘，或接受委托时被审计单位的期末存货盘点已经完成，注册会计师应当实施下列审计程序<br>(1) 评估与存货相关的内部控制的有效性；<br>(2) 对存货进行适当检查或提请被审计单位另择日期重新盘点；<br>(3) 测试在该期间发生的存货交易，以获取有关期末存货数量和状况的充分、适当的审计证据 | |
| 34. 对被审计单位委托其他单位保管的或已作质押的存货，注册会计师应当实施下列审计程序<br>(1) 向保管人或债权人函证；<br>(2) 如果此类存货的金额占流动资产或总资产的比例较大，还应当考虑实施存货监盘或利用其他注册会计师的工作 | |
| 35. 当首次接受委托未能对上期期末存货实施监盘，且该存货对本期财务报表存在重大影响时，应当实施下列一项或多项审计程序：<br>(1) 查阅前任注册会计师的工作底稿；<br>(2) 复核上期存货盘点记录及文件；<br>(3) 检查上期存货交易记录；<br>(4) 运用毛利百分比法等进行分析 | |
| 36. 确定存货监盘的审计结论 | |

做中学 7-1:

在对康诺公司 2020 年会计报表审计过程中，发现下列业务。

(1) 2021 年 1 月 3 日，公司收到了金额为 15 000 元的一张购货发票，这笔购货业务在 1 月 5 日入账。入库单显示该批货物于 2020 年 12 月 29 日收到。

(2) 2020 年 12 月 28 日，公司收到价值 32 500 元的商品，相关发票没有入账。该发票由销售部门保管，发票上注明"受托代销"。

(3) 2020 年 12 月 31 日营业结束后，发货区域有价值 18 600 元的产品，贴有"即将发货"的标签。当日存货盘点范围中没有包括该批存货。通过调查得知，该批产品于 2021 年 1 月 2 日发出，销售发票上的日期为 1 月 3 日。

(4) 2021 年 1 月 6 日收到价值为 700 元的物品，并于当天登记入账，该物品于 2020 年 12 月 28 日按供货商离厂交货条件运送，因 2020 年 12 月 31 日只收到发票账单而商品未到，故未计入结账日存货。

**要求:** 判断这些商品是否应包括在被审计单位 2020 年 12 月 31 日的存货中，并说明理由。

## (二)存货计价测试

监盘程序主要对存货的结存数量予以确认。为验证财务报表上存货余额的真实性，还必须对存货的计价进行审计。

### 1. 选择测试样本

用于计价测试的样本，应从存货数量已经盘点、单价和总金额已经记入存货汇总表的结存存货中选择。选择时应着重选择结存余额较大，且价格变化较频繁的项目，同时考虑所选样本的代表性。抽样方法一般采用分层抽样法，抽样规模应足以推断总体的情况。

### 2. 计价方法的确认

存货计价方法多种多样，企业可以结合国家法规要求选择适合自身特点的方法。审计人员除应了解掌握企业的存货计价方法外，还应对这种计价方法的合理性与一贯性予以关注，没有足够理由，计价方法在同一会计年度内不得变动。对于已变动的计价方法，审计人员应审查其变动是否在财务报表上予以充分披露。

### 3. 计价测试的内容

(1) 对存货价值的组成内容予以检查。存货价值通常由买价、运输及仓储成本、直接加工成本和制造费用等组成。不同企业在成本及费用的界定上可能不尽相同，审计人员在开始计价测试前就有必要确认存货的合理合法价值构成。

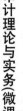

📝 做中学 7-2:

　　审计人员审查康诺公司材料采购业务时，发现本年内一笔业务的处理如下：从外地购进原材料一批，共 8 500 千克，计价款 293 250 元，运杂费 1 500 元。财会部门将原材料价款计入原材料成本，运杂费计入管理费用。材料入库后，仓库转来材料入库验收单，发现材料短缺 80 千克，查明 60 千克是运输部门的责任引起的短缺，20 千克是运输途中的合理损耗，材料买价为每千克 34.5 元。

　　**要求：** 指出会计处理中存在的错误。

　　(2) 存货成本的计价测试。存货成本审计主要包括直接材料成本的审计、直接人工成本的审计、制造费用的审计等内容。

　　① 直接材料成本的审计。直接材料成本的实质性程序一般应从审阅材料和生产成本明细账入手，抽查有关的费用凭证，验证企业产品直接耗用材料的数量、计价和材料费用分配是否真实、合理。

　　抽查产品成本计算单，检查直接材料成本的计算是否正确，材料费用的分配标准与计算方法是否合理和适当，是否与材料费用分配汇总表中该产品分摊的直接材料费用相符。检查直接材料耗用数量的真实性，有无将非生产用材料计入直接材料费用。分析比较同一产品前后各年度的直接材料成本，如有重大波动应查明原因。抽查材料发出及领用的原始凭证，检查领料单的签发是否经过授权，材料发出汇总表是否经过适当的人员复核，材料单位成本计价方法是否适当，是否正确及时入账。对采用定额成本或标准成本的企业，应检查直接材料成本差异的计算、分配与会计处理是否正确，并查明直接材料的定额成本、标准成本在本年度内有无重大变更。

　　② 直接人工成本的审计。直接人工成本实质性程序的内容主要包括：抽查产品成本计算单，检查直接人工成本的计算是否正确，人工费用的分配标准与计算方法是否合理和适当，是否与人工费用分配汇总表中该产品分摊的直接人工费用相符；将本年度直接人工成本与前期进行比较，查明异常波动的原因；分析比较本年度各个月份的人工费用发生额，如有异常波动，应查明原因；结合应付职工薪酬的检查，抽查人工费用会计记录及会计处理是否正确；对采用标准成本法的企业，应抽查直接人工成本差异的计算、分配与会计处理是否正确，并查明直接人工的标准成本在本年度内有无重大变更。

　　③ 制造费用的审计。制造费用是企业为生产产品或提供劳务而发生的间接费用，即生产单位为组织和管理生产而发生的费用。制造费用实质性程序的基本要点包括：获取或编制制造费用汇总表，并与明细账、总账核对相符，抽查制造费用中的重大数额项目及例外项目是否合理；审阅制造费用明细账，检查其核算内容及范围是否正确，并应注意是否存在异常会计事项，如有，则应追查至记账凭证及原始凭证，重点查明被审计单位有无将不应列入成本费用的支出(如投资支出、被没收的财物、支付的罚款、违约金、技术改造支出等)计入制造费用；必要时，对制造费用实施截止测试，即检查资产负债表日前后若干天的制造费用明细账及其凭证，确定有无跨期入账的情况；检查制造费用的分配是否合理；对于采用标准成本法的被审计单位，应抽查标准制造费用的确定是否合理，计入成本计算单的数额是否正确，制造费用的计算、分配与会计处理是否正确，并查明标准制造费用在

本年度内有无重大变动。

---

✐ 做中学 7-3：

审计人员审查某厂 2020 年 12 月成本计算单时，发现下列问题。

(1) 12 月 31 日材料退库 18 000 元，经查并无材料退库。

(2) 制造费用中修理费用 5 000 元，经查为大修理工程所用。

(3) 待摊费用 1 000 元，应摊入本月成本，漏记未转账。

月末完工产品 800 件，在产品 400 件，材料在生产开始时一次性投料，在产品加工程度为 50%。该单位自编成本计算表如表 7-6 所示。

表 7-6　产品成本计算表

| 成本项目 | 生产费用合计 | 完工产品成本 | 在产品成本 |
| --- | --- | --- | --- |
| 直接材料 | 150 000 | 100 000 | 50 000 |
| 直接人工 | 18 000 | 14 400 | 3 600 |
| 制造费用 | 22 000 | 17 600 | 4 400 |
| 合　计 | 190 000 | 132 000 | 58 000 |

经查完工产品入库为 1 000 件，并非 800 件，在产品数量、投料程度和加工程度正确。

**要求：** 根据上述资料纠正存在的错误，重编成本计算表。

---

④ 生产成本在当期完工产品与在产品之间分配的审计。检查成本计算单中的在产品数量与生产统计报告或在产品盘存表中的数量是否一致；检查在产品约当产量计算或其他分配标准是否合理；计算复核样本的总成本和单位成本。

(3) 对期末存货的计价检查。在期末存货计价审计中，由于被审计单位期末存货采用成本与可变现净值孰低的方法计价，所以审计人员应充分关注其对存货可变现净值的确定及存货跌价准备的计提。

### (三)确定存货是否在资产负债表上恰当披露

根据会计准则的规定，资产负债表上的存货项目应根据"材料采购""原材料""低值易耗品""库存商品""委托加工物资""委托代销商品""生产成本"等项目的期末余额合计，减去"存货跌价准备""受托代销商品款"科目的期末余额后填列。材料采用计划成本核算，以及库存商品采用计划成本或售价核算的企业，还应按加或减"材料成本差异""商品进销差价"后的金额填列。

◉ **任务解析**

存货实质性测试的程序可参考表 7-7。

## 表 7-7 存货实质性分析和细节测试程序

单位名称：　　　　　　编制人：　　　　　复核人：　　　　　质控人：　　　　　索引号：

截止日期：　年　月　日　日　期：　　　　　　日　期：　　　　　日　期：　　　　　页　次：

| 审计程序 | 涉及的相关认定 | 是否执行 | 索引号 N/A | 执行人及日期 |
|---|---|---|---|---|
| 一、实质性分析程序 | | | | |
| 1. 按存货品种及存放地点、存货类别，比较当年度及以前年度数量和金额的增减变动，并对异常情况做出解释 | ABD | | | |
| 2. 按存货成本构成、存货平均成本、材料采购价格差异，比较当年度及以前年度的增减变动，并对异常情况做出解释 | | | | |
| 3. 比较当年度及以前年度直接材料、直接人工、制造费用占生产成本的比例，并查明异常情况的原因 | | | | |
| 4. 比较截止日前后两个月的产品毛利率，并对异常波动做出解释 | | | | |
| 5. 比较当年与以前年度的存货周转率，查明异常情况的原因 | | | | |
| 二、细节测试程序 | | | | |
| (一)存货监盘<br>对存货进行监盘。存货监盘程序详见表 7-4 | ABD | | | |
| (二) 原材料<br>1. 获取或编制原材料的明细表，复核加计是否正确，并与总账数、明细账合计数核对是否相符 | D | | | |
| 2. 选取代表性样本，抽查原材料明细账的数量与盘点记录的原材料数量是否一致，以确定原材料明细账的数量的准确性和完整性 | AB | | | |
| 3. 截止测试：<br>(1) 原材料入库的截止测试：在原材料明细账的借方发生额中选取资产负债表日前后若干天的凭证，并与入库记录(如入库单，或购货发票，或运输单据)核对，以确定原材料入库被记录在正确的会计期间；在入库记录中选取资产负债表日前后的凭据，与原材料明细账的借方发生额进行核对，以确定原材料入库被记录在正确的会计期间；<br>(2) 原材料出库截止测试：在原材料明细账的贷方发生额中选取资产负债表日前后若干天的凭证，并与出库记录(如出库单，或销货发票，或运输单据)核对，以确定原材料出库被记录在正确的会计期间；在出库记录中选取资产负债表日前后的凭据，与原材料明细账的贷方发生额进行核对，以确定原材料出库被记录在正确的会计期间 | AB | | | |

续表

| 审计程序 | 涉及的相关认定 | 是否执行 | 索引号 N/A | 执行人及日期 |
|---|---|---|---|---|
| 4. 原材料计价方法的测试：<br>(1) 检查原材料的计价方法前后期是否一致；<br>(2) 检查原材料的入账基础和计价方法是否正确，自原材料明细表中选取适量品种：①以实际成本计价时，将其单位成本与购货发票核对，并确认原材料成本中不包含增值税；②以计划成本计价时，将其单位成本与材料成本差异明细账及购货发票核对。同时关注被审计单位计划成本制定的合理性；<br>(3) 检查原材料发出计价的方法是否正确。了解被审计单位原材料发出的计价方法，前后期是否一致，并抽取主要材料复核其计算是否正确；若原材料以计划成本计价，还应检查材料成本差异的发生和结转的金额是否正确；<br>(4) 结合原材料的盘点，检查期末有无料到单未到的情况，如有，应查明是否已暂估入账，其暂估价是否合理 | D | | | |
| 5. 对于通过非货币性资产交换、债务重组、企业合并以及接受捐赠等取得的原材料，检查其入账的有关依据是否真实、完备，入账价值和会计处理是否符合相关规定 | ABCD | | | |
| 6. 检查投资者投入的原材料是否按照投资合同或协议约定的价值入账，并检查约定的价值是否公允、交接手续是否齐全 | ABCD | | | |
| 7. 检查与关联方的购销业务是否正常，关注交易价格、交易金额的真实性及合理性，检查对合并范围内购货记录应予合并抵销的数据是否正确 | ABCD | | | |
| 8. 结合银行借款等科目，了解是否有用于债务担保的原材料，如有，则应取证并作相应的记录，同时提请被审计单位作恰当披露 | CE | | | |
| 9. 根据评估的舞弊风险等因素增加的审计程序 | | | | |
| (三)库存商品 | | | | |
| 1. 获取或编制库存商品的明细表，复核加计是否正确，并与总账数、明细账合计数核对是否相符 | D | | | |
| 2. 选取代表性样本,抽查库存商品明细账的数量与盘点记录的库存商品数量是否一致，以确定库存商品明细账数量的准确性和完整性 | AB | | | |
| 3. 截止测试(参照原材料截止测试审计程序) | AB | | | |
| 4. 库存商品计价方法的测试(参照原材料计价测试审计程序) | D | | | |
| 5. 对于通过非货币性资产交换、债务重组、企业合并以及接受捐赠取得的库存商品，检查其入账的有关依据是否真实、完备，入账价值和会计处理是否符合相关规定 | ABCD | | | |

| 审计程序 | 涉及的相关认定 | 是否执行 | 索引号 N/A | 执行人及日期 |
|---|---|---|---|---|
| 6. 检查投资者投入的库存商品是否按照投资合同或协议约定的价值入账,并同时检查约定的价值是否公允,交接手续是否齐全 | ABCD | | | |
| (四) 生产成本(在产品) | | | | |
| 1. 获取或编制生产成本的明细表,复核加计是否正确,并与总账数、明细账合计数核对是否相符 | D | | | |
| 2. 生产成本计价方法的测试: <br> (1) 了解被审计单位的生产工艺流程和成本核算方法,检查成本核算方法与生产工艺流程是否匹配,前后期是否一致并做出记录; <br> (2) 抽查成本计算单,检查直接材料、直接人工及制造费用的计算和分配是否正确,并与有关佐证文件(如领料记录、生产工时记录、材料费用分配汇总表、人工费用分配汇总表等)相核对; <br> (3) 获取完工产品与在产品的生产成本分配标准和计算方法,检查生产成本在完工产品与在产品之间,以及完工产品之间的分配是否正确,分配标准和方法是否适当,与前期比较是否存在重大变化,该变化是否合理; <br> (4) 对采用标准成本或定额成本核算的,检查标准成本或定额成本在本期有无重大变动,分析其是否合理;检查本期材料成本差异的计算、分配和会计处理是否正确,库存商品期末余额是否已按实际成本进行调整 | D | | | |
| 3. 获取关于现有设备生产能力的资料,检查产量是否与现有生产能力相匹配;若产量超过设计生产能力,应提请被审计单位说明原因,并提供足够的依据及技术资料 | A | | | |
| 4. 检查废品损失和停工损失的核算是否符合有关规定 | D | | | |
| (五) 存货的列报 <br> 检查存货是否已按照企业会计准则的规定在财务报表中做出恰当列报: <br> 1. 各类存货的期初和期末账面价值; <br> 2. 确定发出存货成本所采用的方法; <br> 3. 存货可变现净值的确定依据,存货跌价准备的计提方法,当期计提的存货跌价准备的金额,当期转回的存货跌价准备的金额,以及计提和转回的有关情况; <br> 4. 用于担保的存货账面价值 | E | | | |

## 能力拓展

**要求：** 根据"任务导入"中审计人员在存货审计中发现的情况，思考以下问题。

对监盘中发现的问题应当怎样开展进一步的审计程序？

## 延伸阅读

扫一扫，打开"特殊存货的盘点"阅读材料。

特殊存货的盘点

# 任务三　营业成本的实质性测试

## 任务导入

审计人员丁一审查康诺公司主营业务成本时了解到，该企业采用实际成本法对库存商品进行核算，计价方法一直采用的是先进先出法。在对主营业务成本明细账审计中发现，2020年12月的主营业务成本比前11月有明显增加。经询问得知，因原材料价格持续上涨，康诺公司改变了存货计价方法，但在康诺公司的报表附注中没有相关的披露内容。于是，审计人员调阅库存商品的明细账(见表7-8)，并与主营业务成本的资料进行比较。

表7-8　库存商品明细账

| 2020 | | 摘　要 | 入　库 | | | 发　出 | | | 结　存 | | |
|---|---|---|---|---|---|---|---|---|---|---|---|
| 月 | 日 | | 数量 | 单价 | 金额 | 数量 | 单价 | 金额 | 数量 | 单价 | 金额 |
| 12 | 1 | 期初结存 | | | | | | | 500 | 20 | 10 000 |
| | 1 | 发出 | | | | 300 | 20 | 6 000 | 200 | 20 | 4 000 |
| | 5 | 完工入库 | 1 000 | 22 | 22 000 | | | | 1 200 | | 26 000 |
| | 10 | 发出 | | | | 800 | 22 | 17 600 | 400 | | 8 400 |
| | 20 | 完工入库 | 1 200 | 24 | 28 800 | | | | 1 600 | | 37 200 |
| | 23 | 发出 | | | | 900 | 24 | 21 600 | 700 | | 15 600 |
| | 31 | 本月合计 | 2 200 | | 50 800 | 2 000 | | 45 200 | 700 | | 15 600 |

**具体任务：**

应如何开展主营业务成本的实质性测试？

## 知识准备

营业成本是指企业从事对外销售商品、提供劳务等主营业务活动和销售材料、出租固定资产、出租无形资产、出租包装物等其他经营活动所发生的实际成本，主要包括主营业务成本和其他业务成本两部分。

# 一、营业成本的审计目标

营业成本项目审计目标的确定见表 7-9。

表 7-9　营业成本审计目标的确定

被审计单位：　　　　　　　　索引号：　　　　　　　　页次：

项目：营业成本　　　　　　　编制人：　　　　　　　　日期：

报表期间：　　　　　　　　　复核人：　　　　　　　　日期：

| 审计目标 | 财务报表认定 | | | | | |
|---|---|---|---|---|---|---|
| | 发生 | 完整性 | 准确性 | 截止 | 分类 | 列报 |
| A. 利润表中记录的营业成本已发生，且与被审计单位有关 | √ | | | | | |
| B. 所有应当记录的营业成本均已记录 | | √ | | | | |
| C. 与营业成本有关的金额及其他数据已恰当记录 | | | √ | | | |
| D. 营业成本已记录于正确的会计期间 | | | | √ | | |
| E. 营业成本已记录于恰当的账户 | | | | | √ | |
| F. 营业成本已按照企业会计准则的规定在财务报表中做出恰当的列报 | | | | | | √ |

# 二、营业成本实质性程序的要点

## (一)主营业务成本的审计

　　主营业务成本是指企业对外销售商品、产品或对外提供劳务等发生的实际成本。主营业务成本在审计中占有重要的地位，其核算是否正确、合规关系到其他许多报表项目的审计。同时，主营业务成本与存货中的原材料、在产品、产成品等项目有着密切的关系，存货项目的准确性直接影响主营业务成本的准确性。对主营业务成本的实质性程序，应通过审阅主营业务收入明细账、产成品明细账等记录并核对有关原始凭证和记账凭证进行。具体内容参见主营业务成本实质性分析和细节测试程序表，其中编制生产成本与主营业务成本倒轧表是主营业务成本审计的主要程序。

**做中学 7-4：**

审计人员对康诺公司的主营业务成本进行审计，通过审查该公司的主营业务成本明细表，并与有关明细账、总账核对，发现账表之间数字完全相符。有关数字如下。

| | | | |
|---|---|---|---|
| 材料期初余额 | 80 000 元 | 本期购入材料 | 150 000 元 |
| 材料期末余额 | 60 000 元 | 本期销售材料 | 10 000 元 |
| 直接人工成本 | 15 000 元 | 制造费用 | 42 000 元 |
| 在产品期初余额 | 23 000 元 | 在产品期末余额 | 30 000 元 |
| 产成品期初余额 | 40 000 元 | 产成品期末余额 | 50 000 元 |

该审计人员通过对有关记账凭证和原始凭证的审计，发现如下问题。

(1) 本期已入库，但尚未收到结算凭证的材料 5 000 元未作暂估处理。

(2) 已领未用的材料 1 000 元，未作假退料处理。

(3) 为在建工程发生的工人工资计入生产成本 2 000 元。

(4) 本期发生的车间设备大修理费用 6 000 元全部计入当期制造费用。

(5) 经对期末在产品盘点发现，在产品实际金额为 38 000 元。

**要求：** 根据上述资料填制"生产成本与主营业务成本倒轧表"(见表 7-10)，计算并得出审计结论。

表 7-10　生产成本与主营业务成本倒轧表

被审计单位：　　　　　　　　索引号：　　　　　　　　页次：

项目：主营业务成本　　　　　　编制人：　　　　　　　　日期：

报表期间：　　　　　　　　　复核人：　　　　　　　　日期：

| 项　目 | 索引号 | 未审数 | 审计调整 | 审定数 | 备注 |
|---|---|---|---|---|---|
| 期初原材料余额 | | | | | |
| 加：本期购货净额 | | | | | |
| 减：期末原材料余额 | | | | | |
| 减：其他原材料发出额 | | | | | |
| 直接材料成本 | | | | | |
| 加：直接人工成本 | | | | | |
| 加：制造费用 | | | | | |
| 产品生产成本 | | | | | |
| 加：在产品期初余额 | | | | | |
| 减：在产品期末余额 | | | | | |
| 库存商品成本 | | | | | |
| 加：库存商品期初余额 | | | | | |

续表

| 项　目 | 索引号 | 未审数 | 审计调整 | 审定数 | 备注 |
|---|---|---|---|---|---|
| 减：库存商品期末余额 | | | | | |
| 减：其他库存商品发出额 | | | | | |
| 主营业务成本 | | | | | |
| 审计说明： | | | | | |

### (二)其他业务成本的审计

其他业务成本是指企业除主营业务活动以外的其他经营活动发生的实际成本，包括销售材料的成本、出租固定资产的折旧额、出租无形资产的摊销额、出租包装物的成本及摊销额等。其主要审计程序一般包括：获取或编制其他业务收入、其他业务成本明细表，复核加计正确，与总账和明细账合计数核对相符，并注意其他业务成本是否有相应的收入；与上期其他业务收入、其他业务成本比较，检查是否有重大波动，如有，应查明原因；检查其他业务成本内容是否真实，计算是否正确，配比是否恰当，并抽查原始凭证予以核实；对异常项目，应追查入账依据及有关法律文件是否充分；确定其他业务成本的披露是否恰当。

### ◉ 任务解析

主营业务成本实质性测试的程序可参考表 7-11。

表 7-11　主营业务成本实质性分析和细节测试程序表

| 单位名称： | | 编制人： | 复核人： | 质控人： | 索引号： |
|---|---|---|---|---|---|
| 所属期间：　年度 | | 日　期： | 日　期： | 日　期： | 页　次： |

| 审计程序 | 涉及的相关认定 | 是否执行 | 索引号 N/A | 执行人及日期 |
|---|---|---|---|---|
| 一、实质性分析程序 | | | | |
| 1. 比较当年度与以前年度不同品种产品的主营业务成本和毛利率，并查明异常情况的原因 | ABC | | | |
| 2. 比较当年度与以前年度各月主营业务成本的波动趋势，并查明异常情况的原因 | | | | |
| 3. 比较被审计单位与同行业的毛利率，并查明异常情况的原因 | | | | |
| 4. 比较当年度及以前年度主要产品的单位产品成本，并查明异常情况的原因 | | | | |

续表

| 审计程序 | 涉及的相关认定 | 是否执行 | 索引号 N/A | 执行人及日期 |
|---|---|---|---|---|
| 二、细节测试程序 | | | | |
| 1. 获取或编制主营业务成本明细表，复核加计是否正确，与总账和明细账合计数核对是否相符，其他业务成本科目与营业成本报表数核对是否相符 | C | | | |
| 2. 检查主营业务成本的内容和计算方法是否符合会计准则的规定，前后期是否一致 | ABC | | | |
| 3. 复核主营业务成本明细表的正确性，编制生产成本与主营业务成本倒轧表，并与相关科目交叉索引 | ABC | | | |
| 4. 抽查主营业务成本结转明细清单，比较计入主营业务成本的品种、规格、数量和主营业务收入的口径是否一致，是否符合配比原则 | AB | | | |
| 5. 针对主营业务成本中重大调整事项(如销售退回)、非常规项目，检查相关原始凭证，评价真实性和合理性，检查其会计处理是否正确 | ABCDE | | | |
| 6. 在采用计划成本、定额成本、标准成本或售价核算存货的条件下，应检查产品成本差异或商品进销差价的计算、分配和会计处理是否正确 | C | | | |
| 7. 结合期间费用的审计，判断被审计单位是否通过将应计入生产成本的支出计入期间费用，或将应计入期间费用的支出计入生产成本等手段调节生产成本，从而调节主营业务成本 | AB | | | |
| 8. 根据评估的舞弊风险等因素增加的审计程序 | | | | |
| 9. 检查营业成本是否已按照企业会计准则的规定在财务报表中做出恰当列报 | F | | | |

## 能力拓展

**要求**：根据"任务导入"中审计人员发现的情况，思考以下问题。

康诺公司随意改变存货计价方法对该企业的财务状况及经营成果产生了怎样的影响？

## 延伸阅读

扫一扫，打开"如何发现成本费用核算中的舞弊问题"阅读材料。

如何发现成本费用
核算中的舞弊问题

# 复习自测题

## 一、单项选择题

1. 审计人员审查存货时，需要(    )。
    A. 亲自盘点存货
    B. 亲自指挥客户进行盘点工作
    C. 了解客户是否定期进行存货盘点，但不必参与盘点过程
    D. 观察客户的盘点过程并适当抽查

2. 存货监盘程序所得到的是(    )。
    A. 书面证据　　　B. 口头证据　　　C. 环境证据　　　D. 实物证据

3. 存货审计的内容不包括(    )。
    A. 制造费用的审计　　　　　　　　B. 存货跌价准备的审计
    C. 直接材料成本、人工成本的审计　　D. 销售费用的审计

4. 生产与存货循环的控制测试不包括(    )。
    A. 对客户的内部控制制度进行简易抽查　B. 对内部控制进行评价
    C. 抽查成本会计制度　　　　　　　　　D. 存货监盘

5. 资产负债表中的"存货"项目不包括(    )账户的期末余额。
    A. 原材料　　　B. 库存商品　　　C. 存货跌价准备　　D. 待摊费用

6. 在一般情况下，(    )应划入生产与存货循环。
    A. 应付账款　　　B. 其他应收款　　　C. 主营业务成本　　D. 无形资产

7. 一般来说，(    )与生产与存货循环有关，而与其他任何循环无关。
    A. 采购材料和储存材料　　　　　　B. 购置加工设备和维护加工设备
    C. 预付保险费和理赔　　　　　　　D. 加工产品和储存完工产品

8. 毛利率的波动可能意味着(    )。
    A. 固定制造费用比重较小时销量发生变动
    B. 销售额与销售成本同比上升
    C. 销售额与销售成本同比下降
    D. 销售价格发生变动

9. 生产与存货循环和销售与收款循环的直接联系发生于(    )。
    A. 借记原材料，贷记应付账款时　　B. 借记货币资金，贷记应收账款时
    C. 借记主营业务成本，贷记库存商品时　D. 借记应付账款，贷记货币资金时

10. 生产与存货循环有关交易的实质性程序的重点不包括(    )。
    A. 成本会计制度的测试　　　　　　B. 分析程序的运用
    C. 存货的监盘　　　　　　　　　　D. 存货计价的测试

11. 甲公司采用永续盘存制度核算存货，审计人员在检查甲公司存货时，注意到某些存货项目实际盘点的数量大于永续盘存记录中的数量。假定不考虑其他因素，以下各项中，最可能导致这种情况的是(    )。
    A. 供应商向甲公司提供商业折扣　　B. 甲公司向客户提供销售折扣

C. 甲公司已将购买的存货退给供应商　　D. 客户已将购买的存货退给甲公司

12. 某股份有限公司期末存货采用成本与可变现净值孰低法计价,成本与可变现净值的比较采用单项比较法。该公司 2020 年 12 月 31 日 A、B、C 三种存货的成本分别为 130 万元、221 万元、316 万元;A、B、C 三种存货的可变现净值分别为 128 万元、215 万元、336 万元。则审计人员认为该公司 2020 年 12 月 31 日存货的账面价值为(　　)。

　　A. 679 万元　　　　B. 695 万元　　　　C. 659 万元　　　　D. 687 万元

13. 注册会计师对企业进行盘点时,发现所有权不属于被审计单位的存货,则应当(　　)。

　　A. 不予理会　　B. 要求单独存放　　C. 纳入盘点范围　　D. 要求退回

14. 关于存货的审计,以下表述正确的是(　　)。

　　A. 对存货进行监盘是证实存货"完整性"和"权利与义务"认定的重要程序

　　B. 对难以盘点的存货,应根据企业存货收发制度确认存货数量

　　C. 存货计价审计的样本应着重选择余额较小且价格变动不大的存货项目

　　D. 注册会计师进行的监盘是观察、询问和实物检查工作的集合

15. 关于存货进行监盘,与审查存货盘点记录的完整性不相关的是(　　)。

　　A. 从存货实物中选取项目追查至存货盘点记录

　　B. 从存货盘点记录中选取项目追查至存货实物

　　C. 在存货盘点过程中关注存货的移动情况

　　D. 在存货盘点结束前,再次观察盘点现场

## 二、多项选择题

1. 生产与存货循环的内部控制主要包括(　　)。

　　A. 成本会计制度　　　　　　　　B. 存货的内部控制

　　C. 存货的盘点　　　　　　　　　D. 工薪的内部控制

2. 对被审计单位存货的审计较复杂、费时的原因是(　　)。

　　A. 存货占资产的比重大　　　　　B. 存货项目的多样性

　　C. 存货估价方法的多样性　　　　D. 存货放置地点不同,实物控制不便

3. 审计组未将甲公司产品成本核算纳入审计范围。下列说法正确的有(　　)。

　　A. 这种做法不对,应该将产品成本核算纳入此次审计范围

　　B. 这种做法可以节约审计成本,保证审计质量

　　C. 这种做法有利于审计人员规避风险

　　D. 这种做法加大了审计的风险

4. 下列支出不得计入产品成本的有(　　)。

　　A. 直接材料　　B. 支付的办公费　　C. 支付的违约金　　D. 捐赠支出

5. 存货盘点中的遗漏影响(　　)项目的高估或低估。

　　A. 存货　　　B. 应收账款　　C. 营业收入　　D. 营业成本

6. 下列关于存货截止测试的说法中,正确的有(　　)。

　　A. 12 月底入账的发票如果附有 12 月 31 日或之前的验收报告,则存货肯定已入库,并包括在本年的实地盘点范围内

B. 如果验收报告的日期为次年 1 月份，则货物一般不会列入年底实地盘点范围内

C. 如果 12 月 31 日购入货物，并已包括在当年实物盘点范围内，而购货发票次年 1 月才收到，可计入次年 1 月份账内

D. 如果 12 月 31 日收到购货发票，而货物次年 1 月才收到，可计入当年 12 月账内，货物不列入盘点范围

7. 在对存货实施监盘程序时，以下做法中，审计人员可以选择的是(　　)。

A. 对于已作质押的存货，向债权人函证被质押存货的相关内容

B. 对于受托代存的存货，实施向存货所有权人函证等审计程序

C. 对于因性质特殊而无法监盘的存货，实施向顾客或供应商函证等审计程序

D. 在首次接受委托的情况下，对存货的期末余额不通过执行监盘程序确认，而是根据被审计单位存货收发制度确认

8. 审计人员对存货监盘实施的替代程序主要包括(　　)。

A. 检查进货交易凭证或生产记录以及其他相关资料

B. 检查资产负债表日后发生的销货交易凭证

C. 向客户或供应商函证

D. 对存货进行截止测试

9. 审计人员对被审计单位存货进行审计时，下列费用应该包括在存货成本中的是(　　)。

A. 商品入库后发生的仓储费用

B. 制造企业为生产产品而发生的人工费用

C. 生产企业为生产产品而发生的生产设备的折旧费用

D. 商品流通企业进口商品支付的关税

10. 被审计单位将存货账面余额全部转入当期损益，审计人员能够认可的是(　　)。

A. 霉烂变质的存货

B. 已经过期(如食品)且无转让价值的存货

C. 企业使用该项存货生产的产品其成本大于产品的销售价格的存货

D. 生产中已不再需要，并且已无使用价值和转让价值的存货

## 三、判断题

1. 期末盘点是被审计单位存货内部控制的基本要求，但注册会计师也应承担相应的责任。 (　　)

2. 因为不存在满意的替代程序来观察和计量期末存货，所以审计人员必须对被审计单位的存货进行监盘。 (　　)

3. 监盘程序所得到的证据可以保证被审计单位对存货拥有所有权，但不能对存货的价值提供审计证据。 (　　)

4. 被审计单位当年 12 月 31 日收到一张购货发票，记入当年 12 月份账内，而存货实物却在次年的 1 月 2 日才收到，未包括在年底的盘点范围内，这样有可能虚减本年的利润。 (　　)

5. 注册会计师的监盘责任应当包括现场监督被审计单位盘点并进行适当的抽点两部分。　　　　　　　　　　　　　　　　　　　　　　　　　　　　　（　　）

6. 被审计单位有责任确定适当程序，进行准确的盘点并正确记录盘点数。　（　　）

7. 对存货实施监盘程序主要是获取存货"计价"认定的审计证据。　（　　）

8. 如果被审计单位采用永续盘存制，注册会计师可不必对存货的计价进行实地盘点。
　　　　　　　　　　　　　　　　　　　　　　　　　　　　　（　　）

9. 对于企业存放或寄销在外地的存货，也应纳入盘点范围，可以由审计人员亲自前往监盘，也可以向寄存寄销单位函证。　　　　　　　　　　　　　　　（　　）

10. 存放商品的仓储地相对独立，限制无关人员接近，该控制与商品的"完整性"认定有关。　　　　　　　　　　　　　　　　　　　　　　　　　　　　（　　）

11. 被审计单位购货交易正确截止的关键是交易记录的借贷双方必须在同一会计期间入账。　　　　　　　　　　　　　　　　　　　　　　　　　　　　　（　　）

12. 当被审计单位对存货进行实地盘点时，审计人员应当指挥盘点工作的进行，并作为盘点小组成员进行盘点。　　　　　　　　　　　　　　　　　　　　　（　　）

13. 制造费用不需要做截止测试。　　　　　　　　　　　　　　　（　　）

14. 永续盘存制下，来料加工的存货列入盘点范围，可能导致被审计单位本年利润虚增。

15. 存货周转率是用以衡量销售能力和存货是否积压的指标；毛利率是用以衡量成本控制及销售价格变化的指标。　　　　　　　　　　　　　　　　　　　　（　　）

# 项目八 人力资源与工薪循环的审计

## 【技能目标】

- 能进行人力资源与工薪循环主要账户的控制测试。
- 能进行人力资源与工薪循环主要账户的实质性测试。

## 【知识目标】

- 理解工薪项目控制测试的内容。
- 掌握人力资源与工薪循环业务流程。
- 掌握应付职工薪酬的审计目标。
- 掌握应付职工薪酬审计的实质性程序。

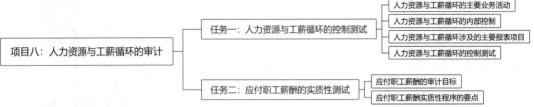

## 知识导图

项目八：人力资源与工薪循环的审计

- 任务一：人力资源与工薪循环的控制测试
  - 人力资源与工薪循环的主要业务活动
  - 人力资源与工薪循环的内部控制
  - 人力资源与工薪循环涉及的主要报表项目
  - 人力资源与工薪循环的控制测试
- 任务二：应付职工薪酬的实质性测试
  - 应付职工薪酬的审计目标
  - 应付职工薪酬实质性程序的要点

## 项目描述

　　人力资源与工薪循环包括员工雇用和离职、工作时间记录、工薪计算与记录、工薪费用的分配、工薪支付以及代扣代缴税金等。在制造业中，员工工薪影响两个重要的交易类型，即工薪的发放和直接工薪费用与间接工薪费用的分配。与其他循环相比，人力资源与工薪循环的特点更加明显：一是接受员工提供的劳务与向员工支付报酬都在短期内发生，二是交易比相关的资产负债表账户余额更为重要，三是与工薪相关的内部控制通常是有效的。

## 情境引导

### 康诺公司工薪项目审计

　　审计人员丁一负责康诺公司工薪项目的审计。在开展进一步审计程序前，丁一对康诺公司的工薪业务进行了了解。康诺公司作为一家新建企业，尚未有退休人员，工薪业务均为在职人员发生。每月月末财务部分管工薪核算会计人员汇总各部门人员异动情况(病假、事假等)登记备忘录，根据备忘录编制工资表，计算应发工资及各项扣款。之后，打印工资明细表送人力资源部门审核。审核无误后，每月9日前填写付款审批单，财务经理审批后，出纳负责划款，保证10日前工资款到达职工个人账户。康诺公司财务负责人张强自信地告诉审计人员：我们的工资业务核算管理规范，工资款项都是直接划转职工个人账户，工资核算肯定没问题。对此，丁一表示：工薪业务是企业最重要的业务之一，无论企业核算情况如何，都是审计必须关注的项目。之后，丁一会同助理人员对康诺公司职工薪酬的相关业务进行了审查。

　　工薪的核算是每个单位都会发生的日常业务。一般情况下，完善的内部控制可以大大降低工薪业务出现错误和舞弊的概率。但由于工薪与各项直接、间接费用的核算有着密切的关系，因此有时也会被企业管理层利用来调节利润。本项目我们就来学习人力资源与工薪业务审计的基本程序。

# 任务一　人力资源与工薪循环的控制测试

人力资源与
工薪循环的
主要业务活动

## 任务导入

　　审计人员丁一在对康诺公司职工薪酬进行审计时，康诺公司财务负责人张强告诉审计人员："我们现在都是直接将工资款项划转职工个人账户，工资核算肯定没问题。"审计人员当即表示，虽然通过银行转账发放工资提高了企业的工作效率，保证了现金的安全，但如果管理不到位，内控缺失的话，也会出现问题，比如有可能出现虚增工资侵占公款的行为。所以审计工作中还是要对康诺公司人力资源和工薪的相关业务活动和内部管理进行检查。

**具体任务：**

如何进行康诺公司人力资源与工薪循环的控制测试？

◉ **知识准备**

# 一、人力资源与工薪循环的主要业务活动

无论在哪种行业，工薪都具有重要性。例如，在服务业中，企业属于劳动密集型，工薪支出在所有支出中占有重要比例。在高科技行业中，企业支付的工薪取决于员工的技能，这些企业可能设计出一套复杂的补偿方案雇用和留住最好的员工，以保持其具备良好的持续经营能力。在制造业中，企业支付的工薪支出取决于产品生产过程的劳动密集程度。

人力资源与工薪循环是不同企业之间最可能具有共同性的领域，涉及的主要业务活动通常包括批准招聘、记录工作时间或产量、计算工薪总额和扣除、支付工薪净额等。

## (一)批准招聘

批准雇用的文件应当由负责人力资源与工薪相关事宜的人员编制，最好由在正式雇用过程中负责制定批准雇用、支付率和工薪扣除等政策的人力资源部门履行该职责。人力资源部门同时还负责编制支付率变动及员工合同期满的通知。

## (二)记录工作时间或产量

员工工作的证据，以工时卡或考勤卡的形式产生，通过监督审核和批准程序予以控制。如果支付工薪的依据是产量而不是时间，数量也同样应经过审核，并且与产量记录或销售数据进行核对。

## (三)计算工薪总额和扣除

在计算工薪总额和扣除时，需要将每名员工的交易数据，即本工薪期间的工作时间或产量记录，与基准数据进行匹配。在确定相关控制活动已经执行后，应当由一名适当的人员批准工薪的支付。同时由一名适当的人员审核工薪总额和扣除的合理性，并批准该金额。

## (四)支付工薪净额

利用电子货币转账系统将工薪支付给员工，有时也会使用现金支出方式。批准工薪支票通常是工薪计算中不可分割的一部分，包括比较支票总额和工薪总额。有关使用支票支付工薪的职能划分，应该与使用现金支出的职责划分相同。

我们可以用表 8-1 来说明人力资源与工薪循环中经济业务和相关凭证记录之间的关系。

表 8-1　人力资源与工薪循环的主要凭证与记录

| 业　务 | 原始凭证与记录 | 记账凭证与账簿 | 会计分录 |
|---|---|---|---|
| 批准招聘 | 人事记录 | | |
| 记录工作时间或产量 | 工时卡、工时单、产量记录 | | |
| 工薪计提 | 工薪率核准表、扣款核准表、工薪结算汇总表、工薪分配表、个税申报表等 | 记账凭证、应付职工薪酬明细账与总账、应交税费明细账与总账、其他付账款明细账与总账等 | 借：生产成本<br>　　管理费用等<br>贷：应付职工薪酬 |
| 工薪支付 | 工薪支付记录、保险费支付记录 | 记账凭证、应付职工薪酬明细账与总账、应交税费明细账与总账、其他付账款明细账与总账等、银行存款日记账与总账 | 借：应付职工薪酬<br>贷：银行存款 |

## 二、人力资源与工薪循环的内部控制

人力资源与工薪循环的内部控制主要包括以下几个方面。

(1) 适当的职责分离。为了防止向员工过量支付工薪，或向不存在的员工虚假支付工薪，责任分离非常重要。人力资源部门应独立于工薪职能，负责确定员工的雇用、解雇及其支付率和扣减额的变化。

(2) 适当的授权。人力资源部门应当对员工的雇用与解雇负责。支付率和扣减额也应当进行适当授权。每一个员工的工作时间，特别是加班时间，都应经过主管人员的授权。所有工时卡都应表明核准情况，例外的加班时间也应当经过核准。

(3) 适当的凭证和记录。适当的凭证和记录依赖于工薪系统的特性。例如，工时卡或工时记录只针对计时工薪，有些员工的工薪以计件工薪为基础。

(4) 资产和记录的实物控制。应当限制接触未签字的工薪支票。支票应由有关专职人员签字，工薪应当由独立于工薪和考勤职能之外的人员发放。

(5) 工作的独立检查。工薪的计算应当独立验证，包括将审批工薪总额与汇总报告进行比较。管理层成员或其他负责人应当复核工薪金额，以避免明显的错报和异常的金额。

## 三、人力资源与工薪循环涉及的主要报表项目

根据报表项目与业务循环的相关程度，人力资源与工薪循环涉及的报表项目见表 8-2。

表 8-2　人力资源与工薪循环与主要财务报表项目对照表

| 业务循环 | 资产负债表项目 | 利润表项目 |
|---|---|---|
| 人力资源与工薪 | 应付职工薪酬、生产成本、应交税费——应交个人所得税 | 管理费用、销售费用等 |

### ◉ 任务解析

在审计实务中，审计人员可以参照表 8-3 的内容，以识别的重大错报风险为起点实施人力资源与工薪循环控制测试。

表 8-3　人力资源与工薪循环的风险、控制和控制测试

| 风　　险 | 计算机控制 | 人工控制 | 控制测试 |
|---|---|---|---|
| 员工的雇用、解雇以及固定数据的变更 | | | |
| 员工名单中可能会有虚构的员工，或者已解雇员工仍然保留在工薪单上的情况。<br>总工薪率的变动、员工身份以及员工主文档中固定数据的扣除未经授权 | 逻辑存取控制只允许经授权的员工在员工主文档中添加新员工或记录员工的解聘。<br>员工主文档中所有固定数据的变更都生成打印记录。<br>逻辑存取控制只允许经授权的高级员工更改员工主文档中的固定数据。 | 有权雇用和解雇员工的人员不应具有其他工薪职能。<br>人力资源部门的人员按照正式的程序对员工的雇用和解雇进行授权。只有经授权的人力资源员工能够开启连续编号的员工变动表格，改变员工主文档。<br>只有经授权的人力资源员工可以修改员工固定数据，这种修改可以通过修改工薪率和其他扣除进行。<br>所有关于员工固定数据变动的打印文件都由高级管理层复核，确保只做出了经授权的变更 | 通过询问和观察程序，确定有权雇用和解雇员工的人员不具有其他工薪方面的职能。<br>检查员工变动表及解雇信，是否由经授权的人员签发，并且包含在员工个人档案中。<br>检查管理层复核员工雇用和解雇打印文件的证据 |
| 记录工作时提供的服务 | | | |
| 记录工作时间时出现错误或舞弊 | 使用员工智能卡，自动更新工作时间记录。<br>使用程序化控制保证总工作时间与生产工时、其他费用中心工时或空闲时间相等 | 对员工打卡上下班进行监督，以确保员工仅为其本人打卡。<br>由生产管理人员、领班人员复核并签署周度时间卡片，批准正常工作时间和加班工作时间 | 观察打卡上下班的程序以确定该行为受到监督，并确定不存在一名员工为他人打卡的可能。<br>检查工时卡或工作时间输出记录的样本，以获取正常工作时间和加班时间已经批准的证据，检查工作时间计算的准确性 |
| 工薪的编制和记录 | | | |
| 在处理月薪时可能由于数据不正确或数据丢失而产生错误。工薪扣款可能是错误的或未经员工授权的 | 对工作时间进行程序化的限制和合理性检查，包括对员工姓名和编码的输入检验。<br>自动根据工时记录和工薪率计算月薪，自动进行工薪扣款和费用分配的计算，自动生成工薪打印文件和员工工薪单。<br>生成例外报告 | 由工薪人员复核打印输出文件并批准总体控制总额。<br>复核例外报告并采取措施及时纠正错误。<br>由员工本人检查工薪单，如果发现错误金额，允许提出质疑 | 选取部分周度和月度工薪记录的打印文件，检查负责核对准确性和授权的人员在上面的签名。<br>检查证明已根据雇用和解雇情况调节员工数量的证据。<br>检查是否存在员工提出质疑的情况及问题解决情况。<br>检查例外报告及跟进情况 |

| 风　险 | 计算机控制 | 人工控制 | 控制测试 |
|---|---|---|---|
| **记录工薪交易** | | | |
| 工薪交易可能被分配至不正确的总分类账户或根本未予以记录 | 工薪处理过程的程序化控制自动更新相关总分类账户。<br>对未分配至总分类账但暂时记在其他账户的金额出具例外报告,直到纠正并重新出具为止 | 由工薪人员进行监控,复核月薪以及例外报告以发现错误和遗漏。<br>对工薪临时账户和应付扣款账户编制调节表和申报表 | 检查证明已监控例外报告、编制和核对调节表并更正错误的证据。<br>检查编制和核对工薪调节表的证据 |
| **工薪的发放** | | | |
| 工薪可能发放给不正确的员工或通过电子支付系统支付给不正确的银行账号 | 对员工银行账号记录和银行信息变更执行逻辑存取控制。<br>通过电子支付系统从预付工薪账户输出所有的员工净支付金额 | | 现场参加工薪的发放,观察工薪的控制运行。检查工薪打印单上工薪发放负责人员的签字(通常是两个人的签字)。<br>检查月度银行对账的证据(对账针对预付工薪银行账户,并由高级管理层复核)。<br>检查电子货币转账系统授权的证据,以及对员工主文档中固定数据变更进行复核的证据 |
| 工薪扣款并未完全支付或未及时支付 | | 针对特定的应付扣款的返还和支付设置不同的职责。<br>每一笔工薪记录的扣款金额加上企业缴纳的部分应当等于应缴纳的扣款总额。<br>应付工薪扣款金额已支付并在相关总分类账上记录。<br>对应付扣款账户进行调整或由工薪管理人员或高级会计人员定期复核,调查并纠正差异 | 检查定期返还,调节后进行工薪扣款分析和总分类账户分析的证据。<br>检查高级管理人员复核与付出金额或退还金额相匹配的证据 |

## 能力拓展

**要求：** 由银行代理转账发放工资，是单位普遍采取的方法。针对"任务导入"中康诺公司的情况，请思考以下问题。

在工薪管理上采取哪些措施才能有效保证单位资金的安全？

## 延伸阅读

扫一扫，打开"人力资源审计与应付职工薪酬审计"阅读材料。

人力资源审计与
应付职工薪酬审计

# 任务二　应付职工薪酬的实质性测试

## 任务导入

审计人员丁一在审查康诺公司有关工薪业务时发现如下业务：该公司为 6 名部门经理以上的管理人员每人提供一辆公车免费使用，每辆汽车每月计提折旧 1 500 元。审计人员认为这笔业务应在"应付职工薪酬"中核算，而康诺公司财务人员认为该业务不属于工薪核算内容。

**具体任务：**

应如何开展应付职工薪酬的实质性测试？

## 知识准备

工薪交易和相关余额主要的重大错报风险是对费用的高估，如向虚构员工发放工薪、对未实际发生工时支付工薪或以未授权的工薪率发放工薪等(存在和发生以及准确性认定)。由于严格的监管环境，以及工薪活动的敏感性和保密性，未遵守法律、法规可能受到的严厉惩罚，管理层针对工薪系统实施严格的控制，在大多数情况下能够有效且预先发现并纠正错误和舞弊。因此，注册会计师在测试了关键控制后可能将工薪交易和余额中的重大错报风险评估为低，并考虑通过实施分析程序获取所需的大多数实质性审计证据，减少细节测试。针对剩余重大错报风险，注册会计师应当采用细节测试对工薪负债的完整性、准确性、计价以及权利和义务进行测试。

## 一、应付职工薪酬的审计目标

应付职工薪酬审计目标的确定见表 8-4。

表 8-4　应付职工薪酬审计目标的确定

被审计单位：　　　　　　索引号：　　　　　　　　页次：

项目：应付职工薪酬　　　编制人：　　　　　　　　日期：

报表期间：　　　　　　　复核人：　　　　　　　　日期：

| 审计目标 | 财务报表认定 | | | | |
|---|---|---|---|---|---|
| | 存在 | 完整性 | 权利与义务 | 计价与分摊 | 列报 |
| A. 资产负债表中记录的应付职工薪酬是存在的 | √ | | | | |
| B. 所有应当记录的应付职工薪酬均已记录 | | √ | | | |
| C. 记录的应付职工薪酬是被审计单位应当履行的现时义务 | | | √ | | |
| D. 应付职工薪酬以恰当的金额包括在财务报表中，与之相关的计价调整已恰当记录 | | | | √ | |
| E. 应付职工薪酬已按照企业会计准则的规定在财务报表中做出恰当列报 | | | | | √ |

## 二、应付职工薪酬实质性程序的要点

### (一)检查应付职工薪酬的计量和确认

(1) 检查本项目的核算内容是否包括工资、职工福利、社会保险费、住房公积金、工会经费、职工教育经费、辞退福利、股份支付等明细项目。

(2) 国家有规定计提基础和计提比例的，应按国家规定的标准计提，如医疗保险费、养老保险费、失业保险费、工伤保险费、生育保险费、住房公积金、工会经费以及职工教育经费等；国家没有规定计提基础和计提比例的，如职工福利费等，应据实列支。检查职工薪酬的计提、分配方法是否合理并与上期一致，并将职工薪酬计提数与相关的成本、费用项目核对一致。

(3) 被审计单位以其自产产品或外购商品作为非货币性福利发放给职工的，应根据受益对象，将该产品或商品的公允价值，计入相关的资产成本或当期损益，同时确认应付职工薪酬。

(4) 被审计单位将其拥有的房屋等资产无偿提供给职工使用的，应当根据受益对象，将该住房每期应计提的折旧计入相关资产成本或当期损益，同时确认应付职工薪酬。

(5) 被审计单位租赁住房等资产供职工无偿使用的，应当根据受益对象，将每期应付的租金计入相关资产成本或当期损益，同时确认应付职工薪酬。

### (二)检查应付职工薪酬的计提和分配

检查职工薪酬的计提是否正确，依据是否充分，将执行的工资标准与有关规定核对，并对工资总额进行测试；被审计单位实行工效挂钩的，应取得有关主管部门确认的效益工资发放额认定证明，结合有关合同文件和实际完成的指标，检查其计提额是否正确，是否应作纳税调整。

检查职工薪酬分配方法是否合理并与上期一致，并将职工薪酬计提数与相关的成本、费用项目核对一致。除因解除与职工的劳动关系给予的补偿直接计入管理费用外，被审计单位是否根据职工提供服务的受益对象，区分下列情况进行处理。

(1) 应由生产产品、提供劳务负担的职工薪酬，计入产品成本或劳务成本。

(2) 应由在建工程、无形资产负担的职工薪酬，计入建造固定资产或无形资产。

(3) 其他职工薪酬，计入当期损益。

---

**做中学 8-1：**

注册会计师小李于 2021 年 1 月 20 日在审核 "应付职工薪酬" 时，发现 2020 年 12 月 56 号凭证摘要为发放福利费，账务处理如下。

借：管理费用　　　　　　　　　　　　　　6 000 000
　　贷：库存商品　　　　　　　　　　　　　　　6 000 000

注册会计师小李进一步查实所附原始凭证，证实为甲公司将自产的 500 件产品作为福利发放给公司管理人员。该批产品的单件成本为 1.2 万元，市场销售价格为每件 2 万元(不含增值税)。甲公司为增值税一般纳税人，适用的增值税税率为 13%，不考虑其他相关税费。

**要求：** 请结合案情分析该公司存在的问题。

---

## 任务解析

应付职工薪酬实质性测试的程序可参考表 8-5。

**表 8-5　应付职工薪酬实质性分析和细节测试程序表**

单位名称：　　　　　　编制人：　　　　复核人：　　　　质控人：　　　　索引号：
截止日期：　年　月　日　日　期：　　　　日　期：　　　　日　期：　　　　页　次：

| 审计程序 | 涉及的相关认定 | 是否执行 | 索引号N/A | 执行人及日期 |
|---|---|---|---|---|
| 一、实质性分析程序 | | | | |
| 1. 比较被审计单位员工人数的变动情况 | | | | |
| 2. 比较本期与上期工资费用总额 | | | | |
| 3. 结合员工社会保险缴纳情况，明确被审计单位员工范围，检查是否与关联公司员工工资混淆列支 | ABD | | | |
| 4. 核对独立部门的相关数据 | | | | |
| 5. 比较本期应付职工薪酬余额与上期应付职工薪酬余额，是否有异常变动 | | | | |

| 审计程序 | 涉及的相关认定 | 是否执行 | 索引号 N/A | 执行人及日期 |
|---|---|---|---|---|
| 二、细节测试程序 | | | | |
| 1. 获取或编制应付职工薪酬明细表，复核加计是否正确，并与报表数、总账数和明细账合计数核对是否相符 | D | | | |
| 2. 检查工资、奖金、津贴和补贴：<br>(1) 计提是否正确，依据是否充分；<br>(2) 检查分配方法与上年是否一致；<br>(3) 检查发放金额是否正确，代扣的款项及其金额是否正确；<br>(4) 检查是否存在属于拖欠性质的职工薪酬，并了解拖欠的原因 | ABD | | | |
| 3. 检查社会保险费(包括医疗、养老、失业、工伤、生育保险费)、住房公积金、工会经费和职工教育经费等计提(分配)和支付(或使用)的会计处理是否正确，依据是否充分 | ABD | | | |
| 4. 检查辞退福利下列项目：按辞退职工数量、辞退补偿标准计提辞退福利负债金额是否正确；计提辞退福利负债的会计处理是否正确，是否将计提金额计入当期管理费用；辞退福利支付凭证是否真实正确 | ABD | | | |
| 5. 检查非货币性福利：<br>(1) 检查以自产产品发放给职工的非货币性福利，是否根据受益对象，按照该产品的公允价值，计入相关资产成本或当期损益，同时确认应付职工薪酬。对于难以认定受益对象的非货币性福利，是否直接计入当期损益和应付职工薪酬；<br>(2) 检查无偿向职工提供住房的非货币性福利，是否根据受益对象，将该住房每期应计提的折旧计入相关资产成本或当期损益，同时确认应付职工薪酬。对于难以认定受益对象的非货币性福利，是否直接计入当期损益和应付职工薪酬；<br>(3) 检查租赁住房等资产供职工无偿使用的非货币性福利，是否根据受益对象，将每期应付的租金计入相关资产成本或当期损益，并确认应付职工薪酬。对于难以认定受益对象的非货币性福利，是否直接计入当期损益和应付职工薪酬 | ABD | | | |
| 6. 检查应付职工薪酬的期后付款情况，并关注在资产负债表日至财务报表批准报出日之间，是否有确凿证据表明需要调整资产负债表日原确认的应付职工薪酬事项 | ABC | | | |
| 7. 根据评估的舞弊风险等因素增加的其他审计程序 | | | | |

续表

| 审计程序 | 涉及的相关认定 | 是否执行 | 索引号 N/A | 执行人及日期 |
|---|---|---|---|---|
| 8. 检查应付职工薪酬是否已按照企业会计准则的规定在财务报表中做出恰当的列报：<br>(1) 检查是否在附注中披露与职工薪酬有关的下列信息<br>① 应当支付给职工的工资、奖金、津贴和补贴，及其期末应付未付金额；<br>② 应当为职工缴纳的医疗、养老、失业、工伤和生育等社会保险费，及其期末应付未付金额；<br>③ 应当为职工缴存的住房公积金，及其期末应付未付金额；<br>④ 为职工提供的非货币性福利，及其计算依据；<br>⑤ 应当支付的因解除劳动关系给予的补偿，及其期末应付未付金额；<br>⑥ 其他职工薪酬。<br>(2) 检查因自愿接受裁减建议的职工数量、补偿标准等不确定而产生的预计负债(应付职工薪酬)，是否按规定进行披露 | E | | | |

## 能力拓展

**要求：**针对"任务导入"中发现康诺公司的情况，请思考以下问题。

你认为这笔业务是否应计入应付职工薪酬呢？

## 延伸阅读

扫一扫，打开"职工薪酬的内容"阅读材料。

职工薪酬的内容

# 复习自测题

## 一、单项选择题

1. 工薪业务循环过程形成的文件按业务顺序依次为(　　)。

　　A. 员工调配单、工资单、生产统计表

　　B. 考勤簿、工资费用分配表、工资结算表

　　C. 员工调配单、考勤簿、工资结算表、工资费用分配表

　　D. 员工调配单、记账凭证、工资结算表

2. 为了防止向员工过量支付工薪或向不存在的员工虚假支付工薪，下列最有效的内部控制措施是(　　)。

　　A. 对资产的实物控制　　　　　　　　　B. 采用适当的授权

　　C. 实施适当的职责分离　　　　　　　　D. 独立检查

3. 在人力资源与工薪循环的审计中,注册会计师为了识别和评估工薪账项的重大错报风险而收集审计证据的是(    )。

    A. 细节测试        B. 实质性分析程序    C. 控制测试        D. 风险评估程序

4. 下列各项中,属于工薪审计实质性程序的是(    )。

    A. 询问和观察人事、考勤、工薪发放、记录等职责执行情况

    B. 复核人事政策、组织机构图

    C. 对本期工资费用进行分析性程序

    D. 检查工资分配表、工资汇总表、工资结算表,并核对员工工资手册等

5. 被审计单位对以下工资费用的分配,应确认为错误的是(    )。

    A. 营销人员的工资计入制造费用

    B. 车间主任的工资计入制造费用

    C. 参与固定资产建造人员的工资计入在建工程

    D. 仓库保管人员的工资计入管理费用

6. 为验证已发生的工资支出是否均已入账,应执行的程序是(    )。

    A. 检查工资费用的分配标准是否适当

    B. 将工资结算汇总表、工资费用分配表与有关的费用明细账核对

    C. 将工资率与工资手册核对,验证工资的计算是否正确

    D. 审阅工资结算汇总表和工资费用分配表,检查其恰当性

7. 对直接人工成本的控制测试,如果采用计件工资制,应当检查(    )。

    A. 实际工时统计记录           B. 职工分类表

    C. 个人产量记录             D. 职工工资率

8. 如果注册会计师在测试了关键控制后将工薪交易和余额中的重大错报风险评估为低水平,则其将会调整审计策略为(    )。

    A. 以获取为实施分析程序所需的大多数实质性审计证据,减少细节测试

    B. 以获取为实施细节测试所需的大多数实质性审计证据,减少实质性分析程序

    C. 仅实施实质性分析程序,以获取充分、适当的审计证据

    D. 仅实施细节测试,以获取充分、适当的审计证据

9. 某企业以现金支付行政管理人员生活困难补助 2000 元,下列各项中,会计处理正确的是(    )。

    A. 借:其他业务成本      2 000          贷:库存现金          2 000

    B. 借:营业外支出      2 000          贷:库存现金          2 000

    C. 借:管理费用        2 000          贷:库存现金          2 000

    D. 借:应付职工薪酬——职工福利  2 000     贷:库存现金          2 000

10. 被审计单位生产多种产品时,生产人员计时工资应选用(    )进行适当分配。

    A. 实际产量    B. 计划产量    C. 产量及单价    D. 定额工时或实耗工时

## 二、多项选择题

1. 审计人员测试被审计单位应付职工薪酬要实现的主要目标是(    )。

    A. 应付职工薪酬的计提是否正确

  B. 应付职工薪酬是否记录在正确的会计期间

  C. 确保不发生多计或虚构应付职工薪酬额

  D. 测试是否发生少报或漏报应付职工薪酬额

2. 不同的被审计单位的经营情况可能千差万别，但人力资源与工薪循环涉及的主要业务活动通常都包括(　　)等相对固定的环节。

  A. 记录工作时间或产量    B. 批准招聘

  C. 计算工薪总额和扣除    D. 支付工薪净额

3. 下列可能导致工薪交易和余额产生重大错报风险的有(　　)。

  A. 将工薪支付给错误的员工   B. 在工薪单上虚构员工

  C. 在进行工薪处理过程中出错  D. 电子货币转账系统的银行账户不正确

4. 根据受益对象进行分配，应付职工薪酬计提时可以计入的会计科目有(　　)。

  A. 生产成本  B. 研发支出  C. 在建工程  D. 财务费用

5. 人力资源与工薪循环涉及的主要凭证有(　　)。

  A. 工薪交易文件  B. 工时单   C. 工薪主文档  D. 材料费用分配表

6. 企业将拥有的小汽车无偿提供给本单位高级管理人员使用，下列会计处理正确的有(　　)。

  A. 借：管理费用     贷：累计折旧

  B. 借：管理费用     贷：应付职工薪酬

  C. 借：应付职工薪酬    贷：累计折旧

  D. 借：管理费用     贷：其他应收款

7. 在对人力资源与工薪循环的内部控制进行了解时，用以记录所了解内部控制的情况的方法有(　　)。

  A. 询问和观察各项职责执行情况

  B. 用文字叙述有关人力资源与工薪循环的内部控制情况

  C. 用调查问卷记录有关人力资源与工薪循环的内部控制情况

  D. 绘制有关人力资源与工薪循环的内部控制活动流程图

8. 下列各项中，应作为职工薪酬计入相关资产成本的有(　　)。

  A. 设备采购人员差旅费    B. 公司总部管理人员的工资

  C. 生产职工的伙食补贴    D. 材料入库前挑选整理人员的工资

9. 下列属于不相容职务的是(　　)。

  A. 工资编制岗位与工资发放岗位  B. 编制岗位与员工信息录入岗位

  C. 工资表的编制与工资表的审核  D. 工资发放岗位与工资记录岗位

10. 下列各项中，应确认为应付职工薪酬的有(　　)。

  A. 非货币性福利      B. 社会保险费和辞退福利

  C. 职工工资、福利费     D. 工会经费和职工教育经费

### 三、判断题

1. 财会部门应对员工考勤、工资结算、工资标准制定及工资结算汇总进行处理。(　　)

2. 为有效控制工薪业务，产量与工时记录、工资单等一式几联，并由不同部门参与

控制。 （　　）

3. 财务部门人员的职工福利费应计入财务费用。 （　　）

4. 被审计单位本月发生的工资业务在"应付职工薪酬"科目核算，以前月份应付的工资则计入其他应付款。 （　　）

5. 由于严格的监管环境和内部控制，通常情况下工薪业务重大错报风险评估为低，因此审计人员可以考虑通过实施分析程序获取大多数实质性审计证据，减少细节测试。 （　　）

6. 期末"应付职工薪酬"账户贷方余额表示多付工资。 （　　）

7. 审计人员对工资总额真实性审查时，需要核实在册职工人数的真实性。 （　　）

8. 企业将应由在建工程、无形资产负担的职工薪酬计入了生产成本，会导致当期利润减少。 （　　）

9. 将公司自己生产的笔记本电脑发放给企业职工，不属于销售行为，所以不需要缴纳各种税金。 （　　）

10. 对于人力资源与工薪循环的审计，不必进行控制测试，直接对"应付职工薪酬"账户进行细节测试就可以。 （　　）

# 项目九

## 筹资与投资循环审计

【技能目标】

- 能进行筹资与投资循环主要账户的控制测试。
- 能进行筹资与投资循环主要账户的实质性测试。

【知识目标】

- 理解筹资与投资循环的控制测试内容。
- 掌握筹资与投资循环业务流程。
- 掌握筹资与投资循环主要账户的审计目标。
- 掌握筹资与投资循环审计中主要账户的实质性程序。

## 知识导图

## 项目描述

　　筹资与投资循环由筹资活动和投资活动的交易事项构成。筹资活动是指企业为满足生存和发展的需要，通过改变企业资本、债务规模和构成而筹集资金的活动。筹资活动主要由借款和股东投资组成。投资活动是指企业为享有被投资单位分配的利润，或为谋求其他利益，将资产让渡给其他单位而获得另一项资产的活动。

## 情境引导

### 康诺公司筹资与投资业务审计

　　注册会计师李立负责康诺公司筹资与投资业务的审计。筹资与投资业务涉及面较广，李立在审计前先向康诺公司负责人王明和财务负责人了解了康诺公司筹资和投资业务的基本情况。康诺公司成立5年，注册资本为500万元，是王明和其四个朋友共同出资成立的。出资方式主要是货币出资，另外还有王明以技术入股100万元。公司成立后经营状况良好，但由于公司发展迅速，对资金的需求量较大。日常资金需求除企业经营积累外，主要靠银行贷款。由于康诺公司发展势头良好，几年来当地银行非常支持康诺公司的发展，几次贷款业务办理得都非常顺利，及时解决了康诺公司资金需求方面的问题。由于要开发新产品，近期康诺公司资金需求量剧增，仅靠银行贷款已不能满足企业需求，康诺公司准备吸收新投资人加入，以扩大资本规模，进一步壮大企业。

　　作为一家成立不久的企业，康诺公司并没有太多闲散资金进行对外投资；只是对其主要原料供应商进行了一笔长期投资项目，以便对该原料供应商施加影响，来保证原材料的供应。

　　整体来看，康诺公司的筹资与投资业务构成比较简单，但涉及的金额较大，李立决定对康诺公司发生的筹资与投资业务进行详细审计。

　　筹资与投资业务具有如下特征：审计年度内筹资与投资循环的交易数量较少，而每笔交易的金额通常较大；漏记或不恰当地对一笔业务进行会计处理，将会导致重大错报，从而对企业财务报表的公允反映产生较大的影响；筹资与投资循环交易必须遵守国家法律、法规和相关契约的规定。在审计时应结合这类业务的特点开展相应的审计工作。

# 任务一　筹资与投资循环的控制测试

筹资循环的
主要业务活动

## 任务导入

康诺公司经过 5 年的努力，现已进入高速发展阶段。随着新产品的开发和市场的拓展，资金的需求越来越大。公司目前没有专门负责筹资和投资业务的部门或人员，难以应对未来企业发展的需要。康诺公司的负责人王明认为此次接受信诚会计师事务所审计是个很好的机会，于是向注册会计师李立提出，企业下一步要重视筹资业务，准备配备专门人员完成该项工作，请注册会计师为今后企业筹资业务的开展提出建议。

**具体任务：**

如何进行康诺公司筹资与投资循环的控制测试？

## 知识准备

# 一、筹资与投资循环的主要业务活动

## (一)筹资所涉及的主要业务活动

企业所需的资金是企业生存与发展的重要基础。企业拥有的大部分资产源于债权人和股东提供的资金，企业的筹资业务由取得和偿还资金有关的交易组成，分为负债筹资交易和所有者权益交易两部分。具体来说，筹资活动的业务主要有以下环节。

(1) 审批授权。企业通过借款筹集资金须经管理当局的审批，其中债券的发行每次均要由董事会授权；企业发行股票必须依据国家有关法规或企业章程的规定，报经企业最高权力机构(如董事会)及国家有关管理部门批准。

(2) 签订合同或协议。向银行或其他金融机构融资须签订借款合同，发行债券须签订债券契约和债券承销或包销合同。

(3) 取得资金。企业实际取得银行或金融机构划入的款项或债券、股票的融入资金。

(4) 计算利息或股利。企业应按有关合同或协议的规定，及时计算利息或股利。

(5) 偿还本息或发放股利。银行借款或发行债券应按有关合同或协议的规定偿还本息，融入的股本根据股东大会的决定发放股利。

银行借款筹资活动流程如图 9-1 所示。

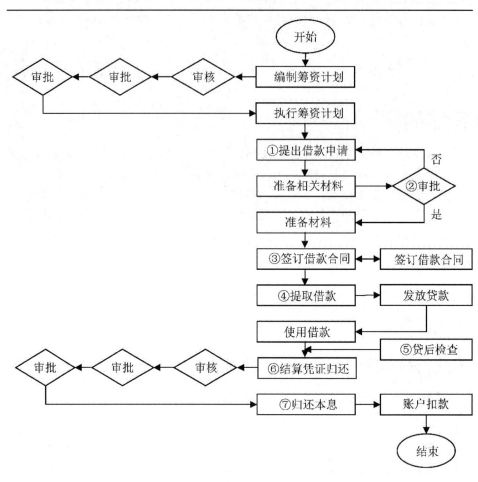

| 总经理 | 财务总监 | 财务经理 | 财务部 | 银行 |

图 9-1　银行借款筹资活动流程

### (二)投资所涉及的主要业务活动

企业在经营过程中为了保持资产的流动性和营利性,将资产投放于证券市场或其他企业,即形成投资业务。企业投资的形式包括债券、股票、基金等。具体来说,投资业务主要有以下环节。

(1) 审批授权。投资业务应由企业的高层管理机构进行审批。

(2) 取得证券或其他投资。企业可以通过购买股票或债券进行投资,也可以通过与其他单位联合形成投资。

(3) 取得投资收益。企业可以取得股权投资的股利收入、债券投资的利息收入和其他投资收益。

(4) 转让证券或收回投资。企业可以通过转让证券实现投资的收回;其他投资投出后,除联营合同期满,或由于其他特殊原因联营企业解散外,否则一般不得抽回投资。

投资主要业务活动一般程序如图 9-2 所示。

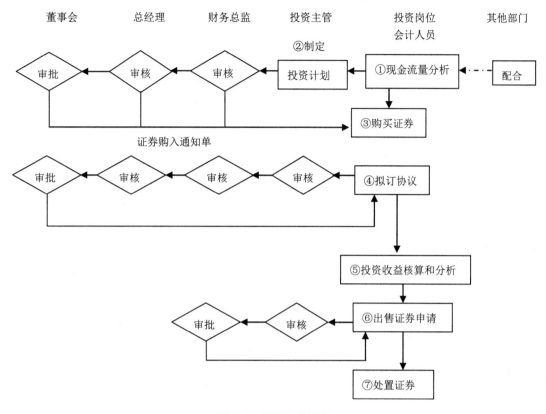

图 9-2　投资业务流程

## 二、筹资与投资循环的内部控制

### (一)筹资活动的内部控制

筹资活动的内部控制制度一般包括下列内容。

#### 1. 筹资的授权审批控制

适当授权及审批可明显提高筹资活动的效率，降低筹资风险，防止由于缺乏授权、审批而出现的舞弊现象。重大的筹资活动，如大额银行贷款、发行债券、发行股票等，应由董事会做出决议或由最高管理层决策，然后由财务人员执行；小规模的筹资活动，如短期借款等，则可由财务部门负责人做出决定。

#### 2. 筹资循环的职务分离控制

职责分工、明确责任是筹资循环内部控制的重要手段，筹资业务中应分离的职务如下。

(1) 筹资计划编制人与审批人适当分离，以利于审批人独立地评价计划的优劣。

(2) 经办人员不能接触会计记录。

(3) 会计记录人员与负责收、付款的人员分离,有条件的应聘请独立机构负责支付业务。

(4) 证券保管人员与会计记录人员分离。

### 3. 款项收付的控制

款项收付是指筹资发行债券、股票收入的款项以及定期分出利息、红利和利润等付出款项的业务。筹资业务收付的金额一般都比较大,为了防止以筹资业务为名进行不正当活动或者以伪造会计记录来掩盖不正当活动的事项发生,企业最好委托独立的代理机构代为发行。筹资当中,利息的支付应安排专门人员负责,并在有关人员签字确认后才对外偿付;企业也可委托有关代理机构代为偿付利息,降低舞弊的可能性。股利发放要以董事会或股东大会有关发放股利的决议文件为依据,可以由企业自行完成或委托代理机构完成。

### 4. 实物保管的控制

企业发行的债券和股票可以由独立的专门机构代为保管,也可以由企业自行保管。债券和股票应设立相应的登记簿,并由专人登记,同时要进行定期盘点。

### 5. 会计记录的控制

筹资业务的会计处理较为复杂,因此会计记录的控制尤为重要。企业应建立严密完善的账簿体系和记录制度;核算方法应符合会计准则和会计制度的规定。企业应及时地按正确的金额、合理的方法,在适当的账户和合理的会计期间予以正确记录,并定期进行账账、账表、账实的核对,如有不符,要及时查明原因。

## (二)投资活动的内部控制

投资活动的内部控制包括以下几个方面。

### 1. 投资计划的审批授权制度

投资必须编制投资计划,详细说明投资的对象、投资目的、影响投资收益的风险。投资计划在执行前必须严格审核,审批人应当根据对外投资授权批准制度的规定,不得超越审批权限。经办人应当在职责范围内,按照审批人的意思办理对外投资业务。大规模的投资活动由董事会决定,小规模的投资活动由财务主管授权。

### 2. 投资业务的职责分工制度

合法的投资业务应在业务的授权、执行、会计记录以及资产的保管等方面都有明确的分工,任何一项投资业务的全过程或过程中的某一重要环节不得由一人或一个机构独立负责。这种合理的职责分工所形成的相互牵制机制,有利于避免或减少投资业务中发生错误或舞弊的可能性,并且一旦发生,也能及时发现,从而将企业的损失控制到最低限度。

### 3. 投资资产的安全保护制度

企业对投资资产(股票和债券)一般有两种保管方式:一种方式是由独立的专门机构保管。这些机构拥有专门的保存和防护措施,可以防止各种证券及单据的失窃或毁损,并且由于它们与投资业务的会计记录工作是完全分离的,可以大大降低舞弊的可能性。另一种方式是由企业自行保管。在这种方式下,必须建立严格的相互牵制制度,即至少要由两名以上人员共同控制，不得一人单独接触证券。对于任何证券的存入和取出，要将证券名称、数量、价值及存取的日期、数量等详细记录于证券登记簿内，并由在场的经手人员签名。

### 4. 投资业务会计记录制度

对于股票或债券类投资，无论是企业自行保管的还是由他人保管的，都要进行完整的会计记录，并对其增减变动及投资收益的实现情况进行相关会计核算。具体而言，应对每一种股票或债券分别设立明细分类账，并详细记录其名称、面值、证书编号、数量、取得日期、经纪人(或证券商)名称、购入成本、收取的股息或利息等。对于联营投资类的其他投资也应设置明细账，核算其他投资的投出及其投资收益和投资收回等业务，并对投资的形式、投向、投资的计价以及投资收益等做出详细的记录。

### 5. 记名登记制度

除无记名证券外，企业在购入股票或债券时应在购入的当日尽快登记于企业名下，切忌登记于经办人员名下，防止冒名转移或借其他名义谋取私利的舞弊行为发生。

### 6. 定期盘点制度

对于企业所拥有的投资资产，应由内部审计人员或不参与投资业务的其他人员进行定期盘点，检查是否确为企业所拥有，并将盘点记录与账面记录相互核对以确认账实的一致性。

## 三、筹资与投资循环涉及的主要报表项目

根据财务报表项目与业务循环的相关程度，筹资与投资循环涉及的报表项目见表 9-1。

表 9-1　筹资与投资循环与主要财务报表项目对照表

| 业务循环 | 资产负债表项目 | 利润表项目 |
| --- | --- | --- |
| 投资与筹资循环 | 交易性金融资产、应收利息、其他应收款、其他流动资产、可供出售金融资产、持有至到期投资、长期股权投资、投资性房地产、递延所得税资产、短期借款、应付利息、应付股利、其他应付款、长期借款、应付债券、递延所得税负债、实收资本(或股本)、资本公积、盈余公积、未分配利润 | 财务费用、资产减值损失、公允价值变动收益、投资收益、营业外收入、营业外支出、所得税费用等 |

### ⦿ 任务解析

首先我们来学习筹资活动的控制测试。筹资活动控制测试可从以下方面开展。

(1) 筹资活动是否经过授权批准。测试授权审批控制，可以直接向管理当局询问，并查看筹资业务的法律性文件，检查企业筹资活动是否经董事会授权，是否履行了适当的审批手续，是否符合法律的规定。

(2) 筹资活动的授权、执行、记录和实物保管等是否严格分工。对职务分离控制的控

制测试可以采取跟踪业务的方法，实施调查各有关岗位分工的情况。

(3) 检查企业发行债券的收入是否立即存入银行。

(4) 取得债券契约，检查企业是否根据企业的规定支付利息。

(5) 检查筹资活动是否建立了严密的账簿体系和记录制度，并定期检查。

再来学习投资活动的控制测试。投资活动控制测试的内容包括以下几个方面。

(1) 投资项目是否经授权批准。对于投资计划的审批授权控制，主要通过查阅有关计划资料、文件或直接向管理当局询问进行审查。如通过查阅企业最高管理机构的会议纪要、证券投资的各类权益证明文书、联营投资中的投资协议、合同和章程等来了解投资循环授权批准制度的执行情况。

(2) 投资项目的授权、执行、保管和记录是否严格分工。对于职务分离控制的测试，审计人员可以采取实地调查、跟踪业务的方法进行。

(3) 有无健全的有价证券保管制度。了解证券资产的保管制度，检查被审计单位自行保管时，存取证券是否进行详细的记录并由所有经手人员签字。

(4) 投资活动的核算方式是否符合有关财务制度的规定，相关投资收益的会计处理是否正确。审计人员可从各类投资业务的明细账中抽取部分会计分录，按"原始凭证→明细账→总账"的顺序核对有关数据和情况，判断其会计处理过程是否合规完整，并据以核实上述了解的有关内部控制是否健全，是否得到有效的执行。

(5) 审计人员应审阅内部相关人员对有价证券进行定期盘点的报告，重点审阅盘点方法是否适当，盘点结果与会计记录进行核对的情况，以及出现差异的处理是否合规等。如果各期盘点报告的结果未发现差异(或差异不大)，说明投资活动的内部控制比较健全有效。

审计人员在完成上述工作后，取得了有关内部控制是否健全、有效的证据，并在工作底稿中标明筹资及投资活动的内部控制的强弱点，对筹资及投资业务内部控制进行总体评价，确认对筹资或投资业务内部控制的可依赖程度，进而确定实质性程序的重点。

## 能力拓展

**要求：** 根据"任务导入"中康诺公司提出的要求，思考以下问题。

如何为康诺公司未来筹资业务的开展提出建议呢？

## 延伸阅读

扫一扫，打开"企业筹资渠道"阅读材料。

**企业筹资渠道**

# 任务二　借款项目的实质性测试

## 任务导入

注册会计师李立对康诺公司 2020 年会计报表进行审计时发现，在该年度内，康诺公司向银行申请到了一笔长期贷款，贷款合同规定如下。

(1) 贷款以公司存货和应收账款为担保。

(2) 康诺公司债务与所有者权益之比应经常保持在不高于 2：1。

(3) 取得贷款用于扩建生产车间。

(4) 自 2020 年 7 月 1 日起分期偿还贷款。

**具体任务：**

应如何开展长期借款项目的实质性测试？

### ◉ 知识准备

借款是企业承担的一项经济义务，是企业的负债项目。在一般情况下，被审计单位不会高估负债，因为这样于自身不利，且难以与债权人的会计记录相互印证。因此，审计人员对于负债项目的审计，主要是防止企业低估债务。低估债务经常伴随着低估成本费用，从而达到高估利润的目的。所以，审计人员在执行借款业务审计时，应将被审计单位是否低估借款作为一个关注的要点。以下以长期借款为例介绍借款项目的实质性程序。

## 一、长期借款的审计目标

长期借款审计目标的确定见表 9-2。

表 9-2　长期借款审计目标的确定

| 被审计单位： | 索引号： | | 页次： | |
|---|---|---|---|---|
| 项目：长期借款 | 编制人： | | 日期： | |
| 报表期间： | 复核人： | | 日期： | |

| 审计目标 | 财务报表认定 | | | | |
|---|---|---|---|---|---|
| | 存在 | 完整性 | 权利与义务 | 计价与分摊 | 列报 |
| A. 资产负债表中记录的长期借款是存在的 | √ | | | | |
| B. 所有应当记录的长期借款均已记录 | | √ | | | |
| C. 记录的长期借款是被审计单位应当履行的现时义务 | | | √ | | |
| D. 长期借款以恰当的金额包括在财务报表中，与之相关的计价调整已恰当记录 | | | | √ | |
| E. 长期借款已按照企业会计准则的规定在财务报表中做出恰当列报 | | | | | √ |

## 二、长期借款实质性程序的要点

### (一)检查长期借款的增减变动及使用情况

(1) 对年度内增加的长期借款，应检查借款合同和授权批准，了解借款数额、借款条

件、借款日期、还款期限、借款利率,并与相关会计记录进行核对。审计人员应查明被审计单位借款的目的是否正当,借款的理由是否充分,借款手续是否齐备,入账是否及时等。

(2) 对年度内减少的长期借款,审计人员应检查相关记录和原始凭证,检查还款时间与借款计划和银行规定的还款时间是否相符,核实还款数额及利息计算是否正确。

(3) 向银行或其他债权人函证重大的长期借款,以证实借款的存在性和条件,以及有无抵押等情况。函证中如有差异,应进一步调查其原因。

(4) 检查长期借款的使用是否符合借款合同的规定,是否为扩大生产经营规模所需,是否真正用于购建固定资产或无形资产等,有无改变借款用途的行为。

> **做中学 9-1:**
>
> 审计人员接受委托对美丰造纸厂的短期借款项目进行审计。本年度美丰造纸厂从工商银行取得生产周转借款 180 000 元,用于采购原材料。审计人员调阅"材料采购"明细账并与凭证核对,发现在借款期内没有采购原材料。调阅"银行存款日记账"发现,当月用银行存款支付生产车间房屋改建费 180 000 元,作为修理费用处理。审计人员到车间调查,车间管理人员证实房屋改建属实。
>
> **要求:** 根据上述资料,指出可能存在的问题。

### (二)检查借款费用的会计处理

借款费用,是指企业因借款而发生的利息及其他相关成本。按企业会计准则的规定,企业发生的借款费用,可直接归属于符合资本化条件的资产的购建或生产的,应当予以资本化,计入相关资产成本;其他借款费用,应当在发生时根据其发生额确认费用,计入当期损益。根据长期借款的利率和期限,复核被审计单位长期借款的利息计算是否正确;如有未计利息和多计利息,应做出记录,必要时进行调整。检查长期借款的利息费用,是否正确计入财务费用、在建工程、制造费用、研发支出等相关账户,同时应检查专门借款和一般借款的借款费用资本化的时点和期间、资产范围、目的和用途等是否符合资本化条件。

> **做中学 9-2:**
>
> 某公司为建造新厂房,于 2020 年 6 月 30 日向银行借款 600 万元,年利率为 10%,借款期为 3 年。该厂房 2020 年 7 月 1 日动工,2021 年 12 月 31 日达到预定可使用状态。该企业将该项借款产生的所有利息费用分别计入 2020 年和 2021 年的财务费用。
>
> **要求:** 根据上述资料,指出被审计单位会计处理中存在的问题并提出调整建议。

## 任务解析

长期借款实质性测试的程序可参考表 9-3。

**表 9-3　长期借款实质性分析和细节测试程序表**

单位名称：　　　　　　编制人：　　复核人：　　　　质控人：　　　索引号：

截止日期：　年　月　日　　日　期：　　日　期：　　　日　期：　　　页　次：

| 审计程序 | 涉及的相关认定 | 是否执行 | 索引号 N/A | 执行人及日期 |
|---|---|---|---|---|
| 一、实质性分析程序 | | | | |
| 1. 计算本期借款平均余额与上年同期数的变动比率，计算借款期末数与期初数的变动比率，分析变动原因的合理性 | ABD | | | |
| 2. 计算平均实际利率并同以前年度及市场平均利率相比较 | | | | |
| 3. 按照平均借款余额与平均利率测算应计利息费用，并与利息费用与利息资本化之和比较 | | | | |
| 4. 分析计算逾期贷款的金额、比率和期限，判断被审计单位的资信状况和偿债能力 | | | | |
| 二、细节测试程序 | | | | |
| 1. 获取或编制长期借款明细表，复核加计是否正确，并与总账数和明细账合计数核对是否相符，减去将于一年内偿还的长期借款后与报表数核对是否相符 | D | | | |
| 2. 检查被审计单位贷款卡，核实账面记录是否完整 | B | | | |
| 3. 向银行或其他金融机构函证，并与期末长期借款核对 | ACD | | | |
| 4. 审查年度内增加的长期借款 | ABCD | | | |
| 5. 审查年度内减少的长期借款 | ABD | | | |
| 6. 复核长期借款利息 | D | | | |
| 7. 检查借款费用的会计处理是否正确 | D | | | |
| 8. 检查被审计单位用于长期借款的抵押资产的所有权是否属于被审计单位，是否与担保契约中的规定相一致 | C | | | |
| 9. 检查被审计单位与贷款人进行的债务重组，确定其真实性、合法性，并检查债务重组的会计处理是否正确 | AD | | | |
| 10. 根据评估的舞弊风险等因素增加的其他审计程序 | | | | |
| 11. 检查长期借款是否已按照企业会计准则的规定在财务报表中做出恰当的列报：<br>(1) 被审计单位按信用借款、抵押借款、质押借款、保证借款分别披露；<br>(2) 对于期末逾期借款，分别按贷款单位、借款金额、逾期时间、年利率、逾期未偿还原因和预期还款期等进行披露；<br>(3) 被审计单位在附注中披露与借款费用有关的下列信息：当期资本化的借款费用金额，当期用于计算确定借款费用资本化金额的资本化率；<br>(4) 一年内到期的长期借款列为一年内到期的非流动负债；<br>(5) 被审计单位在资本负债表日或之前违反了长期借款协议，导致贷款人可随时要求清偿的负债，归类为流动负债 | E | | | |

● 能力拓展

**要求：** 针对"任务导入"中发现康诺公司长期借款业务的情况，思考以下问题。

注册会计师对上述长期借款项目审计中应关注哪些问题呢？

● 延伸阅读

扫一扫，打开"借款的种类"阅读材料。

借款的种类

# 任务三　所有者权益项目的实质性测试

● 任务导入

　　注册会计师李立向康诺公司了解其投入资本的情况，康诺公司负责人王明介绍说：康诺公司成立于 2015 年，最初由他和四个朋友共同出资设立，每人出资 75 万元。两年后，王明以非专利技术增资入股，该非专利技术协议作价 150 万元。增资后康诺公司注册资本变更为 500 万元，王明的股份占总股本的 40%，其他四个股东的股份各占总股本的 15%。注册会计师注意到康诺公司对该笔增资业务的处理为

　　借：无形资产——非专利技术　　　150 万

　　　　贷：股本——王明　　　　　　　　150 万

**具体任务：**

应如何开展股本的实质性测试？

● 知识准备

　　所有者权益是企业投资者对企业净资产的所有权，包括投资者对企业的投入资本以及企业存续过程中形成的资本公积、盈余公积和未分配利润。所有者权益在数量上等于企业的全部资产减去全部负债后的余额，根据这一平衡原理，如果审计人员能够对企业的资产和负债进行充分的审计，证明两者的期初余额、期末余额和本期变动都是正确的，就从侧面为所有者权益的期末余额和本期变动的正确性提供了有力的证据。因此，审计人员在审计了企业的资产和负债之后，往往只花费相对较少的时间对所有者权益进行审计。根据所有者权益增减变动的业务较少、金额较大的特点，审计人员一般不需要对其内部控制制度进行控制测试，可以直接进行项目和金额的实质性程序。

## 一、所有者权益的审计目标

　　所有者权益审计目标的确定见表 9-4。

表 9-4 所有者权益审计目标的确定

被审计单位： 索引号： 页次：

项目：所有者权益 编制人： 日期：

报表期间： 复核人： 日期：

| 审计目标 | 财务报表认定 | | | | |
|---|---|---|---|---|---|
| | 存在 | 完整性 | 权利与义务 | 计价与分摊 | 列报 |
| A. 资产负债表中记录的所有者权益是存在的 | √ | | | | |
| B. 所有应当记录的所有者权益均已记录，所有者权益的增减变动符合法律、法规和合同、章程的规定 | | √ | | | |
| C. 所有者权益以恰当的金额包括在财务报表中 | | | | √ | |
| D. 所有者权益已按照企业会计准则的规定在财务报表中做出恰当列报 | | | | | √ |

## 二、所有者权益实质性程序的要点

### (一)股本(或实收资本)的实质性程序

股本是股份有限公司按照公司章程、合同和投资协议的规定向股东募集的资本，代表股东对公司净资产的所有权。通常股本不发生变化，只有在股份有限公司设立、增资扩股和减资时发生变化。

除股份有限公司的投入资本在"股本"科目中核算外，其他组织形式的企业，其投入资本集中在"实收资本"科目中核算。实收资本与股本的实质性程序基本相同。

股本的实质性程序的要点一般包括以下几个方面。

(1) 审阅公司章程、实施细则以及股东大会、董事会会议记录中有关股本的规定。审计人员应了解的内容包括：核定股份和已发行股份的份数、股票面值、股票收回、股票分割及认股权证等。通过这些资料，审计人员应进一步确定被审计单位股本的交易是否符合有关法规规定及股东大会或董事会的决议。

(2) 检查股东是否按照公司章程、合同、协议规定的出资方式、出资比例、出资期限出资。审计时，应当了解企业章程、合同、协议中的出资方式、出资比例，确定其内容的合法性。然后具体分析企业实际募股时，是否存在与公司章程、合同、协议内容存在差异的情况，了解形成差异的原因，将有关问题与公司有关人员协商，对审计过程及有关问题的处理，以适当的方式记录于工作底稿中。

(3) 审查股本(实收资本)增减变动的合法性。检查股本(或实收资本)增减变动的原因，查阅其是否与董事会纪要、协议及有关法律性文件的规定是否一致。还要注意审查：企业增资扩股时，新投资者缴纳的出资额核算是否正确；资本公积、盈余公积转增资本应经过批准，并符合有关规定；比原注册资本增加或减少 20%时，是否持资金证明或验资证明向原登记机关申请变更登记；减少资本时是否符合减资的有关条件(包括通知所有债权人，未有人提出异议；股东大会决定，有关部门批准，修改公司章程，办理变更登记手续；减资后不能低于注册资本最低限额)。

(4) 函证发行在外的股票。审计人员应检查已发行的股票数量是否真实，是否均已收到股款或资产。故在审计时可采取与证券交易所和金融机构函证及查阅的方法来验证发行股份的数量，并与股本账面数额进行核对，确定是否相符。对个别自己发行股票并进行有关股票发行数量、金额及股东情况登记的企业，可在检查股票登记簿和股东名单的基础上，抽查其记录是否真实有据，核对发行的股票存根，看其数额是否与股本账面数额相符。

---

**做中学 9-3：**

审计人员审查某公司股票发行业务时发现：该公司委托某证券公司代理发行普通股 100 万股，每股面值 2 元，发行价格为 3.5 元，双方约定发行手续费及佣金为发行收入的 2%。该企业的账面记录如下。

借：银行存款          3 500 000
    贷：股本              3 500 000
借：财务费用          70 000
    贷：银行存款           70 000

**要求：** 根据上述资料，指出该公司账务处理中存在的问题并做出调整。

---

### (二)资本公积的实质性程序

资本公积是因非经营性因素形成的不能计入实收资本的所有者权益，主要包括投资者实际缴付的出资额超过其资本份额的差额(如股本溢价、资本溢价)和其他资本公积等。

审计人员对资本公积进行实质性程序，其测试要点应包括以下两个方面。

#### 1. 检查资本公积形成的合法性

审计人员应首先检查资本公积形成的内容及依据，并查阅相关的会计记录和原始凭证，确认资本公积形成是否符合相关法规的规定，是否经过相应的授权批准。

#### 2. 审查资本公积运用的合法性

审查资本公积是否挪作他用；对于资本公积转增资本，应审查转增资本是否经董事会决定并报经工商行政管理机关批准，并依法办理增资手续；获得批准后，资本公积运用的账务处理是否及时正确。

### (三)盈余公积的实质性程序

盈余公积是企业按照规定从税后利润中提取的积累资金，是具有特定用途的留存收益，主要用于弥补亏损和转增资本，也可以按规定用于分配股利。盈余公积包括法定盈余公积、任意盈余公积。

审计人员对盈余公积进行实质性程序，其审计要点包括以下两个方面。

**1. 检查盈余公积的提取**

对盈余公积的提取,应主要检查盈余公积的提取是否符合规定并经过批准,提取手续是否完备,提取的依据是否真实、正确,提取项目是否完整,提取比例是否合法,有无多提或少提。

**2. 检查盈余公积的使用**

对盈余公积的使用,应主要检查盈余公积的使用是否符合规定用途并经过批准。按规定盈余公积的使用必须经过一定的授权批准手续,法定盈余公积和任意盈余公积用于弥补亏损、转增资本,但必须符合国家规定的条件;转增资本还必须经过批准,依法办理增资手续,取得合法的增资文件;弥补亏损也必须按批准数额转账。

## (四)未分配利润的实质性程序

未分配利润是指没有分配给投资者,也未指定用途的净利润。未分配利润是企业当年税后利润在弥补以前年度亏损、提取公积金以后加上上年末未分配利润,再扣除向所有者分配的利润后的结余额,是企业历年积存的利润分配后的余额,也是所有者权益的一个重要组成部分。企业的未分配利润通过"利润分配——未分配利润"明细科目核算,其年末余额反映历年积存的未分配利润 (或未弥补亏损) 。

未分配利润实质性程序的要点一般包括以下几个方面。

(1) 检查与利润分配有关的董事会会议纪要、股东大会决议、政府批文及有关合同、协议、公司章程等文件资料,对照有关规定确定利润分配的合法性。

(2) 检查本期未分配利润变动除净利润转入以外的全部相关凭证,结合所获取的文件资料,确定其会计处理是否正确。

(3) 了解本年利润弥补以前年度亏损的情况,如果已超过弥补期限,且已因为抵扣亏损而确认递延所得税资产的,应当进行调整。

(4) 根据审计结果调整本年损益数,确定调整后的未分配利润数。

---

✏️ **做中学 9-4:**

某股份有限公司 2020 年利润分配前的股本结构如下。

| | | |
|---|---|---|
| 普通股股本 10 000 万股 | 每股面值 1 元 | 10 000 万元 |
| 资本公积——股本溢价 | 每股溢价 2 元 | 20 000 万元 |
| 盈余公积 | | 2 000 万元 |
| 未分配利润 | | 3 000 万元 |

本年度实现税后利润 3 000 万元,所得税税率为 25%,法定公积金提取比例为 10%。经董事会研究决定,每 10 股发放 1 股作为股票股利,该股票现价为每股 3 元,已按规定办妥增资手续。分配后股本结构如下。

| | | |
|---|---|---|
| 普通股股本 10 000 万股 | 每股面值 1 元 | 11 000 万元 |
| 资本公积——股本溢价 | 每股溢价 2 元 | 20 000 万元 |
| 盈余公积 | | 2 301.5 万元 |
| 未分配利润 | | 3 708.5 万元 |

**要求**: 指出该企业存在的问题并加以改正。

---

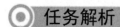 **任务解析**

实收资本(股本)实质性测试的程序参见表9-5所示。

### 表9-5 实收资本(股本)实质性分析和细节测试程序表

单位名称：　　　　　　编制人：　　　　　复核人：　　　　质控人：　　　　索引号：
截止日期：　年　月　日　日　期：　　　　日　期：　　　日　期：　　　　页　次：

| 审计程序 | 涉及的相关认定 | 是否执行 | 索引号 N/A | 执行人及日期 |
|---|---|---|---|---|
| 一、实质性分析程序 | | | | |
| 对所有者权益期末数与期初数进行比较，解释其波动原因 | ABD | | | |
| 二、细节测试程序 | | | | |
| 1. 获取或编制实收资本(或股本)明细表，复核其加计的正确性，并与明细账、总账和报表数核对相符 | D | | | |
| 2. 首次接受委托的客户，取得历次验资报告，将其所载明的投资者名称、投资方式、投资金额等内容与被审计单位历次实收资本(股本)变动的账面记录、会计凭证及附件等核对 | ABD | | | |
| 3. 审阅公司章程、股东(大)会、董事会会议记录中有关实收资本(股本)的规定。收集与实收资本(股本)变动有关的董事会会议纪要、股东(大)会决议、合同、协议、公司章程及营业执照，公司设立批文、验资报告等法律性文件，并更新永久性档案 | AB | | | |
| 4. 检查投入资本是否真实存在，审阅和核对与投入资本有关的原始凭证、会计记录，必要时向投资者函证实缴资本额，对有关财产和实物价值进行鉴定，以确定投入资本的真实性。对于发行在外的股票，应注意检查股票发行费用的会计处理是否符合有关规定 | AD | | | |
| 5. 检查出资期限和出资方式、出资额，检查投资者是否按合同、协议、章程约定的时间和方式缴付出资额，是否已经注册会计师验证。若已验资，应审阅验资报告 | ABD | | | |
| 6. 检查实收资本(或股本)增减变动的原因，查阅其是否与董事会会议纪要、补充合同、协议及其他有关法律性文件的规定一致，会计处理是否正确，注意有无抽逃资本或变相抽逃资本的情况；如有，应取证核实，做出恰当处理 | ABD | | | |
| 7. 根据证券登记公司提供的股东名录，检查被审计单位及其子公司、合营企业与联营企业是否有违反规定的持股情况 | E | | | |
| 8. 根据评估的舞弊风险等因素增加的审计程序 | | | | |
| 9. 验明所有者权益在报表中是否已恰当列报 | E | | | |

◉ **能力拓展**

**要求：**根据"任务导入"中审计人员了解康诺公司投入资本业务的情况，思考以下问题。康诺公司增资业务的处理是否存在问题呢？

◉ **延伸阅读**

扫一扫，打开"验资"阅读材料。

验资

# 任务四　投资项目的实质性测试

◉ **任务导入**

注册会计师李立在审计康诺公司投资业务时发现：康诺公司 2020 年有一笔对红光公司的投资业务，金额为 50 万元，康诺公司将其计入了交易性金融资产。向康诺公司会计人员询问得知，红光公司是康诺公司主要的原材料供应商，为稳定材料供应，康诺公司决定持有红光公司的股份，从而对红光公司施加重大影响，这部分股份准备长期持有，今后还会增加持股比例。

**具体任务：**

应如何开展交易性金融资产的实质性测试？

◉ **知识准备**

投资是指企业为通过分配来增加财富，或为谋求其他利益，而将资产让渡给其他单位所获得的另一项资产。与投资相关的项目包括：交易性金融资产、可供出售金融资产、持有至到期投资、长期股权投资、投资性房地产、应收利息、投资收益、应收股利等。下面以交易性金融资产为例介绍投资项目的审计。

## 一、交易性金融资产的审计目标

交易性金融资产审计目标的确定见表 9-6。

表 9-6　交易性金融资产审计目标的确定

| 被审计单位： | 索引号： | 页次： |
| 项目：交易性金融资产 | 编制人： | 日期： |
| 报表期间： | 复核人： | 日期： |

| 审计目标 | 财务报表认定 | | | | |
|---|---|---|---|---|---|
| | 存在 | 完整性 | 权利与义务 | 计价与分摊 | 列报 |
| A. 资产负债表中记录的交易性金融资产是存在的 | √ | | | | |

续表

| 审计目标 | 财务报表认定 | | | | |
|---|---|---|---|---|---|
| | 存在 | 完整性 | 权利与义务 | 计价与分摊 | 列报 |
| B. 所有应记录的交易性金融资产均已记录 | | √ | | | |
| C. 记录的交易性金融资产由被审计单位拥有或控制 | | | √ | | |
| D. 交易性金融资产以恰当的金额包括在财务报表中，相关的计价调整已恰当记录 | | | | √ | |
| E. 交易性金融资产已按照企业会计准则的规定在财务报表中做出恰当列报 | | | | | √ |

## 二、交易性金融资产实质性程序的要点

### (一)确定交易性金融资产余额正确及存在

(1) 获取股票、债券、基金等账户对账单，与明细账核对，做出记录或进行适当调整。

(2) 被审计单位的人员盘点交易性金融资产，编制交易性金融资产盘点表，审计人员实施监盘并检查交易性金融资产的名称、数量、票面价值、票面利率等内容，同时与相关账户余额进行核对；如有差异，查明原因。做出记录或进行适当调整。

(3) 如果交易性金融资产在审计工作日已售出或兑换，则追查至相关原始凭证，以确认其在资产负债表日存在。

(4) 对在外保管的交易性金融资产等应查阅有关保管的文件，必要时可向保管人函证，复核并记录函证结果。了解在外保管的交易性金融资产实质上是否为委托理财，如是，则应详细记录，分析资金的安全性和可收回性，提请被审计单位重新分类，并充分披露。

### (二)确定交易性金融资产入账的合理性

就被审计单位管理层将投资确定划分为交易性金融资产的意图获取审计证据，并考虑管理层实施该意图的能力。应向管理层询问，并通过下列方式对管理层的答复予以印证。

(1) 考虑管理层以前所述的对于划分为交易性金融资产的意图的实际实施情况。

(2) 复核包括预算、会议纪要等在内的书面计划和其他文件记录。

(3) 考虑管理层选择划分为交易性金融资产的理由。

(4) 考虑管理层在既定经济环境下实施特定措施的能力。

### (三)确定交易性金融资产计价的正确性

复核交易性金融资产计价方法，检查其是否按公允价值计量，前后期是否一致；复核公允价值取得依据是否充分。公允价值与账面价值的差额是否计入公允价值变动损益科目。

做中学 9-5：

　　审计人员对大华公司 2020 年交易性金融资产业务进行审计时发现：该公司于 2020 年 10 月购入甲公司股票 30 000 股，每股面值 10 元，买价 20 元，另外包含已宣告发放但未支付的股利 15 000 元，打算近期抛售获利。大华公司还支付了 5 000 元手续费，实际支付价款为 620 000 元。大华公司的账务处理如下。

　　借：交易性金融资产　　　　　　　　　　　　　　　　600 000
　　　　投资收益　　　　　　　　　　　　　　　　　　　15 000
　　　　财务费用　　　　　　　　　　　　　　　　　　　5 000
　　　　贷：银行存款　　　　　　　　　　　　　　　　　　　620 000

　　**要求：** 指出该企业账务处理中存在的问题。

## 任务解析

　　交易性金融资产实质性测试的程序参见表 9-7。

表 9-7　交易性金融资产实质性分析和细节测试程序表

单位名称：　　　　　　　编制人：　　　复核人：　　　质控人：　　　索引号：

截止日期：　年　月　日　　　日　期：　　　日　期：　　　日　期：　　　页　次：

| 审计程序 | 涉及的相关认定 | 是否执行 | 索引号N/A | 执行人及日期 |
|---|---|---|---|---|
| 一、实质性分析程序 | | | | |
| 比较分析交易性金融资产期末数与年初数的变动情况和原因，评价其合理性 | ABD | | | |
| 二、细节测试程序 | | | | |
| 1. 获取或编制交易性金融资产明细表。<br>　复核加计正确，并与报表数、总账数和明细账合计数核对是否相符；检查非记账本位币交易性金融资产的折算汇率及折算是否正确；与被审计单位讨论以确定划分为交易性金融资产是否符合企业会计准则的规定 | D | | | |
| 2. 就被审计单位管理层将投资确定划分为交易性金融资产的意图获取审计证据，并考虑管理层实施该意图的能力 | C | | | |
| 3. 确定交易性金融资产余额正确及存在 | A | | | |
| 4. 确定交易性金融资产的会计记录是否完整，并确定所购入交易性金融资产是否归被审计单位所拥有：<br>(1) 取得有关账户流水单，对照检查账面记录是否完整。检查购入交易性金融资产是否为被审计单位拥有；<br>(2) 向相关机构发函，并确定是否存在变现限制，同时记录函证过程 | BC | | | |

续表

| 审计程序 | 涉及的相关认定 | 是否执行 | 索引号 N/A | 执行人及日期 |
|---|---|---|---|---|
| 5. 确定交易性金融资产的计价是否正确 | D | | | |
| 6. 抽取交易性金融资产增减变动的相关凭证,检查其原始凭证是否完整合法,会计处理是否正确 | ABD | | | |
| 7. 检查有无变现存在重大限制的交易性金融资产,如有,则查明情况,并进行适当调整 | C | | | |
| 8. 针对识别的舞弊风险等因素增加的审计程序 | | | | |
| 9. 检查交易性金融资产是否已按照企业会计准则的规定在财务报表中做出恰当列报 | E | | | |

## 能力拓展

**要求:** 根据"任务导入"中审计人员发现康诺公司投资业务的基本情况,思考以下问题。对于这笔投资业务,康诺公司的处理是否正确呢?

## 延伸阅读

扫一扫,打开"投资的分类"阅读材料。

投资的分类

# 复习自测题

## 一、单项选择题

1. 下列关于筹资与投资循环的观点中,不正确的是(　　)。
   A. 该循环的总目标是评价该循环各项目余额是否公允表达
   B. 该循环的交易数量较多,而每笔交易的金额通常较小
   C. 该循环中,漏记或不恰当地对一笔业务进行会计处理,将会导致重大错误,从而对企业会计报表的公允反映产生较大的影响
   D. 该循环的交易必须遵守国家法律、法规和相关契约的规定

2. 筹资活动的凭证和会计记录不包括(　　)。
   A. 股票　　　　　B. 债券　　　　　C. 债券契约　　　　　D. 经纪人通知书

3. 投资的内部控制制度一般不包括(　　)。
   A. 内部核查程序　　　　　　　B. 健全的资产保管制度
   C. 详尽的会计核算制度　　　　D. 完善的定期盘点制度

4. 审计人员审查股票发行费用的会计处理时,应查实被审计单位在股票溢价时是否按规定将之(　　)。
   A. 作为当期费用　　B. 冲减股本　　C. 作为长期待摊费用　　D. 先从溢价中抵消

5. 对所有者权益审计时，采用的审计方法主要是(　　)。

　　A. 详查法　　　　B. 抽查法　　　　C. 分析法　　　　D. 顺查法

6. 审计人员为确定"长期借款"账户余额的真实性，可以进行函证。函证对象应是(　　)。

　　A. 公司的律师　　　　　　　　　　B. 金融监管机构

　　C. 银行或其他有关债权人　　　　　D. 公司的主要股东

7. 当发现记录的债券利息费用大大超过相应的应付债券账户余额与票面利率的乘积时，注册会计师应当怀疑(　　)。

　　A. 应付债券的折价被低估　　　　　B. 应付债券被高估

　　C. 应付债券被低估　　　　　　　　D. 应付债券的溢价被高估

8. 计算投资收益占利润总额的比例，并将其与各年比较，可以看出被审计单位(　　)。

　　A. 投资的真实性　　　　　　　　　B. 投资的完整性

　　C. 盈利能力的稳定性　　　　　　　D. 投资收益的正确性

9. "筹资业务明细账与总账的登记职务分离"是为实现筹资内部控制目标中的(　　)。

　　A. 存在与发生　　B. 完整性　　　C. 权利与义务　　　D. 表达与披露

10. 注册会计师对资本公积进行实质性测试的内容不包括(　　)。

　　A. 资本溢价或股本溢价　　　　　　B. 溢价发行股票下发行费用的处理

　　C. 弥补亏损的处理　　　　　　　　D. 转增资本的处理

11. 投资的授权批准是内部控制的关键程序，其内部控制目标是(　　)。

　　A. 存在与发生　　B. 完整性　　　C. 计价和分摊　　　D. 权利和义务

12. 如果被审计单位的投资证券是委托某些专门机构代为保管的，为证实这些投资证券的真实存在，注册会计师应(　　)。

　　A. 实地盘点投资证券　　　　　　　B. 向代保管机构发函询证

　　C. 获取被审计单位管理当局声明　　D. 逐笔检查被审计单位相关会计记录

13. 下列不属于筹资与投资循环的财务报表项目的是(　　)。

　　A. 交易性金融资产　　B. 资本公积　　C. 应付利息　　D. 固定资产

14. 在筹资与投资循环的财务报表项目中，下列审计目标侧重点与众不同的是(　　)。

　　A. 银行借款　　　　B. 应付债券　　C. 应付利息　　　D. 长期股权投资

15. 采用成本法核算长期股权投资，被投资企业宣告发放现金股利时，投资企业应进行的会计处理正确的是(　　)。

　　A. 冲减投资收益　　　　　　　　　B. 增加资本公积

　　C. 增加投资收益　　　　　　　　　D. 冲减长期股权投资

## 二、多项选择题

1. 为检查被审计单位长期借款是否已在报表上充分披露，注册会计师应当检查(　　)。

　　A. 长期借款已计利息是否正确，会计处理是否正确

　　B. "长期借款"的期末余额是否已扣除一年内到期的长期借款数额

　　C. 一年内到期的长期借款是否已作为流动负债单独反映

　　D. 长期借款的抵押和担保是否已在会计报表附注中作了充分说明

2. 投入资本审计具有的特征是(　　)。

A. 测试内部控制并据此确定实质性程序

B. 用详细审计程序进行实质性程序

C. 审查出资方式和期限是否合法

D. 通常在资产负债表审计的基础上花费较少的时间

3. 在对长期借款进行实质性测试时，注册会计师一般应获取的证据包括(　　)。

A. 长期借款明细表　　　　　　　　B. 长期借款合同和授权批准文件

C. 相关抵押资产的所有权证明文件　　D. 函证回函

4. 属于筹资活动涉及的主要凭证和会计记录有(　　)。

A. 股东名册　　　B. 经纪人通知书　　　C. 承销或包销协议　　　D. 投资协议

5. 下列对交易性金融资产实施的实质性程序恰当的有(　　)。

A. 对期末结存的相关交易性金融资产，向被审计单位核实其持有目的，检查本科目核算范围是否恰当

B. 监盘库存交易性金融资产，并与相关账户余额进行核对，如有差异，应查明原因，并做出记录或进行适当调整

C. 向相关金融机构发函询证交易性金融资产期末数量以及是否存在变现限制，并记录函证过程

D. 复核与交易性金融资产相关的损益计算是否准确，并与公允价值变动损益及投资收益等有关数据核对

6. 对于实收资本的减少，注册会计师应查明被审计单位是否(　　)。

A. 事先通知债权人，债权人无异议

B. 事先通知债务人，债务人无异议

C. 经股东大会决议同意，并修改公司章程

D. 减资后的注册资本不低于法定注册资本的最低限额

7. 管理层认定在资产负债表列示的内容不存在一年内到期的长期借款，这不属于管理层的(　　)认定。

A. 准确性和计价　　B. 分类和可理解性　　C. 完整性　　D. 发生及权利和义务

8. 法定盈余公积和盈余公积可用于(　　)。

A. 弥补亏损　　　　　　　　　　　B. 转增资本

C. 职工集团福利　　　　　　　　　D. 特别批准后支付股利

9. 关于所有者权益项目审计的下列表述中，正确的有(　　)。

A. 花费时间较多　　　　　　　　　B. 花费时间相对较少

C. 必须进行内部控制测试　　　　　D. 一般不需要内部控制测试

10. 下列各项中，会引起企业实收资本金额发生增减变动的有(　　)。

A. 资本公积转增资本　　　　　　　B. 对外债券投资

C. 盈余公积转增资本　　　　　　　D. 处置长期股权投资

## 三、判断题

1. 如果能够对被审计单位的资产和负债进行充分审计，且能证实两者的期初余额、期末余额和本期发生额，审计人员可不必对所有者权益进行单独审计。　　　　　　　(　　)

2. 审计人员在审查公开发行股票的公司已发行的股票是否真实、是否已收到股款时，应向主要股东函证。　　　　　　　　　　　　　　　　　　　　　　（　　）

3. 无论投资业务还是筹资业务，注册会计师均应通过控制测试，对相关业务的内部控制进行评价。　　　　　　　　　　　　　　　　　　　　　　　　　　　（　　）

4. 如果企业的长期投资证券是委托某些专门机构代为保管，审计人员应向这些保管机构进行函证，以证实投资证券的存在性和金额的准确性。　　　　　　　　　（　　）

5. 在审查实收资本时，如果投资单位以无形资产出资，注册会计师认为适当的计价标准可以是市场价。　　　　　　　　　　　　　　　　　　　　　　　　　（　　）

6. 借款经办人员与记录人员相互独立是确保借款业务控制有效的重要措施。（　　）

7. 审计人员对于负债项目的审计，主要是防止企业高估债务。　　　　　（　　）

8. 企业在计算确定提取法定盈余公积的基数时，不应包括年初未分配利润的贷方余额。
　　　　　　　　　　　　　　　　　　　　　　　　　　　　　　　　（　　）

9. 筹资与投资循环的特征之一就是审计年内筹资与投资循环的交易数量较少，而每笔交易的金额通常较大，注册会计师在对这一环节进行审计时，可以采用抽样审计。（　　）

10. 发生长期借款的利息支出和有关费用，应计入当期损益。　　　　　（　　）

# 项目十 货币资金审计

## 【技能目标】

- 能进行货币资金项目的控制测试。
- 能进行现金、银行存款的实质性测试。

## 【知识目标】

- 理解货币资金项目的控制测试内容。
- 掌握现金、银行存款业务的特点。
- 掌握现金、银行存款的审计目标。
- 掌握现金、银行存款审计的实质性程序。

## 知识导图

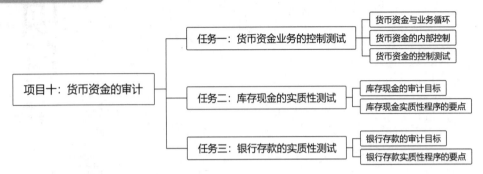

## 项目描述

　　货币资金是以货币形态存在的资金，是企业进行生产经营必不可少的物质条件。只有保持健康的现金流，企业才能够继续生存。企业的生产经营过程，实质上就是货币资金的垫支、支付过程与货币资金的回收、分配过程的结合。企业的全部经营活动都可以通过货币资金表现出来，因此，货币资金是企业最重要的资产之一。

## 情境引导

### 康诺公司货币资金的审计

　　信诚会计事务所审计人员正在开展康诺公司 2020 年财务报表的审计。财务报表中的货币资金项目构成比较简单，出于锻炼新人的考虑，审计小组负责人李立将货币资金项目的审计工作分配给助理人员小宇负责。小宇首先查看了康诺公司的管理制度，其中对于现金及银行存款都建立了相应的内部控制制度。之后，初步浏览了货币资金的账面资料。从账面上看，企业库存现金余额不大，小宇认为相应的审计风险较小。康诺公司日常资金结算主要通过银行存款结算，除在当地建设银行设立了基本存款账户外，还在当地工商银行、交通银行设立了一般存款账户，本年内还在农业银行、光大银行取得了贷款。此外为方便采购新产品的原材料，一部分资金汇往广州市设立了一个采购专户。

　　在对货币资金基本情况有了基本了解后，小宇认为康诺公司货币资金业务审计难度不大，虽然是第一次独立完成审计任务，但他对自己圆满完成工作充满信心。

　　货币资金主要包括现金、银行存款及其他货币资金，是流动性最强、控制风险最高的资产；同时货币资金也是不法分子盗窃、贪污、挪用的重要对象。货币资金业务的特点决定了其审计的风险较高，审计人员必须重视货币资金的审计。

# 任务一　货币资金业务的控制测试

## 任务导入

　　审计人员审查康诺公司货币资金业务时，了解到以下情况。

货币资金
业务的特点

（1）对于印鉴的管理：法定代表人王明的个人名章由其本人管理，不在期间，由财务主管张强代为保管；财务主管张强负责银行预留印鉴卡的保管和财务专用章的管理，外出时其职责由出纳李娜代为履行；李娜负责空白支票的管理，仅在出差期间交由张强管理。

（2）公司领导规定当出纳会计因事不在班时，为了不影响工作，出纳业务由分管往来的会计人员代理。

（3）为了保证库存现金账面余额与实际库存相符，每月末定期进行现金盘点，发现不符，及时查明原因，做出处理。

**具体任务：**

如何进行康诺公司货币资金的控制测试？

◉ **知识准备**

# 一、货币资金与业务循环

货币资金与各业务循环中的业务活动存在着密切的关系。一方面，现销收入与应收款项的收回会使企业货币资金增加，发行股票、取得借款的筹资行为也会使货币资金增加；另一方面，采购、支付工资及对外投资会导致货币资金的减少。货币资金是各循环的枢纽，必须联系其他业务循环进行审计。货币资金与各业务循环的关系如图 10-1 所示。

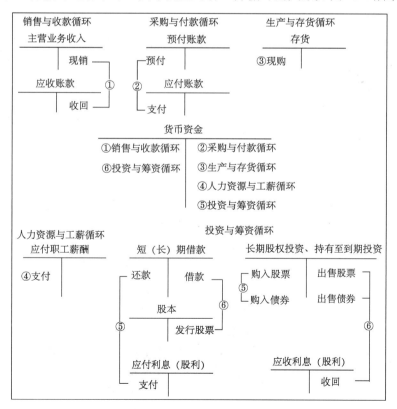

图 10-1　货币资金与各循环的关系

## 二、货币资金的内部控制

由于货币资金是企业流动性最强的资产，又容易出现挪用、贪污、偷盗等不法行为，所以货币资金的内部控制显得尤为重要。尽管由于每个企业的性质、所处行业、规模以及内部控制健全程度等不同，使得其与货币资金相关的内部控制内容有所不同，但以下要求是通常应当共同遵循的。

### (一)岗位分工及授权批准

(1) 单位应当建立货币资金业务的岗位责任制，明确相关部门和岗位的职责权限，确保办理货币资金业务的不相容岗位相互分离、相互制约和监督。出纳人员不得兼任稽核、会计档案保管以及收入、支出、费用、债权债务账目的登记工作。单位不得由一人办理货币资金业务的全过程。

(2) 企业应当对货币资金业务建立严格的授权批准制度，明确审批人对货币资金业务的授权批准方式、权限、程序、责任和相关控制措施，规定经办人办理货币资金业务的职责范围和工作要求。审批人应当根据货币资金授权批准制度的规定，在授权范围内进行审批，不得超越审批权限。经办人应当在职责范围内，按照审批人的批准意见办理货币资金业务。对于审批人超越授权范围审批的货币资金业务，经办人员有权拒绝办理，并及时向审批人的上级授权部门报告。

(3) 单位应当按照规定的程序(如支付申请、支付审批、支付复核、办理支付)办理货币资金支付业务。

(4) 企业对于重要的货币资金支付业务，应当实行集体决策和审批，并建立责任追究制度，防范贪污、侵占、挪用货币资金等行为。

(5) 严禁未经授权的机构或人员办理货币资金业务或直接接触货币资金。

### (二)现金和银行存款的管理

(1) 单位应当加强现金库存限额的管理，超过库存限额的现金应及时存入银行。

(2) 单位必须根据《现金管理暂行条例》的规定，结合本单位的实际情况，确定本单位现金的开支范围。不属于现金开支范围的业务应当通过银行办理转账结算。

(3) 单位现金收入应当及时存入银行，不得用于直接支付单位自身的支出。因特殊情况需坐支现金的，应事先报经开户银行审查批准。

(4) 单位取得的货币资金收入必须及时入账，不得私设"小金库"，不得账外设账，严禁收款不入账。

(5) 单位应当严格按照《支付结算办法》等国家有关规定，加强银行账户的管理，严格按照规定开立账户，办理存款、取款和结算。

(6) 单位应当严格遵守银行结算纪律，不准签发没有资金保证的票据和远期支票，套取银行信用；不准签发、取得和转让没有真实交易和债权债务的票据，套取银行和他人资金；不准无理拒绝付款，任意占用他人资金；不准违反规定开立和使用银行账户。

(7) 单位应当指定专人定期核对银行账户(每月至少核对一次)，编制银行存款余额调节表，使银行存款账面余额与银行对账单调节相符。如调节不符，应查明原因，及时处理。

(8)　单位应当定期和不定期地进行现金盘点，确保现金账面余额与实际库存相符。发现不符，应及时查明原因，进行处理。

## (三)票据及有关印章的管理

(1)　单位应当加强与货币资金相关的票据的管理，明确各种票据的购买、保管、领用、背书转让、注销等环节的职责权限和程序，并专设登记簿进行记录，防止空白票据的遗失和被盗用。

(2)　单位应当加强银行预留印鉴的管理。财务专用章应由专人保管，个人名章必须由本人或其授权人员保管。严禁一人保管支付款项所需的全部印章。

## (四)监督检查

单位应当建立对货币资金业务的监督检查制度，明确监督检查机构或人员的职责权限，定期和不定期地进行检查。检查内容包括：货币资金业务相关岗位及人员的设置情况、授权批准制度的执行情况、支付款项印章的保管情况、票据的保管情况。对监督检查过程中发现的货币资金内部控制中的薄弱环节，应当及时采取措施加以纠正和完善。

### ◉ 任务解析 ▶

货币资金的控制测试可以从以下方面进行。

(1)　检查货币资金内部控制是否建立并严格执行：①货币资金收支是否按规定的程序和权限办理；②是否存在与本单位无关的货币资金收支；③出纳与会计的职责是否严格分离；④现金是否得到妥善保管，是否定期盘点、核对；⑤支票是否得到妥善保管，是否定期与银行对账单核对相符。

(2)　抽取并检查收款凭证。如果货币资金收款的内部控制不强，很可能发生贪污舞弊或挪用等情况。审计人员应选取一定数量的收款凭证，做如下检查：①核对收款凭证与存入银行账户的日期和金额是否相符；②核对货币资金、银行存款日记账的收入金额是否正确；③核对收款凭证与银行对账单是否相符；④核对收款凭证与应收账款等相关明细账的有关记录是否相符；⑤核对实收金额与销货发票等相关凭据是否一致。

(3)　抽取并检查付款凭证。为测试货币资金付款的内部控制，审计人员应选取一定数量的货币资金付款凭证，做如下检查：①检查付款的授权批准手续是否符合规定；②核对货币资金、银行存款日记账的付出金额是否正确；③核对付款凭证与银行对账单是否相符；④核对付款凭证与应付账款等相关明细账的记录是否一致；⑤核对实付金额与购货发票等相关凭据是否相符。

(4)　抽取一定期间的现金、银行存款日记账与总账核对。首先，审计人员应抽取一定期间的现金、银行存款日记账，检查其有无计算错误，加总是否正确无误。如果检查中发现问题较多，说明被审计单位货币资金的会计记录不够可靠。其次，审计人员应根据日记账提供的线索，核对总账中的现金、银行存款、往来款项等有关账户的记录。

(5)　抽取一定期间银行存款余额调节表，查验其是否按月正确编制并经复核。为证实银行存款记录的正确性，审计人员必须抽取一定期间的银行存款余额调节表，将其与银行对账单、银行存款日记账及总账进行核对，确定被审计单位是否按月正确编制并复核银行存款余额调节表。

（6）检查其他货币资金的内部控制。检查其他货币资金设立的适当性和必要性，是否经过适当审批；抽取部分其他货币资金业务，检查其他货币资金是否按规定用途使用；是否及时收回结余款项，是否及时入账。

审计人员在完成了上述程序之后，即可对货币资金的内部控制进行评价。评价时，应首先确定货币资金的内部控制可依赖的程度以及存在的薄弱环节和缺点，然后据以确定在货币资金实质性程序中对哪些环节可以适当减少审计程序，哪些环节应增加审计程序，以减少审计风险。

### ◉ 能力拓展

**要求：** 根据"任务导入"中审计人员了解的康诺公司内部控制的情况，思考以下问题。康诺公司货币资金的内部管理是否存在问题呢？

### ◉ 延伸阅读

扫一扫，打开"货币资金审计中的控制风险"阅读材料。

货币资金审计
中的控制风险

# 任务二　库存现金的实质性测试

### ◉ 任务导入

审计人员小宇是刚刚参加事务所审计的新进人员，正在进行康诺公司库存现金的审计。康诺公司库存现金的账面余额为 1 062.10 元。小宇想到康诺公司审计计划中审计重要性水平为 20 万元。这就意味着，即使库存现金存在错报，肯定会小于重要性水平，不会对会计报表产生重大影响。既然库存现金账面余额较小，甚至低于重要性水平，为提高审计效率，是不是可以省略对库存现金的审计呢？

**具体任务：**

应如何开展库存现金的实质性测试？

### ◉ 知识准备

库存现金是企业根据现金管理制度规定留用的现款。现金虽然在资产总额中所占比重不大，但却是企业流动性最强的资产，且收付业务繁多，容易被不法分子侵吞，因此审计人员必须把现金作为审计的重点。

## 一、库存现金的审计目标

库存现金审计目标的确定见表 10-1。

表 10-1　库存现金审计目标的确定

被审计单位：　　　　　　　　索引号：　　　　　　　　页次：

项目：库存现金　　　　　　　编制人：　　　　　　　　日期：

报表期间：　　　　　　　　　复核人：　　　　　　　　日期：

| 审计目标 | 财务报表认定 | | | | |
|---|---|---|---|---|---|
| | 存在 | 完整性 | 权利与义务 | 计价与分摊 | 列报 |
| A. 资产负债表记录的货币资金中库存现金是存在的 | √ | | | | |
| B. 所有应当记录的库存现金均已记录 | | √ | | | |
| C. 记录的库存现金由被审计单位拥有或控制 | | | √ | | |
| D. 库存现金以恰当的金额包括在财务报表中，与之相关的计价调整已恰当记录 | | | | √ | |
| E. 库存现金已按照企业会计准则的规定在财务报表中做出恰当列报 | | | | | √ |

## 二、库存现金实质性程序的要点

### (一)监盘库存现金

监盘库存现金是证实资产负债表所列现金是否存在的一项重要程序。审计人员通过对现金进行监督盘点，可以确定库存现金余额的真实存在性和现金管理的有效性。库存现金监盘程序是用作控制测试还是实质性程序，取决于注册会计师对风险评估结果、审计方案和实施的特定程序的判断。如果注册会计师基于风险评估的结果判断无须对现金盘点实施控制测试，则仅实施实质性程序即可。

监盘库存现金的步骤和方法如下。

#### 1. 查看被审计单位制订的盘点计划，以确定监盘时间

对库存现金的监盘最好实施突击性检查。盘点时间最好选择在上午上班前或下午下班后进行，盘点的范围一般包括企业各部门存放的现金，包括已收到但未存入银行的现金、零用金、找换金等。盘点时，必须有出纳员和被审计单位会计主管人员参加。在进行现金盘点前，应由出纳员将现金集中起来存入保险柜。必要时可加以封存，然后由出纳员把已办妥现金收付手续的收付款凭证登入库存现金日记账。如企业现金存放部门有两处或两处以上者，应同时盘点。

### 2. 审阅库存现金日记账并同时与现金收付凭证相核对

一方面检查库存现金日记账的记录与凭证的内容和金额是否相符；另一方面检查凭证日期与库存现金日记账日期是否相符或接近。

### 3. 检查被审计单位现金实存数

检查被审计单位现金实存数，并将该监盘金额与库存现金日记账余额进行核对，如有差异，应要求被审计单位查明原因，必要时应提请被审计单位做出调整；如无法查明原因，应要求被审计单位按管理权限批准后做出调整。若有冲抵库存现金的借条、未提现支票、未作报销的原始凭证，应在库存现金监盘表中注明，必要时应提请被审计单位做出调整。

### 4. 调整监盘金额至资产负债表日的金额

在非资产负债表日进行监盘时，应将监盘金额调整至资产负债表日的金额，并对变动情况实施审计程序。

---

📝 **做中学 10-1：**

审计人员小宇对现金盘点进行了事先计划：康诺公司在公司总部和营业部各有一个出纳部门，为顺利实施监盘程序，小宇准备在监盘日的前一天通知财务负责人，要求其告知出纳做好相应准备。考虑到出纳每天上午上班后要去银行办理业务，监盘时间分别安排在上午 10 点和 11 点进行。盘点时，小宇准备先到公司总部大楼出纳部，由出纳将现金全部放入保险柜，然后将全部凭证入账，结出当时现金日记账余额，然后小宇在出纳在场的情况下清点现金，并做出记录。清点后，由出纳编写"库存现金盘点表"，该表经出纳员和小宇共同签字后，作为工作底稿，并将其与现金日记账核对。之后，小宇再到营业部出纳部门实施监盘，程序同上。

**要求：** 指出小宇现金盘点计划中的不当之处。

---

## (二)抽查大额现金收支

审计人员应抽查大额现金收支的原始凭证内容是否完整，有无授权批准，并核对相关账户的进账情况，如有与被审计单位生产经营业务无关的收支事项，应查明原因，并作相应的记录。

## (三)检查现金收支的正确截止

被审计单位资产负债表上的现金数额，应以结账日实有数额为准。因此，审计人员必须验证现金收支的正确截止日期。通常，审计人员可以对结账日前后一段时期内现金收支凭证进行审计，以确定是否存在跨期事项。

**做中学 10-2:**

2021 年 1 月 20 日，审计人员小宇在对康诺公司 2019 年 12 月 31 日资产负债表审计中查得"货币资金"项目中的库存现金为 1 062.10 元。1 月 21 日上午 8 时，小宇对该企业出纳员张华所经管的现金进行了清点。该企业 1 月 20 日现金日记账余额是 832.10 元，清点结果如下。

(1) 现金实有数为 627.3 元。

(2) 在保险柜中有下列单据已收、付款但未入账。

① 职工刘阳 6 月 4 日预借差旅费 200 元，已经领导批准。

② 职工刘钢借据一张，金额 140 元，未经批准，也没有说明用途。

③ 在保险柜中，有已收款但未记账的凭证共 4 张，金额共计 135.2 元。

(3) 银行核定该企业现金限额为 800 元。

(4) 经核对 1 月 1 日至 20 日的收付款凭证和现金日记账，核实 1 月 1 日至 20 日收入现金数为 2 350 元、支出现金数为 2 580 元正确无误。

**要求：** 根据以上资料，编制库存现金监盘表(见表 10-2)。

表 10-2　库存现金监盘表

被审计单位名称：康诺公司　　　　　　编制：小宇　　　　　　日期：2021.01.21
币别：人民币　　　　　　　　　　　复核：李立　　　　　　日期：2021.01.22

| 检查盘点记录 | | | 实有现金盘点记录 | | |
|---|---|---|---|---|---|
| 项　目 | 项　次 | 金额 | 面　额 | 张　数 | 金　额 |
| 库存现金账面余额 | 1 | | 100 元 | 2 | |
| 盘点日未记账传票收入金额 | 2 | | 50 元 | 5 | |
| 盘点日未记账传票支出金额 | 3 | | 20 元 | 3 | |
| 盘点日账面应有金额 | 4=1+2-3 | | 10 元 | 8 | |
| 盘点日实有现金数额 | 5 | | 5 元 | 7 | |
| 盘点日应有与实有差异 | 6=4-5 | | 1 元 | 2 | |
| 差异原因分析 | 白条抵库(张) | | 5 角 | 0 | |
| | | | 1 角 | 3 | |
| | | | 5 分 | 0 | |
| | | | 1 分 | 0 | |
| | | | 合　计 | | |
| 追溯调整 | 报表日至审计日现金付出总额 | | 情况说明及审计结论： | | |
| | 报表日至审计日现金收入总额 | | | | |
| | 报表日库存现金应有金额 | | | | |
| 本位币合计 | | | | | |

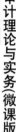

## 任务解析

库存现金实质性测试的程序可参考表 10-3。

表 10-3　库存现金实质性分析和细节测试程序表

| 单位名称： | 编制人： | 复核人： | 质控人： | 索引号： |
| --- | --- | --- | --- | --- |
| 截止日期：　年　月　日 | 日　期： | 日　期： | 日　期： | 页　次： |

| 审计程序 | 涉及的相关认定 | 是否执行 | 索引号 N/A | 执行人及日期 |
| --- | --- | --- | --- | --- |
| 一、实质性分析程序 | | | | |
| 1. 比较现金、银行存款和其他货币资金期末与年初数的变动情况，评价其合理性 | | | | |
| 2. 分析比较各月末货币资金的结存量，查明有无重大变动及变动原因的合理性 | ABD | | | |
| 3. 分析各月间的资金流入与资金流出是否有重大波动，结合物资采购、销售收入、应收账款、应付账款等科目进行分析，评价变动原因的合理性 | | | | |
| 4. 比较本期与上年同期以及两个期间各月份之间资金流入、资金流出是否有重大变动，评价变动原因的合理性 | | | | |
| 二、细节测试程序 | | | | |
| 1. 核对库存现金日记账与总账的金额是否相符，检查非记账本位币库存现金的折算汇率及折算金额是否正确 | D | | | |
| 2. 监盘库存现金 | ABCD | | | |
| 3. 抽查大额库存现金收支。检查原始凭证是否齐全、记账凭证与原始凭证是否相符、账务处理是否正确、是否记录于恰当的会计期间等项内容 | ABD | | | |
| 4. 抽查资产负债表日前后若干天的现金收支凭证实施截止测试 | AB | | | |
| 5. 根据评估的舞弊风险等因素增加的其他审计程序 | | | | |
| 6. 检查货币资金是否已按照企业会计准则的规定在财务报表中做出恰当列报 | E | | | |

## 能力拓展

**要求**：根据"任务导入"中审计人员对康诺公司库存现金的了解，思考以下问题。是否可以省略康诺公司库存现金的审计？

## 延伸阅读

扫一扫，打开"企业偿债能力的分析"阅读材料。

企业偿债能力
的分析

# 任务三 银行存款的实质性测试

## ◉ 任务导入

审计人员小宇审计康诺公司银行存款业务时从账面资料了解到,康诺公司除基本存款账户外,还在其他银行开设了若干存款账户;同时,本年内还在两家银行取得了贷款。为证实银行存款的真实性,小宇决定对银行存款进行函证。

**具体任务:**

应如何开展银行存款的实质性测试?

## ◉ 知识准备

银行存款是企业存入银行或其他金融机构的各种款项。按照国家有关规定,凡是独立核算的企业都必须在当地银行开设账户。企业在银行开设账户后,除按核定的限额保留库存现金外,超过限额的现金必须存入银行;除了在规定的范围内可以用现金直接支付的款项外,在经营过程中发生的一切货币收支业务,都必须通过银行存款账户进行结算。银行存款较之现金,其业务涉及面广,内容复杂,金额较大,收付款凭证数量较多,因而是货币资金审计的重点部分。

# 一、银行存款的审计目标

银行存款审计目标的确定见表 10-4。

表 10-4 银行存款审计目标的确定

| 被审计单位: | 索引号: | | 页次: | |
|---|---|---|---|---|
| 项目:×××银行存款 | 编制人: | | 日期: | |
| 报表期间: | 复核人: | | 日期: | |

| 审计目标 | 财务报表认定 | | | | |
|---|---|---|---|---|---|
| | 存在 | 完整性 | 权利与义务 | 计价与分摊 | 列报 |
| A. 资产负债表记录的货币资金中银行存款是存在的 | √ | | | | |
| B. 所有应当记录的银行存款均已记录 | | √ | | | |
| C. 记录的银行存款由被审计单位拥有或控制 | | | √ | | |
| D. 银行存款以恰当的金额包括在财务报表中,与之相关的计价调整已恰当记录 | | | | √ | |
| E. 银行存款已按照企业会计准则的规定在财务报表中做出恰当列报 | | | | | √ |

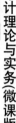

## 二、银行存款实质性程序的要点

### (一)取得并审查银行对账单和银行存款余额调节表

审查结算日银行存款余额调节表是证实资产负债表所列货币资金中银行存款是否存在的一个重要方法。一般而言，银行存款余额调节表应由被审计单位根据不同的银行账户及货币种类分别编制，并向审计人员提供，但在某些情况下(如被审计单位内部控制比较薄弱)，审计人员也可亲自编制银行存款余额调节表。常见的银行存款余额调节表的格式见表 10-5。

表 10-5　银行存款余额调节表

年　　月　　日

编制人：　　　　　　　　　　日期：　　　　　　　　索引号：

复核人：　　　　　　　　　　日期：　　　　　　　　页　次：

户　别：　　　　　　　　　　币别：人民币

项　目

银行对账单余额(　　年　月　日)　　　　元

加：企业已收、银行尚未入账金额

　其中：1. ＿＿＿＿＿＿元

　　　　2. ＿＿＿＿＿＿元

减：企业已付、银行尚未入账金额

　其中：1. ＿＿＿＿＿＿元

　　　　2. ＿＿＿＿＿＿元

调整后银行对账单金额　　　　元

企业银行存款日记账金额(　　年　月　日)　　　　元

加：银行已收、企业尚未入账金额

　其中：1. ＿＿＿＿＿＿元

　　　　2. ＿＿＿＿＿＿元

减：银行已付、企业尚未入账金额

　其中：1. ＿＿＿＿＿＿元

　　　　2. ＿＿＿＿＿＿元

记账错误：

调整后企业银行存款日记账金额　　　　元

经办会计人员：(签字)　　　　　　　　会计主管：(签字)

---

**做中学 10-3：**

审计人员对华达纺织股份有限公司 2020 年 12 月 31 日的资产负债表进行审计。在审查资产负债表"货币资金"项目时，发现该公司 2020 年 12 月 31 日的银行存款账面余额为 49 800 元，向开户银行取得对账单一张，2020 年 12 月 31 日的银行存款余额为 65 000 元。另外，查有下列未达账款和记账差错。

(1) 12 月 23 日，银行将一笔委托收款 5 800 元收到入账，但企业尚未收到收款通知，尚未记账。

(2) 12 月 24 日，银行代企业支付电话费 1 800 元，银行已登记企业银行存款减少，但企业尚未收到付款通知，尚未记账。

(3) 12 月 25 日，企业送存转账支票一张，金额 3 000 元，并已登记入账，但银行尚未记账。

(4) 12 月 30 日，企业开出一张转账支票，支付购货款 14 000 元，但持票单位尚未到银行办理转账，银行尚未记账。

(5) 12 月 15 日，企业收到银行收款通知单金额 12 200 元，企业入账时将银行存款增加数错记成 12 000 元。

**要求：** 根据上述资料，编制银行存款余额调节表(表 10-5)，核实 2020 年 12 月 31 日资产负债表上"货币资金" 项目中银行存款数额的正确性。

---

审计人员对银行存款余额调节表的审计主要包括以下两个方面。

### 1. 取得并检查银行对账单

(1) 取得被审计单位加盖银行印章的银行对账单，注册会计师应对银行对账单的真实性保持警觉，必要时，亲自到银行获取对账单，并对获取过程保持控制。

(2) 将获取的银行对账单余额与银行日记账余额进行核对，如存在差异，获取银行存款余额调节表。

(3) 将被审计单位资产负债表日的银行对账单与银行询证函回函核对，确认是否一致。

### 2. 取得并检查银行存款余额调节表

(1) 检查调节表中加计数是否正确，调节后银行存款日记账余额与银行对账单余额是否一致。

(2) 检查调节事项。对于企业已收付、银行尚未入账的事项，检查相关收付款凭证，并取得期后银行对账单，确认未达账项是否存在，银行是否已于期后入账；对于银行已收付、企业尚未入账的事项，检查期后企业入账的收付款凭证，确认未达账项是否存在，如果企业的银行存款余额调节表存在大额或较长时间的未达账项，注册会计师应查明原因并确定是否需要提请被审计单位进行调整。

(3) 关注长期未达账项，查看是否存在挪用资金等事项。

(4) 特别关注银付企未付、企付银未付中支付异常的事项，包括没有载明收款人、签字不全等支付事项，确认是否存在舞弊。

> **✎ 做中学 10-4**
>
> 小宇在对康诺公司 2020 年度会计报表进行审计时，对银行存款实施的部分审计程序如下。
> (1) 取得 2020 年 12 月 31 日银行存款余额调节表。
> (2) 向开户银行寄发银行询证函，并直接收取寄回的询证函回函。
> (3) 取得开户银行 2021 年 1 月 31 日的银行对账单。
> **要求：** 请问取得开户银行 2021 年 1 月 31 日的银行对账单，能证实 2020 年 12 月 31 日银行存款余额调节表的哪些内容？

### (二)函证银行存款余额

函证是指审计人员在执行审计业务过程中，需要以被审计单位的名义向有关单位发函询证，以验证被审计单位的银行存款是否真实、合法、完整。函证银行存款余额是证实资产负债表中所列银行存款是否存在的重要程序。通过向往来银行函证，审计人员不仅可以了解企业资产的存在，同时还可以了解欠银行的债务。函证还可用于发现企业未登记的银行借款和未披露的或有负债。

函证时，审计人员应向被审计单位在本年存过款(包括零余额账户和在本期内注销的账户)、借款及与金融机构往来的其他重要信息实施函证程序，除非有充分证据表明某一银行存款、借款及与金融机构往来的其他重要信息对财务报表不重要且与之相关的重大错报风险很低。 如果不对这些项目实施函证程序，注册会计师应当在审计工作底稿中说明理由。在实施银行函证时，注册会计师需要以被审计单位的名义向银行发函询证，以验证被审计单位的银行存款是否真实、合法、完整。各银行应对询证函列示的全部项目做出回应，并在收到询证函之日起 10 个工作日内，将回函直接寄往会计师事务所。

表 10-6 列示了银行询证函的格式，供参考。

**表 10-6　银行询证函(部分)**

编号：_____

_____(银行)：

本公司聘请的××会计师事务所正在对本公司 20××年度财务报表进行审计，按照中国注册会计师审计准则的要求，应当询证本公司与贵行相关的信息。下列信息出自本公司记录，如与贵行记录相符，请在本函下端"信息证明无误"处签章证明；如有不符，请在"信息不符"处列明不符项目及具体内容；如存在与本公司有关的未列入本函的其他重要信息，也请在"信息不符"处列出其详细资料。回函请直接寄至利安达会计师事务所。

回函地址：
邮编：　　　　　　　　联系人：
电话：　　　　　　　　传真：

截至 20××年 12 月 31 日，本公司与贵行相关的信息列示如下。

1. 银行存款

| 账户名称 | 银行账号 | 币种 | 利率 | 余额 | 起止日期 | 是否被抵押、用于担保或其他限制 | 备　注 |
|---|---|---|---|---|---|---|---|
|  |  |  |  |  |  |  |  |
|  |  |  |  |  |  |  |  |
|  |  |  |  |  |  |  |  |

除上述列示的银行存款外，本公司并无在贵行的其他存款。

注："起止日期"一栏仅适用于定期存款，如为活期或保证金存款，可只填写"活期"或"保证金"字样。

2. 银行借款

| 借款人名称 | 币种 | 本金余额 | 欠付利息 | 借款日期 | 到期日期 | 利率 | 借款条件 | 抵(质)押品/担保人 | 备注 |
|---|---|---|---|---|---|---|---|---|---|
|  |  |  |  |  |  |  |  |  |  |
|  |  |  |  |  |  |  |  |  |  |
|  |  |  |  |  |  |  |  |  |  |

除上述列示的银行借款外，本公司并无在贵行的其他借款。

注：此项仅函证截至资产负债表日本公司尚未归还的借款及利息。

3. 截至函证日之前 12 个月内注销的账户

| 账户名称 | 银行账号 | 币　　种 | 注销账户日 |
|---|---|---|---|
|  |  |  |  |
|  |  |  |  |
|  |  |  |  |

除上述列示的账户外，本公司并无截至函证日之前 12 个月内在贵行注销的其他账户。

4. 担保

(1) 本公司为其他单位提供的、以贵行为担保受益人的担保

| 被担保人 | 担保方式 | 担保金额 | 担保期限 | 担保事由 | 担保合同编号 | 被担保人与贵行就担保事项往来的内容(贷款等) | 备注 |
|---|---|---|---|---|---|---|---|
|  |  |  |  |  |  |  |  |
|  |  |  |  |  |  |  |  |
|  |  |  |  |  |  |  |  |

除上述列示的担保外，本公司并无其他以贵行为担保受益人的担保。

注：如采用抵押或质押方式提供担保的，应在备注中说明抵押或质押的情况。

……

13. 其他重大事项

|  |
|---|
|  |
|  |
|  |
|  |

注：此项应填列注册会计师认为重大且应予函证的其他事项，如信托存款等；如无则应填写"不适用"。

(被审计单位盖章)

20××年　　　月　　　日

以下仅供被函证银行使用

| 结论: | |
|---|---|
| 1. 信息证明无误。<br><br><br>(银行盖章)<br>年　　月　　日<br>经办人: | 2. 信息不符，请列明不符项目及具体内容 (对于在本函证前述第 1 项至第 13 项中漏列的其他重要信息，请列出详细资料。)<br><br>(银行盖章)<br>年　　月　　日<br>经办人: |

◉ **任务解析**

银行存款实质性测试的程序可参考表 10-7。

表 10-7　银行存款实质性分析和细节测试程序表

单位名称:　　　　　编制人:　　　复核人:　　　质控人:　　　索引号:
截止日期:　年　月　日　　日　期:　　日　期:　　日　期:　　页　次:

| 审计程序 | 涉及的相关认定 | 是否执行 | 索引号 N/A | 执行人及日期 |
|---|---|---|---|---|
| 一、实质性分析程序 | | | | |
| 1. 分析各月间的资金流入与资金流出是否有重大波动，结合物资采购、销售收入、应收账款、应付账款等科目进行分析，评价变动原因的合理性 | ABD | | | |
| 2. 比较本期与上年同期以及两个期间各月份之间资金流入、资金流出是否有重大变动，评价变动原因的合理性 | | | | |
| 3. 比较被审计单位银行存款应收利息收入与实际利息收入的差异是否恰当，评估利息收入的合理性，检查是否存在高息资金拆借，确认银行存款余额是否存在，利息收入是否已经完整记录 | | | | |
| 4. 计算外埠存款占银行存款的比例，判断是否存在转移资金和账外核算的情况 | | | | |
| 5. 计算存放于非银行金融机构的存款占银行存款的比例，分析这些货币资金的安全性 | | | | |
| 6. 计算比较本期末和上年同期末货币资金占流动资产的比重，评价变动原因的合理性 | | | | |
| 二、细节测试程序 | | | | |
| 1. 编制银行存款余额明细表，与银行存款日记账和总账核对一致，检查非记账本位币银行存款的折算汇率及折算金额是否正确 | D | | | |

续表

| 审计程序 | 涉及的相关认定 | 是否执行 | 索引号 N/A | 执行人及日期 |
|---|---|---|---|---|
| 2. 检查银行存单：<br>(1) 编制银行存单检查表，检查是否与账面记录金额一致，是否被质押或限制使用，存单是否为被审计单位所拥有；<br>(2) 对已质押的定期存款，应检查定期存单，并与相应的质押合同核对，同时关注定期存单对应的质押借款有无入账；<br>(3) 对未质押的定期存款，应检查开户证实书原件；<br>(4) 对审计外勤工作结束日前已提取的定期存款，应核对相应的兑付凭证、银行对账单和定期存款复印件 | AC | | | |
| 3. 取得并检查银行存款余额调节表(见表 10-5) | ABD | | | |
| 4. 函证银行存款余额，编制银行函证结果汇总表，检查银行回函(银行询证函格式见表 10-6) | AC | | | |
| 5. 检查银行存款账户存款人是否为被审计单位，若存款人非被审计单位，应获取该账户户主和被审计单位的书面声明，确认资产负债表日是否需要调整 | C | | | |
| 6. 关注是否存在质押、冻结等对变现有限制或存在境外的款项，是否已做必要的调整和披露 | CE | | | |
| 7. 对不符合现金及现金等价物条件的银行存款在审计工作底稿中予以列明，以考虑对现金流量表的影响 | E | | | |
| 8. 抽查大额银行存款收支的原始凭证，检查原始凭证是否齐全、记账凭证与原始凭证是否相符、账务处理是否正确、是否记录于恰当的会计期间等项内容 | ABD | | | |
| 9. 选取资产负债表日前后的凭证实施截止测试 | AB | | | |
| 10. 根据评估的舞弊风险等因素增加的其他审计程序 | | | | |
| 11. 检查货币资金是否已按照企业会计准则的规定在财务报表中做出恰当列报。<br>附注是否按库存现金、银行存款、其他货币资金分别列示货币资金情况。因质押或冻结等对使用有限制、存放在境外、有潜在回收风险的款项应单独说明 | E | | | |

### 能力拓展

**要求：**根据"任务导入"中审计人员对康诺公司银行存款业务了解的情况，思考以下问题。

函证可以了解银行存款审计中的哪些情况？应该向哪些开户银行进行函证呢？

其他货币资金
的审计

延伸阅读

扫一扫，打开"其他货币资金的审计"阅读材料。

# 复习自测题

## 一、单项选择题

1. 货币资金内部控制的以下关键控制环节中，存在重大缺陷的是(　　)。
   A. 财务专用章由专人保管，个人名章由本人或其授权人员保管
   B. 对重要货币资金支付业务，实行集体决策
   C. 现金收入及时存入银行，特殊情况下，经主管领导审查批准方可坐支现金
   D. 指定专人定期核对银行账户，每月核对一次，编制银行存款余额调节表，使银行存款账面余额与银行对账单调节相符

2. 盘点库存现金是审计人员证实被审计单位资产负债表所列现金是否存在的一项重要程序，被审计单位必须参加盘点的人员是(　　)。
   A. 会计主管人员和内部审计人员　　　　B. 出纳员和会计主管人员
   C. 现金出纳员和银行出纳员　　　　　　D. 出纳员和内部审计人员

3. 审计人员对现金进行监盘后填制的库存现金监盘表属于(　　)。
   A. 外部证据　　　B. 环境证据　　　C. 内部证据　　　D. 亲历证据

4. 对于货币资金盘点属于(　　)。
   A. 突击审计　　　B. 预告审计　　　C. 监督审计　　　D. 报送审计

5. 银行存款截止测试的关键在于(　　)。
   A. 确定被审计单位各银行账户最后一张支票的号码
   B. 检查大额银行存款的收支
   C. 确定被审计单位当年记录的最后一笔银行存款业务
   D. 取得并检查银行存款余额调节表

6. 会计人员编制的银行存款调节表的内容，只包括(　　)。
   A. 记账错误　　　B. 应予纠正的差错　　　C. 未达账项　　　D. 发生的舞弊

7. 审查银行对账单和银行存款余额调节表，可以查明银行存款(　　)。
   A. 是否真实存在、账单是否一致　　　　B. 内部控制是否健全、有效且一贯遵守
   C. 收支业务是否合法　　　　　　　　　D. 在会计报表上的披露是否恰当

8. 相关业务发生后，只借记货币资金，不贷记货币资金项目的循环是(　　)。
   A. 筹资与投资　　　　　　　　　　　B. 购货与付款
   C. 生产　　　　　　　　　　　　　　D. 销售与收款循环

9. 审计人员要证实被审计单位在临近12月31日签发的支票未予入账，最有效的审计程序是(　　)。
   A. 审查12月的支票存根及银行存款日记账
   B. 审查12月31日的银行存款余额调节表

C. 函证 12 月 31 日的银行存款余额

D. 审查 12 月 31 日的银行对账单

10. 注册会计师审计现金余额的起点是(　　)。

A. 检查所有现金支出凭证和已开出支票

B. 核对现金、银行存款日记账的余额是否与总账的余额相符

C. 检查所有的收款凭证，包括现金收款凭证及银行存款收款通知

D. 核对现金、银行存款账户的有关凭证与现金、银行存款日记账是否相符

11. 下列工作中，出纳可以从事的工作是(　　)。

A. 会计档案保管　　　　　　　　B. 编制银行存款余额调节表

C. 记录收入、支出、费用明细账　　D. 记录银行存款、现金日记账

12. 审计人员对库存现金进行盘点，主要证实的认定是(　　)。

A. 存在　　　　　B. 完整性　　　　　C. 权利和义务　　　　D. 截止

13. 被审计单位资产负债表上的库存现金数额，应以(　　)为准。

A. 结账日账面数额　　　　　　　　B. 盘点日账面数额

C. 结账日实有数额　　　　　　　　D. 盘点日实有数额

14. 如果甲公司某银行账户的银行对账单余额与银行存款日记账余额不符，最有效的审计程序是(　　)。

A. 重新测试相关的内部控制

B. 检查银行对账单中记录的资产负债表日前后的收付情况

C. 检查该银行账户的银行存款余额调节表

D. 检查银行存款日记账中记录的资产负债表日前后的收付情况

15. 企业支付的下列款项中，可以使用库存现金进行支付的是(　　)。

A. 财务部门购买账簿 2 200 元

B. 销售部门宣传费 1 200 元

C. 管理部门人员出差预借差旅费 12 000 元

D. 生产车间办公费 1 500 元

## 二、多项选择题

1. 良好的货币资金内部控制要求是(　　)。

A. 控制现金坐支，当日收入现金应及时送存银行

B. 货币资金收支与记账的岗位分离

C. 全部收支及时准确入账，并且支出要有核准手续

D. 按月盘点现金，编制银行存款余额调节表，以做到账实相符

2. 其他货币资金审计包括对(　　)的审计。

A. 外埠存款　　B. 银行汇票存款　　　C. 银行本票存款　　　　D. 信用证存款

3. 在对库存现金进行盘点时，参与盘点的人员必须包括(　　)。

A. 审计人员　　　　　　　　　　　B. 被审计单位出纳员

C. 被审计单位会计主管人员　　　　D. 被审计单位管理当局

4. 下列符合现金盘点要求的有(　　)。

A. 盘点对象通常包括已收到但未存入银行的现金

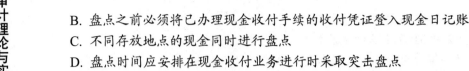

B. 盘点之前必须将已办理现金收付手续的收付凭证登入现金日记账

C. 不同存放地点的现金同时进行盘点

D. 盘点时间应安排在现金收付业务进行时采取突击盘点

5. 函证银行存款余额，可以证实（　　）。

    A. 银行存款是否存在                B. 银行贷款金额

    C. 是否存在未入账的负债       D. 是否存在或有负债项目

6. 被审计单位银行存款通常应列示于资产负债表的流动资产项目内，除非其为（　　）。

    A. 一年以上的定期存款           B. 外埠存款

    C. 限定用途的存款              D. 投资者交入的投资款

7. A 公司编制的 2020 年 12 月末银行存款余额调节表显示存在 12 万元的未达账项，其中包括 A 公司已支付而银行未付的材料采购款 10 万元。以下审计程序中，可能为未达账项真实性提供证据的有（　　）。

    A. 检查 2021 年 1 月的银行对账单

    B. 检查相关的采购合同、供应商销售发票和付款审批手续

    C. 就 2020 年 12 月末银行存款余额向银行寄发银行询证函

    D. 向相关的原材料供应商寄发询证函

8. F 注册会计师对银行存款余额实施函证程序，以下做法正确的有（　　）。

    A. 以公司名义寄发银行询证函

    B. 除余额为 0 的银行账户外，对公司所有银行存款账户实施函证

    C. 由公司代为填写银行询证函后，交由注册会计师直接发出并收回

    D. 如果银行询证函回函表明没有差异，则可以认定银行存款余额是正确的

9. 下列说法中错误的是（　　）。

    A. 出纳人员可以同时从事银行对账单的获取、银行存款余额调节表的编制等工作

    B. 在对银行存款实施函证程序时，要对所有存款的银行都寄发询证函

    C. 被审计单位资产负债表上的银行存款余额，应以银行对账单上的金额为准

    D. 检查银行存款收支的正确截止是为了证实银行存款的"计价与分摊"认定

10. 通过审计程序获取证据，以下与银行存款存在认定目标有关的有（　　）。

    A. 分析定期存款占银行存款的比例    B. 检查银行存款余额调节表

    C. 函证银行存款余额                D. 检查银行存款收支的正确截止

## 三、判断题

1. 通过向往来银行的函证，审计人员不仅可了解企业银行存款的存在，同时还可以了解企业欠银行的债务。            （　　）

2. 审计人员在函证银行存款余额时，不必向企业存款账户已结清的银行发函。（　　）

3. 企业银行存款账面余额与银行对账单余额因未达账项存在差额时，应按照银行存款余额调节表调整银行存款日记账。           （　　）

4. 注册会计师对银行存款的函证，可以采用积极式，也可以采用消极式。  （　　）

5. 存出保证金不属于企业货币资金构成项目。             （　　）

6. 如果库存现金金额较小，小于审计风险指数，审计人员可不进行实质性程序。（　　）

7. 资产负债表日后盘点时，审计人员需要倒推计算资产负债表日的现金数额。　（　　）

8. 企业采购商品或接受劳务采用银行汇票结算时，应通过"应付票据"科目核算。

（　　）

9. 库存现金盘点是针对现金的完整性目标而实施的。　（　　）

10. 资产负债表中的"货币资金"项目，应当根据"库存现金""银行存款""其他货币资金"三个总账科目余额合计填列。　（　　）

11. 如果现金盘点不是在资产负债表日进行的，审计人员应将资产负债表日至盘点日的收付金额调整至盘点日金额。　（　　）

12. 注册会计师在对银行存款进行实质性测试时，可以通过审查银行存款余额调节表代替对银行存款余额的函证。　（　　）

13. 被审计单位资产负债表上的现金数额，应以结账日的实有数额为准。　（　　）

14. 如果注册会计师已从被审计单位的开户银行获取了银行对账单和所有已付支票清单，该注册会计师勿需再向该银行函证。　（　　）

15. 注册会计师应检查银行存款余额调节表中未达账项的真实性，以及资产负债表日后的进账情况，如果查明于资产负债表日之前进账的，应做出记录并提出调整建议。　（　　）

# 项目十一　编写审计报告

## 【技能目标】

- 能进行审计终结阶段的基本工作。
- 能进行审计工作底稿的复核。
- 能根据被审计单位情况判断审计意见的类型。
- 能编写不同类型的审计报告。
- 能将审计档案进行归档整理。

## 【知识目标】

- 了解审计终结阶段的工作程序。
- 了解特殊项目基本的审计程序。
- 理解审计工作底稿的复核要求。
- 掌握审计报告的基本意见类型。
- 掌握审计报告的内容及编写要求。

## 知识导图

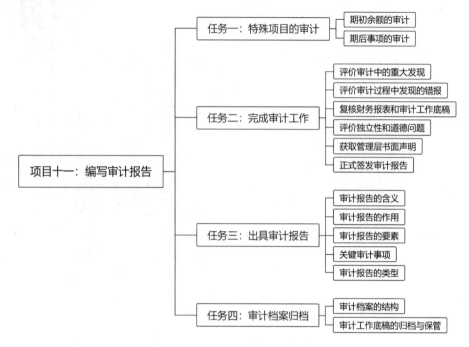

## 项目描述

　　审计终结阶段是审计的最后一个阶段。注册会计师按业务循环完成各财务报表项目的审计测试和一些特殊项目的审计工作后，在审计终结阶段应汇总审计测试结果，进行综合性的审计工作，如评价审计中的重大发现，汇总审计差异，评价独立性和道德问题，考虑被审计单位的持续经营假设的合理性，关注期初余额和期后事项对财务报表的影响，撰写审计总结，复核审计工作底稿和财务报表等。在此基础上，获取管理层声明，确定应出具审计报告的意见类型和措辞，进而编制并致送审计报告，终结审计工作。

## 情境引导

### 出具康诺公司审计报告

　　经过两周的紧张工作，信诚会计师事务所对康诺公司 2020 年度会计报表审计的外勤工作已经完成。项目组负责人注册会计师李立搜集了审计小组各成员编制的审计工作底稿，会同项目合伙人注册会计师张磊对工作底稿进行了复核，对审计过程中发现的康诺公司需调整的事项进行了汇总。之后，在形成最终审计意见之前，会计师事务所与被审计单位就审计报告的出具进行了沟通。沟通的内容主要包括：被审计单位需要调整的事项、审计意见类型、审计报告措辞等。康诺公司提出，出于吸收新投资人的需要，希望事务所出具无保留意见的审计报告。信诚会计师事务所向康诺公司说明了出具无保留意见审计报告的条件，要求康诺公司对审计中发现的需调整的错报进行调整。经过沟通，康诺公司接受了审计人员的调整建议，并对财务报表进行了更正。注册会计师对康诺公司更正后的报表的整体合理性、合规性进行分析后，确定接受康诺公司更正后的 2020 年度财务报表。注册会计师还向被审计单位管理层索取了其确认已履行责任的书面声明。完成以上工作后，注册会计师李立和张磊为康诺公司 2020 年财务报表出具了无保留意见的审计报告。

　　年报是否客观真实地反映了公司的状况，审计机构的意见很重要。由于会计报表对信息使用者的重要性，需要独立客观的专业人士对报表进行鉴定，通过出具审计报告发表审计意见，确定会计报表的合法性与公允性，进而保护信息使用者的权益。审计报告可以说是审计工作的最终产物，具有特定的要素和格式，注册会计师只有以书面形式出具报告，才能清楚表达对财务报表发表的审计意见。

# 任务一　特殊项目的审计

期初余额的审计

## 任务导入

　　信诚会计师事务所对康诺公司 2020 年会计报表的审计工作已接近尾声，报告期内经济业务的交易测试及余额测试也已基本完成。由于是首次接受康诺公司的委托，审计小组负责人李立要求审计小组成员在出具审计结论前要对所负责项目的期初余额、期后事项进行确认。

　　**具体任务：**

　　期初余额、期后事项对审计意见有着怎样的影响？

## 知识准备

　　出具审计报告前，还应关注一些特殊项目对审计意见的影响，如期初余额、期后事项等。

## 一、期初余额的审计

### (一)期初余额的含义

　　期初余额是指期初存在的账户余额。期初余额以上期期末余额为基础，反映了以前期间的交易和事项以及采用的会计政策的结果。正确理解期初余额的含义，需把握以下三点。

　　(1) 期初余额是期初已存在的账户余额。期初余额是上期账户结转至本期账户的余额，在数额上与相应账户的上期期末余额相等。但是，由于受上期期后事项、会计政策变更、会计差错变更等因素的影响，上期期末余额结转至本期时，有时需经过调整或重新表述。

　　(2) 期初余额反映了以前期间的交易和事项以及上期采用的会计政策的结果。期初余额应以客观存在的经济业务为根据，是被审计单位按照上期采用的会计政策对以前会计期间发生的交易和事项进行处理的结果。

　　(3) 期初余额与注册会计师首次审计业务相联系。所谓首次审计业务，是指在上期财务报表未经审计，或上期财务报表由前任注册会计师审计的情况下所承接的审计业务。

### (二)期初余额审计的目标

注册会计师在首次接受委托业务时,应当获取充分、适当的审计证据以确定以下目标。

(1) 期初余额不存在对本期财务报表产生重大影响的错报。

(2) 上期期末余额已正确结转至本期,或在适当的情况下已做出重新表述。

(3) 被审计单位一贯运用恰当的会计政策,或对会计政策的变更做出正确的会计处理和恰当的列报。

### (三)期初余额的审计程序

判断期初余额对本期财务报表的影响程度应着眼于以下三方面:一是上期结转至本期的金额;二是上期所采用的会计政策;三是上期期末已存在的或有事项及承诺。为了完成期初余额的审计目标,注册会计师对期初余额的审计程序通常包括以下几个。

(1) 审查被审计单位财务报表期初余额是否反映上期运用恰当会计政策的结果。

(2) 审查上期会计政策是否在本期财务报表中得到一贯运用,如果会计政策发生变更,考虑这些变更是否恰当、会计处理是否正确、列报是否恰当。

(3) 如果上期财务报表由前任注册会计师审计,征得被审计单位书面同意,经前任注册会计师许可后,查阅前任注册会计师的工作底稿:①考虑前任注册会计师是否具备独立性和专业胜任能力;②关注前任注册会计师工作底稿中的所有重要审计领域;③考虑前任注册会计师是否已实施了必要的审计程序,评价资产负债表重要账户期初余额的合理性;④复核前任注册会计师建议调整分录和未更正错报汇总,评价其对当期审计的影响。

(4) 如果上期财务报表未经审计,或在实施上述第 3 项所述的审计程序后对期初余额不能得出满意结论,可以实施进一步审计程序:①对流动资产和流动负债,通过本期实施的审计程序获取部分审计证据;②对于存货,通过复核上期存货盘点记录及文件、检查上期存货交易记录或运用毛利百分比法等进行分析,获取有关本期期初存货余额的充分、适当的审计证据;③对非流动资产和非流动负债,检查形成期初余额的会计记录和其他信息,还可考虑向第三方函证期初余额,或实施追加的审计程序。

## 二、期后事项的审计

### (一)期后事项的含义和种类

期后事项是指资产负债表日至审计报告日之间发生的事项及审计报告日后发现的事实。

根据期后事项对财务报表和审计报告产生的影响,可将期后事项分为以下两类。

(1) 资产负债表日后调整事项。资产负债表日后调整事项是指对资产负债表日已经存在的情况提供了新的或进一步证据的事项。被审计单位发生的资产负债表日后调整事项,通常包括下列各项:①资产负债表日后诉讼案件结案,法院判决证实了企业在资产负债表日已经存在现时义务,需要调整原先确认的与该诉讼案件相关的预计负债,或确认一项新负债;②资产负债表日后取得确凿证据,表明某项资产在资产负债表日发生了减值或者需要调整该项资产原先确认的减值金额;③资产负债表日后进一步确定了资产负债表日前购入资产成本或售出资产收入;④资产负债表日后发现了财务报表舞弊或差错。

(2)　资产负债表日后非调整事项。资产负债表日后非调整事项是指表明资产负债表日后发生的情况的事项。被审计单位资产负债表日后发生的某些事项，虽然对被审计年度资产负债表日的会计数据没有直接的影响，但可能会影响被审计单位未来期间的财务状况和经营成果，为了保证会计报表使用者能够全面、正确地理解会计报表信息，应以附注的形式披露这类信息。

资产负债表日后非调整事项，通常包括下列各项。

(1)　资产负债表日后发生重大诉讼、仲裁、承诺。

(2)　资产负债表日后资产价格、税收政策、外汇汇率发生重大变化。

(3)　资产负债表日后因自然灾害导致资产发生重大损失。

(4)　资产负债表日后发行股票和债券以及其他巨额举债。

(5)　资产负债表日后资本公积转增资本。

(6)　资产负债表日后发生巨额亏损。

(7)　资产负债表日后发生企业合并或处置子公司。

(8)　财务报表日后企业利润分配方案中拟分配的以及经批准宣告发放的股利或利润。

区分两类期后事项主要是根据事项发生的时间。如果某一事项在资产负债表日之前已经存在，资产负债表日后发生的事项仅是补充说明该事项，那么这类期后事项属于第一类；如果某一事项是在资产负债表日之后才发生的，那么这类期后事项属于第二类。

## (二)期后事项审计的目标

(1)　确定期后事项是否存在和完整及其对财务报表和审计报告的影响。

(2)　确定期后事项的会计处理是否符合企业会计准则的规定。

(3)　确定期后事项的列报是否恰当。

## (三)期后事项的审计程序

根据期后事项的定义，期后事项可以划分为三个时段，如图 11-1 所示。第一个时段是资产负债表日后至审计报告日；第二时段是审计报告日后至财务报表报出日；第三时段是财务报表报出日后。资产负债表日一般是指被审计年度的 12 月 31 日；实务中审计报告日与财务报表批准日通常是相同的日期；财务报表报出日是指审计报告和已审计财务报表提供给第三方的日期。

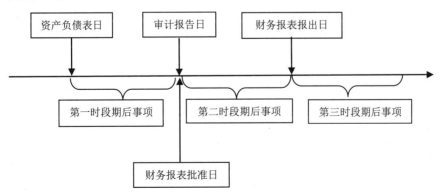

图 11-1　期后事项分段示意图

期后事项分为三个时段,注册会计师对这三个时段的期后事项负有不同的责任。

### 1. 主动识别第一时段的期后事项

资产负债表日后至审计报告日之间发生的期后事项属于第一时段的期后事项。注册会计师应当尽量在接近审计报告日时,实施旨在识别需要在财务报表中调整或披露事项的审计程序。这些程序如下。

(1) 复核被审计单位管理层建立的用于确保识别期后事项的程序。

(2) 取得并审阅股东大会、董事会和管理当局的会议记录以及涉及诉讼的相关文件等,查明识别资产负债表日后发生的对本期会计报表产生重大影响的事项。

(3) 查阅股东会、董事会及其专门委员会在资产负债表日后举行的会议的纪要,并在不能获取会议纪要时询问会议讨论的事项。

(4) 在尽量接近审计报告日时,查阅最近的中期财务报表、主要会计科目、重要合同和会计凭证;如认为必要和适当,还应当查阅预算、现金流量预测及其他相关管理报告。

(5) 在尽量接近审计报告日时,查阅被审计单位与客户、供应商等的往来信函。

(6) 在尽量接近审计报告日时,向被审计单位律师或法律顾问询问有关诉讼和索赔事项。

(7) 在尽量接近审计报告日时,向管理层询问可能影响财务报表的期后事项。

### 2. 被动识别第二时段的期后事项

审计报告日后至财务报表报出日前发现的期后事项属于第二时段的期后事项。在审计报告日后,注册会计师没有责任针对财务报表实施审计程序或进行专门查询。但是,在这一阶段,被审计单位的财务报表并未报出,其管理层有责任将发现的可能影响财务报表的事实告知注册会计师。在此期间,如果知悉可能对财务报表产生重大影响的事实,注册会计师应当考虑是否需要修改财务报表,并与管理层讨论,同时根据具体情况采取适当措施。

### 3. 没有义务识别第三时段的期后事项

财务报表报出后发生的期后事项属于第三时段的期后事项。在这一阶段,注册会计师虽没有义务针对财务报表做出查询,但并不排除注册会计师通过媒体等其他途径获悉可能对财务报表产生重大影响的期后事项的可能性。在财务报表报出后,如果知悉在审计报告日已存在的、可能导致修改审计报告的事实,注册会计师应当做到以下三点。

(1) 与管理层和治理层(如适用)讨论该事项。

(2) 确定财务报表是否需要修改。

(3) 如果需要修改,询问管理层将如何在财务报表中处理该事项。

◉ **任务解析**

由于是初次接受审计,因此信诚会计师事务所审计人员应对康诺公司 2020 年度会计报表项目的期初余额进行审计。审计小组成员可以将期初余额的审计与相关项目审查相结合,也可以单独采取审计程序以验证期初余额的公允性。在对获取的期初余额审计证据进行评价的基础上确定期初余额对审计意见的影响。同时,还要关注康诺公司是否存在期后事项,判断期后事项的性质和类型，以此确定期后事项对审计意见的影响。

对期初余额来说，注册会计师应当根据已经获得的审计证据形成对期初余额的审计结论，在此基础上确定其对本期财务报表审计意见的影响。

(1) 如果实施相关审计程序后无法获取有关期初余额的充分、适当的审计证据，注册会计师应当出具保留意见或无法表示意见的审计报告。

(2) 如果期初余额存在对本期财务报表产生重大影响的错报，注册会计师应当告知管理层，提请被审计单位进行调整。如果被审计单位不接受注册会计师的建议，错报的影响未得到正确的会计处理和恰当的列报，注册会计师应当出具保留意见或否定意见的审计报告。

(3) 如果与期初余额相关的会计政策未能在本期得到一贯运用，并且会计政策的变更未得到正确的会计处理和恰当的列报，注册会计师应当出具保留意见或否定意见的审计报告。

(4) 如果前任注册会计师对上期财务报表出具了非标准审计报告，注册会计师应当考虑该审计报告对本期财务报表的影响。如果导致出具非标准审计报告的事项对本期财务报表仍然相关和影响重大，注册会计师应当对本期财务报表出具非标准审计报告，即保留意见、否定意见或无法表示意见的审计报告。

对期后事项来说，注册会计师应当区分不同时段的期后事项，来确定其对本期财务报表审计意见的影响。

(1) 对于资产负债表日后至审计报告日之间发生的期后事项，注册会计师负有主动识别的义务，应设计专门的审计程序来进行审查，并根据这些事项的性质判断其对财务报表的影响程度，确定对审计意见的影响：①如果注册会计师识别出对财务报表有重大影响的期后事项，应当确定这些事项是否按照适用的财务报告编制基础的规定在财务报表中得到恰当反映；②如果所知悉的期后事项属于调整事项，注册会计师应当考虑被审计单位是否已对财务报表做出适当的调整。如果所知悉的期后事项属于非调整事项，注册会计师应当考虑被审计单位是否在财务报表附注中予以充分披露。

(2) 审计报告日后至财务报表报出日前发现的期后事项，由于注册会计师针对被审计单位的审计业务已经结束，要识别可能存在的期后事项比较困难，因而无法主动识别第二时段的期后事项。对此，可根据不同情况判断期后事项对审计意见的影响：①如果管理层修改了财务报表，注册会计师应当根据具体情况实施必要的审计程序，重新获取充分、适当的审计证据，以验证管理层根据期后事项做出的财务报表调整或披露是否符合《企业会计准则》和相关会计制度的规定，并针对修改后的财务报表出具新的审计报告。新的审计报告日期不应早于董事会或类似机构批准修改后的财务报表的日期。注册会计师应当将对期后事项的审计程序延伸至新的审计报告日；②如果注册会计师认为应当修改财务报表而管理层没有修改，并且审计报告尚未提交给被审计单位，注册会计师应当出具保留意见或否定意见的审计报告；③如果注册会计师认为应当修改财务报表而管理层没有修改，并且审计报告已提交给被审计单位，注册会计师应当通知治理层不要将财务报表和审计报告向第三方报出。如果财务报表仍被报出，注册会计师应当采取措施防止财务报表使用者信赖该审计报告。例如，通过新闻媒体发表必要的声明，防止使用者信赖审计报告。注册会计师采取的措施取决于自身的权利和义务以及征询的法律意见。

（3）对于财务报表报出后发生的期后事项，注册会计师如果知悉在审计报告日已存在的、可能导致修改审计报告的事实，可根据不同情况判断期后事项对审计意见的影响并采取相应措施：①如果管理层修改了财务报表，注册会计师应当根据具体情况实施必要的审计程序，复核管理层采取的措施能否确保所有收到原财务报表和审计报告的人士了解这一情况，并针对修改后的财务报表出具新的审计报告。新的审计报告应当增加强调事项段，提请财务报表使用者注意财务报表附注中对修改原财务报表原因的详细说明，以及注册会计师出具的原审计报告。新的审计报告日期不应早于董事会或类似机构批准修改后的财务报表的日期。相应地，注册会计师应当将对期后事项的审计程序延伸至新的审计报告日；②如果管理层既没有采取必要措施确保所有收到原财务报表和审计报告的人士了解这一情况，又没有在注册会计师认为需要修改的情况下修改财务报表，注册会计师应当采取措施防止财务报表使用者信赖该审计报告，并将拟采取的措施通知治理层。注册会计师采取的措施取决于自身的权利和义务以及征询的法律意见。

## 能力拓展

中兴会计师事务所在对龙华股份有限公司 2020 年会计报表审计中发现如下问题。

（1）龙华公司在 2019 年 11 月有一商用机器设备价值 200 万元，安装完毕后投入使用但在 12 月份未提折旧，上年的审计底稿中也提到了此问题，但被审计单位未进行调整。因为未调整数额较大，审计人员与公司管理层沟通后，对方仍然拒绝调整，理由是上年报表数额不能变动。

（2）龙华公司持有的一项长期股权投资在 2020 年 12 月 31 日的市价为每股 9 元，实际成本为每股 9.3 元，在 2020 年 12 月 31 日该公司按照成本与市价孰低计提了跌价准备，并在会计报表中反映已计提的跌价准备。2021 年 2 月 9 日，在审计结束外勤工作前，审计人员得知该股票的市价跌到每股 7 元。

**要求：** 1. 对于事项(1)，审计人员应如何处理？

2. 对于事项(2)，审计人员应如何处理？

## 延伸阅读

扫一扫，打开"或有事项对审计报告的影响"阅读材料。

或有事项对审计
报告的影响

# 任务二　完成审计工作

## 任务导入

经过两周的外勤审计工作，信诚会计师事务所对康诺公司的审计进入了审计终结阶段。作为本项目的负责人注册会计师李立对审计小组成员编制的审计工作底稿逐一进行了复核，又委托本项目的另一位合伙人注册会计师张磊对重要的工作底稿进行了再次复核。

**具体任务：**

如何开展审计工作底稿的复核工作？

审计终结
阶段工作

**知识准备**

注册会计师按业务循环完成各财务报表项目的审计测试和一些特殊项目的审计工作后，在审计终结阶段汇总审计测试结果，进行更具综合性的审计工作，主要包括以下内容。

# 一、评价审计中的重大发现

重大发现涉及会计政策的选择、运用和一贯性的重大事项，包括相关的信息披露。在审计终结阶段，项目合伙人和审计项目组考虑的重大发现和事项的例子包括以下几个。

(1) 期中复核中的重大发现及其对审计方法的相关影响。

(2) 涉及会计政策的选择、运用和一贯性的重大事项，包括相关的披露。

(3) 就识别出的重大风险，对审计策略和计划的审计程序所作的重大修正。

(4) 在与管理层和其他人员讨论重大发现和事项时得到的信息。

(5) 与注册会计师的最终审计结论相矛盾或不一致的信息。

对实施的审计程序的结果进行评价，可能全部或部分地揭示出以下事项。

(1) 为了实现计划的审计目标，是否有必要对重要性进行修订。

(2) 对审计策略和计划的审计程序的重大修正，包括对重大错报风险评估结果的重要变动。

(3) 对审计方法有重要影响的值得关注的内部控制缺陷和其他缺陷。

(4) 财务报表中存在的重大错报。

(5) 项目组成员内部，或项目组与项目质量控制复核人员或提供咨询的其他人员之间，就重大会计和审计事项达成最终结论所存在的意见分歧。

(6) 在实施审计程序时遇到的重大困难。

(7) 向事务所内部有经验的专业人士或外部专业顾问咨询的事项。

(8) 与管理层或其他人员就重大发现以及与注册会计师的最终审计结论相矛盾或不一致的信息进行的讨论。

针对重大发现可以向事务所内部有经验的专业人士或外部专业顾问咨询，并与管理层或其他人员就重大发现以及与注册会计师的最终审计结论相矛盾或不一致的信息进行讨论。如果审计项目组内部、项目组与被咨询者之间以及项目负责合伙人与项目质量控制复核人员之间存在意见分歧，审计项目组应当遵循事务所的政策和程序予以妥善处理。

# 二、评价审计过程中发现的错报

## (一)汇总审计差异

在完成按业务循环进行的控制测试、交易与财务报表项目的实质性程序以及特殊项目的审计后，对审计项目组成员在审计中发现的被审计单位的会计处理方法与《企业会计准则》的规定不一致，即审计差异，审计项目经理应根据审计重要性原则予以初步确定并汇总，并建议被审计单位进行调整，使经审计的财务报表所载信息能够公允地反映被审计单位的财务状况、经营成果和现金流量。对审计差异的"初步确定并汇总"直至形成"经审计的财务报表"的过程,主要是通过编制审计差异调整表和试算平衡表得以完成的。

审计差异按是否需要调整账户记录可分为核算错误和重分类错误。核算错误是因企业对经济业务进行了不正确的会计核算而引起的错误,又可分为建议调整的不符事项和不建议调整的不符事项。重分类错误是因企业未按《企业会计准则》的规定列报财务报表而引起的错误。通常需要将这些建议调整的不符事项、重分类错误以及未调整不符事项分别汇总至"账项调整分录汇总表""重分类调整分录汇总表"与"未更正错报汇总表",分别如表 11-1、表 11-2 和表 11-3 所示。

表 11-1  账项调整分录汇总表

| 序　号 | 内容及说明 | 索引号 | 调整内容 | | | | 影响利润表+(−) | 影响资产负债表+(−) |
|---|---|---|---|---|---|---|---|---|
| | | | 借方项目 | 借方金额 | 贷方项目 | 贷方金额 | | |
| | | | | | | | | |
| | | | | | | | | |
| | | | | | | | | |

与被审计单位的沟通:

参加人员:

被审计单位: _____

审计项目组: _____

被审计单位的意见:

_____

_____

结论:

是否同意上述审计调整: _____

被审计单位授权代表签字: _____ 日期: _____

表 11-2  重分类调整分录汇总表

| 序　号 | 内容及说明 | 索引号 | 调整项目和金额 | | | |
|---|---|---|---|---|---|---|
| | | | 借方项目 | 借方金额 | 贷方项目 | 贷方金额 |
| | | | | | | |
| | | | | | | |
| | | | | | | |

与被审计单位的沟通:

参加人员:

被审计单位: _____

审计项目组: _____

被审计单位的意见:

_____

_____

结论:

是否同意上述审计调整: _____

被审计单位授权代表签字: _____ 日期: _____

表 11-3　未更正错报汇总表

| 序　号 | 内容及说明 | 索引号 | 未调整内容 | | | | 备　注 |
|---|---|---|---|---|---|---|---|
| | | | 借方项目 | 借方金额 | 贷方项目 | 贷方金额 | |
| | | | | | | | |
| | | | | | | | |
| | | | | | | | |
| | | | | | | | |
| | | | | | | | |

未更正错报的影响：

| 项目 | 金额 | 百分比 | 计划百分比 |
|---|---|---|---|
| 1. 总资产 | ——— | ——— | ——— |
| 2. 净资产 | ——— | ——— | ——— |
| 3. 销售收入 | ——— | ——— | ——— |
| 4. 费用总额 | ——— | ——— | ——— |
| 5. 毛利 | ——— | ——— | ——— |
| 6. 净利润 | ——— | ——— | ——— |

结论：

被审计单位授权代表签字：_____　日期：_____

## (二)错报的沟通和更正

除非法律法规禁止，注册会计师应当及时将审计过程中累积的所有错报与适当层次的管理层进行沟通。对于建议调整的不符事项和重分类错误，注册会计师应当要求管理层更正这些错报。

某些情况下，法律法规可能限制注册会计师向管理层或被审计单位内部的其他人员通报某些错报。注册会计师的保密义务与通报义务之间存在的潜在冲突可能很复杂，此时，注册会计师可以考虑征询法律意见。

如果管理层拒绝更正沟通的部分或全部错报，注册会计师应当了解管理层不更正错报的理由，并在评价财务报表整体是否不存在重大错报时考虑该理由。注册会计师对管理层不更正错报的理由的理解，可能影响其对被审计单位会计实务质量的考虑。

## (三)评价未更正错报的影响

未更正错报是指注册会计师在审计过程中累积的且被审计单位未予更正的错报。对错报的评价需要考虑重要性水平。注册会计师需要考虑每一单项错报，以评价其对相关类别的交易、账户余额或披露的影响，包括评价该项错报是否超过特定类别的交易、账户余额或披露的重要性水平。如果注册会计师认为某一单项错报是重大的，则需进行更正。在某些情况下，即使某些错报低于财务报表整体的重要性，但因与这些错报相关的某些情况，在将其单独或连同在审计过程中累积的其他错报一并考虑时，注册会计师也可能将这些错报评价为重大错报。例如，某项错报的金额虽然低于财务报表整体的重要性，但对被审计单

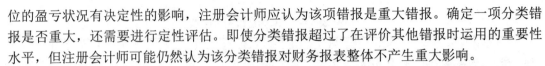

位的盈亏状况有决定性的影响,注册会计师应认为该项错报是重大错报。确定一项分类错报是否重大,还需要进行定性评估。即使分类错报超过了在评价其他错报时运用的重要性水平,但注册会计师可能仍然认为该分类错报对财务报表整体不产生重大影响。

除非法律法规禁止,注册会计师应当与治理层沟通未更正错报,以及这些错报单独或汇总起来可能对审计意见产生的影响。在沟通时,注册会计师应当逐项指明重大的未更正错报。注册会计师应当要求被审计单位更正未更正错报。注册会计师应当与治理层沟通与以前期间相关的未更正错报对相关类别的交易、账户余额或披露以及财务报表整体的影响。

### (四)获取书面声明

注册会计师应当要求管理层和治理层(如适用)提供书面声明,说明其是否认为未更正错报单独或汇总起来对财务报表整体的影响不重大。这些错报项目的概要应当包含在书面声明中或附在其后。在某些情况下,管理层和治理层(如适用)可能并不认为注册会计师提出的某些未更正的错报是错报。基于这一原因,他们可能在书面声明中增加以下表述:"因为[描述理由],我们不同意……事项和……事项构成错报。"然而,即使获取了这一声明,注册会计师仍需要对未更正错报的影响形成结论。

## 三、复核财务报表和审计工作底稿

### (一)对财务报表总体合理性进行总体复核

在审计结束或临近结束时,注册会计师运用分析程序的目的是确定经审计调整后的财务报表整体是否与对被审计单位的了解一致,是否具有合理性。注册会计师应当围绕这一目的运用分析程序。

在运用分析程序进行报表总体复核时,如果识别出以前未识别的重大错报风险,注册会计师应当重新考虑对全部或部分各类交易、账户余额、披露评估的风险是否恰当,并在此基础上重新评价之前计划的审计程序是否充分,是否有必要追加审计程序。

### (二)复核审计工作底稿

会计师事务所应当建立完善的审计工作底稿分级复核制度。对审计工作底稿的复核可分为项目组内部复核和项目质量控制复核两个层次。

#### 1. 项目组内部复核

项目组内部复核又分为两个层次:项目负责经理的现场复核和项目负责合伙人的复核。

(1) 项目负责经理的现场复核。由项目负责经理对工作底稿的复核属于第一级复核。该级复核通常在审计现场完成,以便及时发现和解决问题,争取审计工作的主动。

(2) 项目合伙人的复核。项目合伙人对审计工作底稿实施复核是项目组内部最高级别的复核。该复核既是对项目负责经理复核的再监督,也是对重要审计事项的把关。根据审计准则的规定,项目合伙人应当对会计师事务所分派的每项审计业务的总体质量负责;项目合伙人应当对项目组按照会计师事务所复核政策和程序实施的复核负责。

(3) 项目组内部复核的执行。审计项目复核贯穿审计全过程,随着审计工作的开展,复核人员在审计计划阶段、执行阶段和完成阶段及时复核相应的工作底稿，例如，在审计计划阶段复核记录审计策略和审计计划的工作底稿，在审计执行阶段复核记录控制测试和实质性程序的工作底稿，在审计完成阶段复核记录重大事项、审计调整及未更正错报的工作底稿等。

### 2. 独立的项目质量控制复核

项目质量控制复核是指在出具报告前，对项目组做出的重大判断和在准备报告时形成的结论做出客观评价的过程，也称独立复核。质量控制准则规定，会计师事务所应当制定政策和程序，要求对特定业务(包括所有上市实体财务报表审计)实施项目质量控制复核，以客观评价项目组做出的重大判断以及在编制报告时得出的结论。

(1) 质量控制复核人员。会计师事务所在确定质量控制复核人员的资格要求时，需要充分考虑质量控制复核工作的重要性和复杂性，安排经验丰富的注册会计师担任项目质量控制复核人员，如有一定执业经验的合伙人，或专门负责质量控制复核的注册会计师等。

(2) 质量控制复核的执行。审计准则规定，只有完成了项目质量控制复核，才能签署审计报告。项目质量控制复核人员在业务过程中的适当阶段及时实施项目质量控制复核，有助于重大事项在审计报告日之前得到迅速、满意的解决。注册会计师要考虑在审计过程中与项目质量复核人员积极协调配合，使其能够及时实施质量控制复核，而非在出具审计报告前才实施复核。例如，在审计计划阶段，质量控制复核人员复核项目组对会计师事务所独立性的评价、项目组在制定审计策略和审计计划时做出的重大判断及发现的重大事项等。

## 四、评价独立性和道德问题

项目合伙人应当考虑项目组成员是否遵守职业道德规范，在整个审计过程中对项目组成员违反职业道德规范的迹象保持警惕，并就审计业务的独立性是否得到遵守形成结论。在签署审计报告前，项目合伙人应确信，审计过程中产生的所有独立性和道德问题已经得到圆满解决，并与审计准则和职业道德守则的独立性要求一致。

## 五、获取管理层书面声明

书面声明是指管理层向注册会计师提供的书面陈述，用以确认某些事项或支持其他审计证据。书面声明不包括财务报表及其认定，以及支持性账簿和相关记录。

书面声明是注册会计师在财务报表审计中需要获取的必要信息，是审计证据的重要来源。如果管理层修改书面声明的内容或不提供注册会计师要求的书面声明，可能使注册会计师警觉存在重大问题的可能性。而且，在很多情况下，要求管理层提供书面声明而非口头声明，可以促使管理层更加认真地考虑声明涉及的事项，从而提高声明的质量。

尽管书面声明提供了必要的审计证据，但其本身并不为所涉及的任何事项提供充分、适当的审计证据。而且，管理层已提供可靠书面声明的事实，并不影响注册会计师就管理层责任履行情况或具体认定获取的其他审计证据的性质和范围。

注册会计师应当要求管理层就下列事项提供书面声明：①按照审计业务约定条款，已

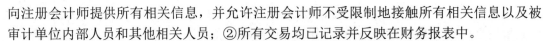

向注册会计师提供所有相关信息，并允许注册会计师不受限制地接触所有相关信息以及被审计单位内部人员和其他相关人员；②所有交易均已记录并反映在财务报表中。

如果未从管理层获取其确认已履行责任的书面声明，注册会计师在审计过程中获取的有关管理层已履行这些责任的其他审计证据是不充分的。这是因为，仅凭其他审计证据不能判断管理层是否在认可并理解其责任的基础上，编制和列报财务报表并向注册会计师提供了相关信息。

书面声明的日期应当尽量接近对财务报表出具审计报告的日期，但不得在审计报告日后。书面声明应当涵盖审计报告针对的所有财务报表和期间。由于书面声明是必要的审计证据，在管理层签署书面声明前，注册会计师不能发表审计意见，也不能签署审计报告。而且，由于注册会计师关注截止审计报告日发生的、可能需要在财务报表中做出相应调整或披露的事项，书面声明的日期应当尽量接近对财务报表出具审计报告的日期，但不得在其之后。

如果注册会计师认为管理层提供的书面声明不可靠，或者管理层不提供有关事项的书面声明，则注册会计师无法获取充分、适当的审计证据，这对财务报表的影响可能是广泛的，并不局限于财务报表的特定要素、账户或项目。在这种情况下，注册会计师需要对财务报表发表无法表示意见。

## 六、正式签发审计报告

确保审计工作完成后，撰写审计总结，完成审计工作完成情况核对表，正式签发审计报告。

### ◉ 任务解析

所有的审计工作底稿至少要经过一级复核。

(1) 项目负责经理复核的内容：①审计工作是否已按照职业准则和适用的法律法规的规定执行；②重大事项是否已提请进一步考虑；③相关事项是否已进行适当咨询，由此形成的结论是否已得到记录和执行；④是否需要修改执行审计工作的性质、时间安排和范围；⑤已执行的审计工作是否支持形成的结论，并已得到适当记录；⑥已获取的审计证据是否充分、适当；⑦审计程序的目标是否已实现。

(2) 项目合伙人的复核内容。项目合伙人无须复核所有审计工作底稿，只需复核以下内容：①对关键领域所做的判断，尤其是执行业务过程中识别出的疑难问题或争议事项；②特别风险；③项目合伙人认为重要的其他领域。

(3) 项目质量控制复核人员复核的内容。项目质量控制复核人员应当客观地评价项目组做出的重大判断以及在编制审计报告时得出的结论，评价工作应当涉及下列内容：①与项目合伙人讨论重大事项；②复核财务报表和拟出具的审计报告；③复核选取的与项目组做出的重大判断和得出的结论相关的审计工作底稿；④评价在编制审计报告时得出的结论，并考虑拟出具审计报告的恰当性。

## ◉ 能力拓展

信诚会计师事务所注册会计师陆明和张磊负责广华股份有限公司 2020 年度会计报表的审计，于 2021 年 2 月 18 日完成外勤审计工作，审计过程中实施了所有认为必要的审计程序，审计范围没有受到任何限制。广华公司 2020 年度未经审计的会计报表中的部分会计资料如下。

| 项目 | 金额(万元) |
|---|---|
| 2020 年度利润总额 | 885 |
| 2020 年度净利润 | 664 |
| 2020 年 12 月 31 日资产总额 | 8 113 |
| 2020 年 12 月 31 日股东权益 | 2 606 |

重要性水平及其分配：

陆明和张磊确定广华股份有限公司 2020 年度会计报表层次的重要性水平为 26 万元，根据被审计单位的特定情况及信息使用者的需求，针对特定类别交易、账户余额或披露的重要性水平如下。

| 会计报表项目 | 重要性水平(万元) |
|---|---|
| 应收账款 | 4 |
| 预付账款 | 2.5 |
| 存货 | 7 |
| 固定资产原价 | 8 |
| 累计折旧 | 1 |
| 应付账款 | 2 |
| 资本公积 | 1.5 |

注册会计师经审计发现广华股份有限公司存在以下四个事项。

(1) 按照该公司采用的账龄分析法核算坏账，2020 年应计提坏账准备 186 万元，但实际只计提了坏账准备 172 万元，少计提 14 万元。

(2) 2020 年 12 月 31 日，该公司有确实无法支付的应付账款 10 万元。该公司作了借记"应付账款"10 万元、贷记"资本公积"10 万元的会计处理。

(3) 该公司 2020 年年末未经审计的资产负债表反映的预付账款项目为借方余额 600 万元，其明细组成如下。

| 预付账款——A 公司 | 400 万元 | 预付账款——B 公司 | 187 万元 |
|---|---|---|---|
| 预付账款——C 公司 | 1 万元 | 预付账款——D 公司 | −2 万元 |
| 预付账款——E 公司 | 14 万元 | | |
| 合　　计 | 600 万元 | | |

其中 C 公司的 1 万元系 2020 年 2 月为采购 C 公司产品所预付，事后获悉 C 公司因转产已不能再提供该产品。

(4) 按该公司固定资产折旧会计政策，经审计确认，2020 年度少提折旧费用 48 万元。

**要求：**分别根据上述 4 项资料提出审计处理意见，填写相应的审计差异汇总表。

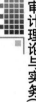

◉ 延伸阅读

扫一扫,打开"审计终结阶段对重要性和审计风险的评价"阅读材料。

审计终结阶段
对重要性和审计
风险的评价

# 任务三　出具审计报告

◉ 任务导入

审计报告的
意见类型

信诚会计师事务所与康诺公司就审计中发现的调整事项达成一致,注册会计师获得了被审计单位同意账项调整的书面确认及被审计单位签署的管理层声明书。之后,在确认审计各项工作已完成后,审计小组决定对康诺公司 2020 年会计报表出具无保留意见审计报告。

**具体任务:**

康诺公司审计报告应如何出具?

◉ 知识准备

## 一、审计报告的含义

审计报告是指注册会计师根据审计准则的规定,在执行审计工作的基础上,对财务报表发表审计意见的书面文件。

审计报告是审计人员在完成审计工作后向授权者或委托者提供的最终产品,是评价被审计单位财务情况合法性和公允性的重要工具,也表明审计人员完成了审计任务并愿意承担审计责任的证明文件。因此,审计人员必须慎重对待审计报告,对审计报告的真实性、合法性负责,如实反映审计的范围、审计的依据、实施的审计程序和应发表的审计意见。

## 二、审计报告的作用

注册会计师签发的审计报告,主要具有鉴证、保护和证明三个方面的作用。

### (一)鉴证

注册会计师签发的审计报告,不同于政府审计和内部审计的审计报告,是以超然独立的第三方身份,对被审计单位财务报表的合法性、公允性发表意见。这种意见,具有鉴证作用,得到了政府及其各部门和社会各界的普遍认可。政府有关部门,如财政部门、税务部门等了解、掌握企业的财务状况和经营成果的主要依据是企业提供的财务报表,而财务报表是否合法、公允,主要依据注册会计师的审计报告做出判断。股份制企业的股东,主要依据注册会计师的审计报告来判断被投资企业的财务报表是否公允地反映了财务状况和经营成果以进行投资决策。

### (二)保护

注册会计师通过审计，可以对被审计单位财务报表出具不同类型审计意见的审计报告，以提高或降低财务报表使用者对财务报表的信赖程度，能够在一定程度上对被审计单位的财产、债权人和股东的权益及企业利害关系人的利益起到保护作用。投资者根据注册会计师的审计报告做出投资决策，可以降低投资风险。

### (三)证明

审计报告是对注册会计师审计任务完成情况及其结果所作的总结，它可以表明审计工作的质量并明确注册会计师的审计责任。因此，审计报告可以对审计工作质量和注册会计师的审计责任起证明作用。通过审计报告，可以证明注册会计师在审计过程中是否实施了必要的审计程序，是否以审计工作底稿为依据发表审计意见，发表的审计意见是否与被审计单位的实际情况相一致，审计工作的质量是否符合要求。

## 三、审计报告的要素

审计报告的内容可视不同的审计主体、审计目的、审计对象和审计报告的使用者等而不同。一般来说，审计报告主要包括文字、报表和其他三部分内容。文字部分主要说明审计过程、审计结论、审计建议等，这是审计报告的主体部分。报表部分主要包括已审的会计报表或其他能对审计事项进行说明的附表。其他部分是对文字部分的补充和说明。审计报告的要素包括以下几个。

### (一)标题

审计报告的标题应当统一规范为"审计报告"。

### (二)收件人

审计报告的收件人是指注册会计师按照业务约定书的要求致送审计报告的对象，一般是指审计业务的委托人。审计报告的收件人应当载明收件人的全称。对于股份有限公司，审计报告的收件人一般可用"××股份有限公司全体股东"；对于有限责任公司，收件人可用"××有限责任公司董事会"。

### (三)审计意见

审计意见部分由两部分构成。第一部分指出已审计财务报表，应当包括下列方面。
(1) 指出被审计单位的名称。
(2) 说明财务报表已经审计。
(3) 指出构成整套财务报表的每一财务报表的名称。
(4) 提及财务报表附注。
(5) 指明构成整套财务报表的每一财务报表的日期或涵盖的期间。
第二部分应当说明注册会计师发表的审计意见。审计意见应说明：①财务报表是否按照适用的会计准则和相关会计制度的规定编制；②财务报表是否在所有重大方面公允反映

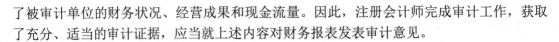

了被审计单位的财务状况、经营成果和现金流量。因此,注册会计师完成审计工作,获取了充分、适当的审计证据,应当就上述内容对财务报表发表审计意见。

### (四)形成审计意见的基础

审计报告应当包含标题为"形成审计意见的基础"的部分。该部分提供关于审计意见的重要背景,应当紧接在审计意见部分之后,并包括下列方面。

(1) 说明注册会计师按照审计准则的规定执行了审计工作。

(2) 提及审计报告中用于描述审计准则规定的注册会计师责任的部分。

(3) 声明注册会计师按照与审计相关的职业道德要求对被审计单位保持了独立性,并履行了职业道德方面的其他责任。声明中应当指明适用的职业道德要求,如中国注册会计师职业道德守则。

(4) 说明注册会计师是否相信获取的审计证据是充分、适当的,为发表审计意见提供了基础。

### (五)管理层对财务报表的责任段

审计报告应当包含标题为"管理层对财务报表的责任"的部分,用以描述被审计单位中负责编制财务报表的人员的责任。其中应当说明管理层负责下列两个方面。

(1) 按照适用的财务报告编制基础编制财务报表,使其实现公允反映;并设计、执行和维护必要的内部控制,以使财务报表不存在由于舞弊或错误导致的重大错报。

(2) 评估被审计单位的持续经营能力和使用持续经营假设是否适当,并披露与持续经营相关的事项(如适用)。对管理层评估责任的说明应当包括描述在何种情况下使用持续经营假设是恰当的。

### (六)注册会计师的责任段

审计报告应当包含标题为"注册会计师对财务报表审计的责任"的部分,其中应包括下列内容。

(1) 说明注册会计师的目标是对财务报表整体是否不存在由于舞弊或错误导致的重大错报获取合理保证,并出具包含审计意见的审计报告。

(2) 说明合理保证是高水平的保证,但按照审计准则执行的审计并不能保证一定会发现存在的重大错报。

(3) 说明错报可能由于舞弊或错误导致。在说明错报可能由于舞弊或错误导致时,注册会计师应当从下列两种做法中选择一种:①描述如果合理预期错报单独或汇总起来可能影响财务报表使用者依据财务报表做出的经济决策,则通常认为错报是重大的;②根据适用的财务报告编制基础,提供关于重要性的定义或描述。

此外,"注册会计师对财务报表审计的责任"部分还应当包括下列内容:①说明在按照审计准则执行审计工作的过程中,注册会计师运用职业判断,并保持职业怀疑;②通过说明注册会计师的责任,对审计工作进行描述。

### (七)按照相关法律法规的要求报告的事项(如适用)

如果注册会计师在对财务报表出具的审计报告中履行其他报告责任，应当在审计报告中将其单独作为一部分，并以"按照相关法律法规的要求报告的事项"为标题。此时，审计报告应当区分为"对财务报表出具的审计报告"和"按照相关法律法规的要求报告的事项"两部分，以便将其同注册会计师的财务报表报告责任明确区分。在另外一些情况下，相关法律法规可能要求或允许注册会计师在单独出具的报告中进行报告。

### (八)注册会计师的签名和盖章

审计报告应当由项目合伙人和另一名负责该项目的注册会计师签名和盖章。在审计报告中指明项目合伙人有助于进一步增强对审计报告使用者的透明度，有利于增强项目合伙人的个人责任感。因此，对上市实体整套通用目的财务报表出具的审计报告应当注明项目合伙人。

### (九)会计师事务所的名称、地址及盖章

根据《中华人民共和国注册会计师法》的规定，注册会计师承办业务，应由其所在会计师事务所统一受理并与委托人签订委托合同。因此，审计报告除了应由注册会计师签名盖章外，还应载明会计师事务所的名称和地址，并加盖会计师事务所公章。

注册会计师在审计报告中载明会计师事务所地址时标明会计师事务所所在的城市即可。在实务中，审计报告通常载于会计师事务所统一印刷的、标有该所详细通信地址的信笺上，因此，无须在审计报告中注明详细地址。

### (十)报告日期

审计报告应当注明报告日期。审计报告的日期不应早于注册会计师获取充分、适当的审计证据(包括管理层认可对财务报表的责任且已批准财务报表的证据)，并在此基础上对财务报表形成审计意见的日期。注册会计师在确定审计报告日期时应当考虑：①应当实施的审计程序已经完成；②应当提请被审计单位调整的事项已经提出，被审计单位已经做出调整或拒绝做出调整；③管理层已经正式签署财务报表。

审计报告的日期向审计报告使用者表明，注册会计师已考虑其知悉的、截至审计报告日发生的事项和交易的影响。注册会计师对审计报告日后发生的事项和交易的责任，在《中国注册会计师审计准则第 1332 号——期后事项》中做出了规定。因此，审计报告的日期非常重要。注册会计师对不同时段的财务报表期后事项有着不同的责任，而审计报告的日期是划分时段的关键时点。在审计实务中，注册会计师在正式签署审计报告前，通常把审计报告草稿和已审计财务报表草稿一同提交给管理层。如果管理层批准并签署已审计财务报表，注册会计师即可签署审计报告。注册会计师签署审计报告的日期通常与管理层签署已审计财务报表的日期为同一天，或者晚于管理层签署已审计财务报表的日期。

## 四、关键审计事项

关键审计事项是指注册会计师根据职业判断认为对当期财务报表审计最为重要的事

项。在审计报告中沟通关键审计事项，可以提高已执行审计工作的透明度，从而提高审计报告的决策相关性和有用性。沟通关键审计事项还能够为财务报表使用者提供额外的信息，以帮助其了解被审计单位、已审计财务报表中涉及重大管理层判断的领域，以及注册会计师根据职业判断认为对当期财务报表审计最为重要的事项。沟通关键审计事项，还能够为财务报表预期使用者就与被审计单位、已审计财务报表或已执行审计工作相关的事项进一步与管理层和治理层沟通提供基础。在某些情况下，关键审计事项可能涉及某些敏感信息，沟通这些信息可能为被审计单位带来较为严重的负面影响，法律法规也可能禁止公开披露某事项，此时注册会计师可以不在审计报告中沟通关键审计事项。

关键审计事项不是必须的，《中国注册会计师审计准则第 1504 号——在审计报告中沟通关键审计事项》要求注册会计师在上市实体整套通用目的财务报表审计报告中增加关键审计事项部分，用于沟通关键审计事项。为达到突出关键审计事项的目的，注册会计师应当在审计报告中单设一部分，以"关键审计事项"为标题，并在该部分使用恰当的子标题逐项描述关键审计事项。

## 五、审计报告的类型

注册会计师的目标是在评价根据审计证据得出的结论的基础上，对财务报表形成审计意见，并通过书面报告的形式清楚地表达审计意见。

如果认为财务报表在所有重大方面按照适用的财务报告编制基础编制并实现公允反映，注册会计师应当发表无保留意见。当存在下列情形之一时，注册会计师应当在审计报告中发表非无保留意见：①根据获取的审计证据，得出财务报表整体存在重大错报的结论；②无法获取充分、适当的审计证据，不能得出财务报表整体不存在重大错报的结论。

审计报告的基本类型如图 11-2 所示。

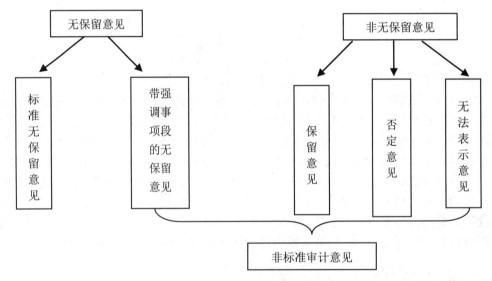

图 11-2　审计报告的基本类型

## (一)无保留意见

如果注册会计师认为财务报表符合下列所有条件，应当出具无保留意见的审计报告。

(1) 财务报表已经按照适用的会计准则和相关会计制度的规定编制，在所有重大方面公允反映了被审计单位的财务状况、经营成果和现金流量。

(2) 注册会计师已经按照《中国注册会计师审计准则》的规定计划和实施审计工作，在审计过程中未受到限制。

当出具无保留意见的审计报告时，注册会计师应当以"我们认为"作为意见段的开头，并使用"在所有重大方面""公允反映"等术语。对上市实体整套财务报表审计出具的无保留意见审计报告的参考格式如下。

审 计 报 告

ABC 股份有限公司全体股东：

一、对财务报表审计的报告

(一)审计意见

我们审计了 ABC 股份有限公司(以下简称 ABC 公司)财务报表，包括 20×1 年 12 月 31 日的资产负债表，20×1 年度的利润表、现金流量表、所有者权益变动表以及财务报表附注。

我们认为，后附的财务报表在所有重大方面按照《企业会计准则》的规定编制，公允反映了公司 20×1 年 12 月 31 日的财务状况以及 20×1 年度的经营成果和现金流量。

(二)形成审计意见的基础

我们按照《中国注册会计师审计准则》的规定执行了审计工作。审计报告的"注册会计师对财务报表审计的责任"部分进一步阐述了我们在这些准则下的责任。按照中国注册会计师职业道德守则，我们独立于公司，并履行了职业道德方面的其他责任。我们相信，我们获取的审计证据是充分、适当的，为发表审计意见提供了基础。

(三)关键审计事项

关键审计事项是根据我们的职业判断，认为对本期财务报表审计最为重要的事项。这些事项是在对财务报表整体进行审计并形成意见的背景下进行处理的，我们不对这些事项提供单独的意见。

(按照《中国注册会计师审计准则第 1504 号——在审计报告中沟通关键审计事项》的规定描述每一关键审计事项。)

(四)管理层和治理层对财务报表的责任

管理层负责按照《企业会计准则》的规定编制财务报表，使其实现公允反映，并设计、执行和维护必要的内部控制，以使财务报表不存在由于舞弊或错误导致的重大错报。

在编制财务报表时，管理层负责评估公司的持续经营能力，披露与持续经营相关的事项(如适用)，并运用持续经营假设，除非管理层计划清算公司、停止营运或别无其他现实的选择。

治理层负责监督公司的财务报告过程。

(五)注册会计师对财务报表审计的责任

我们的目标是对财务报表整体是否不存在由于舞弊或错误导致的重大错报获取合理保证，并出具包含审计意见的审计报告。合理保证是高水平的保证，但并不能保证按照审计准则执行的审计在某一重大错报存在时总能发现。错报可能由舞弊或错误所导致，如果合理预期错报单独或汇总起来可能影响财务报表使用者依据财务报表做出的经济决策，则错报是重大的。

在按照审计准则执行审计的过程中，我们运用了职业判断，保持了职业怀疑。我们同时：

(1) 识别和评估由于舞弊或错误导致的财务报表重大错报风险；对这些风险有针对性地设计和实施审计程序；获取充分、适当的审计证据，作为发表审计意见的基础。由于舞弊可能涉及串通、伪造、故意遗漏、虚假陈述或凌驾于内部控制之上，未能发现由于舞弊导致的重大错报的风险高于未能发现由于错误导致的重大错报的风险。

(2) 了解与审计相关的内部控制，以设计恰当的审计程序，但目的并非对内部控制的有效性发表意见。

(3) 评价管理层选用会计政策的恰当性和做出会计估计及相关披露的合理性。

(4) 对管理层使用持续经营假设的恰当性得出结论。同时，基于所获取的审计证据，对是否存在与事项或情况相关的重大不确定性，从而可能导致对公司的持续经营能力产生重大疑虑得出结论。如果我们得出结论认为存在重大不确定性，审计准则要求我们在审计报告中提请报告使用者注意财务报表中的相关披露；如果披露不充分，我们应当发表非无保留意见。我们的结论基于审计报告日可获得的信息。然而，未来的事项或情况可能导致公司不能持续经营。

(5) 评价财务报表的总体列报、结构和内容(包括披露)，并评价财务报表是否公允反映交易和事项。

除其他事项外，我们与治理层就计划的审计范围、时间安排和重大审计发现(包括我们在审计中识别的值得关注的内部控制缺陷)进行沟通。

从与治理层沟通的事项中，我们确定哪些事项对当期财务报表审计最为重要，因而构成关键审计事项。我们在审计报告中描述这些事项，除非法律法规不允许公开披露这些事项，或在极其罕见的情形下，如果合理预期在审计报告中沟通某事项造成的负面后果超过产生的公众利益方面的益处，我们确定不应在审计报告中沟通该事项。

二、按照相关法律法规的要求报告的事项

(本部分的格式和内容，取决于法律法规对其他报告责任的性质的规定。)

| ××会计师事务所 | 中国注册会计师：×××(项目合伙人) |
| --- | --- |
| (盖章) | (签名并盖章) |
| 中国注册会计师：××× | |
| 中国××市 | (签名并盖章) |
| | 二○×二年×月×日 |

## (二)非保留意见

非无保留意见，是指对财务报表发表的保留意见、否定意见或无法表示意见。表 11-4 列示了注册会计师对导致发生非无保留意见事项的性质和这些事项对财务报表产生或可能产生影响的广泛性做出的判断，以及注册会计师的判断对审计意见类型的影响。

表 11-4 导致非无保留意见事项的性质与审计意见类型的关系

| 导致发生非无保留意见事项的性质 | 这些事项对财务报表产生或可能产生影响的广泛性 | |
| --- | --- | --- |
| | 重大但不具有广泛性 | 重大且具有广泛性 |
| 财务报表存在重大错报 | 保留意见 | 否定意见 |
| 无法获取充分、适当的审计证据 | 保留意见 | 无法表示意见 |

### 1. 保留意见

如果认为财务报表整体是公允的，但还存在下列情形之一，注册会计师应当出具保留意见的审计报告。

(1) 在获取充分、适当的审计证据后，注册会计师认为错报单独或汇总起来对财务报表影响更大，但不具有广泛性。

(2) 注册会计师无法获取充分、适当的审计证据以作为形成审计意见的基础，但认为未发现的错报(如存在)对财务报表可能产生的影响重大，但不具有广泛性。

当出具保留意见的审计报告时，注册会计师应当在审计意见段中使用"除……的影响外"等术语。如果因审计范围受到限制，注册会计师还应当在注册会计师的责任段中提及这一情况。对上市实体整套财务报表审计出具的保留意见审计报告(财务报表存在重大错报)的参考格式如下。

审 计 报 告

ABC 股份有限公司全体股东:

一、对财务报表审计的报告

(一)保留意见

我们审计了 ABC 股份有限公司(以下简称 ABC 公司)财务报表，包括20×1年12月31日的资产负债表，20×1年度的利润表、现金流量表、所有者权益变动表以及财务报表附注。

我们认为，除"形成保留意见的基础"部分所述事项产生的影响外，后附的财务报表在所有重大方面按照《企业会计准则》的规定编制，公允反映了 ABC 公司 20×1年12月31日的财务状况以及20×1年度的经营成果和现金流量。

(二)形成保留意见的基础

ABC 公司 20×1年12月31日资产负债表中存货的列示金额为×元。管理层根据成本对存货进行计量，而没有根据成本与可变现净值孰低的原则进行计量，这不符合《企业会计准则》的规定。公司的会计记录显示，如果管理层以成本与可变现净值孰低来计量存货，存货列示金额将减少×元。相应地，资产减值损失将增加×元，所得税、净利润和股东权益将分别减少×元、×元和×元。

我们按照中国注册会计师审计准则的规定执行了审计工作。审计报告的"注册会计师对财务报表审计的责任"部分进一步阐述了我们在这些准则下的责任。按照中国注册会计师职业道德守则，我们独立于 ABC 公司，并履行了职业道德方面的其他责任。我们相信，我们获取的审计证据是充分、适当的，为发表保留意见提供了基础。

(三)关键审计事项

关键审计事项是根据我们的职业判断，认为对本期财务报表审计最为重要的事项。这些事项是在对财务报表整体进行审计并形成意见的背景下进行处理的，我们不对这些事项提供单独的意见。除"形成保留意见的基础"部分所述事项外，我们确定下列事项是需要在审计报告中沟通的关键审计事项。

(按照《中国注册会计师审计准则第 1504 号——在审计报告中沟通关键审计事项》的规定描述每一关键审计事项。)

(四)管理层和治理层对财务报表的责任(略)

(五)注册会计师对财务报表审计的责任(略)

二、按照相关法律法规的要求报告的事项
  (略)

××会计师事务所　　　　　　　　　　　中国注册会计师：×××(项目合伙人)

(盖章)　　　　　　　　　　　　　　　　　　(签名并盖章)
　　　　　　　　　　　　　　　　　　中国注册会计师：×××
中国××市　　　　　　　　　　　　　　　(签名并盖章)
　　　　　　　　　　　　　　　　　二○×二年×月×日

### 2. 否定意见

在获取充分、适当的审计证据后，如果认为错报单独或汇总起来对财务报表的影响重大且具有广泛性，注册会计师应当发表否定意见。

当发表否定意见时，注册会计师应当根据适用的财务报告编制基础在审计意见段中说明：注册会计师认为，由于导致否定意见的事项段所述事项的重要性，财务报表没有在所有重大方面按照适用的财务报告编制基础编制，未能实现公允反映。对上市实体整套财务报表审计出具的否定意见审计报告的参考格式如下。

## 审 计 报 告

ABC 股份有限公司全体股东：

一、对财务报表审计的报告

(一)否定意见

我们审计了 ABC 股份有限公司(以下简称 ABC 公司)财务报表，包括20×1 年12 月31日的资产负债表，20×1 年度的利润表、现金流量表、所有者权益变动表以及财务报表附注。

我们认为，由于"形成否定意见的基础"段所述事项的重要性，后附的财务报表没有在所有重大方面按照《企业会计准则》的规定编制，未能公允反映 ABC 公司及其子公司20×1 年12 月31 日的财务状况以及20×1 年度的经营成果和现金流量。

(二)形成否定意见的基础

如财务报表附注×所述，ABC 公司的长期股权投资未按《企业会计准则》的规定采用权益法核算。如果按权益法核算，ABC 公司的长期投资账面价值将减少×万元，净利润将减少×万元，从而导致 ABC 公司由盈利×万元变为亏损×万元。

我们按照中国注册会计师审计准则的规定执行了审计工作。审计报告的"注册会计师对财务报表审计的责任"部分进一步阐述了我们在这些准则下的责任。按照中国注册会计师职业道德守则，我们独立于 ABC 公司，并履行了职业道德方面的其他责任。我们相信，我们获取的审计证据是充分、适当的，为发表否定意见提供了基础。

(三)关键审计事项

关键审计事项是根据我们的职业判断，认为对本期财务报表审计最为重要的事项。这些事项是在对财务报表整体进行审计并形成意见的背景下进行处理的，我们不对这些事项提供单独的意见。除"形成否定意见的基础"部分所述事项外，我们确定下列事项是需要在审计报告中沟通的关键审计事项。

(按照《中国注册会计师审计准则第 1504 号——在审计报告中沟通关键审计事项》的规定描述每一关键审计事项。)

(四)管理层和治理层对财务报表的责任(略)

(五)注册会计师对财务报表审计的责任(略)

二、按照相关法律法规的要求报告的事项
　(略)

| ××会计师事务所 | 中国注册会计师：×××(项目合伙人) |
| (盖章) | (签名并盖章) |
| | 中国注册会计师：××× |
| | (签名并盖章) |
| 中国××市 | 二○×二年×月×日 |

### 3. 无法表示意见

如果无法获取充分、适当的审计证据以作为形成审计意见的基础，但认为未发现的错报(如存在)对财务报表可能产生的影响重大且具有广泛性，注册会计师应当发表无法表示意见的审计报告。在极其特殊的情况下，可能存在多个不确定事项，即使注册会计师对每个单独的不确定事项获取了充分、适当的审计证据，但由于不确定事项之间可能存在相互影响，以及可能对财务报表产生累积影响，注册会计师不可能对财务报表形成审计意见。在这种情况下，注册会计师应当发表无法表示意见的审计报告。

当由于无法获取充分、适当的审计证据而发表无法表示意见的审计报告时，注册会计师应当在审计意见段中说明：由于导致无法表示意见的事项段所述事项的重要性，注册会计师无法获取充分、适当的审计证据来为发表审计意见提供基础，因此注册会计师不对这些财务报表发表审计意见。对上市实体整套财务报表审计出具的无法表示意见审计报告的参考格式如下。

### 审 计 报 告

ABC 股份有限公司全体股东：

一、对财务报表审计的报告

(一)无法表示意见

我们接受委托，审计 ABC 股份有限公司(以下简称 ABC 公司)财务报表，包括20×1年12 月 31 日的资产负债表，20×1年度的利润表、现金流量表、所有者权益变动表以及财务报表附注。

我们不对后附的 ABC 公司财务报表发表审计意见。由于"形成无法表示意见的基础"部分所述事项的重要性,我们无法获取充分、适当的审计证据以作为对财务报表发表审计意见的基础。

(二)形成无法表示意见的基础

我们于 20×2 年 1 月接受 ABC 公司的审计委托,因而未能对 ABC 公司 20×1 年年初金额为×元的存货和年末金额为×元的存货实施监盘程序。此外,我们也无法实施替代审计程序获取充分、适当的审计证据。因此,我们无法确定是否有必要对存货以及财务报表其他项目做出调整,也无法确定应调整的金额。

(三)关键审计事项

关键审计事项是根据我们的职业判断,认为对本期财务报表审计最为重要的事项。这些事项是在对财务报表整体进行审计并形成意见的背景下进行处理的,我们不对这些事项提供单独的意见。除"形成无法表示意见的基础"部分所述事项外,我们确定下列事项是需要在审计报告中沟通的关键审计事项。

(按照《中国注册会计师审计准则第 1504 号——在审计报告中沟通关键审计事项》的规定描述每一关键审计事项。)

(四)管理层和治理层对财务报表的责任(略)

(五)注册会计师对财务报表审计的责任

我们的责任是按照中国注册会计师审计准则的规定,对 ABC 公司的财务报表执行审计工作,以出具审计报告。但由于"形成无法表示意见的基础"部分所述的事项,我们无法获取充分、适当的审计证据以作为发表审计意见的基础。

按照中国注册会计师职业道德守则,我们独立于 ABC 公司,并履行了职业道德方面的其他责任。

二、按照相关法律法规的要求报告的事项

（略）

| | |
|---|---|
| ××会计师事务所 | 中国注册会计师:×××(项目合伙人) |
| (盖章) | (签名并盖章) |
| | 中国注册会计师:××× |
| 中国××市 | (签名并盖章) |

## (三)在审计报告中增加强调事项段或其他事项段

### 1. 强调事项段

审计报告的强调事项段是指审计报告中含有的一个段落,该段落提及已在财务报表中恰当列报或披露的事项,根据注册会计师的职业判断,该事项对财务报表使用者理解财务报表至关重要。

如果认为有必要提醒财务报表使用者关注已在财务报表中列报或披露,且根据职业判断认为对财务报表使用者理解财务报表至关重要的事项,在同时满足下列条件时,注册会计师应当在审计报告中增加强调事项段。

(1) 该事项不会导致注册会计师发表非无保留意见。

(2) 该事项未被确定为审计报告中沟通的关键审计事项。某一事项如果确定为关键审计事项，根据注册会计师的职业判断，可能对财务报表使用者理解财务报表至关重要。该事项在关键审计事项部分列报，可以使该事项的列报更为突出，或在关键审计事项的描述中增加额外信息，以指明该事项对财务报表使用者理解财务报表的重要程度。某一事项可能未被确定为关键审计事项，但根据注册会计师的判断，其对财务报表使用者理解财务报表至关重要(如期后事项)。如果注册会计师认为有必要提请财务报表使用者关注该事项，根据审计准则的规定，该事项将包含在审计报告的强调事项段中。

某些审计准则对特定情况下在审计报告中增加强调事项段提出具体要求，这些情形包括以下三个方面。

(1) 法律法规规定的财务报告编制基础不可接受，但其是由法律或法规做出的规定。

(2) 提醒财务报表使用者注意财务报表按照特殊目的编制基础编制。

(3) 注册会计师在审计报告日后知悉了某些事实(即期后事项)，并且出具了新的审计报告或修改了审计报告。

除上述审计准则要求增加强调事项的情形外，注册会计师可能认为需要增加强调事项段的情形举例如下。

(1) 异常诉讼或监管行动的未来结果存在不确定性。

(2) 提前应用(在允许的情况下)对财务报表有广泛影响的新会计准则。

(3) 存在已经或持续对被审计单位财务状况产生重大影响的特大灾难。

强调事项段的过多使用会降低注册会计师沟通所强调事项的有效性。此外，与财务报表中的列报或披露相比，在强调事项段中包括过多的信息，可能隐含着这些事项未被恰当列报或披露。

如果在审计报告中增加强调事项段，注册会计师应当采取下列措施。

(1) 将强调事项段作为单独的一部分置于审计报告中，并使用包含"强调事项"这一术语的适当标题。

(2) 明确提及被强调事项以及相关披露的位置，以便能够在财务报表中找到对该事项的详细描述。强调事项段应当仅提及已在财务报表中列报或披露的信息。

(3) 指出审计意见没有因该强调事项而改变。

由于增加强调事项段是为了提醒财务报表使用者关注某些事项，并不影响注册会计师的审计意见，为了使财务报表使用者明确这一点，注册会计师应当在强调事项段中指明，该段内容仅用于提醒财务报表使用者关注，并不影响已发表的审计意见。对非上市实体整套财务报表审计出具的带强调事项段的保留意见审计报告的参考格式如下。

## 审 计 报 告

ABC 股份有限公司全体股东：

一、对财务报表审计的报告

(一)保留意见

我们审计了 ABC 股份有限公司(以下简称 ABC 公司)财务报表，包括 20×1 年 12 月 31

日的资产负债表,20×1 年度的利润表、现金流量表、所有者权益变动表以及财务报表附注。

我们认为,除"形成保留意见的基础"部分所述事项产生的影响外,后附的财务报表在所有重大方面按照《企业会计准则》的规定编制,公允反映了公司 20×1 年 12 月 31 日的财务状况以及 20×1 年度的经营成果和现金流量。

(二)形成保留意见的基础

ABC 公司 20×1 年 12 月 31 日资产负债表中列示的以公允价值计量且其变动计入当期损益的金融资产为×元,管理层对这些金融资产未按照公允价值进行后续计量, 而是按照其历史成本进行计量,这不符合企业会计准则的规定。如果按照公允价值进行后续计量,ABC 公司 20×1 年度利润表中公允价值变动损益将减少×元,20×1 年 12 月 31 日资产负债表中以公允价值计量且其变动计入当期损益的金融资产将减少×元。相应地,所得税、净利润和股东权益将分别减少×元、×元和×元。

我们按照中国注册会计师审计准则的规定执行了审计工作。审计报告的"注册会计师对财务报表审计的责任"部分进一步阐述了我们在这些准则下的责任。按照中国注册会计师职业道德守则,我们独立于 ABC 公司,并履行了职业道德方面的其他责任。我们相信,我们获取的审计证据是充分、适当的,为发表保留意见提供了基础。

(三)强调事项——火灾的影响

我们提醒财务报表使用者关注,财务报表附注×描述了火灾对 ABC 公司的生产设备造成的影响。本段内容不影响已发表的审计意见。

(四)管理层和治理层对财务报表的责任(略)

(五)注册会计师对财务报表审计的责任(略)

二、按照相关法律法规的要求报告的事项
(略)

| ××会计师事务所 | 中国注册会计师:×××(项目合伙人) |
| (盖章) | (签名并盖章) |
| | 中国注册会计师:××× |
| | (签名并盖章) |
| 中国××市 | 二○×二年×月×日 |

### 2. 其他事项段

其他事项段是指审计报告中含有的一个段落,该段落提及未在财务报表中列报或披露的事项,根据注册会计师的职业判断,该事项与财务报表使用者理解审计工作、注册会计师的责任或审计报告相关。

如果认为有必要沟通虽然未在财务报表中列报或披露,但根据职业判断认为与财务报表使用者理解审计工作、注册会计师的责任或审计报告相关的事项,在同时满足下列条件时,注册会计师应当在审计报告中增加其他事项段。

(1) 未被法律法规禁止。
(2) 该事项未被确定为在审计报告中沟通的关键审计事项。

具体讲，需要在审计报告中增加其他事项段的情形如下。

(1)　与使用者理解审计工作相关的情形。

(2)　与使用者理解注册会计师的责任或审计报告相关的情形。

(3)　对两套以上财务报表出具审计报告的情形。

(4)　限制审计报告分发和使用的情形。

需要注意的是，其他事项段的内容明确反映了未被要求在财务报表中列报或披露的其他事项。其他事项段不包括法律法规或其他职业准则禁止注册会计师提供的信息。其他事项段也不包括要求管理层提供的信息。

如果在审计报告中包含其他事项段，注册会计师应当将该段落作为单独的一部分，并使用"其他事项"或其他适当标题。对非上市实体整套财务报表审计出具的带其他事项段的无保留意见审计报告的参考格式如下。

<h2 style="text-align:center">审　计　报　告</h2>

ABC 股份有限公司全体股东：

一、对财务报表审计的报告

(一)审计意见

我们审计了 ABC 股份有限公司(以下简称 ABC 公司)财务报表，包括 20×1 年 12 月 31 日的资产负债表，20×1 年度的利润表、现金流量表、所有者权益变动表以及财务报表附注。

我们认为，后附的财务报表在所有重大方面按照《企业会计准则》的规定编制，公允反映了公司 20×1 年 12 月 31 日的财务状况以及 20×1 年度的经营成果和现金流量。

(二)形成审计意见的基础

我们按照中国注册会计师审计准则的规定执行了审计工作。审计报告的"注册会计师对财务报表审计的责任"部分进一步阐述了我们在这些准则下的责任。按照中国注册会计师职业道德守则，我们独立于 ABC 公司，并履行了职业道德方面的其他责任。我们相信，我们获取的审计证据是充分、适当的，为发表保留意见提供了基础。

(三)其他事项

20×0 年 12 月 31 日的资产负债表，20×0 年度的利润表、现金流量表、所有者权益变动表以及财务报表附注由其他会计师事务所审计，并于 20×1 年 3 月 31 发表了无保留意见。

(四)管理层和治理层对财务报表的责任(略)

(五)注册会计师对财务报表审计的责任(略)

二、按照相关法律法规的要求报告的事项

(略)

| | |
|---|---|
| ××会计师事务所 | 中国注册会计师：×××(项目合伙人) |
| (盖章) | (签名并盖章) |
| | 中国注册会计师：××× |
| | (签名并盖章) |
| 中国××市 | 二〇×二年×月×日 |

### 3. 与治理层的沟通

如果拟在审计报告中增加强调事项段或其他事项段，注册会计师应当就该事项和拟使用的措辞与治理层沟通。

与治理层的沟通能使治理层了解注册会计师拟在审计报告中所强调的特定事项的性质，并在必要时为治理层提供向注册会计师做出进一步澄清的机会。当然，当审计报告中针对某一特定事项增加其他事项段在连续审计业务中重复出现时，注册会计师可能认为没有必要在每次审计业务中重复沟通。

### ⊙ 任务解析

以上我们了解了不同意见类型的审计报告应如何出具。在康诺公司 2020 年报表审计业务中，康诺公司完全接受了注册会计师提出的调整建议，注册会计师认为调整后的财务报表在所有重大方面按照适用的财务报告编制基础编制并实现公允反映，因此信诚会计师事务所可以为康诺公司出具如下的审计报告。

### 审 计 报 告

康诺股份有限公司全体股东：

(一)审计意见

我们审计了康诺股份有限公司(以下简称康诺公司)财务报表，包括 2020 年 12 月 31 日的资产负债表，2020 年度的利润表、现金流量表、所有者权益变动表以及财务报表附注。

我们认为，后附的财务报表在所有重大方面按照《企业会计准则》的规定编制，公允反映了公司 2020 年 12 月 31 日的财务状况以及 2020 年度的经营成果和现金流量。

(二)形成审计意见的基础

我们按照《中国注册会计师审计准则》的规定执行了审计工作。审计报告的"注册会计师对财务报表审计的责任"部分进一步阐述了我们在这些准则下的责任。按照中国注册会计师职业道德守则，我们独立于公司，并履行了职业道德方面的其他责任。我们相信，我们获取的审计证据是充分、适当的，为发表审计意见提供了基础。

(三)管理层和治理层对财务报表的责任

管理层负责按照《企业会计准则》的规定编制财务报表，使其实现公允反映，并设计、执行和维护必要的内部控制，以使财务报表不存在由于舞弊或错误导致的重大错报。

在编制财务报表时，管理层负责评估公司的持续经营能力，披露与持续经营相关的事项(如适用)，并运用持续经营假设，除非管理层计划清算公司、停止营运或别无其他现实的选择。

治理层负责监督公司的财务报告过程。

(四)注册会计师对财务报表审计的责任

我们的目标是对财务报表整体是否不存在由于舞弊或错误导致的重大错报获取合理保证，并出具包含审计意见的审计报告。合理保证是高水平的保证，但并不能保证按照审计准则执行的审计在某一重大错报存在时总能发现。错报可能由舞弊或错误所导致，如果合理预期错报单独或汇总起来可能影响财务报表使用者依据财务报表做出的经济决策，则错报是重大的。

在按照审计准则执行审计的过程中，我们运用了职业判断，保持了职业怀疑。我们同时：

(1) 识别和评估由于舞弊或错误导致的财务报表重大错报风险；对这些风险有针对性地设计和实施审计程序；获取充分、适当的审计证据，作为发表审计意见的基础。由于舞弊可能涉及串通、伪造、故意遗漏、虚假陈述或凌驾于内部控制之上，未能发现由于舞弊导致的重大错报的风险高于未能发现由于错误导致的重大错报的风险。

(2) 了解与审计相关的内部控制，以设计恰当的审计程序，但目的并非对内部控制的有效性发表意见。

(3) 评价管理层选用会计政策的恰当性和做出会计估计及相关披露的合理性。

(4) 对管理层使用持续经营假设的恰当性得出结论。同时，基于所获取的审计证据，对是否存在与事项或情况相关的重大不确定性，从而可能导致对公司的持续经营能力产生重大疑虑得出结论。如果我们得出结论认为存在重大不确定性，审计准则要求我们在审计报告中提请报告使用者注意财务报表中的相关披露；如果披露不充分，我们应当发表非无保留意见。我们的结论基于审计报告日可获得的信息。然而，未来的事项或情况可能导致公司不能持续经营。

(5) 评价财务报表的总体列报、结构和内容(包括披露)，并评价财务报表是否公允反映交易和事项。

除其他事项外，我们与治理层就计划的审计范围、时间安排和重大审计发现(包括我们在审计中识别的值得关注的内部控制缺陷)进行沟通。

从与治理层沟通的事项中，我们确定哪些事项对当期财务报表审计最为重要，因而构成关键审计事项。我们在审计报告中描述这些事项，除非法律法规不允许公开披露这些事项，或在极其罕见的情形下，如果合理预期在审计报告中沟通某事项造成的负面后果超过产生的公众利益方面的益处，我们确定不应在审计报告中沟通该事项。

信诚会计师事务所　　　　　　　　　　　　中国注册会计师：张磊

(盖章)

　　　　　　　　　　　　　　　　　　　中国注册会计师：李立

中国济南市

　　　　　　　　　　　　　　　　　　　2021 年 2 月 15 日

## 能力拓展

中华会计师事务所接受委托，于 2021 年 3 月 28 日在现场结束对亚新有限责任公司(以下简称亚新公司)2020 年度会计报表的审计。亚新公司的总资产为 8 000 万元，总负债为 5 600 万元，利润总额为 200 万元。在审计计划中，项目负责人、注册会计师王旭将会计报表层次的重要性水平定为总资产的 0.5%，主任会计师在复核工作底稿时，注意到以下事项。

(1) 亚新公司长期股权投资中，有向境外子公司投资额 100 万元，因受条件限制，注册会计师无法去现场审计，所发出的询证函也没有回音。

(2) 亚新公司于 2020 年 6 月发生一起赔偿诉讼案，被索赔总额 500 万元，2021 年 2 月

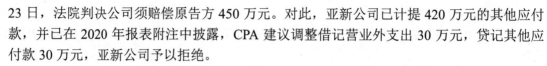

23 日，法院判决公司须赔偿原告方 450 万元。对此，亚新公司已计提 420 万元的其他应付款，并已在 2020 年报表附注中披露，CPA 建议调整借记营业外支出 30 万元，贷记其他应付款 30 万元，亚新公司予以拒绝。

（3）2021 年 1 月 20 日，亚新公司仓库发生严重火灾，因火灾造成部分原材料毁损，价值 200 万元，公司于当月按规定进行了相应的会计处理。

（4）亚新公司以其已在年末进行盘点为由，拒绝王旭等人对公司价值 5 000 万元的存货进行监盘。

**要求：** 1. 确定会计报表层次重要性水平的金额。

2. 分别就上述 4 个事项，考虑重要性水平，说明注册会计师应出具的审计意见类型，并简要说明理由。

## 延伸阅读

扫一扫，打开"审计报告准则的修订"阅读材料。

审计报告准则的
修订

# 任务四　审计档案归档

## 任务导入

2021 年 2 月 15 日，信诚会计师事务所完成了康诺股份有限公司 2020 年度报表的审计工作。注册会计师李立安排助理人员小宇对康诺公司审计工作的档案进行整理。

**具体任务：**

康诺公司审计档案应如何归档和保管？

审计档案
归档保管

## 知识准备

在审计报告日后将审计工作底稿归整为最终审计档案是一项事务性的工作，不涉及实施新的审计程序或得出新的结论。注册会计师应当按照会计师事务所质量控制政策和程序的规定，及时将审计工作底稿归整为最终审计档案。

## 一、审计档案的结构

对每项具体审计业务，注册会计师应当将审计工作底稿归整为审计档案。以下是典型的审计档案结构。

### 1. 沟通和报告相关工作底稿

（1）审计报告和经审计的财务报表。

（2）与主审注册会计师的沟通及报告。

（3）与治理层的沟通及报告。

（4）与管理层的沟通及报告。

(5) 管理建议书。

### 2. 审计完成阶段工作底稿

(1) 审计工作完成情况核对表。

(2) 管理层声明书原件。

(3) 重大事项概要。

(4) 错报汇总表。

(5) 被审计单位财务报表和试算平衡表。

(6) 有关列报的工作底稿(如现金流量表、关联方和关联交易的披露等)。

(7) 财务报表所属期间的董事会会议纪要。

(8) 总结会会议纪要。

### 3. 审计计划阶段工作底稿

(1) 总体审计策略和具体审计计划。

(2) 对内部审计职能的评价。

(3) 对外部专家的评价。

(4) 对服务机构的评价。

(5) 被审计单位提交资料清单。

(6) 集团注册会计师的指示。

(7) 前期审计报告和经审计的财务报表。

(8) 预备会会议纪要。

### 4. 特定项目审计程序表

(1) 舞弊。

(2) 持续经营。

(3) 对法律法规的考虑。

(4) 关联方。

### 5. 进一步审计程序工作底稿

(1) 有关控制测试工作底稿。

(2) 有关实质性程序工作底稿(包括实质性分析程序和细节测试)。

## 二、审计工作底稿的归档与保管

### (一)审计工作底稿归档与保管时间要求

注册会计师应当按照会计师事务所质量控制政策和程序的规定，及时将审计工作底稿归整为最终审计档案。审计工作底稿的归档期限为审计报告日后 60 天内。如果注册会计师未能完成审计业务，审计工作底稿的归档期为审计业务中止后的 60 天内。

会计师事务所应当自审计报告日起，对审计工作底稿至少保存 10 年。如果注册会计师

未能完成审计业务，会计师事务所应当自审计业务中止日起，对审计工作底稿至少保存 10 年。在完成最终审计档案的归整工作后，注册会计师不得在规定的保存期限届满前删除或废弃审计工作底稿。

### (二)审计工作底稿归档后的变动

在完成最终审计档案的归整后，注册会计师不应在规定的保存期限届满前删除或废弃任何性质的审计工作底稿。需要变动审计工作底稿的情形如下。

(1) 注册会计师已实施了必要的审计程序，取得了充分、适当的审计证据并得出了恰当的审计结论，但审计工作底稿的记录不够充分。

(2) 审计报告日后，发现例外情况要求注册会计师实施新的或追加审计程序，或导致注册会计师得出新的结论。例外情况主要是指审计报告日后发现与已审计财务信息相关，且在审计报告日已经存在的事实，该事实如果被注册会计师在审计报告日前获知，可能影响审计报告。例如，注册会计师在审计报告日后才获知法院在审计报告日前已对被审计单位的诉讼赔偿事项做出最终判决。

在完成最终审计档案的归整工作后，如果发现有必要修改现有审计工作底稿或增加新的审计工作底稿，无论修改或增加的性质如何，注册会计师均应记录下列事项。

(1) 修改或增加审计工作底稿的理由。

(2) 修改或增加审计工作底稿的时间和人员，以及复核的时间和人员。

### ◎ 任务解析

审计工作底稿归档期限应为审计报告日后 60 天内，信诚会计师事务所应当在 2021 年 4 月 16 日前对康诺公司审计工作底稿进行归档。审计档案归档后，信诚会计师事务所应保存康诺公司审计档案至 2031 年 2 月 15 日。

### ◎ 能力拓展

2021 年 3 月 15 日，信义会计师事务所 A 注册会计师完成了佳成股份有限公司 2020 年度报表的审计工作，4 月 1 日双方约定从下年起不再合作。2021 年 5 月 20 日，A 注册会计师意识到佳成公司存在舞弊行为，私下修改了部分审计工作底稿。2021 年 6 月 1 日，佳成公司财务舞弊案爆发，A 注册会计师擅自销毁了佳成公司审计工作底稿。

**要求：** 1. 请确认佳成股份有限公司的审计档案应保存至什么时候？

2. A 注册会计师私下修改、销毁审计工作底稿是否妥当，并简要说明理由。

### ◎ 延伸阅读

扫一扫，打开"会计师事务所审计档案管理办法"阅读材料。

会计师事务所审计
档案管理办法

# 复习自测题

## 一、单项选择题

1. 注册会计师出具保留意见的审计报告时，需要在(　　)解释出具该意见类型的理由。
   A. 形成保留意见的基础段
   B. 财务报表附注中
   C. 在注册会计师责任段
   D. 意见段

2. 如果实施相关审计程序后无法获取有关期初余额的充分、适当的审计证据，注册会计师应当出具(　　)的审计报告。
   A. 无保留意见加强调事项段
   B. 保留意见
   C. 无法表示意见
   D. 保留意见或无法表示意见

3. 在意见段中使用了"除上述待定问题的影响外"的术语，这种审计报告是(　　)。
   A. 无保留意见审计报告
   B. 保留意见审计报告
   C. 否定意见审计报告
   D. 无法表示意见审计报告

4. 注册会计师对被审计单位的(　　)项目进行审计时往往要向被审计单位的法律顾问和律师进行函证，以获取其对资产负债表日已存在的以及资产负债表日至复函日这一时期内存在的确认证据。
   A. 关联方交易
   B. 持续经营能力
   C. 期初余额和期后事项
   D. 期后事项和或有事项

5. 下列情况中，注册会计师应该出具带有强调事项段的无保留意见审计报告的是(　　)。
   A. 注册会计师认为被审计单位编制会计报表所依据的持续经营假设是合理的，但存在可能导致对其持续经营能力产生重大疑虑的事项，管理层已经在会计报表中作了适当披露
   B. 重要报表项目的披露不符合国家颁布的《企业会计准则》和相关会计制度的规定
   C. 重要会计政策的选用不符合国家颁布的《企业会计准则》和相关会计制度的规定
   D. 审计范围受到严重限制，无法取得充分、适当的审计证据

6. 注册会计师应将(　　)附于审计报告后。
   A. 股东大会决议　B. 已审计的财务报表　C. 董事会决议　　D. 监事会决议

7. 注册会计师的审计报告的主要作用是(　　)。
   A. 检查　　　B. 评价　　　　　C. 监督　　　　D. 鉴证

8. 甲有限责任公司委托会计师事务所审计，审计报告的收件人为(　　)。
   A. 甲有限责任公司全体股东
   B. 甲有限责任公司董事会
   C. 甲有限责任公司全体职工
   D. 甲有限责任公司董事长

9. 关于审计报告的强调事项段，下列说法中正确的是(　　)。
   A. 只在无保留意见的审计报告中出现
   B. 强调事项段的内容可能会影响已发表的审计意见
   C. 强调事项段的内容仅用于引起会计报表使用者的关注
   D. 强调事项段一般在意见段之后，有时也可以在意见段之前

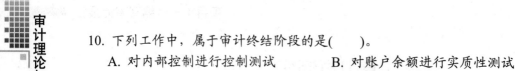

10. 下列工作中，属于审计终结阶段的是(　　)。
    A. 对内部控制进行控制测试　　　　B. 对账户余额进行实质性测试
    C. 风险评估程序　　　　　　　　　D. 审核期后事项

11. 审计人员极有可能出具无法表示意见的审计报告的原因有(　　)。
    A. 可能对财务报表产生重大影响，但被审计单位进行了恰当的处理
    B. 重要信息披露不充分
    C. 客户施加的范围限制
    D. 子公司的其他审计人员发表了保留意见

12. 下列情况中，注册会计师需要严格进行期初余额的审计的是(　　)。
    A. 首次接受委托　　　　　　　　　B. 上期审计的延续
    C. 所有审计活动　　　　　　　　　D. 根据审计委托人的要求

13. 审计工作底稿的归档期限为(　　)。
    A. 财务报表报出日前 60 日内　　　B. 审计报告日前 60 日内
    C. 财务报表报出日后 60 日内　　　D. 审计报告日后 60 日内

14. 审计报告收件人是(　　)。
    A. 审计业务的委托者　　　　　　　B. 审计报告的使用者
    C. 被审计单位　　　　　　　　　　D. 证券监管部门

15. 审计报告的基本要素不包括的内容是(　　)。
    A. 审计意见　　　　　　　　　　　B. 管理层对财务报表责任段
    C. 注册会计师责任段　　　　　　　D. 强调事项段

16. 审计程序终结阶段的主要标志是(　　)。
    A. 复核并审定审计报告　　　　　　B. 建立审计档案
    C. 提出审计报告和审计决定　　　　D. 编制并致送审计报告

17. 下列专用术语表明是否定意见的是(　　)。
    A. 由于上述问题造成的重大影响　　B. 除上述问题造成的影响以外
    C. 除存在上述问题以外　　　　　　D. 由于无法获取必要的审计证据

18. 在归整或保存审计工作底稿时，下列表述中正确的是(　　)。
    A. 在完成最终审计档案的归整工作以后，不得修改现有审计工作底稿
    B. 在完成最终审计档案的归整工作以后，不得增加新的审计工作底稿
    C. 如果未能完成审计业务，会计师事务所应当自审计报告之日起，对审计工作底稿
       至少保存 10 年
    D. 如果未能完成审计业务，会计师事务所应当自审计业务中止日起，对审计工作
       底稿至少保存 10 年

19. 在评价未更正错报的影响时，下列说法不正确的是(　　)。
    A. 审计人员应该从金额和性质两个方面确定未更正错报是否重大
    B. 审计人员应该要求被审计单位更正未更正错报
    C. 被审计单位必须更正未更正错报
    D. 审计人员应该考虑以前期间未更正错报的影响

20. 无法表示意见和保留意见的区别在于(　　　)。

    A. 拒绝进行调整金额的大小        B. 拒用会计政策的严重程度

    C. 会计估计的不合理性           D. 注册会计师审计范围受到限制的严重程度

## 二、多项选择题

1. 审计意见的基本类型包括(　　　)。

    A. 无保留意见     B. 保留意见     C. 否定意见     D. 无法表示意见

2. 期初余额审计的目标是(　　　)。

    A. 证实期初余额不存在对本期财务报表产生重大影响的错报

    B. 证实上期期末余额已正确结转至本期

    C. 证实被审计单位一贯运用恰当的会计政策

    D. 确认前任注册会计师审计意见是否恰当

3. 下列应当出现在否定意见审计报告中的措辞是(　　　)。

    A. 除……的影响外         B. 由于上述问题造成的重大影响

    C. 鉴于上述事实           D. 由于受到前段所述事项的重大影响

4. 如果需要修改已审计财务报表而被审计单位拒绝修改，注册会计师应当出具(　　　)的审计报告。

    A. 带强调事项的无保留意见     B. 保留意见

    C. 否定意见             D. 无法表示意见

5. 注册会计师应当出具保留意见审计报告的情况有(　　　)。

    A. 财务报表没有按照适用的会计准则和相关会计制度的规定编制，虽影响重大，但不至于出具否定意见的审计报告

    B. 审计范围受到限制，虽影响重大，但不至于出具无法表示意见的审计报告

    C. 财务报表没有按照适用的会计准则和相关会计制度的规定编制

    D. 审计范围受到限制

6. 审计报告的基本内容包括(　　　)。

    A. 意见段               B. 形成审计意见的基础

    C. 强调事项段           D. 管理层对财务报表责任段

7. 审计报告的意见段应当包括(　　　)。

    A. 已审会计报表的名称        B. 注册会计师的审计责任

    C. 管理层对财务报表的会计责任    D. 提及财务报表附注

8. 审计工作底稿的复核人可以是(　　　)。

    A. 审计项目负责人或项目经理     B. 项目合伙人

    C. 专家或业务助理人员         D. 专职独立的质量控制复核人员

9. 在审计报告日后至财务报表报出日前，如果知悉可能对财务报表产生重大影响的事实，注册会计师应当考虑是否需要修改财务报表，同时根据情况采取适当措施，包括(　　　)。

    A. 如果管理层修改了财务报表，注册会计师应当根据具体情况实施必要的审计程序，并针对修改后的财务报表出具新的审计报告

    B. 如果注册会计师认为应当修改财务报表而管理层没有修改，并且审计报告尚未提

交给被审计单位，注册会计师应当出具保留意见或否定意见的审计报告

C. 如果注册会计师认为应当修改财务报表而管理层没有修改，并且审计报告已提交给被审计单位，注册会计师应当通知治理层不要将财务报表和审计报告向第三方报出

D. 如果财务报表仍被报出，注册会计师应采取措施防止报表使用者信赖该审计报告

10. 如果注册会计师首次接受委托，按照规定对存货实施了一定的审计程序，仍不能获得有关期初存货余额充分、适当的审计证据，应出具的审计意见有(　　)。

A. 无保留意见　　　B. 保留意见　　　C. 否定意见　　　D. 无法表示意见

### 三、判断题

1. 如果被审计单位管理当局拒绝在管理层声明书上签名，注册会计师应当考虑签发保留意见或无法表示意见的审计报告。（　　）

2. 审计报告的收件人是指注册会计师按照业务约定书的要求致送审计报告的对象，可以用全称也可以用简称。（　　）

3. 审计报告的语言表达要准确无误，不能出现类似"可能""大概""也许""应该是"等模糊词语使报告使用者产生误解。（　　）

4. 注册会计师结束审计外勤工作后，应就被审计单位的内部控制审查情况发表审计意见。（　　）

5. 如果审计范围受到严重限制，无法取得充分、适当的审计证据，注册会计师应当考虑出具否定意见的审计报告。（　　）

6. 如果认为财务报表整体是公允的，但因审计范围受到限制不能获取充分、适当的审计证据，虽影响重大但不至于出具无法表示意见的审计报告，则应发表保留意见。（　　）

7. 对于审计档案，会计师事务所应当从已审计财务报表年末日起至少保存 10 年。（　　）

8. 无法表示意见的审计报告意味着注册会计师不愿意发表意见。（　　）

9. 在审计报告中增加的强调事项段是提醒财务报表使用者关注某些事项，如果强调事项非常重要则会影响发表的审计意见。（　　）

10. 在出具保留意见、否定意见或无法表示意见的审计报告时，注册会计师必须在"形成审计意见的基础"中说明出具该种审计意见的理由。（　　）

11. 注册会计师对期后事项的审计，都是在复核审计工作底稿时进行的。（　　）

12. 正确区分资产负债表日后调整和非调整的期后事项，关键在于正确确定期后事项主要情况出现的时间。（　　）

13. 如果上期会计报表是由其他会计师事务所审计的，注册会计师在审计本期会计报表时对期初余额不负任何责任，也无须考虑其对审计意见类型的影响。（　　）

14. 审计报告是注册会计师对被审计单位与会计报表所有方面发表审计意见。（　　）

15. 注册会计师执业过程中发现无法胜任该项审计工作，那么应出示拒绝表示意见的审计报告。（　　）

# 项目十二 职业道德与法律责任

## 【技能目标】

- 能自觉遵守审计职业道德。
- 能遵守审计和审阅业务中的独立性要求。
- 能正确履行审计责任。

## 【知识目标】

- 理解会计责任与审计责任。
- 掌握审计职业道德规范的要求。
- 掌握审计独立性的要求。
- 掌握注册会计师法律责任的成因及应对措施。

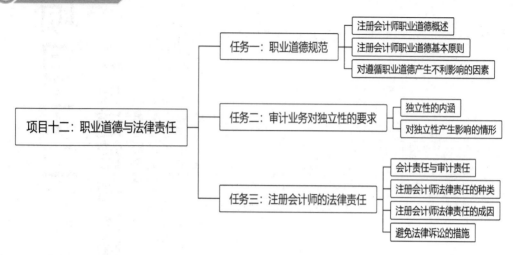

## 知识导图

项目十二：职业道德与法律责任

- 任务一：职业道德规范
  - 注册会计师职业道德概述
  - 注册会计师职业道德基本原则
  - 对遵循职业道德产生不利影响的因素
- 任务二：审计业务对独立性的要求
  - 独立性的内涵
  - 对独立性产生影响的情形
- 任务三：注册会计师的法律责任
  - 会计责任与审计责任
  - 注册会计师法律责任的种类
  - 注册会计师法律责任的成因
  - 避免法律诉讼的措施

## 项目描述

前面的学习使我们对审计工作的实施有了认识。那么，怎样才能成为一名合格的审计从业人员呢？我们都知道做会计要遵守会计法、会计准则等法律规范的要求，作为为社会公众服务的审计人员，其审计结论对各方信息使用者都有重大影响，因此审计人员的任职资格、胜任能力、职业道德等方面有着更高的要求。本项目将学习注册会计师职业道德的规定，介绍审计人员如何保证为社会公众提供高质量、可信赖的专业服务。

## 情境引导

### 会计当而已矣

审计是一种特殊的专业服务，具有无形、同步、易逝等特点，服务质量的高低取决于每一个被审计单位的感受。对审计质量的统一社会评价，主要依靠对审计人员和审计过程中的专业行为评价，没有对审计质量的评价就不会有高质量的审计服务。

孔子年轻时在鲁国执政者为大贵族季氏的手下当一名主管仓库的会计小官吏，称为"委吏"，相当于一个小小的财务科长。"会计当而已矣"是他留下的有关会计的名言。其中最核心的即是"当"字，也是整句话的中心思想，"当"字既有孔子对于做人的阐述，也有关于处事的建议。作为会计人员，一是要德才兼备得"当"，不越界，但也不故步自封。二是对会计各项记录要得"当"，实事求是，坚持原则。三是对于经济收支事项制度要遵守得"当"。

职业教育家潘序伦创建的立信会计专科学校校歌中也有一句："会计当而已，今古应无异"。可见，"会计当而矣"这一标准在当今时代同样适用。对审计工作来说，"当"对审计的基本职能、审计工作的原则和要求、审计人员的职业道德提出要求。审计人员应当廉洁、诚信，保护社会公众的利益，维护公平的社会经济秩序，这就首先需要遵守审计职业规范，由此真正做到"会计当而已矣"。

（资料来源：根据实际案例整理）

会计师事务所的业务质量高低，主要由两大因素决定：一是执业技术水平，二是职业道德。会计师事务所出具业务报告被起诉的大多数原因是从业人员不遵守职业道德造成的。会计师事务所最大的执业风险来自执业人员的明知故犯，会计师事务所合伙人必须正视从业人员故意行为造成的执业风险。注册会计师和会计师事务所执行鉴证业务要对社会公众负责，而其所承担的社会责任又对注册会计师和会计师事务所提出了更高的道德要求。只有提高职业道德水平，才能有效提高注册会计师行业执业质量，维护注册会计师行业的信誉。

# 任务一　职业道德规范

职业道德
基本原则

## ◉ 任务导入

信诚会计师事务所接受了几名会计专业的大学生进行实习。实习开始前，信诚会计师事务所业务负责人李立向几名大学生强调了审计工作职业道德的重要性。李立的观点是：审计人员是获取了注册会计师证书的专家，并独立地对会计报表的合法性、公允性发表专家意见，为保持执行一切审计工作时的客观公正立场，会计师和委托单位的主管人员之间不宜交往过密。审计人员要有礼貌，处处保持慎重和尊严，公余时间若审计人员与委托人忙于社交应酬，一旦发现不健全的内部制度、重大错报漏报和欺诈证据时，就很难坚持独立的立场和客观态度。一名实习的学生提出：审计人员和委托人同为有情感之人，前者需要后者的合作方能完成任务，同吃几顿饭，应该不至于使会计师丧失公正性，而且可消除一些误解，并加速工作的完成，甚至还可介绍一些新的客户给事务所。

**具体任务：**

结合审计职业道德的要求，针对以上讨论阐明你的观点。

## ◉ 知识准备

## 一、注册会计师职业道德概述

所谓注册会计师的职业道德，是指注册会计师的职业品德、职业纪律、执业能力及职业责任等的总称。注册会计师行业之所以在现代社会中产生和发展，是因为注册会计师能够站在独立的立场对企业管理层编制的财务报表进行审计，并提出客观、公正的审计意见，作为财务报表使用人进行决策的依据。所谓财务报表使用人，包括现有和潜在的投资人、债权人以及政府有关部门等所有与企业有关并关心企业的人士，可泛指社会公众。社会公众在很大程度上依赖企业管理层编制的财务报表和注册会计师发表的审计意见，并以此作为决策的基础。这就决定了注册会计师从诞生的那一天起就承担了对社会公众的责任。

为使注册会计师切实担负起神圣的职责，为社会公众提供高质量的、可信赖的专业服

务，在社会公众中树立良好的职业形象和职业信誉，就必须大力加强对注册会计师的职业道德教育，强化道德意识，提高道德水准。注册会计师的道德水平如何是关系整个行业能否生存和发展的大事，尤其在我国，注册会计师事业恢复与重建的时间还不长，强调注册会计师的职业道德，更有其深刻的现实意义和深远的历史意义。

## 二、注册会计师职业道德基本原则

注册会计师为实现执业目标，必须遵守一系列前提或一般原则。这些基本原则包括：诚信、独立性、客观和公正、专业胜任能力和应有的关注、保密、良好职业行为。

### (一)诚信

注册会计师应当在所有的职业活动中，保持正直和诚实，秉公处事、实事求是。注册会计师如果认为业务报告、申报资料或其他信息存在下列问题，则不得与这些有问题的信息发生牵连。

(1) 含有严重虚假或误导性的陈述。

(2) 含有缺少充分依据的陈述或信息。

(3) 存在遗漏或含糊其辞的信息。

注册会计师如果注意到已与有问题的信息发生牵连，应当采取措施消除牵连。

### (二)独立性

独立性是指不受外来力量控制、支配，按照一定规范行事。注册会计师执行审计和审阅业务以及其他鉴证业务时，应当从实质上和形式上保持独立性，不得因任何利害关系影响其客观性。会计师事务所在承办审计和审阅业务以及其他鉴证业务时，应当从整体层面和具体业务层面采取措施，以保持会计师事务所和项目组的独立性。

### (三)客观和公正

客观和公正原则要求注册会计师应当公正处事、实事求是，不得由于偏见、利益冲突或他人的不当影响而损害自己的职业判断。如果存在导致职业判断出现偏差，或对职业判断产生不当影响的情形，不得提供相关专业服务。

### (四)专业胜任能力和应有的关注

注册会计师应当具有专业知识、技能或经验，能够胜任承接的工作。"专业胜任能力"既要求注册会计师具有专业知识、技能或经验，又要求其经济、有效地完成客户委托的业务。注册会计师如果不能保持和提高专业胜任能力，就难以完成客户委托的业务。事实上，如果缺乏足够的知识、技能和经验，那么提供专业服务就构成了一种欺诈。一个合格的注册会计师不仅要充分认识自己的能力，对自己充满信心，更重要的是，必须清醒地认识到自己在专业胜任能力方面的不足，不承接自己不能胜任的业务。如果注册会计师不能认识到这一点，承接了难以胜任的业务，就有可能给客户乃至社会公众带来危害。

应有的关注要求注册会计师遵守执业准则和职业道德规范的要求，勤勉尽责，认真、全面、及时地完成工作任务。在审计过程中，注册会计师应当保持职业怀疑态度，运用专业知识、技能和经验，获取和评价审计证据。同时，注册会计师还应当采取措施以确保在其授权下工作的人员得到适当的培训和督导。在适当情况下，注册会计师应当使客户、工作单位和专业服务的其他使用者了解专业服务的固有局限性。

## (五)保密

注册会计师与客户的沟通，必须建立在为客户信息保密的基础上。这里所说的客户信息，通常是指商业秘密。一旦商业秘密被泄露或被利用，往往会给客户造成损失。因此，许多国家规定，在公众领域执业的注册会计师，除非法律、法规的要求或取得客户同意，否则不允许泄露任何客户的秘密信息。保密原则要求注册会计师不得有下列行为。

(1) 未经客户授权或法律法规允许，向会计师事务所以外的第三方披露获知的涉密信息。

(2) 利用获知的涉密信息为自己或第三方谋取利益。

注册会计师在社会交往中也应当履行保密义务，要警惕无意泄密的可能性，特别是警惕无意中向近亲属或关系密切的人员泄密的可能性。

## (六)良好职业行为

注册会计师应当遵守相关法律、法规，避免发生任何损害职业声誉的行为；在向公众传递信息以及推介自己和工作时，应当客观、真实、得体，不得损害职业形象。这要求注册会计师要履行对社会公众、客户和同行的责任。

### 1. 对社会公众的责任

注册会计师行业作为一个肩负重大社会责任的行业，应当以维护社会公众利益为根本目标。

### 2. 对客户的责任

(1) 注册会计师应当在维护社会公众利益的前提下，竭诚为客户服务。

(2) 注册会计师应当按照业务约定履行对客户的责任。

(3) 注册会计师应当对执行业务过程中知悉的商业秘密保密，并不得利用其为自己或他人谋取利益。

(4) 除有关法规允许情形外，会计师事务所不得以或有收费形式为客户提供鉴证服务。

### 3. 对同行的责任

(1) 注册会计师应当与同行保持良好的合作关系，配合同行工作。

(2) 注册会计师不得诋毁同行，不得损害同行利益。

(3) 会计师事务所不得雇用正在其他会计师事务所执业的注册会计师。注册会计师不得以个人名义同时在两家或两家以上的会计师事务所执业。

(4) 会计师事务所不得以不正当手段与同行争揽业务。

### 4. 其他责任

(1) 注册会计师应当维护职业形象，不得有可能损害职业形象的行为。

(2) 注册会计师及其所在会计师事务所不得采用强迫、欺诈、利诱等方式招揽业务。

(3) 注册会计师及其所在会计师事务所不得对其能力进行广告宣传以招揽业务。

(4) 注册会计师及其所在会计师事务所不得以向他人支付佣金等不正当方式招揽业务，也不得向客户或通过客户获取服务费之外的任何利益。

(5) 会计师事务所、注册会计师不得允许他人以本所或本人的名义承办业务。

## 三、对遵循职业道德产生不利影响的因素

注册会计师对职业道德基本原则的遵循可能受到多种因素的不利影响。不利影响的性质和严重程度因注册会计师提供服务类型的不同而不同。可能对职业道德基本原则产生不利影响的因素包括自身利益、自我评价、过度推介、密切关系和外在压力。

### (一)自身利益导致的不利影响

如果经济利益或其他利益对审计人员的职业判断或行为产生不当影响，将产生自身利益导致的不利影响。自身利益导致的不利影响的情形主要包括以下几种。

(1) 鉴证业务项目组成员在鉴证客户中拥有直接经济利益。

(2) 会计师事务所的收入过分依赖某一客户。

(3) 鉴证业务项目组成员与鉴证客户存在重要且密切的商业关系。

(4) 会计师事务所担心可能失去某一重要客户。

(5) 鉴证业务项目组成员正在与鉴证客户协商受雇于该客户。

(6) 会计师事务所与客户就鉴证业务达成或有收费的协议。

(7) 注册会计师在评价所在会计师事务所以往提供的专业服务时，发现了重大错误。

### (二)自我评价导致的不利影响

如果审计人员对其(或者其所在会计师事务所或工作单位的其他人员)以前的判断或服务结果做出不恰当的评价，并且将据此形成的判断作为当前服务的组成部分，将产生自我评价导致的不利影响。自我评价导致的不利影响的情形主要包括以下几种。

(1) 会计师事务所在对客户提供财务系统的设计或操作服务后，又对系统的运行有效性出具鉴证报告。

(2) 会计师事务所为客户编制原始数据，这些数据构成鉴证业务的对象。

(3) 鉴证业务项目组成员担任或最近曾经担任客户的董事或高级管理人员。

(4) 鉴证业务项目组成员目前或最近曾受雇于客户，并且所处职位能够对鉴证对象施加重大影响。

(5) 会计师事务所为鉴证客户提供直接影响鉴证对象信息的其他服务。

## (三)过度推介导致的不利影响

如果审计人员过度推介客户或工作单位的某种立场或意见，使其客观性受到损害，将产生过度推介导致的不利影响。过度推介导致的不利影响的情形主要包括以下两种。

(1) 会计师事务所推介审计客户的股份。

(2) 在审计客户与第三方发生诉讼或纠纷时，注册会计师担任该客户的辩护人。

## (四)密切关系导致的不利影响

如果审计人员与客户或工作单位存在长期或亲密的关系，而过于倾向他们的利益，或认可他们的工作，将产生密切关系导致的不利影响。密切关系导致的不利影响的情形主要包括以下几种。

(1) 项目组成员的近亲属担任客户的董事或高级管理人员。

(2) 项目组成员的近亲属是客户的员工，其所处职位能够对业务对象施加重大影响。

(3) 客户的董事、高级管理人员或所处职位能够对业务对象施加重大影响的员工，最近曾担任会计师事务所的项目合伙人。

(4) 注册会计师接受客户的礼品或款待。

(5) 会计师事务所的合伙人或高级员工与鉴证客户存在长期业务关系。

## (五)外在压力导致的不利影响

如果审计人员受到实际的压力或感受到压力而无法客观行事，将产生外在压力导致的不利影响。外在压力导致的不利影响的情形主要包括以下几种。

(1) 会计师事务所受到客户解除业务关系的威胁。

(2) 审计客户表示，如果会计师事务所不同意对某项交易的会计处理，则不再委托其承办协议中的非鉴证业务。

(3) 客户威胁将起诉会计师事务所。

(4) 会计师事务所受到降低收费的影响而不恰当地缩小工作范围。

(5) 由于客户员工对所讨论的事项更具有专长，注册会计师面临服从其判断的压力。

(6) 会计师事务所合伙人告知注册会计师，除非同意审计客户不恰当的会计处理，否则将影响晋升。

在具体工作中，包括会计师事务所层面和具体业务层面应采取必要的防范措施来应对这些不利影响。

### 任务解析

如果审计人员与客户或工作单位存在长期或亲密的关系，而过于倾向他们的利益，或认可他们的工作，将产生密切关系导致的不利影响。因此，为保持执行一切审计工作时的客观公正立场，会计师和委托单位的主管人员之间不能交往过密。

审计人员接受客户的礼品或款待，会因为审计人员与客户之间的密切关系导致对审计职业道德产生不利影响。因此，审计人员不能接受委托单位的礼品或款待。

## ● 能力拓展

某上市公司财务人员小赵，得知同学丁一在信诚会计师事务所工作后，找到丁一表示可将本公司年度会计报表审计业务介绍给信诚会计师事务所做。丁一为难地说："你为我们所介绍这样大的业务真是太感谢了。不过你们公司主要业务都是出口海外，我们所主要服务对象是国内制造业企业，对出口业务不是很擅长。而且，我们所人员少，恐怕难以承接这么大的业务。"小赵说："不熟悉业务好办，人手少也好办。我出面帮你雇几个有这方面经验的高手，以贵所的名义进行审计，只要贵所在收费上低于其他会计师事务所，我们马上就可以签约。"丁一说："这违反职业道德准则。所以对不起，我们不能接受。"

**要求：** 1. 说明丁一为什么拒绝该项业务。

2. 说明小赵的建议哪里违反了注册会计师职业道德的规定。

## ● 延伸阅读

扫一扫，打开"我国注册会计师职业道德准则的建设"阅读材料。

我国注册会计师职业道德准则的建设

# 任务二 审计业务对独立性的要求

## ● 任务导入

独立性基本原则

2021 年 3 月 3 日，信诚会计师事务所注册会计师李立接到好朋友张杰的电话，说有一个亲戚开办的华东高科技公司 2020 年度的会计报表拟委托会计师事务所审计，正在寻找合适的会计师事务所。张杰希望李立能够承接对华东高科技公司会计报表的审计。李立听了，一方面受朋友所托，另一方面也认为是开拓了一个新客户，对此业务表示了很大的兴趣。张杰进一步提出，华东高科技公司本次审计是为了获得投资者的追加投资；华东科技有限公司希望根据最终能获得的投资者投入资金总额的 5%支付审计费用，该审计费用将在获得投资后支付。

**具体任务：**

信诚会计师事务所能否接受该笔业务委托？如果不能，请说明原因。

## ● 知识准备

## 一、独立性的内涵

独立性是指实质上的独立和形式上的独立。实质上的独立是指注册会计师在发表意见时其专业判断不受影响，公正执业，保持客观和专业怀疑；形式上的独立是指会计师事务所或鉴证小组避免出现这样重大的情形，使得拥有充分相关信息的理性第三方推断其公正性、客观性或专业怀疑受到损害。

为了充分体现审计的属性，在审计机构的设置和审计的工作过程中，必须遵循独立性原则，具体包括如下三个方面。

### 1. 机构独立

为确保审计机构独立地行使审计监督权，对审查的事项做出客观公正的评价和鉴证，充分发挥审计的监督作用，审计机构应当独立于被审计单位之外，这样才能更有效地进行经济监督。

### 2. 经济独立

审计机构或组织从事审计业务活动，必须要有一定的经济收入和经费来源，以保证其生存和发展的需要。经济独立是指审计机构或组织的经济来源应有一定的法律、法规作保证，不受被审计单位的制约。

### 3. 人员独立

审计人员执行审计业务，必须按照审计范围、审计内容、审计程序进行独立思考，坚持客观公正、实事求是的精神，做出公允、合理的评价和结论，不受任何部门、单位和个人的干涉。

在确定是否接受或保持某项业务，或者在确定某一特定人员是否作为审计项目组成员时，会计师事务所应当识别和评价各种对独立性的不利影响。如果不利影响超出可接受的水平，在确定是否接受某项业务或某一特定人员能否作为审计项目组成员时，会计师事务所应当确定能否采取防范措施以消除不利影响或将其降低至可接受的水平。

如果无法采取适当的防范措施消除不利影响或将其降低至可接受的水平，注册会计师应当消除产生不利影响的情形，或者拒绝接受审计业务委托或终止审计业务。

## 二、对独立性产生影响的情形

影响会计师事务所、注册会计师审计和审阅业务独立性的情形包括以下内容。

### (一)经济利益

在审计客户中拥有经济利益，可能因自身利益导致不利影响。经济利益是指因持有某一实体的股权、债券和其他证券以及其他债务性的工具而拥有的利益，包括为取得这种利益而享有的权利和承担的义务。不利影响存在与否及其严重程度取决于下列因素：①拥有经济利益的人员的角色；②经济利益是直接的还是间接的；③经济利益的重要性。

经济利益对审计独立性的影响见表 12-1。

表 12-1　经济利益影响独立性汇总

| 受限制人员/实体 | 实体 | | | |
| --- | --- | --- | --- | --- |
| | 审计客户<br>(注 1) | 在审计客户中拥有控制权并且审计客户对其重要的实体 | 在审计客户中拥有经济利益的非审计客户实体 | 审计客户的董事、高级管理人员或具有控制权的所有者拥有经济利益的实体 |
| 1. 会计师事务所 | × | × | ×(注 3) | 评价不利影响 |
| 2. 审计项目组成员 | | | | |
| (1) 自身 | × | × | ×(注 3) | 评价不利影响 |
| (2) 其配偶、父母或子女 | × | × | ×(注 3) | 评价不利影响 |
| (3) 其兄弟姐妹、祖父母、外祖父母、孙子女、外孙子女 | 评价不利影响 | √ | √ | √ |
| 3. 与执行审计业务的项目合伙人同处一个分部的其他合伙人 | | | | |
| (1) 自身 | × | 视情况而定 | √ | √ |
| (2) 其配偶、父母或子女 | ×(注 2) | 视情况而定 | √ | √ |
| 4. 为审计客户提供非审计服务的其他合伙人、管理人员 | | | | |
| (1) 自身 | × | 视情况而定 | √ | √ |
| (2) 其配偶、父母或子女 | ×(注 2) | 视情况而定 | √ | √ |
| 5. 除以上提及人员以外的其他人员 | | | | |
| (1) 合伙人或其主要近亲属 | 评价不利影响 | √ | √ | √ |
| (2) 专业人员或其主要近亲属 | 评价不利影响 | √ | √ | √ |
| (3) 与审计组成员有密切关系的人员 | 评价不利影响 | √ | √ | √ |

"√"：可以在以下实体拥有直接经济利益或重大间接经济利益。

"×"：不可以在以下实体拥有直接经济利益或重大间接经济利益。

注 1：包括通过继承、馈赠或因合并而获得经济利益。但不包括以受托人身份而获得经济利益。

注 2：如果是作为审计客户的员工有权(如通过退休金或股票期权计划)取得该经济利益，并且在必要时能够采取防范措施消除不利影响或将其降低至可接受的水平，则不被视为损害独立性。但是，如果拥有或取得处置该经济利益的权利，如按照股票期权方案有权行使期权，则应当尽快处置或放弃该经济利益。

注 3：如果经济利益重大，并且审计客户能够对该实体施加重大影响。

## (二)贷款和担保

### 1. 从银行或类似金融机构等审计客户取得贷款或获得贷款担保

会计师事务所、审计项目组成员或其主要近亲属从银行或类似金融机构等审计客户取得贷款,或获得贷款担保,可能对独立性产生不利影响。如果审计客户不按照正常的程序、条款和条件提供贷款或担保,将因自身利益产生非常严重的不利影响,导致没有防范措施能够将其降低至可接受的水平。会计师事务所、审计项目组成员或其主要近亲属不得接受此类贷款或担保。如果会计师事务所按照正常的贷款程序、条款和条件从银行或类似金融机构等审计客户取得贷款,即使该贷款对审计客户或会计师事务所影响重大,也可能通过采取防范措施将因自身利益产生的不利影响降低至可接受的水平。

### 2. 从不属于银行或类似金融机构等审计客户取得贷款或由其提供担保

会计师事务所、审计项目组成员或其主要近亲属从不属于银行或类似金融机构的审计客户取得贷款,或由审计客户提供贷款担保,将因自身利益产生非常严重的不利影响,导致没有防范措施能够将其降低至可接受的水平。

### 3. 向审计客户提供贷款或为其提供担保

会计师事务所、审计项目组成员或其主要近亲属向审计客户提供贷款或为其提供担保,将因自身利益产生非常严重的不利影响,导致没有防范措施能够将其降低至可接受的水平。

### 4. 在审计客户开立存款或交易账户

会计师事务所、审计项目组成员或其主要近亲属在银行或类似金融机构等审计客户开立存款或交易账户,如果账户按照正常的商业条件开立,则不会对独立性产生不利影响。

## (三)商业关系

会计师事务所、审计项目组成员或其主要近亲属与审计客户或其高级管理人员之间,由于商务关系或共同的经济利益而存在密切的商业关系,可能因自身利益或外在压力产生严重的不利影响。这些商业关系主要包括以下三种。

(1) 在与客户或其控股股东、董事、高级管理人员共同开办的企业中拥有经济利益。

(2) 按照协议,将会计师事务所的产品或服务与客户的产品或服务结合在一起,并以双方名义捆绑销售。

(3) 按照协议,会计师事务所销售或推广客户的产品或服务,或者客户销售或推广会计师事务所的产品或服务。

会计师事务所不得介入此类商业关系;如果存在此类商业关系,应当予以终止。如果此类商业关系涉及审计项目组成员,会计师事务所应当将该成员调离审计项目组。如果审计项目组成员的主要近亲属与审计客户或其高级管理人员存在此类商业关系,注册会计师应当评价不利影响的严重程度,并在必要时采取防范措施消除不利影响或将其降低至可接受的水平。

## (四)家庭和私人关系

如果审计项目组成员与审计客户的董事、高级管理人员，或所处职位能够对客户会计记录或被审计财务报表的编制施加重大影响的员工(以下简称特定员工)存在家庭和私人关系，可能因自身利益、密切关系或外在压力产生不利影响。不利影响存在与否及其严重程度取决于多种因素，包括该成员在审计项目组的角色、其家庭成员或相关人员在客户中的职位以及关系的密切程度等。

### 1. 审计项目组成员的主要近亲属处在重要职位

如果审计项目组成员的主要近亲属是审计客户的董事、高级管理人员或特定员工，或者在业务期间或财务报表涵盖的期间曾担任上述职务，只有把该成员调离审计项目组，才能将对独立性的不利影响降低至可接受的水平。

### 2. 审计项目组成员的主要近亲属可以对客户的财务状况、经营成果和现金流量施加重大影响

如果审计项目组成员的主要近亲属在审计客户中所处职位能够对客户的财务状况、经营成果和现金流量施加重大影响，将对独立性产生不利影响。防范措施主要包括：将该成员调离审计项目组；合理安排审计项目组成员的职责，使该成员的工作不涉及其主要近亲属的职责范围。

### 3. 审计项目组成员的其他近亲属处在重要职位或可以对财务报表施加重大影响

如果审计项目组成员的其他近亲属是审计客户的董事、高级管理人员或特定员工，将对独立性产生不利影响。会计师事务所应当评价不利影响的严重程度，并在必要时采取防范措施消除不利影响或将其降低至可接受的水平。

### 4. 审计项目组的成员与审计客户重要职位的人员具有密切关系

如果审计项目组成员与审计客户的员工存在密切关系，并且该员工是审计客户的董事、高级管理人员或特定员工，即使该员工不是审计项目组成员的近亲属，也将对独立性产生不利影响。拥有此类关系的审计项目组成员应当按照会计师事务所的政策和程序的要求，向会计师事务所内部或外部的相关人员咨询。会计师事务所应当评价不利影响的严重程度，并在必要时采取防范措施消除不利影响或将其降低至可接受的水平。

### 5. 非审计项目组成员的合伙人或员工与审计客户重要职位的人员存在家庭或个人关系

会计师事务所中审计项目组以外的合伙人或员工，与审计客户的董事、高级管理人员或特定员工之间存在家庭或私人关系，可能因自身利益、密切关系或外在压力产生不利影响。会计师事务所合伙人或员工在知悉此类关系后，应当按照会计师事务所的政策和程序进行咨询。会计师事务所应当评价不利影响的严重程度，并在必要时采取防范措施消除不利影响或将其降低至可接受的水平。

### (五)与审计客户发生人员交流

#### 1. 与审计客户发生雇佣关系

如果审计客户的董事、高级管理人员或特定员工，曾经是审计项目组的成员或会计师事务所的合伙人，可能因密切关系或外在压力对独立性产生不利影响。如果审计项目组前任成员或会计师事务所前任合伙人加入审计客户，担任董事、高级管理人员或特定员工，并且与会计师事务所仍保持重要交往，将产生非常严重的不利影响，导致没有防范措施能够将其降低至可接受的水平。

如果审计项目组前任成员或会计师事务所前任合伙人加入审计客户，担任董事、高级管理人员或特定员工，但前任成员或前任合伙人与会计师事务所已经没有重要交往，因密切关系或外在压力而产生不利影响，会计师事务所应当评价不利影响的严重程度，并在必要时采取防范措施消除不利影响或将其降低至可接受的水平。

如果会计师事务所前任合伙人加入某一实体，而该实体随后成为会计师事务所的审计客户，会计师事务所应当评价对独立性不利影响的严重程度，并在必要时采取防范措施消除不利影响或将其降低至可接受的水平。

如果审计项目组某一成员参与审计业务，当知道自己在未来某一时间将要或有可能加入审计客户时，将因自身利益产生不利影响。会计师事务所应当制定政策和程序，要求审计项目组成员在与审计客户协商受雇于该客户时，向会计师事务所报告。在接到报告后，会计师事务所应当评价不利影响的严重程度，并在必要时采取防范措施消除不利影响或将其降低至可接受的水平。防范措施包括：将该成员调离审计项目组；由审计项目组以外的注册会计师复核该成员在审计项目组中做出的重大判断。

#### 2. 临时借调员工

如果会计师事务所向审计客户借出员工，可能因自我评价产生不利影响。会计师事务所只能短期向客户借出员工，并且借出的员工不得为审计客户提供中国注册会计师职业道德守则禁止提供的非鉴证服务，也不得承担审计客户的管理层职责。审计客户有责任对借调员工的活动进行指导和监督。

会计师事务所应当评价借出员工产生不利影响的严重程度，并在必要时采取防范措施消除不利影响或将其降低至可接受的水平。防范措施主要包括：对借出员工的工作进行额外复核；合理安排审计项目组成员的职责，使借出员工不对其在借调期间执行的工作进行审计；不安排借出员工作为审计项目组成员。

#### 3. 最近曾任审计客户的董事、高级管理人员或特定员工

如果审计项目组成员最近曾担任审计客户的董事、高级管理人员或特定员工，可能因自身利益、自我评价或密切关系产生不利影响。例如，如果审计项目组成员在审计客户工作期间曾经编制会计记录，现又对据此形成的财务报表要素进行评价，则可能产生这些不利影响。

如果在被审计财务报表涵盖的期间，审计项目组成员曾担任审计客户的董事、高级管理人员或特定员工，将产生非常严重的不利影响，导致没有防范措施能够将其降低至可接

受的水平。会计师事务所不得将此类人员分派到审计项目组。

如果在被审计财务报表涵盖的期间之前，审计项目组成员曾担任审计客户的董事、高级管理人员或特定员工，可能因自身利益、自我评价或密切关系产生不利影响。例如，如果在当期需要评价此类人员以前就职于审计客户时做出的决策或工作，将产生这些不利影响。会计师事务所应当评价不利影响的严重程度，并在必要时采取防范措施将其降低至可接的水平。防范措施包括复核该成员已执行的工作等。

### 4. 兼任审计客户的董事或高级管理人员

如果会计师事务所的合伙人或员工兼任审计客户的董事或高级管理人员，将因自我评价和自身利益产生非常严重的不利影响，导致没有防范措施能够将其降低至可接受的水平。会计师事务所的合伙人或员工不得兼任审计客户的董事或高级管理人员。

## (六)与审计客户长期存在业务关系

会计师事务所长期委派同一名合伙人或高级员工执行某一客户的审计业务，将因密切关系和自身利益产生不利影响。不利影响的严重程度主要取决于下列因素：①该人员加入审计项目组的时间长短；②该人员在审计项目组中的角色；③会计师事务所的组织结构；④审计业务的性质；⑤客户的管理团队是否发生变动；⑥客户的会计和报告问题的性质或复杂程度是否发生变化。

防范措施主要包括：该人员调整出审计项目组；由审计项目组以外的注册会计师复核该人员已执行的工作；定期对该业务实施独立的质量复核。

## (七)为审计客户提供非鉴证服务

会计师事务所向审计客户提供非鉴证服务，如编制会计记录和财务报表、评估服务、税务服务等，可能对独立性产生不利影响，包括因自我评价、自身利益和过度推介等产生的不利影响。在接受委托向审计客户提供非鉴证服务之前，会计师事务所应当确定提供该服务是否将对独立性产生不利影响。

在评价某一特定非鉴证服务产生不利影响的严重程度时，会计师事务所应当考虑审计项目组认为提供其他相关非鉴证服务将产生的不利影响。如果没有防范措施能够将不利影响降低至可接受的水平，会计师事务所不得向审计客户提供该非鉴证服务。

## (八)收费

### 1. 收费总额对独立性的影响

如果会计师事务所从某一审计客户收取的全部费用占其审计收费总额的比重较大，则对该客户的依赖及对可能失去该客户的担心将因自身利益或外在压力对独立性产生不利影响。不利影响的严重程度主要取决于下列因素：①会计师事务所的业务类型及收入结构；②会计师事务所成立时间的长短；③该客户对会计师事务所是否重要。防范措施主要包括：降低对该客户的依赖程度；实施外部质量控制复核；就关键的审计判断向第三方咨询，如向行业监管机构或其他会计师事务所咨询。

## 2. 从某一审计客户收取的全部费用比重很大

如果从某一审计客户收取的全部费用占某一合伙人从所有客户收取的费用总额比重很大，或占会计师事务所某一分部收取的费用总额比重很大，也将因自身利益或外在压力产生不利影响。防范措施主要包括：减低对来源于该客户的收费的依赖程度；由审计项目组以往的注册会计师复核已执行的工作或在必要时提出建议；定期实施独立的质量控制复核。

## 3. 逾期收费

如果审计客户长期未支付应付的审计费用，尤其是相当部分的审计费用在出具下一年度审计报告前仍未支付，可能因自身利益产生不利影响。

会计师事务所通常要求审计客户在审计报告出具前付清上一年度的审计费用。如果在审计报告出具后审计客户仍未支付该费用，会计师事务所应当评价不利影响存在与否及其严重程度，并在必要时采取防范措施消除不利影响或将其降低至可接受的水平。

可采取的防范措施包括由未参与执行审计业务的注册会计师提供建议，或复核已执行的工作等。

会计师事务所还应当确定逾期收费是否可能被视同向客户贷款，并且根据逾期收费的重要程度确定是否继续执行审计业务。

## 4. 或有收费

或有收费是指收费与否或收费多少取决于交易的结果或所执行工作的结果。如果一项收费是由法院或政府有关部门规定的，则该项收费不被视为或有收费。

会计师事务所在提供审计服务时，以直接或间接形式取得或有收费，将因自身利益产生非常严重的不利影响，导致没有防范措施能够将其降低至可接受的水平。会计师事务所不得采用这种收费方式。

会计师事务所在向审计客户提供非鉴证服务时，如果非鉴证服务以直接或间接形式取得或有收费，也可能因自身利益产生不利影响。

会计师事务所应当评价不利影响的严重程度，并在必要时采取防范措施消除不利影响或将其降低至可接受的水平。防范措施主要包括：由审计项目组以外的注册会计师复核相关审计工作，或在必要时提供建议；由审计项目组以外的专业人员提供非鉴证服务。

## (九)影响独立性的其他事项

如果某一审计项目组成员的薪酬或业绩评价与其向审计客户推销的非鉴证服务挂钩，将因自身利益产生不利影响。会计师事务所或审计项目组成员接受审计客户的礼品或款待，可能因自身利益和密切关系产生不利影响。如果会计师事务所或审计项目组成员与审计客户发生诉讼或很可能发生诉讼，将因自身利益和外在压力产生不利影响。

### 任务解析

以上我们了解了影响注册会计师审计和审阅业务独立性的主要情形。华东科技有限公司希望根据最终能获得的投资者投入资金总额的5%支付审计费用且该费用将在获得投资后支付，这种收费方式属于或有收费的方式。会计师事务所提供审计服务时，或有收费会因自身利益对审计工作产生非常严重的不利影响，导致没有防范措施能够将其降低至可接受的水平。因此若采用这种收费方式，信诚会计师事务所将不能接受该笔委托业务。

## ◉ 能力拓展 ▶

某银行拟申请公开发行股票，委托 ABC 会计师事务所审计其年度报表。假定 ABC 会计师事务所及其审计组成员与该银行存在以下情况。

(1) ABC 会计师事务所与该银行约定：审计费用为 1 000 000 元，银行在会计师事务所提交审计报告时支付 50%，剩余部分视银行发行股票能否上市决定是否支付。

(2) ABC 会计师事务所按照正常借款程序和条件，向该银行借款 10 000 000 元，用于购置办公用房。

(3) ABC 会计师事务所的合伙人 A 注册会计师目前担任该银行的独立董事。

(4) 审计小组负责人 B 注册会计师曾担任该银行的审计部经理，离职未满两年。

(5) 审计小组成员 C 注册会计师一直协助该银行编制财务报表。

(6) 审计小组成员 D 注册会计师的妻子在该银行担任统计员的工作。

**要求：**分别就上述情况分析会计师事务所或注册会计师的独立性是否受到损害。

## ◉ 延伸阅读 ▶

扫一扫，打开"审计的'三立'精神"阅读材料。

审计的"三立"
精神

# 任务三 注册会计师的法律责任

会计责任与
审计责任

## ◉ 任务导入 ▶

在信诚会计师事务所实习的大学生们经过一段时间的实践对审计职业道德的重要性有了一定的了解。为加深学生们的认识，注册会计师李立向他们介绍了中国上市公司的第一个审计大案要案。"深圳原野实业股份有限公司(简称原野公司)1990 年 12 月 10 日在深圳证券交易所上市交易，成为中国第一家中外合资股份制上市公司。原野公司上市后，名噪一时，两年间净资产增长了 60 倍，成为当时证券市场上的一个"神话"。但神话背后隐藏的却是一个黑幕。1992 年 7 月 7 日原野公司因非法转移公众资本、虚假列报利润等问题在深圳证券交易所停牌。深圳经济特区会计师事务所(下称特区所)自原野公司成立以来一直担任该公司主要查账验资工作，在 5 年内先后为公司出具了 71 份查账和验资报告。在出具的报告中，特区所主要存在以下问题：第一，原野公司自成立到上市的两年时间内特区所先后 3 次主要的验资报告中，对存在的投资不实、分配不合理、虚列资产项目等未做任何披露和提出任何异议，而全部予以确认；第二， 1989 年到 1991 年连续 3 年原野公司年度财务报表严重不实，而特区所对原野公司严重违反我国会计制度规定，虚假列报行为未做任何揭示，并有意做伪证，均出具了无保留意见的审计报告。原野公司案件爆发后，1992

年 9 月广东省财政厅正式做出处理决定：特区所立即停业整顿，由深圳市财政局冻结特区所的一切财产，并派出得力干部组成工作组，负责整顿工作；注销 3 人注册会计师资格；对于其他签署过不实查账验资报告的有关人员，待进一步查清责任后再做处理。"通过这个案例的介绍，实习的同学们认识到了违反职业道德带来的严重后果，并对注册会计师的法律责任有了深入的思考。

**具体任务：**

注册会计师如何避免法律诉讼的发生？

### 知识准备

## 一、会计责任与审计责任

在财务报表审计中，被审计单位管理层和注册会计师承担着不同的责任，不能相互混淆和替代。明确划分责任，不仅有助于被审计单位管理层和注册会计师认真履行各自的责任，为财务报表及其审计报告的使用者提供有用的经济决策信息，还有利于保护相关各方的正当权益。

### (一)会计责任

法律、法规规定了管理层和治理层(如适用)与财务报表相关的责任。管理层是指对被审计单位经营活动的执行负有经营管理责任的人员。治理层是指对被审计单位战略方向以及管理层履行经营管理责任负有监督责任的人员或组织。治理层的责任包括监督财务报告过程。企业的所有权与经营权分离后，经营者负责企业的日常经营管理并承担受托责任。管理层通过编制财务报表反映受托责任的履行情况。为了借助公司内部之间的权力平衡和制约关系保证财务信息的质量，现代公司治理结构往往要求治理层对管理层编制财务报表的过程实施有效的监督。

财务报表是由被审计单位管理层在治理层的监督下编制的。管理层和治理层(如适用)认可与财务报表相关的责任，是注册会计师执行审计工作的前提。管理层和治理层(如适用)应当承担下列责任。

(1) 按照适用的财务报告编制基础编制财务报表，并使其实现公允反映(如适用)。

(2) 设计、执行和维护必要的内部控制，以使财务报表不存在由于舞弊或错误导致的重大错报。

(3) 向注册会计师提供必要的工作条件，包括允许注册会计师接触与编制财务报表相关的所有信息(如记录、文件和其他事项)，向注册会计师提供审计所需的其他信息，允许注册会计师在获取审计证据时不受限制地接触其认为必要的内部人员和其他相关人员。

注册会计师需要获取针对管理层责任的书面声明。如果管理层不认可其责任，或不同意提供书面声明，注册会计师将不能获取充分、适当的审计证据。在这种情况下，注册会计师承接此类审计业务是不恰当的，除非法律法规另有规定。

### (二)审计责任

按照中国注册会计师审计准则的规定，对财务报表发表审计意见是注册会计师的责任。注册会计师作为独立的第三方，对财务报表发表审计意见，有利于提高财务报表的可信赖程度。为履行这一职责，注册会计师应当遵守职业道德规范，按照审计准则的规定计划和实施审计工作，获取充分、适当的审计证据，并根据获取的审计证据得出合理的审计结论，发表恰当的审计意见。注册会计师通过签署审计报告确认其责任。

财务报表编制和财务报表审计是财务信息生成链条上的不同环节，两者各司其职。法律、法规要求管理层和治理层对编制财务报表承担责任，有利于从源头上保证财务信息质量。作为内部人员，对企业的情况更为了解，更能做出适合企业特点的会计处理决策和判断，因此管理层和治理层理应对编制财务报表承担完全责任。如果财务报表存在重大错报，财务报表审计不能减轻被审计单位管理层和治理层的责任。

## 二、注册会计师法律责任的种类

随着社会主义市场经济体制在我国的建立和完善，注册会计师在社会经济生活中的地位越来越重要，发挥的作用越来越大。如果注册会计师工作失误或犯有欺诈行为，将会给客户或依赖经审计财务报表的第三方造成重大损失，严重的甚至导致经济秩序的紊乱。因此，强化注册会计师的法律责任意识，严格注册会计师的法律责任，以保证职业道德和执业质量，就显得愈来愈重要。近年来我国颁布的不少经济法律、法规中，都有专门规定会计师事务所、注册会计师法律责任的条款，其中比较重要的有《注册会计师法》《违反注册会计师法处罚暂行办法》《公司法》《证券法》及《刑法》等。此外，为了正确审理涉及会计师事务所在审计业务活动中的民事侵权赔偿责任，结合审判实践，最高人民法院相继出台了一系列相关司法解释。

注册会计师因违约、过失或欺诈给被审计单位或其他利害关系人造成损失的，按照有关法律和规定，可能被判负行政责任、民事责任或刑事责任，三种责任可单处，也可并处。

### (一)行政责任

行政处罚对注册会计师个人来说，包括警告、暂停执业、吊销注册会计师证书；对会计师事务所而言，包括警告、没收违法所得、罚款、暂停执业、撤销等。

### (二)民事责任

民事责任主要是指赔偿受害人损失。

### (三)刑事责任

刑事责任主要是指按有关法律程序判处一定的徒刑。刑事责任包括有期徒刑或者拘役，并处或者单处罚金等。

一般来说，因违约和过失可能会使注册会计师负行政责任和民事责任，因欺诈可能会使注册会计师负民事责任和刑事责任。

# 三、注册会计师法律责任的成因

## (一)违约

违约是指审计人员未能达到合同条款的要求。如在时间和保密方面。

## (二)过失

过失是指审计人员在一定条件下，缺少应有的、合理的谨慎。过失按其程度深浅分为普通过失和重大过失。

### 1. 普通过失

普通过失是指没有完全遵守审计准则造成的过失。通常是指没有保持职业上应有的、合理的谨慎，比如，未按特定项目取得必要和充分的审计证据。

### 2. 重大过失

重大过失是指根本没有遵循审计准则造成的过失。通常是指连起码的职业谨慎都不保持，对业务或事务不加考虑，满不在乎，比如，没有采用实质性程序。

过失按过失主体分为单方过失和共同过失。

### 1. 单方过失

单方过失是指审计人员或被审计单位某一方造成的过失。

### 2. 共同过失

共同过失是指对他人的过失，受害方自己未能保持合理的谨慎，因而蒙受损失。比如，被审计单位未能向审计人员提供编制纳税申报表所必需的信息，后来又控告审计人员未能妥当地编制纳税申报表，这种情况可能使法院判定被审计单位有共同过失。

## (三)欺诈

欺诈是指以欺骗或坑害他人为目的的一种故意行为，因此又称审计人员的舞弊。如明知委托单位的会计报表有重大错报，却加以虚伪的陈述，出具无保留意见的审计报告。

与欺诈相关的另一个概念是"推定欺诈"，又称"涉嫌欺诈"，是指虽无故意欺骗或坑害他人的动机，但却存在极端异常的过失。

### ◉ 任务解析

"原野"神话的成功演绎关键一环是注册会计师在对该公司在验资、公布年报等过程中的严重虚假行为未提出任何不同意见，有时甚至帮助其通过有关部门的审查，致使社会公众一直以为原野公司是一家绩优股企业。深圳特区会计师事务所在原野公司问题中最起码负有重大过失责任，因此被追究了行政责任。本案件也是会计师事务所和注册会计师被追究行政责任的经典案例。

近几年来，我国注册会计师行业发生了一系列震惊整个行业乃至全社会的案件。有关会计师事务所均因出具虚假报告造成严重后果而被撤销、没收财产或取消特许业务资格，有关注册会计师也被吊销职业资格，有的被追究刑事责任。如何避免法律诉讼，已成为我国注册会计师行业非常关注的问题。

注册会计师可通过以下措施避免法律诉讼的发生。

### 1. 严格遵循职业道德和专业标准的要求

注册会计师是否承担法律责任，关键在于注册会计师是否有过失或欺诈行为，而判别注册会计师是否具有过失的关键在于注册会计师是否遵照专业标准的要求执行。因此，保持良好的职业道德，严格遵循专业标准的要求执业、出具报告，对于避免法律诉讼或在提起的诉讼中保护注册会计师具有无比的重要性。

### 2. 建立、健全会计师事务所质量控制制度

会计师事务所不同于一般公司、企业，质量管理是会计师事务所各项管理工作的核心。如果一个会计师事务所质量管理不严，很有可能因为一个人或一个部门的原因而导致整个会计师事务所遭受灭顶之灾。会计师事务所必须建立、健全一套严密、科学的内部质量控制制度，并把这套制度推行到每一个人、每一个部门和每一项业务，促使注册会计师按照专业标准的要求执业，以保证整个会计师事务所的质量。

### 3. 与委托人签订业务约定书

《注册会计师法》第十六条规定注册会计师承办业务，会计师事务所应与委托人签订委托合同(业务约定书)。业务约定书具有法律效力，它是确定注册会计师和委托人的责任的一份重要文件。会计师事务所无论承办何种业务，都要按照业务约定书准则的要求与委托人签订约定书，这样才能在发生法律诉讼时将一切口舌争辩降到最低限度。

### 4. 审慎选择被审计单位

注册会计师如欲避免法律诉讼，必须审慎选择被审计单位。一是要选择正直的被审计单位。如果被审计单位对顾客、职工、政府部门或其他方面没有正直的品格，也必然会蒙骗注册会计师，使注册会计师落入其圈套。这就要求会计师事务所在接受委托之前，一定要采取必要的措施对被审计单位的历史情况有所了解；评价被审计单位的品格，弄清委托的真正目的。尤其是在执行特殊目的审计业务时更应如此。二是对陷入财务和法律困境的被审计单位要尤为注意。周转不灵或面临破产的公司，其股东或债权人总想为其损失寻找替罪羊，因此对那些陷入财务困境的被审计单位要特别注意。

### 5. 深入了解被审计单位的业务

在很多案件中，注册会计师之所以未能发现错误，一个重要的原因就是他们不了解被审计单位所在行业的情况，即被审计单位的业务。会计是经济活动的综合反映，不熟悉被审计单位的经济业务和生产经营实务，仅局限于有关的会计资料，可能发现不了某些错误。

### 6. 提取风险基金或购买责任保险

在西方国家，投保充分的责任保险是会计师事务所一项极为重要的保护措施，尽管保险不能免除可能受到的法律诉讼，但能防止或减少诉讼失败使会计师事务所发生的财务损

失。我国《注册会计师法》也规定了会计师事务所应当建立职业风险基金，办理职业保险。

### 7. 聘请熟悉注册会计师法律责任的律师

若会计师事务所有条件的话，应尽可能聘请熟悉相关法规及注册会计师法律责任的律师。在执业过程中，如遇到重大法律问题，注册会计师应与本所的律师或外聘律师详细讨论所有潜在的危险情况并仔细考虑律师的建议。一旦发生法律诉讼，也应请有经验的律师参加诉讼。

## ◉ 能力拓展

王民是一家公司的承包经营负责人，在承包经营两年结束之后，他请了信诚会计师事务所对其经营期内的财务报表进行了审计。信诚会计师事务所经过审计，出具了无保留意见的审计报告，即认为该公司的财务报表已公允地反映了其财务状况。不久，检察机关接到举报，有人反映王民在承包期内，勾结财务经理与出纳，暗自收受回扣，侵吞国家财产。为此，检察机关传讯了王民，王民到了检察机关后，手持会计师事务所的审计报告，振振有词地说："会计师事务所已出具了审计报告，证明我没有经济问题。你们不信，可以去问注册会计师。"

**要求**：如果你是会计师事务所的负责人，对王民的话，你将如何回应？

## ◉ 延伸阅读

扫一扫，打开"法律条款中对注册会计师法律责任的规定"阅读材料。

**法律条款中对注册会计师法律责任的规定**

# 复习自测题

### 一、单项选择题

1. 注册会计师的审计责任可以概括为对(　　　)表示意见。
　　A. 会计报表　　　B. 财务状况　　　C. 经营成果　　　D. 现金流量
2. 及时发现和纠正被审计单位的错误和舞弊是(　　)的责任。
　　A. 会计师事务所的审计人员　　　　B. 政府审计机关工作人员
　　C. 税务机关的注册会计师　　　　　D. 被审计单位管理当局
3. 注册会计师在第三方面前呈现出一种独立于委托单位的身份，在他人看来注册会计师是独立的，这种独立称为(　　)。
　　A. 经济独立　　　B. 思想独立　　　C. 实质上的独立　　　D. 形式上的独立
4. 完全没有遵循审计准则造成的过失属于(　　)。
　　A. 普通过失　　　B. 重大过失　　　C. 共同过失　　　D. 其他
5. 会计师事务所与委托单位之间的业务关系(　　)。
　　A. 应实行按地区划分原则　　　　　B. 应实行按行业划分原则
　　C. 应实行按双方自愿选择的原则　　D. 应实行优质优价的原则

6. 会计师事务所对无法胜任或不能按时完成的业务，应( )。

    A. 聘请其他专业人员帮助        B. 转包给其他会计师事务所

    C. 减少业务收费                  D. 拒绝接受委托

7. 会计师事务所和注册会计师的下列行为中，不违反职业道德规范的是( )。

    A. 承接了自己代记账客户的财务报表的审计

    B. 按审计业务工作量的大小进行收费

    C. 以注册会计师个人名义承接财务报表的审计业务

    D. 对自己的能力进行广告宣传

8. 下列情形中，不违反职业道德的是( )。

    A. 审计项目组成员在审计客户甲公司拥有 10 万股流通股

    B. 审计项目组成员正在与审计客户甲公司协商审计报告日后加入甲公司担任财务总监

    C. 会计师事务所当年的业务收入 1%来源于审计客户甲公司

    D. 以或有收费的形式承接审计业务

9. 注册会计师在执行业务中，委托人示意作不实或不当证明的，应当予以( )。

    A. 向主管部门报告            B. 拒绝

    C. 向法院起诉              D. 向董事会报告

10. 下列情况中，对注册会计师执行审计业务的独立性影响最大的是( )。

    A. 注册会计师的母亲退休前担任被审计单位工会的文艺干事

    B. 注册会计师的配偶现在是被审计单位开户银行的业务骨干

    C. 注册会计师的一位朋友拥有被审计单位的股票

    D. 注册会计师的妹妹大学毕业后在被审计单位担任现金出纳

11. 会计师事务所给他人造成经济损失应予以赔偿，这表明会计师事务所要承担( )。

    A. 行政责任      B. 刑事责任      C. 民事责任      D. 道德责任

12. 注册会计师在执业过程中发现被审计单位内部控制混乱，但注册会计师没有扩大抽样范围，结果导致没有发现重要错报。这种情况下，一般认为注册会计师具有( )。

    A. 普通过失      B. 重大过失      C. 欺诈         D. 舞弊

13. 注册会计师的下列行为中，违反职业道德规范的是( )。

    A. 在提供专业服务时，在特定领域利用专家协助其工作

    B. 按服务成果的大小收取审计费用

    C. 由会计师事务所统一接受委托

    D. 注册会计师与客户不独立时，应回避

14. ( )要求注册会计师与委托人及被审计单位之间必须实实在在毫无利害关系。

    A. 实质上独立      B. 经济上独立      C. 形式上独立      D. 组织上独立

15. 注册会计师职业道德规范的基本原则中，既要求注册会计师具有专业知识、技能和经验，又要求其经济、有效地完成客户委托的业务的是( )。

    A. 独立性      B. 专业胜任能力      C. 客观公正      D. 良好职业行为

16. 注册会计师避免发生过失、欺诈的前提是严格遵守各项审计准则和( )。

    A. 审计约定      B. 审计计划      C. 职业道德      D. 审计程序

17. 下列关于注册会计师过失的说法，不正确的是(　　)。
    A. 普通过失是指注册会计师没有完全遵循专业准则的要求
    B. 注册会计师一旦出现过失就要赔偿损失
    C. 过失是指在一定条件下，缺少应具有的合理谨慎
    D. 重大过失是指注册会计师没有按专业标准最基本的要求执行审计

18. 注册会计师因违约和过失可能承担(　　)。
    A. 行政责任
    B. 民事责任和刑事责任
    C. 行政责任和刑事责任
    D. 民事责任和行政责任

19. 下列提法中，不正确的是(　　)。
    A. 注册会计师承担法律责任风险是不可避免的
    B. 如果注册会计师提供报表公允性的绝对保证而非合理保证，一定能避免法律诉讼
    C. 注册会计师是否具有过失的关键在于注册会计师是否遵照专业标准的要求执行
    D. 财务报表审计不能减轻被审计单位管理层和治理层的责任

20. 以下属于事务所泄密的是(　　)。
    A. 允许投资人查询被审计单位的档案
    B. 办理了必要手续后，允许法院依法查阅审计档案
    C. 注册会计师协会依法进行质量检查而查阅被审计单位档案
    D. 接受同业复合而查阅审计档案

## 二、多项选择题

1. 注册会计师违反工作规则造成不良后果的，由主管机关给予的处分包括(　　)。
    A. 警告　　　　B. 暂停执行业务　　　　C. 罚金　　　　D. 吊销注册会计师证书
2. 注册会计师承担法律责任的原因中属于注册会计师自身过错的有(　　)。
    A. 违约　　　　B. 过失　　　　C. 错误　　　　D. 欺诈
3. 注册会计师职业道德的基本原则包括(　　)。
    A. 独立　　　　B. 客观　　　　C. 公正　　　　D. 保密
4. 注册会计师要保持其独立性，必须做到(　　)。
    A. 与被审计单位的主要负责人在伦理上没有亲密关系
    B. 不与被审计单位沟通
    C. 与被审计单位在经济上没有利害关系
    D. 不参与被审计单位的经营活动
5. 为了避免法律诉讼，在执业过程中应(　　)。
    A. 审慎选择客户
    B. 签订合理有效的审计约定书
    C. 强化审计质量控制
    D. 保持应有的职业谨慎
6. 独立性原则具体包括(　　)。
    A. 机构独立　　　　B. 人员独立　　　　C. 经济独立　　　　D. 行动独立
7. 根据注册会计师专业胜任能力的要求，注册会计师(　　)。
    A. 应接受后续教育，保持和提高专业胜任能力
    B. 不得按服务成果的大小收取审计费用
    C. 不得提供不能胜任的专业服务

D. 应保持应有的关注

8. 注册会计师应当对执业过程中获知的客户信息保密,但在(　　)情况下,可以披露客户的有关信息。

A. 取得客户授权

B. 根据法规要求,为法律诉讼准备文件或提供证据向监管机构报告发现的违规行为

C. 接受同业复核以及注册会计师协会和监管机构依法进行的质量检查

D. 另一客户提出查看的要求

9. 管理层对编制财务报表的责任具体包括(　　)。

A. 选择恰当的报送对象

B. 按照适用的财务报告编制基础编制财务报表,使其实现公允反映

C. 设计、执行和维护必要的内部控制

D. 向注册会计师提供必要的工作条件

10. 下列各项中,符合注册会计师职业道德规范的有(　　)。

A. 会计师事务所没有以降低收费方式招揽业务

B. 会计师事务所为争取更多的客户对其能力作广告宣传

C. 会计师事务所允许有条件的其他单位以本所名义承办业务

D. 会计师事务所没有雇用正在其他会计师事务所执业的注册会计师

## 三、判断题

1. 委托人将会计报表与审计报告一同提交给使用人可以减少编报单位对会计报表的真实性、合法性所负的责任。　　　　　　　　　　　　　　　　　　　　　　　　　(　　)

2. 注册会计师通过签署审计报告确认其在财务报表审计业务中的责任。　　　(　　)

3. 注册会计师承担法律责任的种类包括行政责任和民事责任。　　　　　　　(　　)

4. 注册会计师执业时只需要保持实质上的独立性。　　　　　　　　　　　　(　　)

5. 注册会计师王某明知委托单位的财务报表有重大错报,却在委托单位的压力下出具了无保留意见的审计报告,这种行为属于欺诈。　　　　　　　　　　　　　　　(　　)

6. 会计师事务所承揽业务时可以通过低价策略取得优势。　　　　　　　　　(　　)

7. 除非法律、法规的要求或取得客户同意,否则注册会计师不允许泄露任何客户的秘密信息。　　　　　　　　　　　　　　　　　　　　　　　　　　　　　　　　(　　)

8. 对于注册会计师的欺诈行为,法院可判其承担民事责任和刑事责任。　　　(　　)

9. 注册会计师曾在被审计单位工作,可能因自身利益、自我评价或密切关系对独立性产生不利影响。　　　　　　　　　　　　　　　　　　　　　　　　　　　　　　(　　)

10. 注册会计师如果没有查出会计报表中的错误,则必须承担法律责任。　　(　　)

# 参 考 文 献

[1]  中华人民共和国财政部. 中国注册会计师执业准则[M]. 上海：立信会计出版社，2020.

[2]  中国注册会计师协会. 中国注册会计师执业准则应用指南[M]. 上海：立信会计出版社，2020.

[3]  中国注册会计师协会. 审计[M]. 北京：中国财政经济出版社，2019.

[4]  高翠莲. 审计基础与实务[M]. 6 版. 北京：高等教育出版社，2018.

[5]  秦荣生，卢春泉. 审计学[M]. 10 版. 北京：中国人民大学出版社，2019.

[6]  李晓慧. 审计学：实务与案例[M]. 4 版. 北京：中国人民大学出版社，2017.

[7]  王生根. 审计实务[M]. 3 版. 北京：高等教育出版社，2018.

[8]  王英姿. 审计原理与实务[M]. 2 版. 上海：上海财经大学出版社，2016.

[9]  刘明辉，史德刚. 审计[M]. 7 版. 大连：东北财经大学出版社，2019.

[10]  宋常. 审计学[M]. 8 版. 北京：中国人民大学出版社，2018.

[11]  肖小飞. 审计实务[M]. 5 版. 北京：电子工业出版社，2018.

[12]  胡春萍，杜海霞. 审计原理与实务[M]. 上海：立信会计出版社，2011.

[13]  张景山. 审计案例分析[M]. 北京：中国市场出版社，2011.

[14]  沈琨，赵双丽. 财务审计理论与实务[M]. 北京：电子工业出版社，2011.

[15]  涂申清. 审计业务操作[M]. 北京：北京大学出版社，2011.

[16]  滕萌. 审计实务[M]. 北京：清华大学出版社，2010.

[17]  梁红霞. 审计实务[M]. 北京：清华大学出版社，2010.